# 数字营销理论创新与前沿研究

范小军　刘　婷　著

本书为上海高水平地方高校建设计划"2022 年度
上海大学一流研究生教育培养质量提升项目"成果

科学出版社

北　京

# 内 容 简 介

随着互联网、AR/VR、元宇宙等数字技术的迅猛发展，营销实践也发生了翻天覆地的变化，短视频营销、元宇宙营销、AR/VR营销、直播营销等创新营销模式不断涌现，并取得突出的营销效果，本书围绕数字技术如何推动营销创新展开系统性论述。本书共分为十章，分别为认识数字营销、数字时代营销信息的获取与分析、数字时代的消费者行为、智慧精准营销战略、数字时代品牌塑造与管理、数据赋能的产品服务创新、数据赋能的创新定价策略、数字渠道创新管理、数字营销传播策略、数字时代顾客价值管理，本书注重营销创新理论的系统性，突出学术前沿性，并兼顾理论研究成果与实践案例的有机结合。

本书面向工商管理类研究生或博士生的研究型教学需求，同时面向从事大数据市场分析、大数据营销、市场运营与管理工作的读者，也可供从事数字营销领域相关研究的学者群体参考。

**图书在版编目（CIP）数据**

数字营销理论创新与前沿研究 / 范小军，刘婷著. —北京：科学出版社，2024.7

ISBN 978-7-03-076964-0

Ⅰ. ①数… Ⅱ. ①范… ②刘… Ⅲ. ①网络营销 – 研究 Ⅳ. ①F713. 365.2

中国国家版本馆 CIP 数据核字（2023）第 219355 号

责任编辑：魏如萍 / 责任校对：姜丽策
责任印制：张　伟 / 封面设计：有道设计

*科学出版社* 出版
北京东黄城根北街 16 号
邮政编码：100717
http://www.sciencep.com
北京盛通数码印刷有限公司印刷
科学出版社发行　各地新华书店经销

\*

2024 年 7 月第 一 版　开本：720×1000　1/16
2024 年 7 月第一次印刷　印张：19 1/4
字数：388 000
**定价：238.00 元**
（如有印装质量问题，我社负责调换）

# 前　言

随着大数据、云计算、人工智能、区块链、5G、物联网等数字化技术的高速发展，短视频营销、元宇宙营销、AR/VR营销、直播营销等创新营销模式不断涌现，并取得了突出的营销效果。如何深刻理解数字技术推动营销创新，并有效指导数字营销创新实践，是当前营销理论与行业实践的重大课题。本书在国家课题研究成果基础上，同时借鉴吸收国内外营销学者在数字营销领域的优秀理论成果，围绕数字技术如何推动营销创新展开系统性论述。本书共分为十章，分别为认识数字营销、数字时代营销信息的获取与分析、数字时代的消费者行为、智慧精准营销战略、数字时代品牌塑造与管理、数据赋能的产品服务创新、数据赋能的创新定价策略、数字渠道创新管理、数字营销传播策略、数字时代顾客价值管理。

本书将力争体现四个方面特点：①理论系统性。本书将从相关理论研究中系统提炼出数字营销领域的核心理论，该理论将区别于一般营销管理理论，体现出数字营销理论的独特性，帮助读者全面深入掌握数字营销的核心理论，体现出数字营销理论学习的高阶性。②学术前沿性。本书相较于以往图书进行了纵向深层次拓展，对数字营销领域中的国内外研究成果进行了梳理和总结，提供优质学术训练资源，有助于读者掌握相关理论研究成果、研究方法和研究趋势，加强学生对学科前沿知识的掌握。③理论与实践有机结合。有助于读者理解如何从实践中抽象科学问题，提升其从管理实践中探索新研究问题的能力并提出新见解。④理论研究和实践能力的提升。帮助读者实现数字营销领域核心理论掌握、理论学习与经典案例融合、前沿研究梳理、研究问题及方法的启发性思考、数字营销管理能力提升等多方面目标的有机整合。

范小军　刘　婷

上海

2023年6月

# 目　录

# 第 1 章

# 认识数字营销

为了更全面地认识数字营销，本章将首先从数字营销产生的背景、数字营销的定义、数字营销生态系统等方面讲清楚什么是数字营销；其次，从数字连接、顾客参与、协同营销三个方面分析数字营销的特点；最后，从数字营销与社会学、心理学、传播学、经济学四个学科的关系解释数字营销跨学科理论基础。

**微案例阅读** ────────────────────────────

## 美素佳儿的数字营销

1992 年，美素佳儿进入中国市场。为了保证奶粉安全新鲜的高品质，美素佳儿严格坚持欧盟标准，从荷兰自家牧场采集鲜奶，全程 4 ℃冷链运输直达荷兰自家工厂，鲜奶到罐装一次完成，真正做到"100%原装进口"。美素佳儿在中国市场一直是坐拥好口碑的领先奶粉品牌，深受"90 后"妈妈追捧。在人口红利增长放缓的背景下，如何最大化地利用关系链口碑来"俘获"存量市场中的每一位新妈妈，是品牌持续发展面临的核心问题。通过对母婴行业的观察，美素佳儿将目光放在了母婴垂直类平台——妈妈网。妈妈网作为专注于服务妈妈群体的专业互联网服务提供商，构建了包含资讯、社交、电商等多个服务板块的优质母婴媒体矩阵。2021 年，艾媒咨询数据显示，超过七成（72.8%）的受访用户经常使用"妈妈网孕育"APP，其平均月活人数接近 2000 万人，处于行业领先地位。

通过携手妈妈网，美素佳儿将"Friso 美妈创造营"打造成垂直平台内的超级粉丝基地。从用户参与的细分需求出发，建立"三驱积分制度"，打造美素佳儿粉丝聚拢孵化器，形成吸附—管理—培育—变现的粉丝生态系统。利用专属任务赋予品牌粉丝归属感，激发用户参与热情。并且凭借粉丝进阶生态，建立品牌私域。充分发挥单体超级用户的最大价值，实现全域跨界突破，开启新粉—新会员—新客的全链路管理模式。最终，美素佳儿"Friso 美妈创造营"帮助品牌吸纳忠诚粉丝 8.3 万多人，新增会员 5.7 万多人，粉丝转化与品牌私域构建成绩斐然。

资料来源：《2020 中国数字营销案例 TOP30》，http://enet.com.cn/article/2021/0202/A202102021263613.html，2021-02-02。

# 1.1 什么是数字营销

## 1.1.1 数字营销产生的背景

人类历史发展经历了自然生存和技术生存两种主要方式。自然生存是人类赖以生存的基本形态，但随着社会发展和人类文明的进步，技术生存逐渐取代自然生存，成为人类生存的最主要形式。数字技术的创新催生了虚拟空间，使虚拟生存成为当今技术生存的具体形态，为数字营销的创建提供了背景。

**1. 自然生存转向技术生存**

自然生存是人类历史上最先出现的生存方式，是人类主要依赖自然界所提供的自然因素而生存的生存方式。无论是刀耕火种的原始社会，还是科技进步的当下，自然生存都是人类最基本的生存方式。在自然生存（特别是原始自然生存）中，人本质上只是一种动物，满足的是动物的需要，虽然也应用一些简单工具，但这些工具只是双手的延伸。

随着人的需求的发展，人自身及自然的局限性逐步暴露出来。人类开始用工具取代自身，用人造物取代自然物，以此来超越自身及自然的局限性。在此过程中，技术发挥了关键作用。技术使人类社会逐步技术化，使人类开始从依赖自然物生存转向依赖技术物（人造物）生存，从生存于天然自然界转向生存于人工自然界，从使自己的肉体同自然界相适应转向使自然界同自己的需要相适应，人类的生存方式逐步从自然生存转向技术生存。

**2. 经济周期与技术生存形态**

奥地利裔美国经济学家约瑟夫·熊彼特（Joseph Schumpeter）在他的《经济周期》和《资本主义、社会主义和民主主义》中提出，技术创新是长期经济周期的主要原因。他认为，持续半个世纪的长周期是由以工业革命为代表的技术创新活动造成的。同样，尼古拉·D. 康德拉季耶夫（Nikolai D. Kondratiev）认为，由某些决定生产本质的主要固定资本货物（如蒸汽机）的更新引起的经济活动的漫长均衡周期，会导致经济的长期波动。

技术创新决定了经济长周期的形成，人们赖以生存的经济长周期决定了技术生存的具体形式，如表 1-1 所示。自第一次工业革命以来，已经发生了五次技术革命，形成了五个技术创新的长周期。以英国纺织工业创新为标志的第一次经济长周期促成了动力和纺织工业化，铁路工业创新所处的第二次经济长周期使蒸汽机、冶金、制造业获得突破，解决了动力及运输问题；在第三次经济长周期，电力、冶金创新带来了动力系统的革新，使人们的生活更加便利；在第四次经济长周期，能源和汽车工业发展为经济发展带来了源源不断的动力；以计算机、通信和互联网为代表的第五次经济长周期开创了人类迈向数字化的进程，"沟通"和"虚拟生存"成为主要关注的议题。

表 1-1　技术革新引发的五次经济长周期

| 技术革命或创新集群 | | 突破性的科技创新 | 爆发阶段 | 狂热阶段 | 发展阶段 | 协同阶段 | 成熟阶段 |
|---|---|---|---|---|---|---|---|
| 第一次 | 工业革命 | 动力和纺织工厂化 | 1771 年 | 18 世纪 70 年代～80 年代早期 | 18 世纪 80 年代～90 年代早期 | 1793～1797 年 | 1797～1812 年 | 1812～1829 年 |
| 第二次 | 蒸汽和钢铁 | 蒸汽机、冶金、制造业 | 1829 年 | 19 世纪 30 年代 | 19 世纪 40 年代 | 1848～1850 年 | 1850～1857 年 | 1857～1875 年 |
| 第三次 | 钢铁、电力 | 电力、冶金 | 1875 年 | 1875～1884 年 | 1884～1893 年 | 1893～1895 年 | 1895～1907 年 | 1907～1918 年 |
| 第四次 | 能源、汽车和大规模生产 | 石油化工、汽车 | 1908 年 | 1908～1920 年 | 1920～1929 年 | 1929～1933 年（欧）1933～1943 年（美） | 1943～1959 年 | 1959～1971 年 |
| 第五次 | 信息和远程通信 | 计算机、通信和互联网 | 1971 年 | 1971～1987 年 | 1987～2001 年 | 2001 年左右 | 21 世纪至今 | |

### 3. 虚拟生存与数字营销产生

在第五次经济长周期中，数字技术作为其最主要的技术形式，对人类社会产生了前所未有的影响。尼葛洛庞帝在《数字化生存》中宣称"计算不再只和计算机有关，它关系到我们的生存"。数字化造就的虚拟现实逐渐向日常生活的各个方面渗透，形成与现实生活空间相对应的虚拟生存空间，个人、产业、企业在虚拟生存时代的行为模式都发生了巨大的变化。

从个人角度来看，数字技术被应用至与生活相关的社交、娱乐、衣食住行等各方面，持续衍生出新产品和新服务，给使用者带来了极大的便利。使用这些技术能够较为全面和便捷地满足人的基础需求，帮助人突破自身和环境的限制，物理空间变得无关紧要，而时间所扮演的角色也迥然不同。

从产业和企业角度来看，数字技术发生在产业边界，一项技术的创新，不仅带来一系列新产业的出现，还促使原有产业接受改造，不仅能够在某个产业内部运用，还能够在众多产业运用。数字化技术在创造数字产业时也使原有的产业改造升级。同时，随着虚拟生存成为最主要的技术生存方式，企业发展形态和营销方式也发生了根本性的变化。发生在产业边界的数字技术革新，不仅带来一系列数字产业和企业的出现，还促使原有产业和企业进行改造升级。在 20 世纪 60 年代，工业界经济价值主要来自硬件，如图 1-1 所示，到了 21 世纪 20 年代数字技术在整个经济体中的比例增长至 70%左右，往后会越来越高。

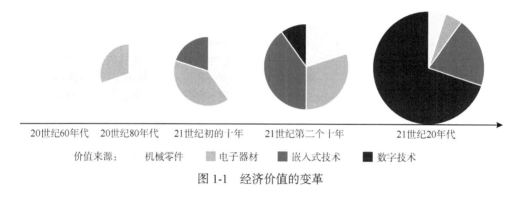

图 1-1　经济价值的变革

因此，为了适应新形势下的个人需求和产业、企业发展要求，数字营销应运而生。数字营销在虚拟生存空间中进行，虚拟生存的发展状况、呈现形态、发展前景共同构成了数字营销存在的前提与环境。

### 1.1.2　数字营销的发展历程

伴随着互联网的发展，数字营销经历了四个发展阶段。每一次数字技术的进步都会为营销带来新的机遇，营销活动的形式得到拓展，进而影响了营销行为的思想。

数字营销 1.0 时代：20 世纪 90 年代初，World Wide Web（即万维网）诞生，Internet 真正变成了全球互联网，开始走进人们的生活。网络新闻、在线搜索、电子邮件、即时通信等应用开始普及，包括雅虎、谷歌、亚马逊、新浪、搜狐、百度在内的网络资产开始出现。这一时期，互联网内容创造由网站主导，用户被动接受网站上包括营销信息在内的各种内容，很少能深度参与到互联网建设中。同时，用户获取的信息往往不是动态的，总体呈现机械化特点，难以满足其个性化需求。这个时期还没有真正意义的数字营销概念提出，广告以单项传播为特征，主要运用展示类横幅广告、弹出式广告、搜索引擎广告、电子邮件广告等，营销的理念则是以销售产品为主要目的。

数字营销 2.0 时代：智能手机等移动设备的普及让物理世界加速映射到互联网。在此阶段，"上网"这个概念逐步消失，"总是在线"和"随时随地"的设备特点让移动互联网成为大众生活的重要组成部分，线上（online）和线下（offline）开始紧密交互，社交关系被大量地引入互联网。社交软件、O2O 服务（online to offline，线上到线下服务）、信息流服务、应用分发和互联网金融等移动互联网服务成为主流，Facebook、爱彼迎、优步、滴滴、美团等迅速崛起，成为各自领域的领军企业。用户也从信息接收者的身份变为信息生产者和接收者，他们可以按照自己的喜好进行内容编辑和生产，信息的传播渠道也更加丰富。这一时期，企业开始建立全面的营销策略，实现了对数据实时监控和定期分析，因此，互联网逐步成为企业营销的重要渠道，广告主将更多的广告预算投入从线下媒体转移到线上媒体。

数字营销 3.0 时代：在这个阶段，人文因素在数字营销时代的重要性，已经得到深刻的认识。营销的本质已经从对利润、产品和个体消费者的狭隘关注转变为对人与世界、人与人、人与自身的更多人文精神层面的关注。这个新的营销领域在数字浪潮的推动下将逐渐变得透明，并最终实现从"消费者"营销到"人"的价值营销，并最终进入马斯洛需求层次理论中"自我实现"的最高境界。在以大数据技术应用为特征的营销 3.0 时代，收集、分析消费者搜索、浏览、点击、购买和分享等数据已经变得可行。基于这些数据生成的"用户画像"，企业可以准确了解消费者的需求和偏好，使营销工作更有针对性和有效性，并使品牌得到充分有效的曝光。

数字营销 4.0 时代：数字营销，从以网页广告形式为主进行单向传播的 1.0 时代，到以微博等社交媒体为载体进行互动营销的 2.0 时代，再到利用大数据实现精准营销的 3.0 时代，目前，它正步入构建商业生态圈的 4.0 时代。数字技术在商业生态系统中的高度发展以及移动互联网的盛行，共同推动着商业模式的更新迭代。大型互联网公司都在构建自己的生态圈，如阿里系、百度系、腾讯系、小米系等。营销也由只聚焦产品到关注销售环节再到形成商业生态圈的协作，通过生态圈内企业间数据共享、策略导流，实现产品的个性化定制、广告的定向投放、线上线下渠道的融合和消费者需求的精确瞄准。

### 1.1.3　中国数字营销市场规模

中国的数字营销市场整体发展态势良好。一方面，经济增长推动消费升级换代和消费需求的个性化、定制化；另一方面，数字经济改变了营销市场的模式。据统计，2020 年，我国数字营销市场规模为 818.2 亿元，同比增长 25.39%，年均复合增长率为 22.01%；到 2021 年中国数字营销市场规模突破千亿元，达到 1008 亿元，2022 年，中国数字营销市场规模突破 1.2 万亿元①。

经济增长渐趋平稳与消费需求升级。党的十八大以来，我国坚定实施扩大内需战略，释放消费活力，激发消费潜力，营造"愿消费""敢消费""能消费"的良好政策氛围，不断满足人民群众对美好生活的向往。消费，成为经济社会发展的稳定器。近年来，虽然受到新冠疫情影响，但各地各部门按照中央部署，统筹推进疫情防控和经济社会发展，持续扩大居民消费，提升消费层次，消费潜力得到进一步释放，消费韧劲得到进一步增强，消费市场呈现稳步增长的态势。当前，我国线上线下加速融合，消费新场景和新业态快速发展。2022 年，我国网络零售市场总体稳步增长，部分商品品类销售实现两位数增长，农产品网络零售增势较好，跨境电商发展迅速，电商新业态新模式彰显活力。2022 年，全国网上零售额达到 13.79 万亿元，同比增长 4%，其中，实物商品网上零售额为 11.96 万亿元，同比增长 6.2%，占社会消费品零售总额的比重为 27.2%；重点监测电商平台累计直播场次超 1.2 亿场，累计观看超 1.1 万亿人次，直播商品超 9500 万个，活跃主播近 110 万人②。另外，智能化产品驱动消费升级，扫地机器人、智能手机、智能手表、智能音箱等智能产品销量全球领先。经济形势向好，消费需求相应面临升级要求，给品牌带来更多的发展选择和发展路径，越来越多的行业需要在市场化环境下为消费者提供更优质的消费体验。在转型升级过程中，企业需要注重产品品质，更多地将产品需求转化为品牌服务需求。

数字经济改变了营销市场的模式。2022 年世界互联网大会蓝皮书指出，世界进入全面数字化转型的发展时期，数字技术创新仍是全球战略重点，是实现创新驱动生产力发展的先导性和关键性力量。2021 年，全球 47 个国家的数字经济增加值规模达到 38.1 万亿美元，同比名义增长 15.6%，占 GDP 的比重达到 45.0%。截至 2021 年底，全球有 145 个国家和地区的 487 家运营商已投资 5G 网络，固定宽带网络迈入千兆时代，低轨卫星互联网成为全球竞争焦点。中国主动适应新发展阶段的形势变化，抓住数字化发展机遇，互联网发展取得了一系列新进展、新成就。统计数据显示，2021 年，中国数字经济规模达到 45.5 万亿元，占 GDP 比重达到 39.8%③。疫情期间，越来越多的经济活动转移到线上，催生了远程医疗、在线教育、在线办公等新的业态和经济增长点，数字技术与实

---

① 资料来源：华经产业研究院发布的《2021—2026 年中国数字营销市场竞争格局及投资战略规划报告》。

② 《2022 年全国网上零售额 13.79 万亿元 电商新业态新模式彰显活力》，http://www.gov.cn/xinwen/2023-01/31/content_5739339.htm，2023-01-31。

③ 《我国数字经济规模超 45 万亿元》，http://www.gov.cn/xinwen/2022-07-03/content_5699000.htm，2022-07-03。

体经济融合创新的特征更加明显。数字经济革新了以往的互联网经济、网络经济、信息经济，整个营销模式从原来单纯追求流量和眼球，转变为一种以用户和消费者为中心，公域和私域相结合，线上和线下相结合的全域模式。在这样的市场环境下，移动支付、人工智能（artificial intelligence，AI）等新技术的运用为数字营销的发展营造了良好的市场氛围，数字营销行业内广告主、数字营销公司和数字媒体之间的边界变得模糊，并按照互联网思维进行重构，共同打造全新的数字营销产业生态圈。

### 1.1.4  数字营销的定义

对于数字营销，不同的营销人员可能存在着认识上的差别。从使用新营销工具进行数字化应用和流程管理的角度进行解读，数字营销被认为是通过运用一些数字化的工具管理市场部活动的过程；相较于传统营销方式如电视、广播等，数字营销被认为是基于互联网的推广；从数字化营销带来的红利角度进行解读，数字营销被认为是采用数字化方式精准触达用户，以低成本获取流量的过程；从营销媒介发生的巨大变化角度进行解读，数字营销被认为是将线下营销活动转移到线上的表现；从营销数字化技术及其带来的价值的诠释角度进行解读，数字营销被认为是自动化进行线索培育和孵化的营销方式。

事实上，这些理解都是数字营销内容的一部分，只是诠释角度不同。但从根本上来说，它们都没有完整反映数字营销的全貌。随着时间的推移，"数字营销"一词已从一个描述使用数字渠道营销产品和服务的特定术语演变为一个概括术语，描述利用数字技术获取客户、建立客户偏好、推广品牌、留住客户和增加销售额的过程。根据美国市场营销协会的以公司为中心的定义，数字营销可以被视为由数字技术促进的为客户和其他利益相关者创造、传播和交付价值的活动、机构和过程。施德俊（2017）通过解析数字营销的目的将数字营销定义为一个统一的过程——从发现顾客、创造顾客到激发和满足顾客需求。通过运用数字化技术，系统分析和建立有效连接以实现商业管理，从而达到创造和留住顾客的目的。

我们采用一种更具包容性的观点，并将数字营销定义为"以数字化技术为基础、通过数字化手段调动企业资源进行营销活动的过程。在这一过程中，企业与客户和合作伙伴合作，共同为所有利益攸关方创造、交流、交付和维持价值"。数字技术带来的适应过程在新的数字环境中以新的方式创造价值。通过数字技术使机构能够建立基础能力，共同为客户和自己创造这样的价值。由数字技术实现的流程通过新的客户体验和客户之间的互动创造价值。数字营销本身是由一系列围绕营销活动、机构、流程和客户的自适应数字接触点实现的。

### 1.1.5 数字营销的本质

**1. 数字营销是基于数字技术的营销**

数字技术的升级驱动数字经济的发展与营销方式的变革，数字营销逐渐成为数字经济时代最重要的营销手段。因此，要准确认识数字营销的内涵，需要先从技术的本质上加以理解。

数字营销的核心在于其数字化特征，互联网技术和多种应用性信息技术构成了推进数字营销产生与发展的支撑性技术体系，如图 1-2 所示。在数字营销活动进行的过程中，数字化技术将客观世界中的事物和复杂多样的信息转化成可感知、可度量、可管理和可交互的数字信息，将之引入计算机内统一处理，并通过不同的数字设备将信息的本来面貌原原本本地呈现到用户面前，使信息和内容有了更多的表现与表达方式，与人们互动，带给人们更良好的体验。

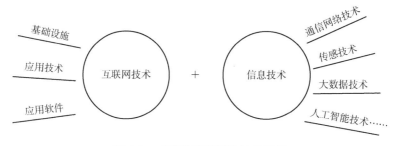

图 1-2　支撑数字营销的技术基础

互联网技术使这些二进制数字信息在不同设备之间传输、存储、计算、处理和还原，为其提供了跨越时空的沟通渠道。它包括用于数据存储、处理和传输的主机与网络通信设备等基础设施，以及高级应用技术和应用软件，如采集存储、信息检索与分析、信息评估等各种应用技术和应用软件。

此外，随着时间推移，应运而生的各种信息技术，如移动定位技术、移动支付技术、AR（augmented reality，增强现实）技术、VR（virtual reality，虚拟现实）技术、大数据技术、人工智能技术等，都在促进数字网络功能的多样化和成熟化，提高数字营销的创新性、精准性和有效性等方面起到了关键作用。

**2. 数字营销是基于虚拟实践的营销**

人们在虚拟空间中生存，从而产生了虚拟实践。虚拟实践是在虚拟生存领域进行的，人们使用现代信息技术（如 VR），以高度数字方式进行实践。在虚拟生存空间中，人们进行着虚拟生存实践、虚拟互动实践和虚拟生活实践。通过互联网，人们可以使用虚拟身份与他人交流，在虚拟社区中进行互动性的讨论，了解古代和未来社会，在虚拟空间中感受美景，或在虚拟空间中工作……这种完全沉浸并且身体无须在场情况下的虚拟实践是人们虚拟存在中最重要的部分。

数字营销是关于数字虚拟对象的营销，以传统方式进行营销已无法满足数字营销时代互联网用户的需求。对于生活在互联网全面影响下的人群来说，他们适应了通过在线环境进行工作、学习和娱乐等活动，更看重过程中的互动以及体验感。因此，在这一背景下，要求营销从业者必须通过虚拟思维进行考虑，从而使营销行为贴近于虚拟实践。只有让营销活动的对象成为虚拟实践中不可或缺的一部分，才能实现数字营销的活力、自主、个性化和互动性，达到数字营销的目的。

### 3. 数字营销作用于消费者的虚拟体验

众所周知，消费者在购买过程中经历了从了解、熟悉、考虑、评估到购买的不同阶段。如果消费者通过购买一个品牌而持续获得价值，则他们更有可能成为忠诚的客户。在传统的线下环境中，消费者的旅程相当长，特别是在考虑和评估阶段，而在数字环境中，这些阶段被显著缩短甚至消除。消费者能够借助搜索引擎快速获取信息，在零售商官网或第三方论坛中阅读其他客户的评价，甚至一个社交网络的帖子都能激发消费者最初的购买欲望。因此，在数字环境中，客户可以以全新的方式完成他们的决策旅程。因此，在这种情况下，营销人员必须将数字营销致力于提升消费者的虚拟体验。通过精心设计的视觉、听觉和行为感官的刺激，消费者在与产品或服务互动过程中所产生的独特心理和情感反应，被定义为虚拟体验。当消费者需要对产品或服务的相关情况进行了解时，可以通过在虚拟生活空间中接触的感官刺激和消费者体验，对产品属性和价值产生自己的判断。

数字营销不能仅着眼于使用文字和图片信息营销技术，还要利用在线虚拟试用和虚拟场景模拟，让消费者完全沉浸在消费体验中，让消费者更真实地感受产品和自己的需求，从而提升消费者购物的满意度。通过个性化的虚拟体验，消费者的偏好在消费者的脑海中建立起来，从而影响他们的购买行为和购买决策。

### 4. 数字营销使创意与传播、传播与营销一体化

与传统的营销方式相比，数字营销的本质已经发生了变化。它整合了创意、传播和营销这几个原本分离的部分。在传统的营销方式中，创意和传播是分离的。在传播之前，创意已经确定，只需根据创意的既定内容进行传播即可；传播和营销也是分离的，传播更侧重于信息的推广，而营销则更侧重于 4P[product（产品）、price（价格）、place（渠道）、promotion（促销）]或 4C[consumer（消费者）、cost

（成本）、convenience（便利）、communication（沟通）]的推进。数字营销的交互性、时空超越性、去中心化，使得创意与传播、传播与营销相融合。创作与执行分离的时代已经过去，创意、传播和销售在数字营销中同时发生，同时作用，协同共行。

### 1.1.6 数字营销的策略

从收件箱、社交网络、笔记本电脑、平板电脑到智能手机，如今的消费者可以在这些渠道之间无缝切换，自然也期待企业随时随地提供优质服务和体验。伴随着数字媒体形式的不断翻新，企业的营销理念和营销策略也随之发生变化，本节就其中三种当今被广泛使用的数字营销策略展开探讨。

**1. 社会化媒体营销**

社会化媒体营销就是利用社会化网络、在线社区、博客、百科或者其他互联网协作平台和媒体来传播和发布资讯，从而形成的营销、销售、公共关系处理和客户关系服务维护及开拓的一种方式。一般社会化媒体营销工具包括微博、微信等社交媒体平台或者小红书、抖音等内容平台。社会化媒体营销是一种触达特定受众的绝佳方法，可帮助企业直接与客户、潜在客户和合作伙伴建立联系。在传统媒体投放的广告很难看到用户的反馈，而在网络上的官方或者博客上的反馈也是单向或者不即时的，互动持续性差。往往是我们发布了广告或者新闻，然后看到用户的评论和反馈，而继续深入互动却难度很大，企业跟用户持续沟通的渠道是不顺畅的。而社交网络使我们有了企业的官方微博，有了企业的官方账号，在这些平台上，企业和顾客都是用户，先天的平等性和社交网络的沟通便利性使得企业和顾客能更好地互动和建立关系，树立良好的企业品牌形象。

**微案例阅读**

#### 汉堡王，朋友贵还是面包贵

朋友贵还是面包贵？在美国，汉堡王通过 Facebook 开展了一次营销活动，将一款名为"Ace's Victim"的游戏设置在汉堡王公司主页的一个应用程序中。游戏非常简单，只要用户在 Facebook 上删除 10 个好友，就可以免费获得一个皇堡。但是，当用户删除好友时，他们的好友会收到通知，内容为："为了一个免费的皇堡，我把你从我的朋友列表中删除了！"意思是说，参与游戏的人"卖友换堡"——宁愿牺牲一个朋友，也要获得一个免费的汉堡。被牺牲的人，可能会感到很疑惑：我是他最不喜欢的朋友吗？于是，这段关系可能会逐渐恶化。这种删除好友的行为显然违背了 Facebook 建立社交网络的精神，也可能对好友之间的信任产生影响，但汉堡王却切切实实地达到了营销目的。活动期间，共有 23.4 万个用户被好友删除，近 1.3 万个博客网站报道了此次活动，搜索引擎上的帖子超过 14 万条。

资料来源：《汉堡王：将特色营销进行到底》，https://m.topys.cn/article/7606，2023-11-24。

**2. 内容营销**

数字营销时代，媒介生态与消费环境都在发生变革，企业营销传播战略也随之改变，越来越多的企业品牌开始加大对"内容"的投入力度，扩大内容营销的市场规模。

内容营销是指在以有价值的内容为内核的基础上建立的，通过讲故事的方法，在形式多样的渠道进行传播，从而达成与消费者有效沟通并促成行动的一种营销形式。第一，"内容"可以泛指一切由企业自主创作的、任何形式的、有关于品牌信息的作品，但内容价值是相对于满足消费者需求而言的，因而是内容营销的核心要素。第二，内容营销多通过讲故事的趣味性手段传递品牌信息，不同于传统广告的硬性信息传递，讲故事的手法更利于降低受众的抵触感，使消费者本能地对人格化的品牌产生信任感，从而更为主动地接受和传播品牌信息。第三，内容营销的媒介渠道形式是多样的，数字时代的网络新媒体成为内容营销的首选渠道，以企业网站为品牌内容营销的主阵地，与社交媒体、搜索引擎等其他形式共同构成内容营销的多平台传播生态。第四，内容营销的最终目的是与消费者达成有效沟通并促成其行为，营销者需要关注消费者的真实需求，从而促使其主动关注与参与。

**3. 跨渠道整合营销**

在数字技术的普遍应用下，用户作为传播个体的信息处理能力大大增强，整个网络传播呈现碎片化语境。在这种碎片化语境下，互联网的内容生产与营销呈现更加多元化的趋势。单一形式的营销容易造成成本递增、效益递减，自成一体的封闭式传播已不再适应信息多元化的时代，构建跨渠道整合营销的"组合拳"模式更有利于信息的整合与传播。

跨渠道整合营销，需从"跨渠道"与"整合"两个层面来探讨。这里的"跨渠道"指不同营销传播渠道之间的跨界，其中不仅包括线上线下的跨界，如很多实体店开始融入大数据、移动终端、APP、移动支付等多样化的数字服务体验，构建平台化的营销系统，还包括不同媒体平台之间的跨界，如搜索引擎、网络游戏、微信、微博、APP 及 PC 端（电脑端）、移动端等，都为数字营销提供了丰富的平台基础。如今，通过有效分析和利用人口统计数据、数字化营销分析工具和营销活动数据等，品牌可以实施一系列级联事件（如消费者在品牌店铺中购买了某个产品，可能会促成其购买店铺内的关联商品），推动消费者与该品牌的各个销售渠道之间保持更加深度的关系。

### 1.1.7　数字营销生态系统

中国数字营销市场正以年增长率超过 20% 的速度高速增长，至 2022 年，其市场规模突破 1.2 万亿元[①]。进入 4.0 时代，数字营销的各个环节和触点已经逐渐交融，形成了庞大且系统的数字营销生态。

从主体上看，数字营销生态中包含着消费者、广告主（企业）、媒体与展示终端、服务商在内的众多参与者，他们都是数字技术的用户。消费者是中心焦点，广告主（企业）是营销发起方，而媒体资源需求方平台、广告交易平台等服务商则为支持方，如图 1-3 所示。

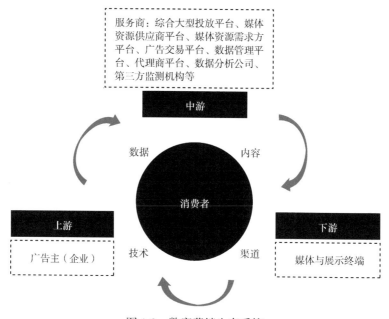

图 1-3　数字营销生态系统

数字营销时代，消费者拥有很高的自主权，他们可以通过多种渠道来表达自己的意见和建议，企业、消费者和品牌之间可实现实时的互动、对话。对于企业来说，消费者已不再是产品和品牌信息的单向被动接收者，而逐渐成为其

---

[①] 资料来源：秒针营销科学院联合全球数字营销峰会（Global Digital Marketing Summit）及媒介 360 共同发布的《中国数字营销趋势报告》（2023）。

创造者，UGC（user generated content，用户生成内容）已逐渐成为营销传播的新走向。消费者开始参与到整体营销生态链的运作过程中，既是营销的起点，也是营销的终点，消费者的需求和想法会对企业整体营销战略和运作细节产生影响，形成一个闭环。

从概念上把握广告主，"主"字成为重点，表明其权利和义务：有权向媒体和广告代理公司提出要求，也有义务为整体广告活动最终买单。一般而言，广告主具有四个特征：其一，身份明确。广告主做广告的目的性和功利性非常明显，即宣传自身，获得经济和社会效益。其二，为广告付款。这便排除了其他一些利用非付费宣传形式来达到传播效果的集体或个人。其三，委托广告代理活动。这一点在数字营销时代正在发生变化，或趋于淡化。其四，有利用广告推销产品和服务的行为。

媒体资源需求方平台和广告交易平台等服务商按照涉及的环节不同可以分为三类：服务与管理、数据与工具、触点与内容。服务与管理板块是为广告主提供创意、策略、投放支持的第三方，主要包括 MCN 机构、媒体购买机构、创意策略机构、DSP（demand-side platform，需求方平台）、SSP（supply-side platform，供应方平台）等程序化服务提供商。数据与工具板块是广告商和相关公司为广告主提供数字资源和应用服务的第三方，主要包括为企业提供数据源的 CRM（customer relationship management，客户关系管理）系统、SCRM（social customer relationship management，社交化客户关系管理）系统、微信和电商等后台系统，以及为企业提供数据监控、分析、安全的第三方。触点与内容板块是为企业提供营销信息触达目标用户的渠道和载体的第三方，主要包括为企业开展私域营销、内容营销、社交媒体营销、电商平台、搜索等提供支持和服务的第三方。

从支撑因素来看，数据是贯穿数字营销生态不可或缺的要素。此外，还有技术、内容、渠道三个关键因素，决定着数字营销的有效性和数字营销生态中各阵营的实力。其中，技术是数字营销的基石。无论是数据采集、分析、广告投放、渠道筛选，还是内容制作，都离不开营销技术的演进。渠道的重要性也不言而喻。它是流量和用户汇聚的地方，影响着营销信息的触达范围和方式。目前数字营销的主流渠道多为线上渠道，包括常见的电商平台、短视频平台、信息流平台、搜索平台、社交媒体平台、邮件平台等。那么为什么内容对数字营销而言如此重要？一方面，这主要与买方时代用户的消费心理有关。在传统营销时代，企业大多通过广告来推销产品；但在数字营销时代，除了广告，企业还需要制作个性化、多样化的内容，与用户产生情感共鸣，让用户产生品牌认知度。另一方面，这与社交媒体的发展有关。在去中心化的社交媒体时代，传统营销时代的金字塔式营销思路——重金投入媒体广告已经不可持续。企业要与用户保持联系，实时在线，要能制造话题，达到"花小钱办大事"的效果。品牌通常会选择社交媒体、短视频、信息流等媒体平台开设公众号，招募专人运营，管理私域流量，以回应用户的心理诉求。

# 1.2　数字营销的特点

## 1.2.1　数字连接

在传统意义上，营销的出发点通常是市场细分，即根据顾客的地域、心理和行为特征等，将市场划分为同质的群体。市场细分后，通常会进行目标市场选择，在品牌心目中选择一个或多个有吸引力的用户群体，针对这些不同的客户群体提供不同的产品和服务。

但是，细分和选择也意味着客户和企业之间的关系是垂直的。细分和选择不是征求客户的意见，而是来自营销人员的单方面决定。作为决定市场细分和选择的变量，客户在市场调研时只会参与信息输入的操作，而传统营销则着重于向尽可能多的客户提供尽可能多的产品和服务，这会导致用户感觉受到不相关信息的侵扰和冒犯，也导致许多人将来自品牌的单方向信息视为垃圾信息。

数字营销借助于互联网、计算机通信技术和数字交互式媒体来实现营销目标，它可以基于明确的数据库对象，通过数字化多媒体渠道，如电话、短信、邮件、网络平台等数字化通道连接用户和企业，打造营销闭环，实现营销精准化，营销效果可量化、数据化的一种高层次营销活动。

**1. 数字化是数字营销的本质特征**

随着数字技术的飞速升级，数字经济迎来了蓬勃发展与营销方式的深刻变革，数字营销逐渐崭露头角，成为数字经济时代不可或缺的核心营销手段。鉴于其以虚拟现实为基石，展现出多媒体的丰富形态、精准互动的运行模式以及内容的多样性和深度，我们需从数字技术的本质出发，深入理解和把握数字营销的内涵与价值。

数字化首先是个技术概念，最初是一种数据符号，运用在信息网络与通信层面。通过计算机符号自动处理，将任何连续变化的输入如图画的线条或声音信号转化为一串分离的单元，用 0 和 1 表示。在今天，人们对于数字化概念的理解，特指工业时代向数字时代的转化，数字技术是一个分水岭，把人类从工业社会带入数字社会。如今被广泛传播的数字化的定义，是尼古拉斯·尼葛洛庞帝提出的：数字化即"物质原子"被"数字化比特"代替。对此，唐超（2007）有类似的具体阐述，该文提出数字化的核心内容包括三点：其一，信息传递通过 0 和 1 表示；其二，数字化传播系统呈网状和交互式；其三，数字化的终端设备在各个点都能接收、储存、呈现、处理和发送"数字化比特"信息。

在《失控：全人类的最终命运与结局》中，凯文·凯利（Kevin Kelly）表达了一种思想。他认为，互联网的特点是万物皆可复制，这将带来以移动技术为代表的数字技术的两大特点——"随身而动"和"随时在线"，这样一来，人们的需求就转化为一种即时连接体验。这个想法有助于我们理解数字"连接"的本质特征。今天，人们习惯于通过网络连接获取一切，如电影、音乐、旅游等，人们不再为这些东西付费，而是希望通过连接获得。后者更方便，更划算，价值感知也更高。数字化通过"连接"带来的时效性、成本和价值，显然超过了"拥有"带来的这一切。亨利·福特"让每个人都买得起汽车"的理想完全可以演变成今天的"让每个人都能使用汽车"，"连接"汽车远大于"拥有"汽车。

数字化作为一种方法和手段，赋予了数字营销的基本特征。数字技术在宽带提速、硬件采集和系统升级、人脸识别、内容分发网络（content delivery network，CDN）、算法优化、芯片升级等方面都有很大突破，能够保证用户数字营销体验中的便利、流畅、美观、分发、社交、沉浸等复杂需求，也为跨屏、跨域、跨链路等具有融合交互功能营销渠道的建立，提供技术支持和实践的可能。

**2. 数字化助力连接关系的形成**

正如一些研究者认为的那样，数字营销是利用人工智能、移动技术、通信技术、社交、物联网、大数据、云计算等实现各主体之间的"连接"的。如前所述，数字营销生态中包含着消费者、企业（广告主）、媒体与展示终端、服务商在内的众多参与者。

从消费者与企业的关系看，相较于传统媒体时代受众被动地接收单向传播信息，数字时代的用户则转被动为主动，不仅作为信息的接收者存在，更成为信息的生产者与传播者，形成新媒介生态下双向互动的传播。数字化催生的自有媒体（owned media）、付费媒体（paid media）和赢得媒体（earned media）等数字媒体在消费者与企业间发挥着重要的连接作用，如图 1-4 所示。自有媒体，即品牌拥有的数字媒体，包括企业的品牌活动网站、产品促销网站及其自主开发上线的数字传播形式等，通过这些自有媒体，企业可以迅速建立起品牌与消费者的沟通关系。最常见的是搜索引擎在优化、建构品牌与消费者良好关系中起到重要作用，或者作为品牌与客户关系处理坚强后盾的企业网站。搜索引擎往往让消费者成为品牌建构过程中主动的参与者与传播者。付费媒体，即需要付费的数字媒体，指广告主通过付费方式选择的特定媒体形式、位置等，借以刊发与品牌相关的产品与服务信息，如视频广告、展示广告等。规范付费媒体，是建立合理有效的经售和管理模式的关键。赢得媒体则是指品牌通过互联网资源获取的免费营销与传播的媒体价值，如企业管理者所接受的采访、消费者在社交平台自发分享所形成的口碑效应等。这类媒体信息的可信度较高，在数字营销中扮演着越来越关键的角色。但值得注意的是，其多为媒体或消费者对品牌的自发关注和宣传，因此往往不受企业控制，也可能形成一定的负面效应。在数字媒体平台的助推下，这三种媒体形式逐渐成为企业与消费者对话、交互的整合力量。

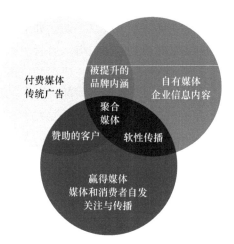

图 1-4　三种类型媒体的聚合

从企业与媒体和代理方的关系看，在数字媒体融合的大时代趋势下，营销生态圈发生了质的变化。企业与媒体和代理方之间产生了更深层次的沟通，一方面，企业希望通过媒体流量曝光增加品牌知名度，与消费者零距离接轨；另一方面，媒体作为内容生产方，需要从企业获取有价值的信息。具体来说，数字技术帮助企业持续创新产品与服务，而为了达到更好的数字营销效果，企业要寻求媒体和代理方提供营销的数字技术支持，媒体和代理方也需要通过数字技术来帮助企业制定和实施营销策略。这也就意味着，数字营销使广告主、媒体方、代理方等市场中的各要素重新定位，建立了更为系统的"营销连接"。

### 1.2.2　顾客参与

**1. 传统营销下的顾客参与**

传统 4P 营销理论（the marketing theory of 4Ps）出现于 20 世纪 60 年代的美国，是伴随着市场营销组合理论的建立而出现的。1960 年，杰罗姆·麦卡锡（E. Jerome McCarthy）在《基础营销》（*Basic Marketing*）一书中首次将企业营销变量或营销要素归纳为四个基本策略的组合，即产品（product）、价格（price）、渠道（place）、促销（promotion）。产品即强调产品的功能诉求，将开发产品功能与独特卖点放在首位；价格即依据企业自身的品牌战略和市场定位，制定相应的价格策略；渠道即企业注重培育经销商和建立自身的销售网络，不直接接触消费者而是通过分销商与消费者建立联系；促销即企业通过短期销售行为的改变，刺激和促成消费者消费的增长，甚至影响其他品牌的消费者的消费行为。

在传统 4P 营销下，产品通常基于客户需求和市场调研进行研发，企业控制着品牌决策中从概念到生产的大部分环节，企业结合成本、精准度和客户价值等多方面为品牌进行一个合理的定价，然后通过渠道和促销将产品信息传达给用户，从而吸引用户。这种传统营销方式是一种由内而外式，通过"推"的方式向消费者灌输信息，本质上立足于企业和产品的自身利益。客户唯一参与的过程是在定价过程中，用户表明的购买付费的意愿并与企业产生联系。因此，这种并非旨在了解消费者切实需求和行为特征的营销模式，难以真正使目标消费者对企业建立稳定长期的认同感与忠诚度，最终影响企业整体营销目标的有效实现。

**2. 数字营销下的顾客参与**

在数字时代，市场竞争日趋激烈，媒介传播速度越来越快，营销也需要更多用户参与。在数字营销中，企业将消费者视作企业营销的起点和最终归宿，突破了传统 4P 营销的局限性，让消费者主动参与到企业营销之中。前文提到，在数字时代，已经演化出以"4R"[①]为代表的数字营销思想。为理解数字营销下的顾客参与，我们可以从"4R"的实施过程来着手。

（1）用户识别，即 recognize，即通过大数据追踪消费者的网络行为，如借助储存在用户本地终端上的数据（cookie）进行追踪。这些追踪行为能够形成精确的、属于个体的用户画像，帮助企业围绕着"人—货—场"来进行数据分析，分析出什么样的消费者偏好什么类型的商品，如 Prada，在货架上布局探针，判断一件衣服被试穿的次数，以及和购买之间的关系，来进入深度的消费行为分析，如图 1-5 所示。

图 1-5　消费者画像生成过程

---

① 数字营销 4R 模式是指 recognize（识别）、reach（触达）、relationship（关系）、return（回报）这四个步骤。

（2）数字化覆盖与用户触达，即 reach，包括 AR、VR、社交媒体、APP、搜索、智能推荐、O2O、DSP 等各种触达手段，基于用户识别实施触达，让技术、数据与客户融合，实现"个性化推荐"（sales process recommendation）。具体来说，这一阶段在大数据平台的基础上，通过将人工智能引擎（如机器学习引擎）与 CRM 系统相结合，对客户数据进行深度学习，形成模式和算法，进而在整个客户消费历程（customer journey），为客户或销售人员实时在线地、自动地提供个性化产品、服务、市场以及销售方案推荐。

（3）建立持续交易的基础，即 relationship，是 reach 的后续步骤，将触达到的用户转化为客户资产，保证企业在"去中介化"的情境中与客户直接发生深度联系、互动，如图 1-6 所示。荷兰皇家航空公司就是这一过程的实践先锋，它们通过开发搭载在微信等社交平台上的移动端微应用，实现了通过客户语音输入就能完成退票、改签、更换座位等客服功能，大大提升了客户的体验。

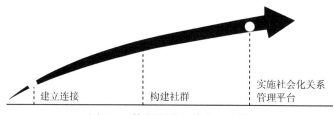

图 1-6　数字化关系建立三步骤

（4）实现交易与回报，即 return。在这一阶段，顾客的参与主要体现在营销的自动化、营销元素的自创，以及场景变现。通过机器来遍历当下积累的客户大数据（如行为数据、交易数据、客服数据等）来形成算法和模型，然后利用这些模型在线"推理"客户的类型（如市场细分）和需求（如用户画像）等，进而自动化地处理市场营销活动（如个性化推荐）。

**微案例阅读**

### 可口可乐：做个有表情包的人

1982 年 9 月 19 日，随着世界上第一个微笑表情"：-）"在台式计算机上被敲击出来，这天也正式成为电脑笑脸表情包符号诞生日，由此开始，越来越多的表情包赋能虚拟世界，使得网络交流表达方式丰满却真实轻松。

可口可乐以此为创作理念，以"在乎的笑脸"为主题，采用回收饮料瓶再生材料制成环保在乎包，号称"八个饮料瓶，一个表情包"，也寓意着回收我们人与人之间真实的微笑。标志性的微笑表情以直观的视觉印象链接品牌与用户之间的传播链路，强有力的视觉记忆点潜移默化地深植用户内心，培育用户的品牌忠诚度。包包内里一句诙谐的"你又背着我拯救世界"旨在呼吁人们关注环境保护，激发人均社会责任感。

九个颜色的微笑表情包，每个都被赋予了不同心境下的微笑内涵，下沉社交场景，阐述了现代人们在虚拟世界真情实感地嬉笑怒骂，却在现实生活面无表情地捧着手机，以聚焦用户情感需求为方向，进行可控性强的情感营销策略，实现用户的深度绑定。

资料来源：《复盘 2020 年：数字经济时代下的营销案例集锦》，https://www.niaogebiji.com/article-33301-1.html，2021-01-16。

### 1.2.3　协同营销

数字营销是涵盖数字化营销战略、数字化媒体购买、内容营销、营销自动化、搜索营销、大数据分析等多元素的集合，拥有一整套完整的自上而下从顶层设计到落地实施的解决方案。在数字营销的生态中，有一个关键的特征——协同。通过应用数字化工具 [如 CPS（cyber-physical systems，信息物理系统）、互联网络、计算机通信技术、数字流媒体]，数字营销实现了多个维度的协同。

#### 1. 协同之一：品效协同

在营销的过程中，品牌和效果其实是两件事情。品牌是长期积累的过程，是为了使用户形成对品牌和产品的认知度和好感度，不可能一蹴而就；而效果是短期营造的结果，目的是直接促进销售转化，往往需要立竿见影。在传统营销方式下，内容与广告处于相互对立的状态，内容服务于消费者，而广告服务于品牌。但在数字营销的过程中，各种数字技术构建起了一个能够承载起品牌与效果价值联动的载体——"内容+场景"，能够根据不同阶段、不同目标以合理的方式，将品牌和效果广告投放进行有机组合，以达到综合效果最大化。

内容和场景的重要毋庸置疑，单纯听一首音乐远没有观看 MV 来得爽快，现场看一场球赛会比看电视转播更有气氛，视听一体的沉浸式体验会让用户感知到的品牌印象更加深刻。如今越来越多的品牌选择优质的综艺或者剧集作为植入场景，经过特定设计的桥段融入消费场景中，让用户在不经意间经历品牌的洗礼，自然又有趣。

#### 2. 协同之二：市场和销售的协同

市场和销售的边界在数字化时代变得越来越模糊，市场部正在进行从传统广告与线下活动向数字化营销的转变，同样的，销售工具、销售手段也在进行数字化转型。

传统上认为市场部的职能是市场战略的制定、营销活动的开展和销售物料的支持，所以侧重于大局的规划和前期通过市场手段获客，而销售部是深入一线市场进行客户的开拓、关系的建立、渠道的开发和订单服务等工作。数字化时代让市场和销售职能边界变得模糊，同时"大数据"和"技术"对营销的赋能也使得市场和销售进一步协同。因为数字化监测工具的出现，用户行为在各个数字化渠道的落点部分变得可追踪，市场部可以通过监测这些数据给销售部带来有价值的客户数据分析，以前的调研通常都是通过定期的一些焦点小组（focus group）或调研机构进行，这是一种好的手段，现在数据监测的实时性、用户轨迹的真实性、全面性，能够更好地辅助销售对客户喜好、行为习惯、特点做出更准确的判断，并且除了了解客户本身以外，对产品的建议，从客户端的反馈向产品研发部门进行信息的传导，也能更快地响应客户对产品不断迭代和升级的需求。

### 3. 协同之三：营销参与主体的协同

数字营销的生态系统，打破了包括消费者、企业（产品设计人员、生产制造人员、销售人员）以及媒体平台和代理平台在内的几大主体之间的沟通障碍。

以 MCN 机构、媒介购买机构、创意策略机构、DSP、SSP 等程序化服务提供商为代表的服务与管理参与者，为企业提供创意、策略、投放等支持；以 CRM 系统、SCRM 系统以及微信、电商等后台系统为代表的数据与工具参与者，为企业提供数据监测、分析、安全保障；以社交媒体平台、电商平台、内容平台为代表的触点与内容参与者，为企业提供营销信息触达目标用户的渠道和载体。在这三大类主体的协助下，企业能最大限度地利用好通过数字营销所获得的市场信息，从而使产品的设计更加柔性，更加贴近消费者，获得新的核心竞争能力。

在这一过程中，消费者数据所有权有限让渡贯穿始终，成为各个主体协同的基础。媒体平台和代理平台以渠道优势获得部分消费者数据，并将其反馈至企业层面；在到达企业后，这部分数据将被深度分析并投入使用，转化为基于数据的新服务、新产品，从而反哺消费者。

**微案例阅读**

### 长安马自达 CX-30 上市整合营销

疫情下，各大汽车品牌的新车集中上市。因此，长安马自达 CX-30 的上市面临营销高压。在上市前，长安马自达首先通过打造专属于 CX-30 的超级符号，用小红椒昵称与用户互动，迅速拉近与用户距离。为持续引爆用户关注，长安马自达还打造了车企直播勒芒赛"长马 12 时"，通过携手车圈多位核心用户、企业高层、技术团队，多维度地对产品进行直播讲解，实现与消费者高频互动，建立产品好感。同时，长安马自达还在浙江卫视通过电视、网络直播同步播出上市发布会，并邀请年轻一代偶像代言。在整个营销过程中，长安马自达秉持着"3+1 全域营销思维"，联动多渠道势能。既保证了各个环节的完整性，也注重营销企业与投放平台之间的配合，最终实现 1+1＞2 的效果。整个新车上市传播实现广告价值 2.31 亿元，覆盖人次达到 3.65 亿人。

资料来源：《"长马 12 时"，堪称直播界的勒芒》，https://k.sina.com.cn/article_6926187981_19cd53dcd00100n1iw.html?from=auto，2020-05-01。

# 1.3　数字营销跨学科理论基础

技术的发展为社会带来了无限生机和可能，推动了社会形态和生存方式的变迁，随之改变的还有经济形势和产业前进方向。与之对应的，人类作为生活的主体，其心理也会产生新的思考与意识。除此之外，传播生态也受到技术的深刻影响，伴随着技术的变革而发生质的变迁。因此，与数字技术密切相关的数字营销，其产生与发展还根植于多学科的理论基础。

## 1.3.1　数字营销与社会学

一个多世纪以来，报纸、杂志、广播、电视等传统媒体一直是大众传媒时代信息传播的主宰，也是现代商业广告的重要传播渠道。然而，在网络新媒体的冲击下，传统媒体逐渐失去了光环，数字营销传播迅速崛起。这种现象的背后，体现的是社会形态的深层次变化。

社会形态是以一定生产力为基础的经济基础和上层建筑的统一，是社会经济结构、政治结构和文化结构的统一，包括经济形态、政治形态和意识形态。换句话说，社会形态是社会政治、经济、文化的外在表现。在经济社会形态范围内，人类社会可以按照"三分法则"依次分为：人的依赖社会、物的依赖社会、个人全面发展的社会。在数字营销之前的传统营销时代，人们通过纸质媒体和电子媒体获取信息。此时的公共群体处于依赖大众传媒的阶段，所体现的社会形态完全是"物的依赖社会"。数字营销不同于以往的传统营销，新的信息技术使人们在接收信息的同时得到启发，极大地调动了人们的主观能动性，推动社会形态向着新的方向全面发展。

独立的个人无法形成社会，只有在人与人之间相互联系、交流互动的基础上才能形成社会。在数字社会中，数字信息通信技术开启了人与人之间信息传递的新时代，从根本上改变了人们与外界的联系方式，从而给社会带来了革命性的变化。如今，人们能够用手机看新闻、乘坐公共交通工具、支付超市账单、开门禁、获取自己的健康数据，更重要的是通过应用程序与亲友交流。毫无疑问，数字技术已经渗透到我们日常生活的每一个角落，我们已经进入了互联网的数字时代。

数字社会中信息的呈现和传播体现出一系列基本特征。第一，信息数字化。模拟信息的呈现和传输是由物理实体承载的，如打印在纸上或转录在磁带上。数字技术将信息编码成比特（二进制数）的电子信号，让信息完全摆脱物质实体的"束缚"，几乎可以无成本地以近乎光速自由传播。第二，数字信息的计算。信息数字化意味着信息可以作为数据使用并进入计算过程。例如，我们可以将空间信息数字化，通过数据采集、计算、优化，输出为交通出行中的导航信息。第三，数字网络。数字化信息的传输是通过充当节点的相互连接的计算机终端网络完成的，随着基础设施的扩展，无线通信技术几乎可以将数字网络扩展到任何地方，现在有了无所不包的物联网。第四，数字智能。在数字时代，人们的活动信息被收集为数据，经过整合、计算、优化后反馈给现实世界，为未来更有效的决策提供信息依据。

以数字技术为基础的数字社会连接也显示出根本性的变化。第一，数字技术扩展了社会联系的边界。从理论上讲，每个人都可以轻松地与任何人或所有人建立联系。第二，数字网络促进了社交信息的共享。由于数字信息复制和传输的便利性，人们可以几乎零成本地交换海量信息。第三，数字信息传递增加了社会联系的及时性，数字网络中人与人之间的信息交换可以瞬间完成。第四，数字连接的便利性带来了社会连接对数字技术的依赖，人们在工作和生活中原有的连接方式已经通过数字网络转变为数字连接。

### 1.3.2　数字营销与心理学

数字时代消费者购买心理与行为的研究才开始真正做到以消费者需求为主导，消费者网上购物将拥有比过去更大的选择权利与自由。特别是能根据自己的特点和需求在全球范围内找寻满足他们需求的商品，不受地域限制。正因为如此，在21世纪各类营销中网络购物发展最快也是最有前景的领域。但要真正做到数字时代下个性化营销，还需要深入认识消费者购买心理与行为。

数字时代下营销特别注重消费者在购物前的心理活动。一般把它分为三个阶段：需求确定、购前学习和备选评价。对应数字时代可以理解为三种主要信息活动：浏览、搜索以及比较。浏览即需求确定，它是非正式性和非目的性的信息认知，有关信息可能成为购买动机的诱因。这时候，消费者浏览的目标网站大多是自己经常登录的熟悉网站，当然他们也可能是漫游式地在网上游荡，一旦发现有自己的兴趣点便会收藏或订阅。搜索即购前学习，它通过搜索引擎寻找和收集特定的品牌与商品信息。搜索时消费者要从搜索结果中访问众多不同的信息源，其有效性依赖于关键词以及其他搜索路标。搜索中收集到的信息有助于消费者发现某一品牌、某一商品的更多新信息。比较即备选评价。它是在有大量信息的信息集里对特定信息进行判断，从而达到品牌比较和商品比较的目的。实际上比较已属于信息处理的过程，其目的性较强。现在有很多电子商务的平台网站和部分门户网站已经提供商品与品牌比较的功能，而这种实现比较的个性化需求恰恰是传统信息媒体难以做到的。

　　除此之外，数字时代下，消费者的心理还产生了新的趋向。第一，消费者自我价值认识日渐提高，购买决策的自主性更强。消费者为自己打算，对于自己的价值认识不断提升。他们对于企业营销有所了解，不再总是相信品牌向他们灌输的信息内容。在消费心理方面，消费者正在变得更有主见、更易怀疑。大多数消费者表示网络上第三方发表的评价比品牌厂商自己发布的信息更加真实可靠，同样越来越多的消费者认为我的需求与感觉和别人有很大不同，在选择品牌与产品时，我会更有主见，较少听信品牌厂商的宣传介绍。另外消费者更加注重对信息"真实性"的把控，而不再只听厂商自我宣传，消费者会经常查看与关注那些由真实用户发表和分享的产品使用体验与回馈，据此全面了解从不同渠道得到的各种品牌、产品信息。消费者认为这样获得的信息会更加真实和可靠。

　　第二，消费者购买的自主决策意愿更加强烈。进入数字时代，消费者有自己的思想，他们愿意表达自己的观点，明白企业的营销策略会干扰他们的消费决策，甚至有时会发起一场"对抗营销"的讨伐。越来越多的消费者认为如果一个品牌厂商不断通过各种广告宣传来试图影响或改变其想法，那么他们会感到厌烦并有逆反情绪。在消费行为方面，消费者会花些时间与心思去琢磨品牌厂商通过各种广告到底想要传达给我什么样的信息，会尽量避开广告（如关闭广告窗口、做些别的事情等）。现在消费者已经被各种工具"武装"起来，科技就在消费者兜里或包里，令他们可以与大量的信息实时相连，厂商、零售商相对于消费者的竞争优势正在大幅削弱。越来越多的消费者表示非常乐于使用科技产品、服务（如计算机、手机、互联网等）来获取信息，帮助自己做出"聪明"的购买决策并认为如果没有尽力对品牌、产品进行充分的了解与比较就做出购买决定，通常会有一定的风险。大多数消费者会查看与比较同一产品在不同销售渠道（如网店、大卖场、折扣店、品牌专卖店）的价格，在外出购物时，他们会借用计算机或手机来帮助查询或确认相关的产品、服务信息（如价格比较、店铺推荐）。

第三，消费者自我表达欲望更强，注重实时联系与信息分享。消费者生成海量、自发、不受限、非结构化的评论与信息，通过这种行为与方式，消费者不再是单独的个体，他们相互联系，拥有群体的力量与权利。今天大多数消费者表示如果其他人对我所分享的经历与体验予以关注或有所受益，我会有一种成就感，并愿意分享更多的观点，同时越来越多的消费者喜欢与那些有共同兴趣或话题的人建立联系，倾听他们的经验与建议，并积极分享自己的看法与感受。这也意味着企业、品牌不得不改变与消费者沟通、对话的方式，找出与这些"极富经验"的消费者进行有效互动的新方式。无论是营销者还是市场研究者都力图利用他们的知识，而不是试图漠视或回避，吸引消费者，与消费者进行长期、开放的对话与协作，充分利用消费者分享交流的兴趣以及参与的积极性。

### 1.3.3　数字营销与传播学

新媒体以锐不可当之势给传媒业带来了巨大变革，各类新型媒体的出现使数字营销传播逐渐走向成熟。早在 2014 年中国互联网络信息中心（China Internet Network Information Center，CNNIC）就发布了第 34 次《中国互联网络发展状况统计报告》，报告显示，截至 2014 年 6 月底，我国手机网民规模达到 5.27 亿人，手机上网使用率为 83.4%，首次超过了传统 PC 端的使用率。新媒体使人们对信息的接收方式发生了改变，人们不再按时按点地收看或收听电视节目及广播节目，通过新媒体，所有人都可以随时随地捕捉信息、交流信息。这也导致了许多尚存的全球知名纸质媒体纷纷将注意力转向网络版。新媒体营销传播载体的形式非常多样，新的传播渠道也日新月异，不断涌现，潜移默化中改变着人们的生活方式。互联网作为最早出现的新媒体形式，现已成为数字营销传播的主要载体。这一继报纸、广播、电视之后出现的"第四媒体"，正在通过搜索引擎、社交平台、内容平台、电商平台等形式改变着人们传统的生活方式。

互联网可以将两台或两台以上的计算机终端通过计算机技术连接起来，人们由此可以和地球上任何地区的人联系、沟通及合作。手机等移动终端被誉为继互联网之后的"第五媒体"，此类移动媒体正以急速发展的强劲势头证明着其业态的无限前景。手机、平板电脑等移动智能终端逐渐成为人们的视觉、触觉等方面的延伸，人们对于移动媒体的依赖程度越来越强，且这种依赖跨越了各种年龄层和各类行业阶层。

在数字营销传播中，借助新信息技术的引领，品牌及品牌营销的相关信息主要由消费者来创造，并通过各类社交媒体在消费者之间迅速传播，消费者在信息的传播和交流中使品牌形象不断完善，并在交流互动中随时随地获取品牌信息。

与以往硬性推广式的营销传播方式不同，数字营销传播在网络新媒体时代取得了更好的传播效果。

### 1.3.4　数字营销与经济学

斗转星移，人类进入大数据时代，同时期兴起的数字经济深刻影响了社会的方方面面。数字经济并非单纯的产业革命，它革新了价值创造的方式，再定义了价值分配的过程，而数字经济领域的迅猛发展和颠覆式创新也深刻影响了现代经济学的研究走向。

从经济史和经济思想史的角度来看，历史上每一次新技术的出现，都会带来经济形态的转变。而在经济形态转变过程中所产生的新现象，则会对当时的主流经济学理论形成冲击。

首先，从数字经济的范围来看，中国信息通信研究院（2017）将数字经济分为数字经济基础部分（包括电子信息制造业、信息通信业以及软件服务业等）和数字经济融合部分（将数字技术应用到制造业、服务业等传统行业所增加的产出）。其次，数字经济是以数字为基础的一系列经济活动的总和。正如中国在2016 年《G20 数字经济发展与合作倡议》中指出："数字经济是指以使用数字化的知识和信息作为关键生产要素、以现代信息网络作为重要载体、以信息通信技术的有效使用作为效率提升和经济结构优化的重要推动力的一系列经济活动"。最后，从产出角度来看，数字经济可以说是各类数字化投入带来的全部经济产出。其中，数字化投入包括数字技能、数字设备（软硬件和通信设备）以及用于生产环节的数字化中间产品和服务。

总而言之，数字经济是一种基于数字技术的经济。因此，数字经济强调的是，数据信息及其传送是一种决定生产率的技术手段，是先进生产力的代表。这样一种技术手段，它可以渗透进工农业生产、服务业劳动，形成"互联网+"。虽然它与其他技术手段在各种生产活动中共同使用并同时发挥作用，但对于这些生产过程来说，决定生产率高低的正是数据信息及其传送这一技术手段。这也使得数字经济在规模经济、范围经济以及长尾效应等方面的特征极为显著。

在数字经济时代，平台企业通过网络外部性实现规模经济。网络的外部性往往是正的，而不是负的。根据梅特卡夫法则，网络的价值增长速度与用户数量的平方成正比。当网络用户超过某一临界点后，网络价值则呈爆发式增长。因此，数字经济时代所追求的规模经济，是通过扩大网络用户规模，提高平均利润进而实现收益最大化。从范围经济的角度来看，传统范围经济是基于不同产品在生产、销售等方面的相关性实现的，可以说企业产品的相关性程度直接关系到范围经济的实现程度。在数字经济时代，平台企业实现范围经济的条件由产品的相关性转向基于用户数量的规模经济。数字经济的出现大幅降低了搜寻成本，平台企业利用大数据迅速将供求双方直接联系在一起，有效缓解了交易双方的信息不对称问题，从而大幅度降低了交易双方的搜寻成本、信息成本、议价成本以及监督成本。

数字信息通信技术的广泛应用在催生了新的产品、新的业态、新的服务的同时，也对部分传统行业和业态产生巨大的冲击甚至颠覆，实现了"创造性毁灭"。以至于有人断言，未来数字经济与传统经济的边界将会消失，因为未来整个社会经济活动都将变成数字经济。

经济学是研究商品或服务的生产、分发与消费的社会科学，而数字经济的发展对所有经济主体及整个经济体系都产生着深远影响，整个经济社会的资源配置模式、市场交易关系等正在被互联网改造。现在，我们正从后工业社会向数字化社会或信息社会迈进，这一次变化程度之大和对经济社会影响之深远可能远超从前，因此也必将推动经济学研究产生更大的一次颠覆性创新。

# 第 2 章

# 数字时代营销信息的获取与分析

针对数字营销的特点，本章主要从数字化营销环境、数字时代营销信息获取、数字时代营销数据分析等三个方面探讨数字时代营销信息的获取和数据分析。

## 2.1　数字化营销环境

### 2.1.1　数字营销环境系统

随着社会环境发生巨大的变化，数字营销的浪潮席卷整个社会：数字化就像分子一样，正在渗透现代社会的每一个角落和缝隙，这也是企业在现代化商业环境中无法幸免的因素。消费者愿意拥抱数字时代；面向消费者的企业正在迅速加快"互联网+"的步伐，走向未来的商业。如今，新一代买家在市场上占据主导地位，影响着老一代人。新一代企业使用新技术进行产品和服务研究，不依赖于一般的营销方法——他们变得"更聪明"。企业或组织要想利用数字营销手段适应市场的变化，就要努力了解数字营销环境的各个方面，并明确对组织成功至关重要的组成要素。

正如自然环境中动植物所构成的生态系统一样，数字营销环境也建立在一个微妙的生态系统之上，如果从中添加或删除错误的元素，将会影响该系统的平衡性。数字营销环境的平衡性将会成为决定一家企业或组织的战略能否成功，或者是否失败的重要影响因素。在数字营销环境中，它由两个主要生态系统组成：宏观环境和微观环境，如图 2-1 所示。这些环境是由许多不同的组成部分建立的，这将直接影响企业或组织的战略决策。

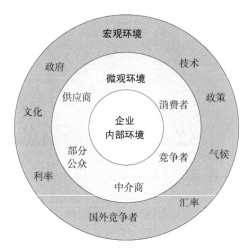

图 2-1　数字营销环境构成因素

数字化营销环境中，宏观环境是一系列外部因素和力量的集合，这些因素和力量无法由企业或组织控制，与此同时将会影响其数字化进步。宏观环境因素包括政府、文化、利率、国外竞争者、汇率、气候、政策、技术等。所有数字营销人员都需要充分意识到宏观环境的任何变化，如社会行为的变化、新法律法规的颁布或者可能创造潜在机会和威胁的技术创新。能实时有效监控和及时应对宏观环境变化的企业或组织可以抓住机遇，抑或是及时转危为机，创造差异化和竞争优势，使得企业能够借势而上，得以生存和繁荣发展。

数字化营销环境中，微观环境专注于塑造即时交易环境下的参与者，也称为企业的"内部运营"环境（Chaffey and Smith，2017）。企业或组织的微观环境由供应商、部分公众、中介商、竞争者、消费者等因素构成。为了让数字营销人员制定成功的营销策略，他们必须了解这些因素之间的行为以及相互沟通。特别是微观环境，旨在以消费者的需求、欲望和愿望为中心。要取得成功，了解消费者和竞争对手的行为以及哪些供应商和中介商提供有助于实现数字营销目标的服务至关重要。通过收集和积累消费者大量的信息，经过处理后预测消费者有多大可能去购买某种产品，以及利用这些信息使产品精确定位，有针对性地制作营销信息达到说服消费者去购买产品的目的。数字化营销核心不在于数据本身，而在于数据帮助我们更好地服务顾客，给顾客创造更好的价值，也就是说，数据对企业是一种赋能的作用。数据让我们在做决策分析时，不只是靠着经验和感觉来分析，而是依据实际事实，提高决策的准确率。

## 2.1.2　数字时代营销环境新特点

在这个快速发展的数字化时代，大数据技术通过互联网实现了商家和用户的互通，既改变了消费者的消费偏好和信息接收方式，也改变了营销者的生产组织方式。如今，人们可以在舒适的家中使用互联网和智能手机进行消费，供应商通过互联网技术及时对消费者的新需求进行预测和响应，通过数字技术对变化的营销环境进行检测，做出营销策略计划，当前这些策略正在全球范围内增长。在外部整个市场营销环境也朝着信息化和数字化的特征转型，其深刻变化主要体现在如下四个方面。

第一，市场信息更加透明和扁平化，消费者的选择更加多样。互联世界，数字信息的大爆炸进一步消除了用户与营销者之间信息的不对称性，破除了营销在地域空间上的限制。但同时也带来了可以满足更多消费者差异化需求的长尾市场。对营销者而言，市场营销的难度更高，竞争性更强。

第二，消费者的生活方式全面向线上化和数字化转型。中国互联网络信息中心发布的第 50 次《中国互联网络发展状况统计报告》显示，截至 2022 年 6 月，我国网民规模为 10.51 亿人，互联网普及率达 74.4%。在网络接入环境方面，网民人均每周上网时长为 29.5 个小时，较 2021 年 12 月提升 1.0 个小时，网民使用手机上网的比例达 99.6%。消费者在网上进行通信、社交、娱乐、资讯、出行等各类活动，网络已经充分占据消费者碎片化的时间。市场营销需要与消费者的数字化生活轨迹更切合，才能获得与消费者的接触机会，从而将其转化为营销机会，实现线上的产品价值交付。

第三，营销者的产品及服务生产、渠道和客服等全价值流程也实现向数字化的转型。当前，各行业企业借助数字化管理工具实时掌控产品生产及流程各环节的情况。随着电子商务发展的成熟，传统线下渠道快速实现向线上渠道的转型过渡，打造"线上+线下"的全渠道营销链条，微信、抖音、快手等社交媒体应用为营销者提供了多媒体营销矩阵以及客户服务、信息收集的反馈渠道。

第四，新技术为营销提供了新手段和载体。随着 4G 网络的成熟和 5G 网络的加强覆盖，结合人工智能、大数据、物联网、AR、VR 等技术应用的逐步渗透，市场营销可借助于新技术实现新产品、新场景的创新。对虚拟技术的成熟应用成为第三产业的重要转型手段。比如，文旅行业的虚拟旅游项目、餐饮行业的虚拟餐厅布景项目等，如何在数字化背景下制定精准的营销策略，是企业或组织抓住新市场的重要前提。

## 2.1.3　宏观环境数据和信息

### 1. 宏观环境

宏观环境（macroenvironment）通常被称为"外部环境"，它由影响整个经济的因素组成，而不是某个特定的部门或地区。宏观环境是指属于更大社会并影响微观环境的所有力量。它包括人口学、政治环境、经济环境、社会环境、技术环境和自然环境等因素。具体而言，宏观环境包括：政治干预、经济条件、国家文化、社会变革、技术发展和创新、法律法规以及组织本身无法控制的环境力量。这些因素影响国内生产总值（gross domestic product，GDP）、通货膨胀率（inflation）、支出水平以及货币和财政计划的趋势，因而这些因素和力量是企业不可控制的。但企业可以通过调整企业内部的人、财、物，运用产品、定价、渠道和促销等可以控制的营销手段，适应宏观环境的发展变化。因此，分析宏观营销环境的目的是通过企业的营销努力，更好地了解环境，适应社会环境和变化，以实现企业营销的目标。

**2. 宏观环境的构成因素**

1）人口学

人口学是指从规模、密度、位置、年龄、性别、种族和职业方面研究人口。这是营销人员研究的一个非常重要的因素，有助于将人口划分为细分市场和目标市场。人口统计学的一个例子是根据人们出生年份对群体进行分类，如表 2-1 所示，每个分类都有不同的特征和原因。

表 2-1　出生年份群体分类情况

| 出生年份 | 群体类别 |
| --- | --- |
| 20 世纪 40 年代中期至 20 世纪 60 年代中期 | 婴儿潮一代 |
| 20 世纪 60 年代中期至 20 世纪 70 年代末 | X 一代 |
| 20 世纪 80 年代至 20 世纪 90 年代末 | 千禧一代 |
| 20 世纪 90 年代中后期至 2010 年 | Z 世代 |

群体分类对于营销人员而言至关重要，因为它可以决定他们的产品对谁最有利，并调整他们的营销计划以吸引该细分市场。人口学涵盖了对营销人员重要的许多方面，包括家庭动态、地理变化、劳动力变化以及任何特定领域的多样性水平。

2）政治环境

政治环境是指影响或限制社会中其他组织和个人的所有法律、政府机构和团体。营销人员必须意识到这些限制，因为在目标市场的选择中，一些产品可能会受到限制，如香烟不应该向未成年人销售。法律和法规经常调整，会给企业营销制造障碍，从而极大地影响公司在整个数字社区开展营销活动的方式。

3）经济环境

市场营销中的经济环境主要用于分析潜在客户的购买能力和人们花钱的方式。在这个领域有两个不同的经济体——自给自足和工业化。自给自足经济更多地以农业为基础，并消耗自己的工业产出。工业化经济的市场多种多样，承载着许多不同类型的商品。每种对营销人员都很重要，因为每个都有不同的消费模式以及不同的财富分配方式。

4）社会环境

社会环境由制度和一群人的基本价值观与信仰组成。这些价值观也可以进一步分为代代相传且非常难以改变的核心信仰和往往更容易影响的次要信仰。随着社交媒体在形成社会信仰和价值观方面发挥着关键作用，文化多样性在数字社区的世界中得到了发展（如微博、小红书、TikTok、Facebook、Twitter 等）。这些数字社区由许多人口群体组成，涉及不同水平的多种多样的互联网使用和在线购买行为。

5）技术环境

技术环境可能是宏观环境中变化最快的因素之一。这包括从抗生素到手术，以及汽车和信用卡的所有发展。随着这些市场的发展，它可以为产品创造新的市场和新的用途。数字化时代的到来，对于 5G、大数据、虚拟仿真等技术的运用是一家公司快速领跑于竞争对手的重要途径。它们必须随时了解趋势，这样它们才能成为下一件大事的一部分，而不是过时并在经济上遭受后果。对于营销人员来说，特别是在数字主导的市场中，预测需求以利用潜在的市场增长至关重要。技术的发展已经达到可以分析购买模式以预测未来需求的程度。

6）自然环境

这涵盖了公司用于推动其营销活动所需投入的自然资源。该领域令人担忧的是污染加剧、原材料短缺和政府干预增加。随着原材料越来越稀缺，创建公司产品的能力变得更加困难。此外，损害环境的行为会对公司的声誉产生负面影响。最后一种担忧是，随着要求越来越严格，政府干预可能会使公司越来越难以实现其目标。

**3. 常见的宏观环境分析方法**

有许多常见的方法可以用于分析和识别企业面临的外部因素，正如前文提到，一种方法是 PEST 分析，包括政治（political）、经济（economic）、社会（social）

和技术（technological），具体如图 2-2 所示。而其他变化（PESTLE 或 PESTEL 分析）由六大因素构成：政治、经济、社会文化（sociocultural）、技术、环境（environmental）和法律（legal）。第二种方法是使用 SWOT 分析，代表企业的优势（strength）、劣势（weakness）、机会（opportunity）和威胁（threat）。

图 2-2　PEST 模型构成

以 PEST 分析模型中的政治因素为例：政治因素包括管理公司或其经营所在行业的法律或政府法规。例如，某国政府通过制定关税来增加 A 公司生产产品所需的进口商品 X 的成本。那么对于 A 公司来说，一方面，可以了解本国销售 X 商品的供应商，从而寻找更便宜的国内来源，而不是支付过高的关税；另一方面，如果 A 公司找不到国内来源，他们将不得不购买更昂贵的进口商品。在许多情况下，公司需要将额外的成本以产品价格上涨的形式转嫁给消费者。如果销售额因公司价格上涨而下降，这可能会减少公司的收入，这时候面对外部政策环境，企业不得不及时做出应对措施，如调整业务或者投入研发，自制生产线等。

**4. 宏观环境数据**

宏观环境会直接影响消费者的消费能力和意愿，如奢侈品行业和大件消费品可能会受到消费者支出波动的严重影响。消费者对宏观环境的反应受到企业和经济学家的密切关注，宏观环境作为衡量一个经济体健康状况的重要标准。宏观环境数据主要可以关注以下几个关键要素：GDP、通货膨胀率、工业增加值、失业率（unemployment rate）、居民消费支出。

（1）GDP：是衡量一个国家的产出以及商品和服务生产的指标，是按市场价格计算的一个国家（或地区）所有常住单位在一定时期内生产活动的最终成果。GDP 反映的数据中一个特别有影响力的方面是企业对经济的利润，这是衡量一个经济体综合生产率的另一个指标。

（2）通货膨胀率：通货膨胀一般指在纸币流通条件下，货币供给大于货币实际需求，即现实购买力大于产出供给，导致货币贬值，而引起的一段时间内物价持续而普遍的上涨现象。通货膨胀是经济学家、投资者和消费者关注的一个关键因素，它会影响各个国家货币的购买力，受到全球各国货币当局的密切关注。对于大多数发达国家的货币当局而言，年通货膨胀率目标是 2%，而大部分发展中国家，如中国，一般年通货膨胀率都会有高于 2% 的目标。

（3）工业增加值：指工业企业在报告期内以货币形式表现的工业生产活动的最终成果；是工业企业全部生产活动的总成果扣除了在生产过程中消耗或转移的物质产品和劳务价值后的余额，是工业企业生产过程中新增加的价值。各部门增加值之和即 GDP，因此，建立增加值统计，将为计算 GDP 提供可靠依据，是建立资金流量的基础。

（4）失业率：是指一定时期满足全部就业条件的就业人口中仍有未工作的劳动力数字，旨在衡量闲置中的劳动产能，是反映一个国家或地区失业状况的主要指标。失业数据的月份变动可适当反映经济发展，失业率的高低会影响国家对货币政策和信贷措施的调整，从而提高就业水平。这些政策可以降低企业的借款利率，以帮助改善资本支出和企业增长，从而实现就业增长。

（5）居民消费支出：是指城乡居民个人和家庭用于生活消费以及集体用于个人消费的全部支出。居民消费支出被广泛认为是宏观经济表现的重要指标，消费者支出增长缓慢或下降表明总需求下降，经济学家认为这是宏观经济衰退的症状甚至原因。

对宏观环境的分析离不开宏观数据的辅助，因此只有了解和掌握宏观数据概念和指标，才能深入分析企业所处的政治、经济、技术和社会环境，从而抓住企业发展的命脉，借势而上。

### 5. 常见的宏观环境数据和信息获取途径

当前国内外常用的宏观数据渠道如表 2-2、表 2-3 所示。

表 2-2　中国宏观数据和信息获取途径

| 官方渠道 | 官方网址 | 渠道简介 |
| --- | --- | --- |
| 国家统计局 | http://www.stats.gov.cn/ | 提供宏观经济数据（包括 GDP、财政预算收支、价格指数等）的查询和下载，涵盖中国各行各业、各年各月的主要指标数据 |
| 中国人民银行 | http://www.pbc.gov.cn/ | 提供国内一些金融政策、法律法规、利率、存款准备金、人民币汇率、社会融资规模、企业商品价格指数等数据 |

| 官方渠道 | 官方网址 | 渠道简介 |
|---|---|---|
| 财政部 | http://www.mof.gov.cn/ | 用于查询中国的主要社会经济指标 |
| 东方财富网经济数据中心 | https://data.eastmoney.com/ | 提供证券市场的数据服务网站 |
| 工业和信息化部 | https://www.miit.gov.cn/ | 查询企业管控的相关政策，以及行业统计运行情况报告 |
| 国家金融监督管理总局 | http://www.cbirc.gov.cn/ | 国家银行、保险相关政策法规；银行总资产、总负债情况；保险公司经营情况等 |

表 2-3　国外宏观数据和信息获取途径

| 官方渠道 | 官方网址 | 渠道简介 |
|---|---|---|
| 世界银行数据库 | https://data.worldbank.org/ | 用于查询世界各国或地区的发展数据，包括经济、气候变化、外债、教育、城市发展等内容 |
| 圣路易斯联储 | https://fred.stlouisfed.org/ | 提供 7×24 小时的美国经济数据查询，内容丰富，数据翔实 |
| 美国经济分析局 | https://www.bea.gov/ | 用于查询美国国内各项官方统计数据 |
| OECD Statistics | https://stats.oecd.org | 查询欧美等发达国家宏观经济数据（主要经济指标、劳动力、金融等数据）的便捷通道 |
| 国际货币基金组织 | https://www.imf.org/ | 定期发布世界经济展望、全球债务数据库、财政检测报告、消费价格指数等数据 |
| 欧洲统计局 | http://ec.europa.eu/eurostat/ | 提供查询欧盟 28 家整体、欧元区整体以及欧洲各个国家宏观经济数据 |
| 欧洲中央银行 | https://sdw.ecb.europa.eu/ | 方便查询欧洲各类最新的宏观金融数据，如欧洲实时清算系统 TARGET2 的数据 |

## 2.1.4　微观环境数据和信息

### 1. 微观环境

微观环境（micro-environment）构成一个企业的基本环境，是企业实施内部控制的基础。微观环境又被称为企业的"运营环境"（operation environment），专注于分析与预测客户的需求。主要由公司、供应商、营销中介、竞争对手、公众、客户和大众传媒构成，分析这些主体的需求和愿望至关重要，因为它们在塑造即时交易环境方面发挥着重要作用。了解它们的需求和愿望使营销人员能够创建和调整它们的数字策略，以满足它们的需求和愿望。这是数字营销人员积极运营的背景，已成为数字战略营销管理影响的一部分。

**2. 微观环境的构成因素**

微观环境是与公司直接接触并直接影响日常业务活动的环境，它是与组织关系密切的力量或因素的集合，可以影响公司的绩效和日常活动。微观环境的七个组成部分是：公司（company）、供应商（suppliers）、营销中介（marketing intermediaries）、竞争对手（competitors）、公众（general public）、客户（customers）和大众传媒（media），如图 2-3 所示。

图 2-3　微观环境的七个组成部分

（1）公司：营销管理层在设计营销计划时，需要考虑组织中的各个团队，如最高管理层、财务、运营、人力资源、研究与开发（research and experimental development，R&D）、会计等。营销人员需要与它们密切合作，有助于其做出更广泛的战略和计划决策。在市场营销团队的领导下，其他部门如制造、财务、法律和人力资源团队负责了解客户需求并创造客户价值。

（2）供应商：是一个组织的整体客户价值交付网络的重要组成部分，其为企业提供原材料、零件、切割工具、设备等。供应商的质量和可靠性对于任何组织的业务顺利运作都是非常重要的。营销经理必须控制供应商的可用性和成本。

（3）营销中介：又称分销商，是公司整体价值传递网络的重要组成部分，包括那些帮助公司向最终买家推销、销售和分销商品的个人或公司，贯穿销售组织到客户的整个交付渠道。随着互联网的发展，去中介化的概念被广泛采用，去中介化是指在大数据等技术的成熟使用下，商家和客户之间的许多中介在销售渠道中被去掉，即许多批发商和零售商都会被省略。例如，苹果公司改变传统的零售连锁店分销方式，直接通过官方渠道将产品直销给客户。

（4）竞争对手：是在市场和资源上与组织竞争的对手。根据营销理念，一个公司需要提供比竞争对手更大的客户价值和满意度，才能取得成功。因此，对于营销人员来说，详尽分析竞争对手正在做什么以及基准技术的实施情况，对于能够制定超越竞争对手的战略和未来活动至关重要，通过在市场上强有力地定位自己的产品来获得相对于竞争对手的战略优势。

（5）公众：是指对公司产品有实际或潜在兴趣的人群，或者对组织实现其目标的能力有影响的人群。公司营销环境中的公众有七种类型，包括金融公众、媒体公众、政府公众、公民行动公众、内部公众、地方公众和普通公众。

（6）客户：对于公司来说，了解它们的客户是非常重要的。整个价值传递网络旨在吸引目标客户并与其建立牢固的联系。每一家企业或组织都会存有不同类型的客户档案，通过了解客户的购买过程、客户类型或喜欢的社交互动模式，预测客户的消费偏好，从而提供满足客户需求的产品或服务。在数字化时代，营销人员通过互联网大数据技术接触到不同渠道的客户信息，信息不对称性带来的偏差可能会成为企业错失市场机遇的重要障碍。

（7）大众传媒：媒体是推广任何品牌产品和服务的强大平台，这是一种直接联系客户的便捷模式。因此，营销人员与大众媒体建立良好的关系对公司品牌声誉的塑造至关重要。任何负面反馈或报道不仅会给品牌带来财务损失，还会给品牌带来声誉损失。这就是为什么许多知名企业都会付出大量的成本给公关顾问，来帮助企业有效地使用媒体塑造企业的形象。

### 3. 内部环境数据和信息

对于企业而言，内部环境数据不仅可以用于分析本公司在一定时期或者某一时点的运行状况，还可以通过获取其他企业的内部环境数据来了解现有竞争对手或者潜在竞争对手在某一时期或者某一时点的市场状况，从而对企业自身运作战略或策略做出及时的调整和应对。

企业的内部环境数据和信息按照来源渠道分为：外部来源和内部来源。其中，外部来源可以从市场研究或"口碑"等口头交流中获取，常见的外部来源包括个人联系人、客户和商业数据库等；内部来源来自组织内部，常见的内部来源包括内部报告、销售人员、内部数据库以及委员会和会议的备忘录等。

企业的内部环境数据和信息按照来源主体分为：客户来源、合作伙伴来源、竞争对手来源和公众来源。

（1）客户来源。客户对于企业而言，至关重要。客户市场包括消费者市场、商业市场、政府市场和全球化国际市场。消费者市场是由购买商品或服务供个人使用的个体组成的。商业市场是指那些购买商品和服务用于生产自己的产品进行销售的市场。政府市场是由政府机构组成的，这些机构购买商品以提供公共服务，或将商品转让给其他需要的人。全球化国际市场是商品交换在空间范围上扩展的产物，它表明商品交换关系突破了一国的界限。

（2）合作伙伴来源。其包括营销中介、经销商、金融中介机构和广告代理商。

营销中介是指帮助公司推广、销售和向最终买家分销其产品的经销商、实体分销公司、营销服务机构和金融中介。经销商是指那些持有和销售公司产品的经销商，包括沃尔玛、百思买等企业。金融中介机构是指银行、信贷公司和保险公司等机构。广告代理商是提供营销研究、广告和咨询等服务的公司。

（3）竞争对手来源。其包括商品和服务产品相似的公司。为了保持竞争力，公司必须考虑谁是它们最大的竞争对手，同时考虑自己的规模和在行业中的地位，基于对竞争对手的分析拟定战略规划，以发挥战略优势。常见的竞争对手分析数据包括：价格（品类价格、增减幅度等）、销量（市场占有率）、营销投放（投放渠道、渠道投放数据等）。

（4）公众来源。即任何对组织实现其目标的能力感兴趣或有影响的群体。例如，媒体公众可以发布与目标公司相关的文章，以及可能影响客户意见的社论。政府公众可以通过限制公司行为的立法和法律来影响公司。公众可能会影响公司，因为公众往往是公司的客户群，他们态度的任何变化，无论是积极的还是消极的，都可能导致销售额上升或下降。公众来源还有那些受雇于公司并组织、建设和处理公司产品的人。

### 4. 常见的微观环境数据和信息获取途径

当前国内常用的行业或企业微观数据和信息获取途径如表 2-4 所示。

**表 2-4　行业或企业微观数据和信息获取途径**

| 渠道类型 | 具体渠道 |
| --- | --- |
| 企业官网 | 如华为官网，https://www.huawei.com/cn/；海尔官网，https://www.haier.com/cn/ |
| 投行研报 | 如前瞻网，https://www.qianzhan.com/；智研咨询，https://www.chyxx.com/ |
| 行业协会 | 如电子商务数据中心，http://www.100ec.cn/zt/data/；中国互联网络信息中心，http://www.cnnic.cn/ |
| 数据库 | 如万得信息网，https://www.wind.com.cn/；彭博，https://www.bloombergchina.com/ |
| 金融服务站点 | 如东方财富网、同花顺等 |
| 第三方搜索引擎 | 如谷歌、百度、微信、知乎、雪球、36 氪 |
| 第三方数据公司 | 如咨询公司、艾瑞网、研究所、国际数据公司、四大会计事务所 |
| 第三方论坛 | 如人大经济论坛、中国宏观经济论坛、百度文库等 |

## 2.1.5　用户市场数据与信息

### 1. 用户市场

目前关于用户市场还没有形成统一的定义。互联网时代兴起之前，大众对用户市场的理解还集中在"市场"这一关键词，市场（market）是各方参与交换的多种系统、机构、程序、法律强化和基础设施之一。市场和用户的区别在于，市场为用户提供所需服务，而用户为市场提供消费动力，因此把用户和市场统称为"用户市场"，又叫作"消费者市场"。顾名思义，用户市场或消费者市场是指企业提供产品购买或服务消费的受众群体市场。这个市场以消费者每天使用的产品为主，当消费者购买商品供自己使用时，便是在参与消费市场。

"用户市场"一词既包括产品和服务本身，也包括产品或服务的享受者，因为购买的产品或服务是供个人使用的，所以用户有很大的影响力。推出一个新的产品，需要明确产品要服务谁？满足用户什么需求？这些用户对该产品有什么期望？现有产品还存在哪些尚未解决的痛点？新产品对用户而言替代价值有多大等问题，对这些问题进行分析的目的是找到产品或服务的用户市场。对于企业而言，只有明确用户市场，做好用户市场分析，了解用户购买行为的影响因素、用户购买关键的心理过程和用户购买决策的过程，才能真正把产品打入市场，让用户转变刻板印象，接受新产品，从而实现企业的盈利。消费者从购买前、购买中到完成决策的过程构成了一个完整的用户行为模型，见图 2-4。

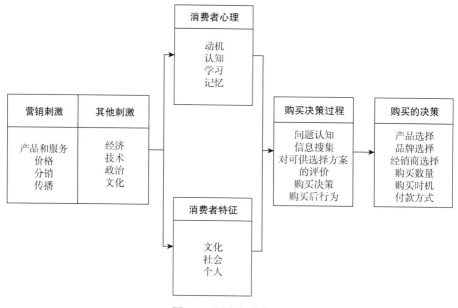

图 2-4　用户行为模型

## 2. 常见的用户市场分析方法

由于用户群体性别、年龄、国籍、地域等因素带来的差异化，不同用户之间会产生不同的用户行为特征，可以说很难挖掘到所有用户都有相同的品位、偏好和购买习惯的消费群体。随着电子商务的出现，用户市场分析在营销生态系统中发挥着越来越重要的作用，因为通过大数据对用户市场消费喜好进行追踪和分析，企业能够很快定位到用户需要什么、想要什么，也能通过对用户数据的分析更深入了解用户的消费过程和购买决策心理。

### 3. 用户分析

企业营销人员根据用户的特点进行细分分类，这些特征可以是人口统计学、心理学、行为或地理特征。影响用户购买行为的因素主要分为三个方面：文化因素、社会因素和个人因素（表 2-5）。

表 2-5　影响用户购买行为的因素

| 影响因素 | 具体影响方面 |
| --- | --- |
| 文化因素 | 文化、亚文化、社会阶层等 |
| 社会因素 | 参考群体、家庭、角色和地位 |
| 个人因素 | 年龄和生命周期阶段、职业和经济条件、个性和自我概念、生活方式和价值观 |

人口特征考虑到年龄、性别、职业、收入以及教育差异和相似性，营销人员通过市场调查来识别这些特征。容易被忽略的是，用户的价值观、兴趣和态度都是非常重要的消费心理特征，且在数字化时代这些本应固有的特征很容易随着不同圈层文化的影响发生巨大的变化。比如，在"Y2K"（特指 2000 年流行的一种审美风格）时期，芭比粉颜色的口红十分畅销。然而，随着彩妆用户受到日韩、欧美等地区文化的影响，芭比粉口红由于颜色太艳丽而逐渐被淘汰，橘色调的口红一度成为用户最喜爱的颜色。2022 年，"Y2K"风格突然被一股复古潮流风唤醒，一时之间芭比粉颜色口红又再次受到口红界美妆博主的推崇，随之影响其追随者的爱好。

基于从文化、社会和个人三个角度对用户购买行为的分析，进一步将用户市场按照用户类型、用户特点、用户行为、用户需求、用户使用产品的场景开展分析，并对照企业的产品属性选择与之匹配的细分市场作为企业选定的用户市场。市场细分，即分离和识别关键客户群体的过程，通常被营销人员用来定义这些消费者市场特征。

### 4. 分析模型工具

常见的用于分析用户市场的模型工具包括：波特五力模型、SWOT 模型和波士顿矩阵等。企业或组织的营销人员常常利用现有较为成熟的分析模型工具从外部环境和内部环境两个方面对用户所处的市场进行分析，了解行业发展状况和市场尚未解决的痛点问题，并通过内部焦点小组、头脑风暴等方式更好地了解目标市场用户的特征，并利用这些信息来改进其营销活动。地区、市场规模和市场密度都是对于企业而言较为重要的宏观信息，特别是当企业对行业背景进行充分的分析与了解后，更可能去挖掘尚未被开发或者尚未被满足的市场需求。

波特五力模型是迈克尔·波特（Michael Porter）于 20 世纪 80 年代初提出，对企业战略制定产生全球性的深远影响。其主要用于分析竞争战略，可以有效地分析客户的竞争环境。五力分别是：供应商的议价能力、购买者的议价能力、潜在竞争者进入的能力、替代品的替代能力、行业内现有竞争者的竞争能力（图 2-5）。五种力量的不同组合变化最终影响行业利润潜力变化。

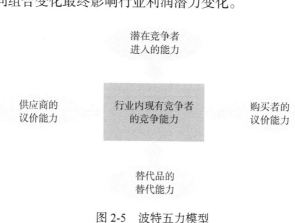

图 2-5　波特五力模型

SWOT 模型又称为态势分析法，20 世纪 80 年代初由美国旧金山大学的管理学教授韦里克提出，包括分析企业的优势、劣势、机会和威胁。因此，SWOT 分析实际上是对企业内外部条件各方面内容进行综合分析和概括，进而分析组织的优劣势、面临的机会和威胁的一种方法。

### 5. 用户市场数据

用户市场数据是企业和营销公司为了了解、沟通和与客户互动而收集的客户行为、人口统计和个人信息。用户数据被定义为客户在通过网站、移动应用程序、调查、社交媒体、营销活动和其他在线与离线渠道与企业互动时提供的信息。对于企业而言，掌握用户数据是成功制定与部署商业战略的重要基石。作为客户关系管理策略中最重要的一部分，企业通常收集并分析用户市场的数据，从而吸引并挽留住对他们来说最重要的目标客群。利用这些数据，企业营销人员能够针对性地推出满足用户需求的相关广告、优惠和其他产品与服务，并根据个人喜好为用户提供个性化体验。许多公司会使用消费者数据来改善客户体验，同时确保不会破坏客户信任或错误地处理客户信息，特别是在数据隐私和网络安全问题日益增长的情况下。

数字化营销时代，作为用户使用互联网平台留下的信息线索，用户数据会通过大数据技术被记载在企业云端，这些数据有时包括个人信息等基本数据，也包括在线浏览数据、购买历史记录和偏好等互动数据、行为数据和态度性数据。

（1）基本数据。基本数据是指可用于创建用户档案数据库的数据，包括基本的人口统计信息，如客户的姓名、性别、地址和联系方式。另外，基本数据还包括财务信息，如用户的职业、在哪个行业工作、收入甚至年度收入。企业可以通过制订客户关系计划来对这些信息进行收集和分类，从而形成企业自己用户市场群像集，便于搜寻。常见的用户基本数据示例：姓名、性别、生日、联系方式（电话号码、微信或 QQ）、家庭住址等。

（2）互动数据。互动数据包括用户在与企业互动时使用的各种方法。这可能包括有关企业产品的信息，如使用情况、购买习惯和受欢迎程度。营销人员还可以通过跟踪用户如何与广告、社交媒体账户和网站互动来获取营销活动的互动数据。客户在使用支持平台时最常涉及的主题不仅能反映用户的活跃度，还能提供宝贵的互动数据，从而更深入地了解客户需求。可以使用各种客户参与度数据平台轻松量化和排序这些数据。

（3）行为数据。行为数据类似于互动数据，但它涵盖了用户与企业品牌的直接互动。这可能包括有关用户如何使用服务的信息，包括免费试用注册、用户账户登录和账户停用。营销人员甚至可以通过电子邮件实时通信交互获取行为数据，如订阅和取消订阅的用户数量。另一种行为数据形式来自用户如何与网站包含的商店功能进行交互。

（4）态度性数据。态度性数据为企业或组织提供有关用户对公司直接意见的信息。这可以帮助企业营销人员深入了解产品或服务在业务中的表现，包括品牌的公众舆论(可以通过客户访谈、焦点小组和在线调查等直接方法收集这些数据)。获取态度性数据的另一种方法是在企业官网上提供在线评论入口，针对用户提供的评论，进一步清晰地组织和量化用户意见。

### 6. 常见的用户市场数据和信息获取途径

企业可以通过使用用户市场数据和信息来创建新产品与营销策略，同时还可以努力获取信息，为决策提供信息，以提高整体客户满意度。当前国内常用的用户市场数据和信息获取方式如表 2-6 所示。

表 2-6　用户市场数据和信息获取方式

| 渠道类型 | 具体渠道 |
| --- | --- |
| 数据公众号 | 如飞瓜数据、魔镜洞察、36 氪等 |
| 搜索指数 | 如百度指数，https://index.baidu.com/ |

| 渠道类型 | 具体渠道 |
|---|---|
| 公开市场报告 | 如艾瑞网、易观分析、IT 桔子、比达网等 |
| 数据平台 | 如七脉数据，https://www.qimai.cn/；易观千帆，https://www.qianfan.tech/ |
| 数据挖掘 | 如通过 Python、MySQL 等工具爬取数据 |

## 2.2  数字时代营销信息获取

当根据证明而不是承诺做出营销决策时，将始终取得优异的结果。此外，当数字广告系列是数据驱动时，它们可以更快、更具成本效益地执行。一项调查发现，78%的组织表示，数据驱动的营销可以提高潜在客户转化率和客户获取。与此同时，《福布斯》的一项研究表明，对于 66%的营销领导者来说，数据导致客户获取量增加。那么，营销团队如何在数字营销策略中访问和使用数据，以充分利用这个洞察力的金矿？

客户数据可以从许多来源收集，包括网站或应用程序跟踪、客户调查、交易数据、订阅数据、电子邮件营销数据、CRM 忠诚度数据等，也可以利用有关潜在消费者受众的更广泛的第三方数据。可以通过消费者数据平台来做到这一点，这些平台可以全面了解客户和潜在客户。这些平台允许品牌预测购买行为，接触新的受众，并建立终身忠诚度。一个强大的客户基础对一个组织的成功至关重要，为了实现这一点，公司必须更深入地了解其忠诚客户的需求。因此，一个组织需要进行定性和定量研究，以跟踪消费者的行为，并提供额外的见解。营销团队可能会利用这些客户数据来设计专门的策略。

在数字营销世界，数据是最宝贵的资源之一。收集的关于客户或业务合作伙伴的信息越多，就越可以为客户提供更好的服务。那么，企业应当从何处收集客户的信息？需要收集客户的哪些信息？得到信息后，又应当如何有效地使用客户信息呢？

### 2.2.1  商业终端数据获取与协同

**1. 商业终端**

市场营销学者对"终端"的界定主要有两个视角，一是从狭义角度，终端可以理解为商品的零售卖场；二是从广义上理解，终端可以定义为产品实体转移至最终消费者实现其使用价值的过程和最终环节。总体而言，终端可以解释为零售市场，也可以解释为人员直销、厂家直销、邮购、展览会等。常见的"终端市场"就是销售渠道的末端，是生产厂家的产品"出海口"。它担负着承上启下的责任，承上即上联生产厂家、批发商、经销商，启下就是下联消费者。

商业终端（commercial terminal）作为产品或服务的交易场所，以其对营销的强大整合能力，成为市场竞争中当之无愧的明星。商业终端就是指在市场营销过程中最末阶段的空间，即商品与消费者直接相对，并能够进行交易的场所或地点。大量营销资源向商业终端聚集，争夺着有限的消费者和消费者有限的注意力。实践发现，越来越多的消费者在终端临时做出或改变原有的消费决策，商业终端的营销传播对于营销的强烈影响开始显现，并成为营销者关注的热点。商业终端规定了营销传播情境的空间范围。"终"者，末也，终端原本是指电路、部件或者系统输入输出的地点或位置。现在，随着商业手段的发展和新媒体的引入，商业终端概念逐渐泛指所有产品或服务与消费者直接接触的地方，包括属于商家的场所、属于消费者的场所（如上门推销）、公共的场所，以及有形的场所和无形的场所（如网络）等。

商业终端本身承担着重要的传播责任，是整合营销传播的一个方面，是极为重要的信息"接触点"，是承载和整合多种营销传播手段的平台。随着广告公关、促销、直销等营销传播手段的广泛应用和过度运用，商业终端无论是作为整合营销传播中一个表达"同一个声音"的重要传播通道，还是作为一个在传播方面有着更大潜力的老事物，都扮演着重要的传播角色。

### 2. 商业终端数据

商业终端数据主要由运营数据、销售数据和服务数据三个方面构成。运营数据包括进/销/存、利润、综合折扣率、货品流失率、平效、人效、售罄率、盈亏平衡点，见表 2-7。销售数据包括完成率、时间率、客单价、连带率、同比环比率、销售占比和 VIP 占比，见表 2-8。服务数据包括客流量、进店率、成交率，见表 2-9。

表 2-7　运营数据指标

| 数据指标 | 指标概念 |
| --- | --- |
| 进/销/存 | 即进货、销售额、库存 |
| 利润 | 即销售额-成本 |
| 综合折扣率 | 折扣率反映门店折让的情况，直接影响门店的毛利额，是利润中很重要的指标 |
| 货品流失率 | 即缺货吊牌价与期间销售额的比值 |
| 平效 | 即销售终端效率=销售金额/终端面积 |

| 数据指标 | 指标概念 |
|---|---|
| 人效 | 即劳动者的效率=销售金额/终端人数 |
| 售罄率 | 指一定时间段某种货品的销售占总进货的比例 |
| 盈亏平衡点 | 即经营费用与毛利率的比值 |

### 表 2-8 销售数据指标

| 数据指标 | 指标概念 |
|---|---|
| 完成率 | 即实际销售额与销售目标额的比值 |
| 时间率 | 即已过去的天数与本月实际天数的比值 |
| 客单价 | 指每一个顾客平均购买商品的金额 |
| 连带率 | 连带率是指平均每个客户购买货品的数量。连带率直接影响着店铺销售的好坏，正常店铺连带率一般为 1.3 |
| 同比环比率 | 同比是同期和去年的数据进行对比，是增长还是下降；环比分为日环比、周环比、月环比和年环比 |
| 销售占比 | 即某一品类销售额与销售总额的比值 |
| VIP 占比 | 即 VIP 用户的销售额与销售总额的比值 |

### 表 2-9 服务数据指标

| 数据指标 | 指标概念 |
|---|---|
| 客流量 | 客流量是指单位时间从店铺门口经过的人数，是反映该位置人气和价值的重要指标 |
| 进店率 | 即进店人数与路过店铺目标群体的比值，影响进店率的因素是店招形象、橱窗陈列、灯光、口碑、活动、印象等 |
| 成交率 | 即成交人数与进店人数的比值，影响成交率的因素是驻店时间、销售技巧、促销活动、固定客群等 |

### 3. 商业终端数据作用

对商业终端数据进行收集的目的在于，通过对市场数据进行分析来为促进销售做出指导，并进一步挖掘影响市场销售的原因。

（1）了解市场需求。当获得有关在销售渠道终端完成交易的可能性的销售数据时，将能够一目了然地了解终端渠道中所有线索的潜在收入。通过终端数据，能够预测完成销售的可能性。同时将成功的交易与未能完成的任何交易进行比较，可以弄清楚在何时丢失了这些交易。可以说终端数据，揭示了客户需求和期望从业务中获得什么？它告诉你市场机会、销售业绩趋势、表现最好的销售代表、高转换的销售活动、应该在哪里分配更多资源、哪里可能发生风险，以及应该如何预测销售。

（2）挖掘理想客户。理想客户是任何打算购买该产品和服务的个人。但问题是，如何发现有足够购买意图并愿意从这里购买的个人？通过商业终端数据分析，了解目标用户的基本信息、购买行为偏好等基本信息，可以更容易了解潜在客户是否有兴趣从这里购买。如果能对潜在客户的购买意图形成一个基本概念，那么就可以更简单地确定潜在客户是否适合进一步的互动。

（3）优化销售渠道流程。企业中的销售经理一直在寻找新的方法来提高销售团队的绩效，但是，如果他们没有可操作的洞察力，应该如何做到这一点？商业终端数据可帮助销售经理识别和跟踪相关的销售数据。因此，更容易弄清楚积压在哪里，以及如何简化销售流程。在更改销售流程范围时，需要使用收集到的数据，但需要考虑所有可能影响数字的内容。在使用新方法获得几周或几个月的数据之前，预测将涉及一定程度的估计，但可以通过确保有一个强大的销售流程来提高准确性，无论团队发生怎样的变化，该流程仍然是强大的销售指南。

（4）预测市场需求。终端数据对企业进行市场需求预测来说是一个非常有用的工具，在创建销售预测时，常常将潜在销售数据与历史数据相结合，并仔细估计未来收入，以考虑市场条件的差异以及企业的增长率。根据所在的行业，可能会发现，在节日前的冬季几个月里，销售额加快了速度——根据终端提供的近期或者早几个月的历史数据，将能够判断这在该季节是否正常，或者您对销售流程所做的改进是否有效。通过了解之前发生的事情，将能够预测和解释变化，从而为企业或团队带来更准确的预测和现实的目标。

### 4. 商业终端数据的获取

商业终端数据的获取同一般的宏观数据相比，获取难度比较大。一般除了供应链上合作伙伴之间进行数据信息沟通以外，外部企业很难全面地获取商业终端数据。如果是一个成熟的或是被监管的行业，可以尝试从监管机构报告或者相关数据库及行业协会统计报告中获取相关信息。例如，证券、保险等强监管行业会由中国证券监督管理委员会等监管机构定期发布行业报告，而万得、彭博等数据库也会定期收录某些行业的统计报告。常见的商业终端数据获取方式如下所示。

（1）CRM 工具。面向客户，用于管理和培养与客户和潜在客户的互动，通过共享 CRM 数据实现数据的获取。此外，也可以通过 Python 等软件进行爬取。

（2）雇佣咨询公司进行调查。目前，市场中有大量成熟的咨询机构或者研究机构会进行商业终端数据的收集，通过第三方平台介入调查可以帮助你深入了解你的客户和潜在客户。

（3）直接询问客户或潜在客户。调查的一种方式是在潜在客户或客户的购物旅程中的特定时间点，向客户提出问题。例如，在发送确认收货的邮件后，你可以通过邮件询问客户对运输体验的评分。你也可以询问购买特定产品的客户有没有可能会购买其他产品，或者你也可以征求真实的评论。

（4）第三方数据。研究报告通常会提供有关行业趋势的一般数据，包括市场规模、竞争者以及产品的数据。第三方数据提供商是一种廉价的选择，但是，这些数据通常比较笼统，并不能解决详细的问题。

（5）消费者购买数据。消费者购买数据可能很昂贵，但它通常包括各种层次、详尽的消费者购物趋势信息，如邮政编码、购买的产品。第三方消费者购买数据还可能是互补产品、产品在店内的最佳摆放位置，产品的平均价格、产品增长情况和市场份额。这些数据以往通常从实体店收集，但数据提供商现在也开始收集电子商务数据。

有了数据不代表就对你业务能产生多大帮助。在购买任何数据或进行广泛研究之前，请牢记你的目的是什么，你可能会认为数据越多越好，但最好是专注于一个方向，只收集能够解决问题的数据。

### 5. 商业终端的数据协同

商业终端的数据协同可以理解为商业终端间通过数据的协同共享，实现企业与企业、商家与商家之间的合作供应。Coresight Research 的一项研究发现，近年来，杂货店零售商和供应商之间的合作有所改善，超过 90% 的供应商和 85% 的零售商表示提高数据透明度有益于零售商。贸易伙伴表示，合作的改善直接影响总收入的 20% 左右，供应链成本更低，运营效率更高。对于企业来说，数据作为新时代的重要资产，如果不能充分利用，促进业务发展和决策的准确性，就会在与其他企业的比对中处于下风，很难再参与到激烈的市场竞争中。所以数据共享就是企业获取数据价值的重要方案，这不仅会让企业实现内部的数据流通利用，还能够在合作伙伴、上下游生态中收获更多数据信息，创造出更多价值。

数据共享应该成为企业的顶层设计，由高层管理人员自上而下统筹规划，避免后续对各部门数据口径、数据指标等进行修修补补，使得数据不能充分利用。只要企业能够提前进行战略规划，数据就能够最大程度地进行共享，让企业内部数据实现流通，管理和分析人员也就能全面展现企业情况，更好地进行决策。实现数据共享，可以使更多的人充分地使用已有数据资源，减少资料收集、数据采集等重复劳动和相应费用，而把精力重点放在开发新的应用程序及系统集成上。总的来说可以为组织带来如降低运营成本、增强业务能力、提高效率、集中访问数据以减少重复数据集、促进组织间的沟通与合作，加强参与组织之间的联系等益处。除此以外，数据共享的程度也反映了一个地区、一个国家的信息发展水平，数据共享程度越高，信息发展水平越高。要实现数据共享，首先，应建立一套统一的、法定的数据交换标准，规范数据格式，使用户尽可能采用规定的数据标准；其次，要建立相应的数据使用管理办法，制定出相应的数据版权保护、产权保护规定，各部门间签订数据使用协议，这样才能打破部门、地区间的信息保护，做到真正的信息共享。

## 2.2.2　社交媒体数据获取

### 1. 社交媒体

对于企业来说，社交媒体是不可或缺的工具。社交媒体是一种利用计算机技术，通过虚拟社区和网络平台，让用户创建和分享信息、想法、兴趣等的表达方式。公司使用社交媒体平台寻找客户和与客户互动，通过广告和促销推动销售，衡量消费者趋势，并提供客户服务或支持。社交媒体在推动企业发展上发挥着重要作用。它促进了与客户的沟通，使电子商务网站上的社交互动得以融合。它收集信息的能力有助于专注于营销工作和市场研究。它有助于推广产品和服务，因为它能够向潜在客户分发有针对性、及时和独家的销售和优惠券。此外，社交媒体可以通过与社交媒体相关的忠诚度计划来帮助建立客户关系。社交媒体主要由五种类型构成：社交网络、照片分享、视频分享、互动媒体和博客或社区建设。

社交媒体的形式包括照片共享、博客、社交游戏、社交网络、视频共享、商业网络、虚拟世界、评论等。截至 2024 年 6 月，全世界有超过 50 亿名社交媒体用户。较大的社交媒体网络平台包括 Facebook、抖音、微信、Instagram、QQ、微博、Twitter 和 LinkedIn 等，另外还有些流行平台也被称为社交媒体服务平台，包括 YouTube、Telegram、WhatsApp、Signal、LINE、Snapchat、Microsoft Teams 等。目前，中国日活跃度较高的社交媒体平台包括：微信、抖音、新浪微博、小红书、快手、哔哩哔哩和知乎，这些平台通常具有 UGC 和个性化配置文件。

### 2. 市场营销中的社交媒体

社交媒体传播的广泛性和即时性使得社交媒体成为当今企业数字营销计划中最常用的传播渠道之一。企业利用社交媒体来完成营销目标，主要体现在以下几个方面。

社交媒体促使企业业务更人性化。社交媒体的使用促使企业转变为市场的积极参与者。企业或品牌的个人资料、发布的帖子以及与用户的互动交流，共同塑造了一个平易近人的形象，企业或品牌的受众可以熟悉、联系并信任它。不难想到，目前市场中的企业或者品牌都会有官方网站、官方微博、官方抖音号、官方公众号等，通过社交媒体与用户产生直接互动，拉近了商家与用户之间的关系。

社交媒体帮助企业增加品牌流量。如今，在流量时代，"人气"已逐渐成为衡量品牌或产品曝光度的关键标准。社交媒体通过其内部的链接、帖子（包括博客帖子）以及广告，形成了一个间接但高效的搜索网络，这不仅增强了信息的传播效率，还促使用户对广告的浏览方式从被动转为主动，极大地提升了品牌的互动性和用户参与度。

社交媒体帮助企业生成信号线索。企业营销人员通过微博、小红书、Instagram、Facebook等社交媒体平台上的行动号召按钮和预约功能等直接在这些平台上生成线索和转换。

社交媒体帮助企业提高品牌知名度。社交媒体平台的视觉本质允许企业在广大受众中建立视觉身份并提高品牌知名度。越好的品牌知名度意味着企业所有其他广告系列都有越好的结果。

社交媒体帮助企业建立与用户之间的联系。这些平台与企业的追随者开辟了直接和间接的沟通渠道，企业可以通过这些渠道建立联系、收集反馈、进行讨论以及直接与个人联系，从而做好用户运营。

### 3. 社交媒体数据

社交媒体对营销人员的最大优势之一是能够实时收集数据。社交媒体数据是通过社交媒体收集的任何类型的数据。一般来说，该术语是指通过社交平台上的分析工具收集的社交媒体指标和人口统计信息。社交媒体数据也可以指从人们在社交媒体上公开发布的内容中收集的数据。这种用于营销的社交媒体数据可以通过社交倾听工具收集。常见的社交媒体数据包括：点赞数量、关注者增加、分享数量、参与持续时间等。

社交媒体数据是从社交媒体平台收集的任何信息，这些信息可以深入了解该平台上用户的活动。在进行市场需求研究之前，营销人员必须首先了解现有的社交媒体趋势和客户可用的所有社交媒体平台，以及它们如何使用这些渠道来确定效率。数字营销人员应该了解当前的互联网趋势及其在公司服务和产品方面的应用。此外，营销人员应该完全理解所有互联网元素对消费者购买决策的影响——需求分析。营销人员应该确定使用不同互联网平台做出购买决定的客户的大致占比，如经常浏览有关价格和质量比较内容的消费者占比。社交媒体数据可以帮助企业在广告发布后的几个小时内衡量广告系列的初始成效。随着时间的演进，社交媒体提供了企业业务与行业详细见解，使企业能更精准地调控在社交营销方面的投入。通过挖掘社交媒体数据，企业还能获得关于受众的关键洞察信息：他们偏好的内容类型、最佳浏览时段，以及他们的网络活跃场所，从而为企业的营销策略提供有力支持。

与任何商业策略一样，当企业的目标和计划基于真实数据时，社交媒体营销最有效。社交媒体数据分析为企业提供宝贵信息，精准揭示哪些内容策略更为有效，助力企业优化内容营销决策。更重要的是，企业将看到哪些内容不起作用，因此企业可以做出正确的业务决策，并在前进过程中完善企业的策略。社交媒体数据收集能够协助企业为每个社交网络量身定制高效的社交媒体营销策略。更具体地说，企业可以根据位置或人口统计学自定义企业的策略。以下是社交媒体数据挖掘可以帮助回答的一些问题：企业在每个社交平台上的关注者概况是什么？企业的受众一天中的什么时间在社交媒体上最活跃？企业的受众最有可能参与哪些标签？企业的受众更喜欢图像还是视频内容？企业的受众对哪些类型的内容感兴趣？企业的受众在哪些主题上需要帮助？企业是否应优先投资表现最为突出的内容，以进一步提升其影响力和效果？

#### 4. 社交媒体数据的获取

出于多种原因，社交媒体数据收集并不像听起来那么简单。收集的数据类型取决于平台和数据与组织的相关性，通过社交媒体收集的一些重要数据有互动数据（如点击、评论、分享等）和人口数据（如年龄、性别、位置、语言、行为等）。例如，在 Facebook 上获得的数据包括点赞数量、份额数量和关注者增加数量。Twitter 的数据包括印象、转发和点赞的数量。对于 Instagram 来说，标签使用率、参与率和活跃关注者等数据很重要。

跟踪特定平台的社交数据。社交媒体数据可以为企业的跨平台社交策略提供一个很好的统一视图。它还可以帮助企业对每个社交平台的策略进行细化。例如，企业会开始看到引导企业在每个社交账户上发帖的最佳时机的趋势（HootSuite 可以在这方面提供帮助，根据企业自己的社交媒体数据，自动提供最佳发布时间建议）。企业还将开始了解其在每个社交媒体渠道上的追随者，这可以帮助企业建立卖家角色，以更好地锁定企业的受众。

建立社会倾听计划。社交倾听可以提供另一组社交媒体数据供企业借鉴。社交倾听可以帮助企业发现与企业的品牌没有现有关系的社交媒体用户的数据，它还可以帮助企业将社交媒体数据放在企业所在行业的背景中。例如，社交倾听可以提供以下数据：有多少人在网上谈论企业的生意或企业的产品？有多少人在谈论企业的竞争对手？当人们在社交媒体上谈论企业所在的行业时，他们表达了什么样的兴趣和担忧？人们对企业最新产品发布的感受（又名情绪分析）？企业的竞争对手是否正在进行促销或发布？

确保遵守法律法规。社交媒体上的数据安全不是一件可以掉以轻心的事情。全球超过三分之一的互联网用户（33.1%）担心他们的个人数据在网上被滥用。如果您在受监管的行业工作，您需要注意特定的数据隐私和合规性问题。隐私和数据安全是所有社交媒体经理都应该牢记的问题。

注重个性化。社交媒体数据使企业可以通过再营销或人口统计细分等策略来让社交广告个性化，但是注意不要太个性化。一项美国的互联网用户调查结果显示，在广告中使用个人数据的品牌有助于客户发现自己感兴趣的东西。49%的人说这样更容易找到他们最感兴趣的产品和服务，但是 44%的人说这会让人感觉有侵犯性。

**5. 常见的社交媒体数据的获取渠道**

当前市场中常见的社交媒体数据获取渠道如表2-4 所示。

# 2.3 数字时代营销数据分析

数字时代对营销数据进行分析的主要目的是通过数据实现对市场需求和对顾客偏好的预测，从而更好地指导企业营销活动的开展和生产运作的实施。营销人员通过需求分析更好地了解他们的目标市场用户的特征、需求、愿望和要求。在营销人员利用需求分析的数据建立了坚实的基础后，其可以实现营销目标，并进行最大限度的数字化沟通。可以说，全面的需求分析使营销人员能够为其潜在客户提出切实可行的营销目标。需求预测使企业能够在从库存管理到供应链效率的任何方面做出更明智的决策。随着客户期望的变化比以往任何时候都更快，企业需要一种方法来准确预测需求。基于大数据平台，企业还可以对目标客户的顾客偏好进行预测，以实现在目标用户所偏好的媒介渠道中投放目标用户所偏好的产品。无论是销售产品还是提供服务，了解客户的偏好都非常重要。这是因为客户是公司成功程度的决定因素。毕竟，如果不是你的客户，利润从哪里来？只有当你能够理解客户的需求并超越他们的预期时，你才能满足客户的需求。

## 2.3.1 市场需求预测

市场需求预测是利用历史数据和信息估计特定时间段内未来消费者需求的方法。适当的需求预测为组织提供了有关其在当前和其他市场前景的宝贵信息，使经理能够做出明智的定价、业务增长计划和市场潜在决策。如果没有需求预测，公司可能会对其产品和目标市场做出错误的决定——这些决定可能会对库存持有成本、客户满意度、供应链管理和盈利能力产生深远的影响。

**1. 市场需求预测的方法**

了解市场需求有助于告知未来的在线业务进入哪个行业最有利可图。因此，许多企业主将不得不进行市场需求研究。营销研究涉及寻找有关行业或部门的研究、数据和一般信息。它通常需要几种不同的方法，有组织地累积数字方法，仔细地解释和详细地报告。然而，这并不意味着新企业家需要整个营销部门来了解市场需求。在进行研究时，可以使用以下三种方法。

（1）定性预测。当没有很多数据可以处理时，如当企业是新的或产品被推向市场时，会使用定性预测方法。在这种情况下，使用其他信息，如专家意见、市场研究和比较评估，来对需求进行定量估计。这种策略经常用于技术等领域，在这些领域，新商品可能是独一无二的，客户需求很难提前预测。

（2）时间序列分析。当产品或产品线的历史数据可用且模式明显时，组织通常使用时间序列分析技术来进行需求预测。时间序列分析可以帮助组织检测需求、周期模式和主要销售趋势的季节性变化。时间序列分析方法最适合拥有多年数据和非常稳定趋势模式的成熟组织。

（3）因果模型。由于因果模型包含了影响市场需求的变量（如竞争对手、经济压力和其他社会经济因素）之间联系的详细信息，因此它是企业最先进、最复杂的预测工具。历史数据与时间序列分析一样，对于开发因果模型预测至关重要。例如，服装零售公司可以通过考虑其历史销售数据、营销预算、促销活动、所在地区任何新服装店、竞争对手的价格、天气、所在地区的总体需求甚至当地失业率等因素来制定因果模型预测。

通过市场需求分析获得这些信息后，营销人员可以使用这些数据来加强其营销计划。例如，一次分析表明，最有可能购买 MAC 口红的客户正在使用小红书平台进行颜色研究、价格评估等行为，那么 MAC 公司的营销人员可能会将营销策略集中在小红书上推广产品。像所有营销计划一样，目标是在正确的时间，在正确的平台上向正确的消费者传达正确的信息。另外，营销人员通过数字技术工具对市场需求进行预测，如通过评估用户访问和使用比价网站、博客等渠道以及实际通过该渠道进行购买的行为，来分析影响用户购买决策和购买数量的因素，基于此预测下一次营销计划的投放渠道。

**2. 常见的市场需求预测工具**

（1）搜索引擎优化（search engine optimization，SEO）工具。搜索引擎优化工具可以分析用户搜索并估计网站页面上的流量。这些数据可用于确定消费者对哪些感兴趣。企业可以在搜索引擎优化工具中输入其品牌名称或产品等关键字，并接收这些单词在搜索中出现频率等指标数据，这有助于估计消费者需求。

（2）社交倾听工具。社交倾听工具是在社交媒体平台上跟踪互联网上的用户活动的软件，以发现消费者在谈论什么。企业可以使用社交倾听工具来跟踪它们的品牌、产品或竞争对手何时在网上被提及或互动。这有助于衡量消费者的营销人群，以及企业应该在哪里营销其产品或服务。

（3）需求曲线图。需求曲线是产品需求和价格之间关系的表示。企业可以使用需求曲线来确定其产品的定价，并基于客户对类似产品的反应来确定需求。需求曲线图表显示了消费者的需求，使得它成为估计同一市场其他产品需求的绝佳预测工具。

### 2.3.2 顾客偏好预测

#### 1. 顾客偏好

顾客偏好又称为消费者偏好，是指消费者为最大限度地提高满意度而做出的选择。消费者对他们购买的商品类型有一定程度的控制权，但他们不能总是选择他们想要的东西。消费者偏好是一个已经存在了几十年的理论，它主要被用来解释消费者的行为。消费者偏好可以以许多不同的方式应用，如营销、广告、产品设计等。该理论指出，消费者受到自己的偏好、他人偏好以及他们决策的背景的影响。

无论是销售产品还是提供服务，了解客户的偏好都非常重要。这是因为客户是公司成功程度的决定因素。毕竟，如果不是客户，利润从哪里来？客户服务就是坚持向客户做出的承诺。然而，只有能够理解客户的需求并超越他们的预期，才能满足客户的需求。

#### 2. 顾客偏好预测的步骤

识别客户是谁。为了让顾客知道你试图满足他们的需求，必须了解他们。这并不一定意味着亲自了解客户。相反，它涉及客户细分。根据提供的服务或产品，确定需要客户的人群。这个小组应该形成你当前和潜在的客户。例如，如果你参与销售婴儿服装和孕妇装，那么你的目标应该是孕妇和有小孩的父母。基本上，根据客户的性别、职业、年龄和可支配收入等信息，就能够知道你的目标是谁，将有助于你更好地为客户服务。

了解客户的购物方式。这正是许多组织未能取得成功的症结所在。设想一下，如果你的商店位于繁华的市中心，但你的主要客户群体却来自遥远的地区，他们如何便捷地获取你的产品或服务便成为一个关键问题。基于不断增长的技术进步，你只有接受技术来更好地为客户服务，这是合乎逻辑的。

倾听客户的投诉。没有比倾听和解决客户的投诉更好的方式来理解客户的偏好了。大多数组织倾向于站在员工一边，而不是客户一边。确实，员工是贵公司的宝贵资产，但客户也是。在驳回客户的投诉之前，请仔细分析情况。

投资客户研究。市场研究与客户本身一样有价值。每个组织都应该有一个CRM 系统。该数据库包含重要的统计数据，你可以使用它来了解客户的偏好。如果数据不够，那么使用定性和定量分析技术可能会有所帮助。

客户满意度调查。这是了解你的客户是否对你向他们提供的内容感到放心的最佳方式。构建一个简洁的问卷并将其发送给客户，问问客户是否觉得产品或服务很特别，是否真的喜欢和你做生意。还要了解客户喜欢的品牌类型，客户很乐意在你的商店中找到这些品牌。最重要的是和客户谈谈你的员工，员工对客户表现好吗？如果不是这样，那么客户经历了哪些负面经历？

# 第 3 章

# 数字时代的消费者行为

在已到来的大数据时代，消费者行为发生了根本改变。首先，消费者决策和消费者购买行为发生了变化；其次，消费者信息环境完全不同，从不对等信息状态进入几乎透明信息状态，消费者有了更大的决定权；最后，虚拟社群逐渐成为消费者行为的主体形态。由于 AR、VR、人工智能、直播等技术得到广泛应用，了解和研究消费者的方法也需要更新换代。本章以数字时代为背景，首先，剖析了消费者的行为特征，包括购买旅程、决策路径及其特征变化。其次，分析了社交媒体、直播、AR、VR、人工智能对消费者行为的影响因素、作用过程和影响效应。再次，探究了消费者购买决策的影响因素和流程。最后，就数字时代消费行为的研究前沿展开阐述。

解释和影响消费者的理论方法与路径在数字时代较以前有很大的不同。伴随着 5G、人工智能等技术的巨浪席卷而来，传统的消费者行为洞察和研究方法论面临着根本性挑战，如任意个人观点的散播和互动都可能导致群体行为模式的重大改变。再比如，以前了解消费者的心理行为是依赖对人的分析，通过精密的工具和方法的改进而深入；现在已进入"机器了解人"的阶段，每个人的行为和沟通信息都可能被完全记录下来，通过抓取海量数据，个人偏好和行为都可被预测。谷歌公司和亚马逊公司利用电脑与软件加大在"捕捉个性化信息和行为"上的投入，以更好地洞察消费者变化。因此，洞察消费者行为的全新架构和内容迫在眉睫。

## 3.1 数字时代消费者行为特征

近几十年来，互联网与不断发展的技术和社交媒体导致了消费者行为的演变。数字化发展推动的客户行为变化为企业提供了许多在线应对的机遇和挑战。

公司越了解客户的行为，就越容易通过内容营销、用户体验、影响者营销、UGC
或电子口碑（electronic word-of-mouth，eWOM）等策略与客户进行互动。这
些策略对于获得更多的销售和发展在线业务是必不可少的，因为这些策略增加
了与用户的黏性，并影响他们的行为。分析数字时代的消费者行为对理解数字
营销策略、在线消费者行为和新的数字商业模式如移动应用程序或共享经济
有帮助。

　　用户由于在社交网络、网站、数字平台上的活动，或与属于公司数字营销战
略的多媒体元素的互动而产生的数据，创造了一些数据点，提供了关于用户的人
口统计学、地理数据、兴趣或生活习惯的重要信息。所有这些数据都必须由公司
进行分析，以便适当地细分广告，并提出数字细分战略，以适应这个数字生态系
统中的用户行为。

## 3.1.1　数字时代消费者购买旅程

　　数字营销行业可以被称为一种景观，一个消费者花时间与内容互动以及购买
商品和服务的电子场所。消费者购买旅程可以被可视化，制作成一个视觉地图，分
解为多个区域。以这种方式思考数字营销对营销者来说很有帮助，如图 3-1 所示。

图 3-1　数字时代消费者购买旅程

### 1. 意识——徘徊在景观中，区域视角

　　在考虑现代客户旅程的认知阶段时，我们实际上是在顶层可视化事物。想象
一下，百度地图缩小了，这样整个地球就会填满你的屏幕。我们的客户在数字领
域，但他们还没有意识到他们可以访问的路径或地点。意识可能是由他们在数字
领域偶然发现的东西产生的，也许是社交媒体帖子或展示广告。或者，他们很可
能在现实世界中通过朋友和家人的口碑，或在电视上看到的内容来了解情况。在
这一点上，意识生成器通常非常模糊。消费者对它们还不太了解，并且距离培养
真正的联系还有一段路要走。但是，就像我们如何在路标上看见一个名字或发现
一些店面品牌一样，我们的客户对景观的理解开始变得更加详细。

### 2. 搜索——选择一条穿过景观的路径

　　在客户旅程的下一阶段，我们的消费者将从意识转为积极兴趣或搜索的位置。
回到穿越数字营销领域的想法，这是客户承诺特定路线的点。在现实世界中，我

们从 A 到 B 的旅行方式有很多种。同样，数字领域的消费者并非都采取相同的路径或运输方式。随着数字营销领域变得越来越复杂，消费者通过它旅行的各种路线变得越来越多样化。有些人可能需要几个月的时间才能旅行，并在沿途（风景优美的路线）停留许多站点。其他人可能更直接，只需要一分钟左右。

**3. 研究——浏览的地方**

消费者现在正走在他或她的道路上。研究阶段是消费者在更详细地观察数字景观。从某种意义上说，我们的客户正在通过商店橱窗浏览销售货架，以及与商店助理和同一位置的其他消费者交谈。他们正在并排比较物品并查看价格。

**4. 转换——去结账**

在所有领域中，数字结账的体验宛如现实世界中购物车和支付选项的映射，尽管消费者与之互动的接触点形式或许有所不同。以用户体验为中心的设计和可用性在这个位置非常重要。就算是最简化的网站和应用程序也可以看到最佳的转化率。

**5. 宣传——回到景观中**

购买后，客户将搬回景观中。从表面上看，这与我们在"意识"阶段所感知的非常相似。有多种渠道，可为消费者提供多种互动选择。但也有一些微妙的区别。根据毕马威的数据，大约 30%的消费者分享了他们购买的产品的反馈。营销人员需要明白，良好的体验和产品有可能让今天的客户在未来的数字环境中提高其他人的意识。

## 3.1.2 数字时代消费者决策路径

**1. 消费者购买决策理论**

消费者的购买决策过程本身既复杂又随机，但是我们可以将其分为产生兴趣、搜索信息、聚焦调查、决策购买、分享体验五个阶段，如图 3-2 所示。

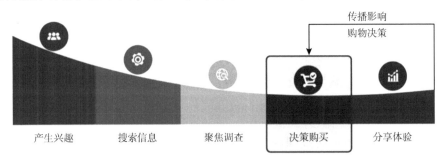

图 3-2　消费者的购买决策过程

1）阶段一：产生兴趣

用户通常是从这一阶段开始知道你的产品或服务的。在这一阶段，用户会与你建立第一个接触点，如果此时你吸引到了潜在消费者的注意力，他们就有可能对你的产品或服务感兴趣。企业越来越多地将营销预算用于互联网广告投放中，包括一些主流的线上推广渠道：微博、公众号、抖音、搜索引擎网站等。这些都是让用户产生兴趣的渠道。在这一阶段，你需要思考的问题如下：用户如何了解到你的产品或服务？渠道有哪些？哪个渠道可以给你公司带来最大的用户转化率？

2）阶段二：搜索信息

用户在对你的产品产生兴趣后，会开始搜索他们想了解的关于你公司产品或品牌的信息，包括公司网站、达人分享、购买的渠道或关于满足客户需求的产品和服务的详细信息等。在这个阶段中，用户还没有足够的购买意愿，因此他们的搜索行为是宽泛的，他们也会主动搜索或被动吸引到其他品牌的替代产品上。在这一阶段，你需要思考的问题如下：用户想主动了解你的产品或服务时，会通过什么途径？公司目前除了广告投放之外，还会通过何种方式主动接触潜在用户？这些方式是否能有效说服用户将你的产品放在考虑清单？

3）阶段三：聚焦调查

当用户搜索后，他们的购买意愿会进一步提升，在此阶段，用户会对你的产品或服务聚焦调查，包括其他用户评价和产品的详细使用介绍，之后做出决策。"86%的人会犹豫是否要从网上评价差的公司购买商品。"对于产品的详细介绍，还可以提供免费试用或更深入的演示，以便客户更好地理解您的公司所提供的服务。例如，如果您的公司提供 SaaS 服务，为潜在客户提供一个免费的 5 天、10 天或 30 天的试用版，这样他们就能直观感知到产品的优势。

4）阶段四：决策购买

当前面阶段完成后，潜在用户都没有流失，那他很可能就会在线上或线下平台对比价格，购买你的产品或服务。在这一阶段，你需要思考的问题如下：用户如何购买你的产品或服务？在线购买或线下购买后，是否还需要完成其他动作，才能最终完成用户要实现的目标？购买过程中，用户有可能遇到什么阻碍会让他放弃购买？

5）阶段五：分享体验

一旦被转化，你的现存用户有机会影响其他客户"了解—接触—使用产品"的历程。如果顾客有非常负面的购买体验，他们极有可能在网上与他人分享他们的体验。企业必须谨慎,不要积累太多负面评论,否则无论前面阶段做出多大的努力,潜在用户都会流失。在这一阶段,你需要思考的问题如下:公司做出了什么积极措施以提供最佳的用户体验?公司通过什么方式让用户留存或转化为忠诚用户?

**2. 数字时代消费者决策路径的变化**

随着数字时代到来,云端让技术壁垒和成本大大降低,消费者获取信息的渠道、速度和数量急速增加。信息真正进入多方向、多层面、多维度的开放性交流状态。在这样的背景下,消费者决策的五个阶段仍然存在,但也发生了四大变革。

1)变革一:决策路径由单向递进演变为非线性模式

借助移动互联网,消费者决策可以轻易从一个阶段进入下一个阶段,或者间隔跳跃到其他阶段,如图 3-3 所示。例如,当消费者产生兴趣时会直接主动查询信息,之后马上进行产品比较与买单的流程,无须等待。

图 3-3　消费者决策路径变革一

2)变革二:信息成为决策路径的枢纽

互联网让消费者有能力去主动查询各类信息,让信息成为各个阶段中的重要一环。移动互联网的出现,甚至打破了时间地域的界限。在任何时候、任何地点,信息的作用尤其凸显,如图 3-4 所示。

图 3-4　消费者决策路径变革二

3)变革三:消费者决策难度空前加大

消费者选择范围之广、信息获取之多、横向比较之泛,使得消费者举棋不定。迫切需要提供公正、专业的信息,并给出符合消费者决策逻辑的决策引导。

4)变革四:消费者获得更多的权利

口碑影响决策,这让消费者获得空前的权利,消费后的评论极大地影响了其他消费者的决策[①],如图 3-5 所示。

---

① 《数字时代 消费者决策路径及营销触点变革》,https://zhuanlan.zhihu.com/p/415829960,2021-10-07。

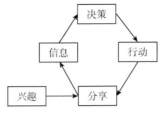

图 3-5　消费者决策路径变革四

### 3.1.3　数字时代消费者行为特征变化

消费是拉动我国经济增长的第一动力，数字消费打破了传统消费单一性、滞后性的特征，呈现出多元化、智能化消费趋势。数字产品和数字服务的创新与应用，有效地激发了消费者数字化多元需求与消费。数字经济时代，不同消费者的消费需求和消费偏好可以通过大数据图谱进行刻画和分析，精准地研判出不同场景、不同收入、不同年龄、不同地域等不同群体的消费特征与消费习惯。

**1. 数字化多元消费**

数字化多元消费是数字经济时代的创新产物。数字交易平台的蓬勃发展，互联网电子支付方式的简单便捷，催生了网约车、网络外卖、网络直播、在线旅行预订、在线教育、在线医疗等数字化多元消费形式，同时也带来了居民消费结构的调整与优化；亚马逊、eBay、速卖通等跨境电商平台（B2C①）的快速发展和海外代购（C2C②）的风起云涌，让消费者足不出户就可以顺利实现"全球购买"，成为国内数字化多元消费的必要补充。

本质上，数字消费属于数字化产业和产业数字化在消费领域的具体体现，在很大程度上也是数字经济与传统经济深度融合的现实体现。数字经济正逐渐改变各行各业，数字科技已融入衣食住行，数字化多元消费丰富了消费品种，拓宽了消费渠道，节约了消费成本，促进了消费品质迭代升级，使消费者有了更多、更优的消费选择。据相关研究估算，2018 年我国第三方网络支付带来的消费者剩余增加占当年 GDP 的 1.52%，给每个用户节省的时间为 170 小时。数字经济时代消费行为数字化多元消费特征的体现，有利于深入引导挖掘消费型数字经济的发展潜力，从而为居民带来更多的福利增长，与居民对美好生活的追求相契合。

---

① B2C 表示 business to customer，企业对顾客电子商务。

② C2C 表示 customer to customer，顾客对顾客电子商务。

**2. 差异化定制消费**

这些消费者数据资源对企业而言是重要的无形资产，掌握这些数据资产，并对这些数据价值进行深度挖掘，企业就可以据此开发更符合市场需求的差异化产品，提供个性化服务。此外，消费者和生产者可以通过互联网进行沟通，就差异化需求进行充分交流，生产者据此进行设计与生产，实现个性化精准定制，使生产端产品的供给与消费端消费者的需求实现无缝对接，长期以来供需方信息不对称问题在一定程度上得到解决。这种差异化定制消费特征，对于推动供给环节以个性化客户需求作为设计和生产起点，进行个性化定制或定做，精准匹配居民消费需求，促进消费升级，实现供需新平衡，具有重要意义。

**3. 体验式"新消费"**

"新消费"作为数字时代的新概念，最早出现在 2015 年发布的《国务院关于积极发挥新消费引领作用加快培育形成新供给新动力的指导意见》中，是一种"以传统消费提质升级、新兴消费蓬勃兴起为主要内容的新消费"模式。新消费是数字时代的商业数字化改革，新消费的核心在于创新，运用线上与线下、虚拟与实体不断融合的场景创新，将人、货、场融为一体，并通过电商平台、社群营销、网络直播等各种售卖方式，各显神通，将传统的产品静态展示演变为一场身临其境、视听感官和情绪被积极调动的"购物盛宴"，将销售、情感、情境完美地融合在一起，集中展现个性、品质和品位，从而使得消费者潜在的消费意愿被充分激发。这种新消费模式不仅仅在于消费者购买产品或服务，更多的是一种新型消费体验与分享，在消费过程中体验购物的愉悦，消费品质得以提升，实现物质和精神的"双满足"。

**4. 派生性延展消费**

数字经济时代居民消费行为的派生性延展消费体现为消费范围、消费结构、消费水平和消费潜力会随着数字经济的发展而不断派生、拓展和延伸。数字经济时代，互联网和通信技术的发展，PC 客户端和移动客户端在线消费与支付的简单便捷，新消费模式体验的愉悦和满足，极大地拓展了消费行为的内涵与外延，使消费者多元化、派生性、"链条式"的潜在消费需求被激发出来，随时随地"任性"消费成为常态，消费不再受时间、空间的限制。

此外，各种消费信贷的出现甚至使消费者可以在短时间内突破其预算约束的限制，充分挖掘了社会的消费潜力，使得消费更具有弹性，也更加充分地释放了消费潜力。与此相对应，派生性延展消费对企业价值创造和捕获必定会产生巨大的影响力。数字经济时代，商业价值与用户数量成正比。企业依靠某一主营业务累积起来的用户资源（数据资产），低成本地开展多样化链条式的业务与服务，从而衍生出更大的价值创造空间，捕获更多的利润。

从这个角度讲，数字经济时代，消费者和生产者高度交互，消费者是数据的生产者，同时也是数据的消费者。消费和生产通过创新技术将各种数据相融合，使得消费者的消费行为得以延展，生产者的价值创造空间得以扩大，形成了生产（供给）和消费（需求）之间的良性循环升级。

**5. 决策易受影响**

购买决策易受意见领袖影响。消费者的购买行为是非理性的，用户在各种媒体平台上的信息很容易被消费者搜索到，影响消费者的购买决策。其中，在互联网时代，一些核心人物因其社会知名度而受到网民的关注和追捧。他们商品消费购物体验的个人观点会对普通网民产生影响。

购后口碑传播效用明显。消费者购买商品或服务后，将验证其购买决定的正确性，并通过实际使用过程确认其个人满意度。消费者决策的满意度取决于感知质量和消费者期望之间的差距。两者之间的差距越大，消费者的感受就会越强。较高的消费者满意度会给品牌留下良好的印象，甚至会引起部分消费者的忠诚度。高度不满会导致消费者投诉。人们积极共享信息的愿望增加了，消费者的个人影响得到了有效放大。满意度不仅影响了个人消费者的决定，也会被互联网口口相传的力量所影响。

**6. 冲动性消费增加**

便捷网购带动冲动性消费增加。冲动性消费是消费者对特定刺激做出的无计划的购买行为。在微媒体时代，在各种因素的刺激下，消费者的冲动性消费行为显著增加。首先，有精确的商业信息传递。精致精美的购物平台，无尽的促销活动，各种消费者体验的分享，以及随着技术的发展，带有模拟刺激的沉浸式购物体验都可以有效地激发消费者的购买欲望。其次，在卖方和消费者之间的直接沟通过程中，诸如卖方对其他消费者评论的促销等信息很容易引起消费者的盲目性。最后，购物的便利性对冲动消费具有重要影响。便携式移动设备和顺畅的购物体验将提高购物效率，缩短消费时间，并诱使消费者进行冲动的在线购物。近年来，移动互联网在中国的普及有效促进了消费者在线购物规模和在线支付规模的快速增长①。

**微案例阅读**

### 大数据时代：消费行为如何变化？

耶鲁大学管理学院教授莱维·多尔，是品牌营销策略领域的权威专家，他分

---

①《数字经济时代下，消费者是怎样的？》，https://baijiahao.baidu.com/s?id=1717504883869353560&wfr=spider&for=pc，2021-11-26。

享了他对数字时代品牌与消费者行为变化的预判。第一，多尔认为人们会认为其他用户的评论比品牌提供的产品信息更可信。过去品牌靠规模取胜，但如今，口碑好的品牌，客户足够忠诚，也能在互联网上脱颖而出。第二，社交媒体对传统的广告投放模式造成了冲击。百事可乐曾斥巨资制作了一个广告，但这个广告在网上引发潮水般的批评，百事可乐被迫在播出不到一天内就将其紧急下架，并公开道歉，可见社交媒体的负面情绪会给品牌带来多大的影响。第三，无现金支付更容易让人过度消费。当人们在国外用钞票时，会因为感觉它们不像真钞，易花多。同时，无现金支付让交易双方感觉更平等。比如，用软件打车，主客双方都知道车费改变不了，这样会淡化雇佣和被雇佣的关系。第四，机器学习增加了网购的花样。比如，语音技术允许消费者只要对着手机说话就可以下单。比如，说买一杯咖啡，机器会根据本人过去的购买记录，分析其品牌偏好、口味偏好、杯型偏好，来做出判断并帮忙下单。第五，大数据不再关心买了什么，而是关心为什么买。大数据会根据购买记录、日程安排、生活习惯，推出消费原因。比如，某女士斥巨资买了条裙子，数据显示因为她要出席一场会议，那当她的日程表再次出现会议时，商家就可以给她推送高档衣服的信息。

资料来源：《大数据时代：消费行为如何变化？》，https://www.sohu.com/a/324395110_100268083，2019-07-03。

## 3.2 数字时代消费者行为影响因素

### 3.2.1 社交媒体对消费者行为的影响

作为一个新兴概念，我们可以将其理解为在社交媒体平台如贴吧等社区类、微博和微信等实时通信类、知乎等问答类以及秒拍等视频直播类组织媒介上进行的营销传播活动的总和。社交媒体营销较之前的传统营销方式具有鲜明的优越性，主要体现在以下几个方面：同用户进行互动传播，加强用户的参与性，形成双向传播；基于数据挖掘，根据用户特性形成新的社交群体；移动互联网技术，使得营销传播更具精准性和及时性。技术的支持以及相关应用的开发使得社交媒体营销成为一种既可以降低成本，又具备较高传播效率的新型营销手段，受到业内人士的大力追捧。

社交媒体革命催生了寻找和获取市场上众多产品和服务信息的新方法，它使消费者能够快速且轻松地相互联系和讨论品牌。消费者对产品和服务的意见如今越来越多地被数字空间中的陌生人所主导，这反过来又影响了线下空间中的意见。社交媒体赋予了消费者权利，因为营销人员无法控制消费者在线对话的内容、时间或频率。因此，社交媒体的存在和丰富性会影响消费者进行复杂购买的决策过程。通过经典的 EBM（Engel-Blackwell-Miniard）模型来研究消费者的决策过程，该模型包括五个阶段：需求识别、信息搜索、替代评估、购买决策和购买后评估，如图 3-6 所示。

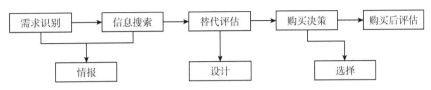

图 3-6　EBM 消费者购买决策模型

　　在线或电子口碑是口碑的一种形式，互联网用户在评论网站上对各种产品、品牌和服务提供评论与评级。它被定义为"潜在的、实际的或以前的客户对产品或公司做出的任何正面或负面的陈述，这些陈述通过互联网提供给大量的人和机构"。电子口碑可以通过多种方式传播，可以在社交媒体平台上传播，也可以在电子商务网站的评论区传播；传播的信息很少通过公司主导的营销传播渠道获得。互联网用户（也是消费者）生成的内容通常被认为是不受商业影响。这种信任促使消费者前往论坛、博客和其他公正的社交媒体资源来收集信息以做出购买决定。消费者决策可以定义为"消费者的行为模式，决定并遵循购买满足需求的产品、想法或服务的决策过程"。经典 EKB（Engel-Kollat-Blackwell）模型通过消除众多变量及其相互关系，简化了宏大模型，只关注问题识别、信息搜索、替代评估、购买决策和购买后行为五个决策阶段，这是消费者行为研究中最著名和最常用的标准模型之一。

　　消费者使用社交媒体是为了在方便时立即获取信息，帮助他们随时随地决定购买什么或更多地了解新产品或品牌。在线消费者评论已被证明对消费者的产品选择和购买行为有因果影响。社交媒体带来了一种"参与式文化"，在这种文化中，用户与其他志同道合的人建立联系，参与共享信息、监控更新、征求意见和对各种产品、服务和活动进行评级。在线产品评论的质量（以感知的信息量和说服力为特征）以及感知的评论数量被发现对消费者的购买意向有显著的积极影响。与企业传播和广告相比，社交媒体被认为是更值得信赖的信息来源。人们普遍对主流媒体不信任。因此，消费者不再将电视、杂志和报纸等传统媒体作为指导他们购买的来源，如图 3-7 所示。

　　毫无疑问，社交媒体现在是消费者做出购买决策的重要信息来源，尤其是在复杂的购买行为的情况下。由于访问方便、成本低且信息广泛可用，越来越多的人转向在线获取消费者意见。与广告和其他营销人员生成的信息相比，社交媒体上的同行推荐被视为网络口碑和更可靠的信息来源。

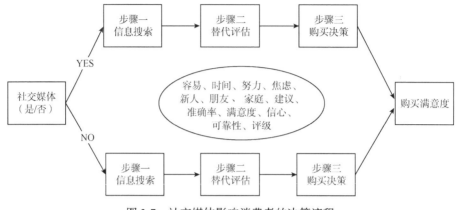

图 3-7　社交媒体影响消费者的决策流程

### 3.2.2　直播对消费者行为的影响

电子商务的发展正经历着一场演变，通过采用各种类型的新型应用来提高客户参与度，实现更大的经济价值。作为一个提供娱乐、社交和商业活动的互动多媒体平台，直播自 2011 年以来越来越受欢迎。从零售商的角度来看，利用直播流的优势在营销、客户服务和收入方面开辟了大量机会。疫情期间，中国直播行业已成为经济复苏的重要平台。随着"直播带货"消费模式的兴起，中国市场已显示出强大的潜力和活力，并加快了实体商业向数字化转型的步伐。

**1. 网络直播的优势**

1）网络直播条件限制少，使用更加便捷

无论是主播还是用户都可以通过移动终端随时随地地直播或观看。当前中国的手机用户为 10.23 亿人，单日人均使用手机时间长达 6.15 小时，手机上网的普及以及无线网络技术和 5G 网络的快速发展，为网络直播提供了良好的网络环境。手机的便携性、功能多元化为网络直播提供了更大的便利。

2）社交方式双向互动，沟通更加深度

以前的传媒方式往往是单向信息流动的，观众只是信息接收方。网络直播打破了这种沟通方式，网络直播中，主播和观众连线交流，信息的传播是可互动、可交流、可观看的，可以在一定程度上满足人们的社交需求。网络直播中的一些话题源于网络热门的话题，同样网络直播的内容也深深地影响着人们的生活习惯。

3）内容形式创新多样，传播更加迅速

近年来，网络直播的内容不断丰富，娱乐、体育、教育、综艺、旅游等领域的直播人数日益增长，用户也在一直保持增长趋势，和传统传媒方式相比，直播的内容更加丰富、多样，能够紧跟时代的步伐，不脱离用户的实际生活。用户对观看的内容有更多的选择，也能参与其中与主播进行互动，主播也可根据观众的要求或反馈进行表演或展示，随时调整直播内容，而不是机械式地播放，用户的体验感增强。

4）监管制度日益完善，行业更加规范

自从 2008 年以来，政府就制定了多项行政法规，以国家强制力保证直播行业能够健康稳定地发展，对于网上违反法律法规的不良主播进行严厉打击；2016 年 9 月国家新闻出版广电总局发布了《关于加强网络视听节目直播服务管理有关问题的通知》，严令要求进行网络直播的机构必须要符合国家规定的相应条件，依照法律法规，合理地开展网络直播活动。

### 2. 直播带货对消费者行为的影响

使用直播来推广品牌和产品在中国的电子商务领域正在"爆发"。例如，2022 年交易规模达到 34 879 亿元，同比增长 47.69%。全网直播电商的商品交易总额（gross merchandise volume，GMV）占全部电商零售额的 23%左右。直播随着在电子商务中的整合，创造了更大的潜力，可以在交互式网络物理环境中为客户提供更丰富的交互式、实时和真实的购物体验。主播能够实时"展示他们的面孔、办公室/家庭和个性"。购物者的吸引力和影响力对于吸引消费者沉迷于流媒体商务环境非常重要。

电商直播创造的消费场景，能够使消费者获得强烈的临场感和购物体验，大大增强了产品传播效果，主播与消费者互动产生的特殊信任感，加快了消费者与主播、平台、商家间信任关系的建立，更容易激发消费动机，增强购买意愿。当前，我国电商直播已迈入成熟发展阶段，在售卖逻辑上展现出的营销优势，使电商市场规模不断扩大，其市场渗透率和发展潜力已成为商家最倚重的营销手段。消费者信任是影响消费者行为的重要因素，是市场营销等学科关注的重要主题。随着市场交易的场景及模式发生重大迁移，对消费者信任的研究也越发偏向于在网络场景及社交电商、直播电商等新兴模式中展开。本节以刺激—机体—反应（S-O-R）为框架，探索直播背景因素以及这些因素如何影响消费者行为，如图 3-8 所示。

直播电商是指通过直播平台进行电商活动和交易。它涉及实时流媒体空间、实时流媒体技术和基础设施，它提供了一个网络环境，提供实时交互、娱乐、社交活动和商业，以及无缝的可供性线索。在这样的环境中，直播空间为主播创建了一个虚拟空间进行直播，并为观众提供了一个观看主播并与主播互动的

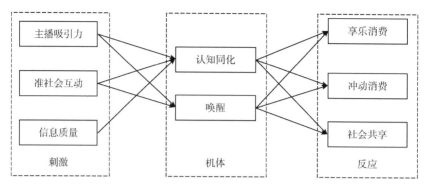

图 3-8　直播带货对消费者行为的影响模型

渠道。在传统电子商务中，消费者只能通过单向浏览、在线阅读静态产品内容（如文字、图片、预录视频等）来获取产品信息。在购物过程中，消费者需要花费时间和精力去搜索产品，仔细阅读产品信息，比较备选产品，并根据其他不知名消费者的评论等各种信息做出评价。因此，这些商业活动涉及的社会因素和享乐体验很少。今天，流媒体商务已经出现并显示出巨大的潜力，作为一种新颖的商业模式，可以为卖家（流媒体）和观众（消费者）提供更加准确的信息，并涉及享乐因素以吸引消费者沉迷于消费过程。观众可以通过观看直播之间的动态实时互动，获得动态和准确的信息，与主播建立虚拟社交关系，并在观看有吸引力的主播的同时享受放松和娱乐时光。因此，直播商务以无缝方式整合了商务、社交活动和享乐因素。

1）直播带货中的刺激

流媒体在创建关键内容刺激方面发挥着关键作用，以在连接到实时流媒体频道时吸引观众，如相关媒体内容、环境提示、共享有用信息、实时社交互动，所有这些都通过合适的消费者提供渠道。通过将 S-O-R 应用于直播商务，我们确定了主播吸引力、准社会互动和信息质量，以表示直播商务环境中触发观众情绪和认知过程的刺激。

在直播电商中，主播精彩的表演通常是直播电商中宣传商业信息的主要内容。主播，通常是 KOL（key opinion leader，关键意见领袖），有他或她自己的直播风格、专长、个性或吸引力。他们已经成为追随者和粉丝了解产品或品牌信息的可靠来源。当他们作为产品和品牌的代言人进行广播时，网络物理环境和流媒体吸引力的结合使观众能够获得有关产品或品牌的适当信息。主播通常通过将自己的用户体验和评论与产品细节（如包装、主要功能和使用技巧）相结合来展示产品信息。此类信息为浏览者提供了有用的产品信息。此外，通过与主播的实时互动，观众可以获得最符合他们需求的即时和个性化产品信息。主播会向观众展示实际的产品使用信息、乐趣和体验。直播电商中培养了温暖的人际接触，这不仅可以促进观众了解产品，还可以培养情感参与。

直播电商不仅能让观众体验到购物的好处（如优质的商品信息），还能在实时互动中与主播建立虚拟社交关系，从而与主播产生亲切感和亲近感。实时流媒体商务在内容提供者和媒体消费者之间建立了一种新型关系，从而增强了两个参与者之间的互动，即准社会互动。当观众对主播推广的产品有良好的使用体验时，也可以加强准社会关系，增加对主播的信任和喜爱。因此，在这种购物场景中，观众在观看流媒体时自然而然地被吸引、产生兴趣并吸收产品信息和进行推荐。重要的是，观众会感觉自己身处现场表演活动中。由于高度互动的体验、有趣的内容和购物的新颖性，观众经常会被唤醒并感到兴奋。他们在这个新奇的场景中感到兴奋，因为他们不仅在见证，而且在参与和创造这个事件。

2）直播带货的机体

S-O-R 范式假设环境包含会导致人们内部状态发生变化的刺激，包括认知状态和情绪状态。来自刺激的认知同化是指当一个人与刺激相互作用时，他或她在脑海中发生的心理过程。例如，它涉及在线消费者如何处理网站上显示的产品相关信息。观众在观看直播时，会接触到环境线索，如他们可能会经常观看他们认为有吸引力的主播表演，并在观看过程中积极与他人互动，并在此过程中愉快地获取信息。这似乎很自然地让观众消化各种信息，考虑主播的推荐，并相应地对品牌或产品产生新的理解。我们将认知同化定义为通过获得、同化和吸收流媒体来调整观众现有思想、信念或态度的程度。在直播电商环境中，观众可以自然而然地被吸引、产生兴趣、吸收商品信息和推荐，往往是因为其中互动性强的体验、内容的娱乐性和购物的新鲜感。因此，源自这些特征的认知和情绪状态使用户获得丰富的体验，并产生更大的动机来消费和分享。例如，观众可能会享受观看主播表演的乐趣，觉得购物过程很快乐，充满娱乐性，可能会进行意想不到的购买。观众通常很乐意与朋友分享他们购买的产品和购物体验，并在他们的社交网络中推广该主播。

3）直播带货引起的行为反应

将 S-O-R 应用于直播商务，将冲动消费、享乐消费和社交分享识别为直播商务中的消费者接近行为。冲动消费占零售营业额的很大一部分，并被定义为"计划外的购买，是受到刺激的结果，是当场决定的"。电子商务使消费者摆脱了他们在实体店可能遇到的限制（如产品种类和时间限制），这反过来又增加了他们冲动购买的倾向。冲动消费是直播电商中观众的重要反应。冲动消费有四种类型：纯粹冲动消费、提醒冲动消费、建议冲动消费和计划冲动消费。当消费者倾向于打破正常的购买模式并享受新奇或逃避购买时，他们可能倾向于进行纯粹的冲动消费。直播观众可能会对主播宣传的新颖有趣的产品感到兴奋。直播通常用作新产品模型的展示活动。当观众在直播中看到产品推荐时，直播商务也可能会激发提醒冲动消费。观众回忆他们之前对该产品的满意购物体验。直播者还可以促进观众的冲动消费建议，因为消费者首先会看到商品并意识到可能需要它，其次直播者通常会向观众展示有关产品的全面信息，并建议使用该产品的不同场合。有计划的冲动消费也经常发生在直播电商中，因为观众可能有一个特定的购物清单，但他们会针对直播者提供的符合他们期望的促销和折扣做出自发的购买决定。

享乐消费是指观看者通过直播电商购物所带来的愉悦感。对于一些观众来说，寻找和获得新产品，以及参与直播商务的娱乐体验，如不同的和有趣的东西，都是来自购买的享乐奖励。直播电商让消费者在享受娱乐、新奇和愉快的社交交流的同时，安心地购买产品。例如，观众可以体验与主播共同创作直播内容的乐趣和新奇。此外，消费者会在享乐消费和购买它所需的资源（即价格）之间做出权衡。因此，观众也可以享受直播期间提供的特别优惠带来的享乐利益。

社交分享是观众对直播商务的另一个重要反应。这是指观众通过社交网络分享直播体验的行为。社交分享与传统的在线评论不同，因为人们进行社交分享主要是为了积极参与社交网络中的朋友分享的体验和信息，而传统的在线评论则呈现给其他未知用户。实时流媒体商务提供便利的功能来促进社交分享行为。例如，只需单击一下，观众就可以立即将产品信息连同他们自己的评论流式传输到他们的社交网络。社交分享行为包括通过各种社交媒体分享产品评论、主播、直播、推荐，如嵌入直播平台的论坛、微信、微博等社区。观众还可以从主播和直播平台获得优惠券、礼物和折扣。社会分享行为是由功利利益驱动的，同时也是由情感和社会利益驱动的。

**微案例阅读**

### 伊能静成功直播案例分析

继董洁、章小蕙之后，50多岁的伊能静成为小红书新直播带货女王。2023年的两场疗愈系慢直播，通过独特的故事感和场景感塑造，创新了直播带货营销的新模式。通过对消费者趋势的洞察，疗愈经济已成为新兴消费趋势。内卷时代，年轻人愈发追求心灵舒展和精神疗愈。悦己型消费崛起，催生品牌情绪营销。伊能静通过讲述产品故事价值，与消费者共情，调动他们的情绪，成为当下品牌和消费者之间建立情感联结的重要手段。接下来，从人货场拆解伊能静的疗愈系直播。作为带货主播，她是分享欲强烈的高能量女性偶像，也是带有强共情力的情感导师，拥有偶像光环和 IP 效应。在选品层面，伊能静直播间的产品包括沐浴套装、香薰蜡烛、身体油等具备高品质、高悦己属性的情绪消费品，给到消费者品质生活方案。借助平台的强种草属性和生活方式美学内容生态，再通过直播间打造生活感内容消费场景，小红书创造了独具特色的 KOS（key opinion sales，关键意见销售）模式。

资料来源：《伊能静强势入驻疗愈赛道》，https://baijiahao.baidu.com/s?id=1782646639037424326&wfr=spider&for=pc，2023-11-16。

### 3.2.3　AR 和 VR 技术对消费者行为的影响

AR 和 VR 已经成为日常生活的一部分。优秀的研究成果证明，AR 和 VR 技术作为一种前沿的科学工具，其广泛的应用性使得它能够无缝融入多个研究领域，不仅在学习、营销活动和产品设计中展现出显著价值，而且在心理学、医学、经济学等多个学科中发挥着重要作用。同时，这种技术的应用也符合循环经济的可持续发展原则。由于通信和互联现代设备的迅猛发展，AR 和 VR 越来越多地出现在每个企业、每个研究领域中。AR 和 VR 便于在安全环境下进行模拟和实验，避免了可能的损害，并将资金花在昂贵的技术上。

在影响消费者服务的新兴技术领域中，从体验的角度来看，AR 和 VR 是最有希望的。AR 和 VR 对人们如何解释和体验消费并通过它建立自我意识有直接影响。鉴于它们具备在感官层面激发和增强个体自我体验的能力，AR 和 VR 在增强消费者体验服务的方面可以发挥强大的作用。在技术上，AR 和 VR 之间的区别可能并不总是一目了然的，因为边界并不总是很好定义的。这两种技术都可能为消费者提供相关的新信息、感官刺激、想象力和互动机会，并使消费者在不同的线上和线下接触点的全渠道体验得到改善。然而，AR 和 VR 在对消费者和服务体验的贡献方式上也一直显示出一些差异。

AR 融合了虚拟世界和现实世界，它通过添加计算机生成的信息来增强对现实世界的感知，创造出"phygital"（物理和数字，physical 和 digital 合成的新词）体验。通过使用智能手机或平板电脑等设备，在自然环境中加入额外的信息（如文字、视觉或其他感官形式），以改善产品的视觉效果或使用感受，还能为消费者提供增强了的互动体验。与 VR 相比，AR 更容易被纳入消费者的日常活动中。目前 AR 的使用包括广告和通信，以及在线和离线的零售环境。在这些情况下，AR 提供了克服无形性影响的重要优势，如在线购买衣服或化妆品的虚拟试衣间和用餐时的虚拟菜单。

相比之下，VR 被认为是"企业创造完全沉浸式的、多感官客户体验的、有前途的途径"。它是一种能够创建整个虚拟环境的技术，用户可以沉浸其中并与环境进行实时互动。VR产生了完全基于虚拟信息的现实感知，并由相应的3D计算机生成的虚拟环境人为进行诱导。VR 的特点是沉浸感（即被数字环境包围的感觉）、临场感（即存在于虚拟环境中的感觉）和互动性（即实时与物体和周围环境虚拟接触的能力）。目前，一些品牌正在尝试将 VR 作为增强和建立消费者与品牌关系的推广渠道，包括零售业和旅游业相关品牌。采用 VR 技术的品牌活动提供了完全合成和生动的世界，可以超越物理现实环境的界限。例如，维多利亚和阿尔伯特博物馆的"爱丽丝和好奇心"展览，游客可以下洞并跟随兔子来体验展览节目，以及参与一些万豪酒店的 VR 娱乐活动。

### 3.2.4 人工智能对消费者行为的影响

Russell 和 Norvig（2010）将人工智能定义为使用传感器感知和效应器对环境做出反应的智能。它是制造智能机器，特别是智能计算机程序的科学和工程。Xu（2020）指出，到2023年，全球人工智能支出有望增至 980 亿美元，累计年增长率达到前所未有的 28.4%。麦肯锡的报告称，50%的企业已经在其至少一项业务功能中采用了人工智能，75%正在使用人工智能的企业显示出提升了 10%的客户体验。人工智能的优势在于它从大型数据集中学习的能力。企业预计未来 5 年人工智能实施的投资回报率(return on investment, ROI)为99%，未来 10 年为187%。人工智能已经将以企业为中心的销售流程转变为企业对企业电子商务(business to business，B2B)，并开始影响 B2B 销售漏斗。由此可见，当技术在个人层面起作用时，它会与用户建立一种可爱的联系，营销人员若能巧妙利用这种联系，便能极大地释放客户价值创造的潜力。

营销人工智能定义为"人工代理的发展，在给定关于消费者、竞争对手和焦点公司的信息的情况下，建议和/或采取营销行动，以实现最佳营销结果"。人工智能营销融合肯定会越来越高，会有更多的可能性将人工智能应用到营销。从人机交互的视角可将人工智能定义为一个多层面的概念。从客户体验到营销运营，再到商业决策，人工智能已经影响到了几乎所有的营销功能主题。

**1. 在线购物平台中的人工智能技术**

消费者对网购平台的人工智能技术体验，可以通过智能识别与搜索、智能推荐、虚拟客服助手等方式给消费者带来直观的人工智能体验。人工智能应用于网络消费者的相应体验效果包括精准体验、洞察体验、互动体验。

1）精准体验

人工智能、信息技术以及系统工程相关技术的整合形成了智能决策支持系统，可以改变人类决策的潜力。智能识别和搜索是指电商平台的营销引擎利用大数据和人工智能技术，帮助消费者在海量数据中实现快速筛选。当消费者在搜索栏中输入关键词、语音或图片时，人工智能可以通过文字、语音、图片分析技术来识别问题，并通过搜索来找到并优先选择可能的目标商品。自主学习神经网络已经将图像识别的错误率从 2010 年的 30% 降低到 2016 年的 4%。2019 年，科大讯飞的语音识别率达到 98%，据预测，人工智能语音识别将在 2021 年达到与人类相同的水平。数据量的增加导致个人决策的复杂性，并使决策过程无法完成。智能搜索引擎可以帮助用户提取噪声，并帮助消费者准确找到目标商品。以上充分体现了人工智能技术可以为消费者带来精准的体验。目前，中国领先的网上购物平台，如淘宝、京东、拼多多等，已经能够实现对文字、图片、语音的识别。

2）洞察体验

机器学习可以定制公司网站的内容，以实现与用户偏好和支付意愿的一致性，并在所有渠道和设备上以无缝和个性化的方式连接客户。可以说，机器学习是了解消费者偏好的最佳技术。人工智能可以实现对用户需求的准确预测和对用户的洞察，并提供个性化的解决方案。应用大数据和人工智能技术的营销软件系统是一个互动的咨询和决策系统。其最明显的特点是自动发现知识和智能决策。从用户的角度来看，人工智能在营销领域的主要应用是为千人一面的精准营销提供需求，最常见的应用是个性化推荐系统，如网购平台的"猜你喜欢"功能中的智能推送部分。人工智能营销技术充分利用了电子商务平台中保留的大量数据，实现了信息洞察消费者行为。

它利用推荐引擎，根据用户过去的购买行为，推荐未来可能购买的产品，减轻消费者的认知负担，致力于通过预测为消费者提供最优服务。与传统零售业相比，人工智能技术开展的"智能"广告的准确性和效果更加显著。以上反映了人工智能营销技术给消费者带来的洞察力功能体验。

3）互动体验

自然语言交互和机器学习技术使人工智能客服取代了人类客服。人工智能客服可以理解消费者的语言并进行回复，为用户提供类似人类的沟通方式，帮助企业开展消费者营销和销售服务，并记录客户的行为和偏好。网购平台的虚拟助理已经开始发挥智能客服的作用，在消费者与商家的沟通中得到了深入的应用，尤其是在咨询与产品、库存、发票、物流、退货等相关的常见问题方面。亚马逊、京东、阿里巴巴等电商平台都开发了智能音箱，如 Echo、叮咚、天猫精灵等。作为入口，人工智能虚拟助理可以协助消费者做出复杂的购买决策，完成消费闭环，通过与消费者的语音互动，给用户带来智能化的互动体验。

**2. AI 环境下消费者行为发展变化趋势**

通过计算机编程来完成需要人类智慧（如推理、学习、解决问题和感知）的任务被称为人工智能。随着人工智能融入主流，越来越多的公司和企业正在适应人工智能，以建立竞争战略。人工智能的应用范围从语音驱动的谷歌助手到通过自然语言处理将查询转换为答案的 Siri 和 Alexa，再到特斯拉在智能汽车中支持观看 YouTube，根据用户的行为和兴趣显示数据驱动的结果。营销部门根据人工智能提供洞察结果，制定营销策略，消费者也会对此做出反应。这里我们来看看人工智能是如何影响消费者行为的。

1）增加客户支出

作为人工智能的核心要素之一，机器学习将无疑增加客户的支出。机器学习可以让团队破译庞大的积累数据，缩小信息范围，帮助它们确定目标受众以及客户在期待什么，进行趋势分析，然后创建更加以用户为中心的漏斗，从而减少花费的时间，最终将潜在客户转化为实际客户。客户的支出更有可能增加，因为一旦营销团队确定了目标受众，它们就可以围绕这一目标制定营销战略。它们知道什么时候做电子邮件营销，什么时候用户更有可能打开电子邮件。

2）个性化消费体验

通过人工智能，用户的信息如用户浏览特定网站的次数、他们寻找什么、他们的地理位置、他们登录的设备将很容易被获取到。预测个性化有助于品牌提供更个性化的消费者体验。现在消费者不需要专门抽出时间去商店购买某种产品。根据现有数据，品牌将提出增强消费者体验的想法。虚拟购物已经成为一种趋势，特定的产品甚至在购物之前就被运到客户所在地，这样客户就可以尝试一下，然后决定是否购买。通过这种方式，客户感到体验或努力都是为他们而创造的。个性化是将您的潜在客户转化为客户的关键。

3）提升客户忠诚度

借助于对消费者行为模式的洞察，具有更个性化消费者体验的品牌更有可能使消费者的忠诚度转向特定的品牌。据微软称，97%的客户表示，客户服务是其选择品牌的重要因素。通过聊天机器人，人工智能有助于进一步提高客户服务，客户可以快速响应，因为其可以一次处理多个查询，并且可以全天候提供服务。通过聚类和收集有关客户的数据，你可以轻松匹配客户的好恶，并向客户推荐正在寻找的特定产品或服务选项。这些细微差别可以将你的客户转变为普通客户。

4）为客户带来极大便利

人工智能无疑会给客户带来极大的便利。事实上，客户现在习惯于方便。放在以前，谁会想到，预订约会、虚拟购物、监控家庭安全仅需点击一下鼠标。人脸和指纹识别是人工智能的创新领域之一。更重要的是，它在以一种无须人类智慧的方式运行，节省了时间。想象一下，假如我们放心把一些任务交给人工智能去操作，那将可以为其他事情省出很多时间！人工智能创造了新的机会。

5）客户将转向语音技术

一些领先的零售和金融机构正在转向投入语音技术，因为客户对使用语音技术感到满意。语音搜索比文本查询更方便客户进行查询，并获得更好的结果。此外，在日常生活中数字助理的使用，意味着人们对于在日常生活中使用语音技术，越来越开放。

6）弥合个性化与隐私之间的鸿沟

隐私应该是每个行业的主要关注点，消费者希望他们的信息受到品牌的保护，使用人工智能工具构建安全策略是一项重要的分析。当客户对商业政策感到满意时，他们会发现他们获得了一些优势，因此他们的信任将建立在商业品牌上。消费者从人工智能工具和技术中获得惊喜的结果。人工智能工具的使用将增加客户对市场上不同业务的信任[①]。

**微案例阅读**

### 人工智能为业务营销带来的使用功能

聊天机器人已经成为改善客户服务和客户体验的主流方法。其价格低廉，全天候在线，并且可以同时沟通多位客户，不仅可以更快捷地为客户服务，而且有助于大幅降低成本。然而，普通的聊天机器人只能根据企业设置的流程进行回答，无法理解来自用户复杂的问题。这就是人工智能聊天机器人发挥作用的地方。借助机器学习和自然语言处理（natural language processing，NLP），它们可以很好地对客户提出的问题做出回应，而无须定义特定的流程。企业仅需要从其他网站和来源向它们提供相关数据即可。

有效地利用每点击付费（pay per click，PPC）营销可以帮助企业将目标流量导向其网站，并促进潜在客户的开发工作和产品的销售。为了改善广告文案、精细受众群体、拓展关键词、优化点击费用出价等点击付费广告的参数，企业需要

---

① 《AI 如何影响消费者行为？》，http://news.sohu.com/a/513960696_121124377，2022-01-03。

进行大量的 A/B 测试。这些操作都要求企业拥有点击付费的代理机构或专门的团队，而人工智能技术则可以帮助企业消除雇佣人员的需求。现在，许多由人工智能驱动的工具无须人工干预，帮助企业管理点击付费活动，甚至可以为企业优化广告。

资料来源：《人工智能为业务营销带来的六大应用》，https://www.zhiu.cn/163890.html，2022-08-23

---

### 3. 人工智能对消费者在线购买意愿的影响

基于对上述文献研究成果的分析，本节借鉴 S-O-R 模型研究框架，以网购平台人工智能营销技术体验为刺激因素，以消费者感知价值为情感机制，以消费者购买意向为反应结果，得出以下理论模型，如图 3-9 所示。作为前因变量，网购平台人工智能营销体验分为三个维度：精准体验、洞察体验和互动体验。作为中介变量，消费者的感知价值可分为感知功利价值和感知享乐价值。消费者购买意愿被作为结果变量。

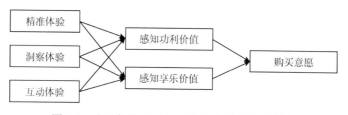

图 3-9　人工智能对消费者在线购买意愿的影响

人工智能营销技术的刺激，有利于消费者做出复杂的购买决策，可以节省购物的时间和成本，使购物选择更加准确，更有利于提高消费者的购物效率。视觉识别、语音识别、机器视觉等人工智能技术的使用，可以从问题识别、信息收集、替代评价、购买决策、购后评价五个方面更好地洞察消费者行为，从而为消费者提供更高效的消费参考，使整个消费过程的价值感知形式更加丰富和顺畅。在与电子商务平台的互动过程中，准确而延伸的信息刺激可以拓展消费者的目标选择边界。网上购物和冲浪的视觉冲击可以满足消费者在愉悦、尊重和关注等方面的个性化定制信息需求。通过机器视觉和深度学习技术，人工智能可以对文字、图片、语音进行搜索，让消费者准确识别产品特征，从而丰富消费者的搜索体验，节省消费者的购物时间，减少购物过程中的无聊感，增加消费过程中的趣味性。由此可见，人工智能营销技术在网络购物平台上的精准体验的提升，有利于促进消费者感知价值的形成。

机器学习是人工智能的一个重要分支。根据基于经验数据的行为演化算法，可以准确观察客户的偏好和购物需求,为现有客户和潜在客户推送个性化的信息,为消费者提供更有效的购买建议。然而,信息的智能推送需要通过一定的机制来影响消费者的购买行为。推送的信息必须使消费者感知到信息的效用和有效性,或者给购物过程带来一定程度的参与和身心愉悦的享受,否则就会失去购物的目的和意义。

人们会对人工智能带来的力量产生一些积极或消极的情感联系和影响,即使他们知道这种力量不是人与人之间真正的情感互动。根据对京东人工智能机器人应用现状的分析,有学者认为,人工智能技术可以帮助实现消费者反馈管理的自动化,人工智能驱动的情感分析可以帮助营销人员更好地回应消费者,让电商平台的机器人客服拥有更好的智商,为消费者的网络购物带来更好的消费价值体验。由此可见,人工智能营销技术在网购平台的互动体验提升,有利于促进消费者感知价值的形成。

网络购物环境中网店形象的感知价值可以带来有目的的和冲动的购买行为。大量的研究表明,购买意向是基于产品的象征性和功能性属性,而功利性价值则体现在消费者在购物过程中体验到的实用性,便利性和成本节约。当消费者只关注产品本身的可见利益时,功利性价值就会发挥作用,并影响消费者在网购过程中根据自己的需要选择商品。技术的便捷和购物效率的提高所带来的功利性价值可以提高消费者的满意度,增强消费欲望,促进再消费。

享乐价值是指消费者在购物过程中获得的愉悦、兴趣和放松的主观体验。消费过程中的愉悦感会对冲动消费意向产生积极影响。消费过程中的感知功利价值和感知享乐价值有利于在线回购行为的发生。人工智能使营销更加智能化,效率更高,更有利于消费者决策,能够获得更好的营销效果。由此可见,网购平台的人工智能营销技术体验带来的感知价值能够促进消费者的购买意向。

## 3.3　数字时代的消费者购买决策

互联网已经永远改变了营销的世界。连通性和信息获取的增加已经破坏了许多现有的营销平台和模式,或者至少迫使它们发生变化。在现代商业环境中,互联网已经变得无处不在,几乎没有公司,无论大小,能逃脱它的影响。

随着客户连接和社交媒体的不断扩大,客户互动的类型和形式也在不断扩大,使互联网比以往任何时候都更容易和更强大。互联网的影响如此之大,以至于最近学者开发了一种新的营销方法——营销 4.0,以适应其影响。营销 4.0 要求从简单地使用传统手段转向更多的数字方法来接触客户和发展客户关系。它结合了数字经济中公司和客户之间的在线和离线互动。正如科特勒和他的合著者所解释的,在不断增长的数字经济中，仅仅与客户互动是不够的，企业必须真实地融合"风格与内容"，才能更加灵活地适应快速的技术变化。

### 3.3.1 数字时代消费者购买决策的关键影响因素

**1. 社会商务中感知信任对购买意向的影响**

终端用户的信任构成了电子服务采用的重要驱动力。Yang 等（2017）肯定了流动性对服务供应商的信任以及安全和隐私风险对用户社交商务的接受程度有影响。在线供应商的积极声誉可能会减少最终用户的风险并带来信任，从而促进消费者承诺。消费者愿意在社交商务平台上授权代表了他们在购物行为方面的感知信任和满足感，以及他们的购买意向。消费者对品牌的忠诚度会随着信任、承诺和满足度的提高而提高。消费者的信任源自对互联网零售商的专业性、诚信和善意的评估，这种信任直接塑造了终端用户的整体信任度，进而深刻影响消费者的在线购买决策。而终端用户的财务风险感知决定了他们对网络零售商的在线信任和购买意向。消费者的在线购买意向受其对网络零售商的信任程度的影响。消费者的信任程度最终决定了他们在搜索和购买网店产品方面的意向水平，同时向其他终端用户说起网店的好话。

感知价值、信任和创造力代表了影响在线购买意向的基本要素，而节省时间和感知安全构成了决定感知价值和信任的主要前因。就消费者采用社交商务的意向而言，信任代表了专业知识、诚信和仁慈等方面的构造。意识和共享价值构成了信任方面的前因，对其影响很大。文化极大地影响了消费者的价值观，而信任是由文化特征决定的。在社交商务市场中，声誉可以立即对信任和社会利益产生影响。

**2. 社会商务中感知风险对购买意向的影响**

信任对社会规范有有利影响，但感知风险对感知行为控制有不利影响。Li（2019）揭示了社会存在、亲近感和信息强化（但不是情感支持或熟悉度）对产品推荐的信任产生影响。道德上的正确性、可靠性和优秀的声誉加强了网上购物的信任。零售商可以通过提高与购买者的相互信任、合作和赞赏，与他们建立关系资本。制造品的类型和品牌可靠性也会影响各体验环节对终端用户购买决策的影响。感知价值会影响购买者的在线信任体验以及他们再次从同一网站购买的承诺。信任、社交商务的采用和产品评价因素对塑造回购意向至关重要。感知质量由竞争价格和网站声誉的把握决定，随后对感知价值产生影响，这些因素与网站声誉和感知风险一起塑造了在线信任，而在线信任则作用于回购意向。感知价值和在线信任代表了回购意向的主要驱动因素。Bashir 等（2018）发现，在线信任的中介功能在网络零售商的感知财务风险和购买意向之间起作用。

网上终端用户的感知财务风险决定了他们对网络零售商的信任。消费者的网上购物意向受他们对网络零售商的信心影响。对网络零售商的信任代表了消费者对网络零售商的能力、产品相关知识、业绩、营销充分性、诚信和支付程序的信心。在 Choi 等（2018）看来，处理购物风险是确保购物目的地的商业建立成功的必要条件，因为风险往往会影响感知价值和对后续购物目的地的选择。提高信任度对防止或减少感知的购买风险很重要。增加信任可能会减少购物风险，并最终改进对购物目的地的看法。由于信息滥用代表了一种明显的在线风险类型，在终端用户调查中，遵守隐私经常与信任密切相关。隐私预期的破坏削减了消费者对互联网零售商的信任，使后者难以重建对其服务和产品的信心。Han 和 Kim（2017）指出，产品和社会/心理风险与终端用户的信任和购买意向有不利关系，尽管他们对产品的参与程度不同，而财务风险与信任和购买意向呈正相关。

### 3.3.2　数字时代消费者购买决策流程

消费者行为是热门的商业话题，因为更好地理解消费者的偏好和体验，特别是购买决策，可以极大地帮助组织改进营销策略。营销决策通常依赖于对消费者行为的观察、假设和理解，特别是对影响消费者决策过程的潜在原因的购买行为。重要的是要创建和消费者的连接，并理解消费者购物体验，使组织能够在购买前中后识别额外的消费者连接时刻，并为组织提供机会，确保消费者参与时刻难忘和有意义。然而，组织面临着更多的挑战，了解和改进营销活动以更有效地接触消费者。然而，消费者行为是消费者在购买过程中的感受和体验，包括许多潜在影响购买决策的变量。购买决策是综合过程的结果，包括广泛的产品信息研究、品牌设计评估、质量和价格比较，因此要成功影响购买行为在很大程度上取决于组织对消费者行为的理解和满足程度，并将其转化为购买决策。行为决策理论表明，消费者在许多情况下确实会做出不合理的选择，因此理解消费者行为和决策背景是极其重要和有价值的。

图 3-10 列出了消费者购买决策流程的五个阶段模型，其中包括主要的服务或产品购买考虑过程。对于企业来说，最重要的是了解激发消费者购买的每一个关键步骤，并与消费者进行有效的沟通以完成交易。图 3-11 列出了模型中每个单独阶段所涉及的内部心理过程和因素的相关性。

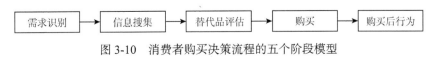

图 3-10　消费者购买决策流程的五个阶段模型

图 3-11　每个单独阶段所涉及的内部心理过程和因素的相关性

第一阶段：消费者对产品和服务的需求识别。这是由消费者的当前状态和首选状态之间的不平衡引起的。这种不平衡可以激发和创造消费者立即购买产品或服务的内在冲动。此外，外部刺激可以通过外部影响，如销售和广告促销，以确定未满足的需求，最终产品可以满足消费者的需求和期望。因此，重要的是组织能够识别目标人口，识别消费者的欲望和需求，通过广告和促销来开发与需求匹配的服务和产品，为目标客户创造所需的状态。潜在影响产品和服务需求的因素包括优先地位的存在，新产品信息的可用性，以及相关的补充产品。

第二阶段：信息搜集，旨在了解更多的产品，包括能够满足需求的不同替代品。消费者在购买决策前，会投入大量时间，不仅通过个人的经验和直觉进行内部考量，还会积极寻求外部信息，如同行的推荐和公众的意见，以确保自己的选择更加明智和符合期望。其他来源列出了对产品感知的潜在影响，包括评论、博客、横幅、电视广告、小册子等。这一阶段的重要考虑在很大程度上会受到消费者之前与产品质量、兴趣水平和风险相关的经验的影响。消费者有可能有一组替代产品作为竞品来考虑，这是在进行最终的选择研究之前最首选的替代品。因此，组织可以通过不同的渠道提供产品的相关描述和促销活动，同时为消费者提供分享产品评论和推荐的平台，从而激励和影响信息搜索过程。

第三阶段：替代品评估，通常是基于价格、质量、品牌和产品定位等重要属性来选择符合愿望的最佳交易。这是消费者潜在地将情感体验与产品联系起来，并认可组织提供的营销活动的时刻。因此，在评估过程中，消费者在做出购买决定之前，充分了解与品牌和产品相关的重要因素是至关重要的。

第四阶段：购买。在决策考虑和实际购买之间总会有时间差距，特别是涉及汽车和耐用消费品的巨额投资，而对于日常非耐用产品的考虑时间则相对较短。人们的很多购买决策都是基于常规的选择过程，这是一种习惯。消费者在购买常规产品时，通常容易忽略决策过程中的产品质量、售后服务等大问题，认为它相对不重要。

第五阶段：处理与顾客满意和评价有关的购买后行为。人们认为，一个满意的客户很可能是一个忠诚的品牌大使，在信息搜索阶段热衷于影响其他潜在客户，并提供更多的机会购买产品。这一阶段的重要因素包括通过后续活动了解消费者满意度，满足消费者期望，使客户成为忠诚的客户。

图 3-12 列出了影响决策过程的时刻和相关因素。消费者在这个过程中可能不会遵循完美的顺序，因为产品类型、购买阶段和财务状况会有很大的不同。然而，传统的消费者购买过程的五个阶段模型在理解消费者方面受到了各种研究者的批

评。Solomon（2010）不同意传统的强调理性视角的模型，认为消费者的行为确实是非理性的，它不能准确地反映购买决策。他们认为消费者在购买过程中不太可能依次进行，而影响购买决策的是实验视角和行为影响视角等因素。Dhar 等（2007）认为，初次购买时的购物势头会产生心理冲动，鼓励购买更多不相关的产品。也有学者提出了一种不同的非线性决策过程观点，称为"营销螺旋"，它将螺旋放大目标，以更好地使消费者参与，从互动到参与，到对话，到亲和力，到社区。麦肯锡提出了一种不同的传统决策模型，循环过程包括四个阶段：对产品和服务的初始考虑、积极评估和研究潜在的采购、消费者购买产品时的封闭性以及在消费者使用和体验过程中进行购买。

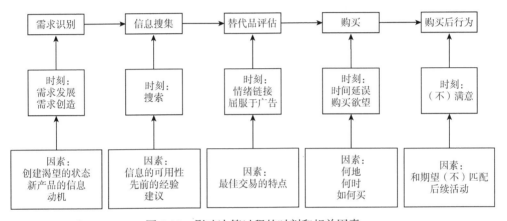

图 3-12　影响决策过程的时刻和相关因素

## 3.4　数字时代消费者行为研究前沿

### 3.4.1　主要研究关注的领域

**1. 数字化如何帮助个体消费者展示自我**

Belk（1988）发表的《财产和扩展的自我》中提出，消费的延伸自我理论，即消费者的吃穿用度都是在自我个人身份的延伸。这是消费者研究领域引用率最高的文章，高达一万三千多次。在此项研究之后，Belk（2013）又提出数字时代消费者的分享也是自我身份的延伸。根据这一系列研究，消费者的分享动机更多来自对个人形象或社会形象的维护。以此项研究脉络关照数字时代特有的互动方式，如消费者在直播间的观看、打赏行为。消费者参与越多，以及人越多，打赏的劲越高。对主播打赏的行为也是一种社交，一种炫耀性消费。有了分享动机，那么分享什么呢？中欧国际工商学院王雅瑾教授分享总结了一点：表达情感和情绪的内容。

2022 年，由于疫情等各方面的原因，人们可以在朋友圈观察到，只要有大的事件，大家更喜欢发表一些情绪化的内容。而且消费者在智能手机上发表的内容也呈现出一些特质。比如，在手机上写的评论会比在电脑上更带感情色彩。为什么在数字时代，在新型个人数字传播工具上，消费者会更情绪化呢？这也是可以去研究的。

这些情绪传播行为会带来什么样的结果呢？王雅瑾分享说道，"一些最新的研究发现：主播的情绪非常影响消费者的快乐程度，主播的情绪越激动，情绪越正面，消费者就越快乐。如现象级的'做刘畊宏的女孩'，为什么吸引几千万粉丝跟着他一起跳？这个互动就是快乐主播，快乐消费者。相比物质性的消费分享，体验式的可以让人获得更高的自我评价"（邵文，2022）。

**2. 数字化怎么成为消费者的决策支持工具**

数字化如何改变消费者的决策路径，如何辅助消费者做决策，以及这样的辅助会产生什么样的效果等都是研究主要关注的问题。数字时代消费者的决策路径到底有没有变化？现在主要的研究成果一方面集中在社群对消费者决策路径的影响，另一方面集中在社交媒体的使用。

在数字营销成为消费者的决策辅助研究中，王雅瑾发现很多有趣的研究问题，如互联网到底是增加了不确定性，还是减少了不确定性？我们不能摸到、看到产品本身，这增加了不确定性；但同时，互联网却给消费者提供了海量评论和个性化的信息，这可以减少不确定性。在新的决策环境里，消费者的决策更好了吗？一项研究发现消费者搜索越多，最后反而能成功找到自己心仪产品的概率越小。另一项研究发现消费者的决策质量与产品类别相关。对于体验性产品如旅游，消费者主要在社交媒体上搜索其他用户的体验，并且在离实际消费决策较早就开始搜索相关信息。但是，对于实用性产品如家电，消费者主要在平台搜索，并且都是在离实际消费决策很近的时候才开始。

**3. 数字营销如何提供智慧营销，为企业、品牌决策提供依据**

从品牌的决策角度，数字营销成为智慧营销的来源。早期的研究在于消费者的网上搜索及用户生成内容，这些可不可以帮助市场预测？答案是可以的。当前正在进行的研究是，社交媒体上的各种形式，如短视频、图片、文字、信息等，这些对消费者的影响如何。王雅瑾认为研究最多的领域是人工智能和算法在消费者决策中的作用（邵文，2022）。像互联网医院，研究发现消费者不喜欢 AI 诊断和看病，因为大家认为 AI 拥有的数据可以做群体化的决定，但可能忽略个体的独特信息。

以上这些研究如何纳入实际问题的思考中呢？以奢侈品领域或者说高端商品的品牌战略举例，论数字时代的独特性怎么体现在奢侈品上？比如，购买方式的变化，以前奢侈品是高高在上的，它们的传播方式是一对多，销售渠道是线下精品店，传播方式是品牌说什么就是什么。现在奢侈品牌在各大电商平台上出现，它们与消费者在抖音上互动，甚至参与直播，好像奢侈品的身份降低了。比如，数字化使奢侈品信息透明化。传统奢侈品理论最核心的在于品牌的排他性和稀缺性，奢侈品代表社会地位。原来的奢侈品管理要以很昂贵的价格，限量买不到的方式管理，而现在更强调包容性。这样以前的理论可能就不再适用了。

两种新的研究方法未来可以使用。一是用机器学习解读大量分享的图片里表达的品牌含义；二是将消费者研究的实验派与数据模型派之间建立起对话——如何让机器学习更加准确预测个性化差异。在数字时代消费者行为的未来研究中，第一，对于消费者分享、消费者决策以及企业决策三个方面，未来有很多新的研究问题可以让它们之间打通；第二，绿色消费和可持续发展，这里面还有很多可以结合的话题；第三，未来的研究方向应该是多种方法结合的研究，不管是用实验还是模型，最后都是为了回答一个问题，是跨学科的合作研究。

### 3.4.2　主要研究范式

#### 1. 定量范式

实证主义（positivism）一词兴起于 20 世纪，被称为逻辑实证主义或新实证主义。逻辑实证主义将经验传统与逻辑联系起来。换句话说，哲学是以经验和逻辑为基础的。实证主义支持实证主义方法论，即强调不包含投机元素的积极知识的方法论。换句话说，这种范式试图通过科学革命将人类从形而上学中解放出来，从而使之合理化。实证主义使用的方法集中在仔细的抽样、复杂的设计、精确的测量和假设检验中。

采用定量方法，主要优势如下：①它们可以广泛覆盖各种情况；②它们可以是快速和经济的；③它们可以用于政策决策，特别是当统计数据来自大样本时；④实证主义范式支持获得事实和预测未来的创造精神和行动。

实证主义的缺点包括：①人类的行为总是由意义组成，这些行为有目标。由于社会事实总是表达心理状态，如信念、希望和意识，物理方法无法应用。这种思维状态是无法观察到的。②实证主义不能解释人类历史，特别是关于人类思维方式和视角的兴起。同样，这个范式也不能包含人类的真理，即人类是一个完整的身体，它由许多化学元素组成，而且人类也有每个元素都不能被简化的元素（即思想、意志、感觉）。③除了人类，自然界中还有其他事物，如物理学。物理中的中子不能被直接观察到。④实证方法通常关注的是经验数据是否符合理论，反之亦然。然后，研究者通常用数据检验理论。这个过程被称为零假设检验。然而，零假设检验具有功能失调的后果，例如，它使研究人员的注意力只集中在获得统计显著性上，而不是试图寻找更相关和更有用的关系的强度。⑤零假设检验也有缺点，如研究人员使用统计推理分析，让数据"自己说话"。此外，零假设检验并不倾向于产生修改和改进理论所必需的概念性推测。⑥定量方法的使用往往是相当不灵活和人为的。特别是，这种方法在理解人类行为的过程中并不是很有效。此外，定量方法在生成理论方面并不是很有帮助。

**2. 定性范式**

1）相对主义

相对论认为科学是主观的。因此，在观测中总是可能出现误差。相对论认为，如果没有人类的感知、感觉和行动，就无法解释感兴趣的现象。相对论指出，没有单一独特的科学方法。相对论者认为，我们不能仅仅因为经验就觉得医学知识比手相更准确。

2）解释论

社会科学特别是消费者行为，与人类问题密切相关。人类的一个主要特征是他们倾向于在生活中寻找意义。在寻找意义的过程中，人文学科采用了一种通常被称为"解释"的方法。这种方法有助于确定动机、意义、原因和其他主观经验。解释本身可以定义为对文本进行批判性分析，以确定其单一或多个含义。解释范式，也有科学家称之为诠释学范式，是一种具体的哲学方案，它为许多遵循语言学转向理念的社会科学研究流派提供了理论基础。该范式强调所有的理解都是语言上的。

3）历史方法

历史方法基本上是描述性的。它使用一种解释的方法来研究驱动时间变化的因果动机。分析历史也需要经验材料。这种方法经常使用回溯法来试探过去可能发生的事情。历史方法有两阶段概念模型。第一阶段是研究设计，包括研究问题和研究程序；第二阶段包括三种方法，分别是调查、综合和解释。许多市场营销教科书认为，市场营销的演变是从生产时代、销售时代、营销时代开始的。另外，营销传统的演变从先兆时代、起源时代、制度发展时代、细化和形式化时代开始。

4）存在主义

存在主义反对理性主义、实证主义、唯物主义和实用主义（pragmatism）。

它反对那些范式，因为存在主义者把他们的注意力指向事物的本质，而不是存在。本质是使事物形成的东西。本质也是现象学家的中心概念。然而，存在主义者根据这个词的词源来定义存在。存在意味着突出，成为，或出现。因此，人不是静态的存在，而是不断变化和发展的。与方法论相关，所有存在主义者都认为现象学方法是一种基本有效的方法。在这个意义上，可以说存在主义者是现象学家，而不是反之。

5）批判理论

批判性研究分为三个阶段：初始阶段、数据收集阶段和评价阶段。在初始阶段，批判性理论试图确定一个具体的实践问题。在选择了一个实际问题之后，就可以确定与该问题有关的所有团体或个人。然后，数据收集阶段分为五个步骤：解释步骤、历史-经验步骤、辩证步骤、认识步骤、实践步骤。在最后一个阶段（即评价阶段），对于数据收集过程中的五个步骤，每个步骤都存在评价标准。例如，研究者必须基于所有参与者的感知形成一种理解。另一个例子是，研究者必须理解社会条件是如何在历史-经验步骤中建立在历史基础上的。

### 3.4.3　未来值得关注的研究问题

为了进一步推进我们对消费者与前沿技术互动的理解，我们确定了未来研究的几个领域，分为六个类别：重新思考消费者行为模型；不同年龄段消费者的行为差异；消费者与自动化服务的交互；道德、隐私和"黑匣子"；消费者安全问题；以及在重大全球危机期间，消费者与新时代技术的互动。

**1. 重新思考消费者行为模型**

在信息系统和市场营销领域，大多数针对人机交互的研究都关注于这样一个观点：技术是公司或品牌向用户或消费者提供的一种力量，用户应该接受、采用、使用或进一步开发它。虽然这对新采用者来说可能是正确的，但消费者在不同的环境下以不同的方式与技术交互。消费者越来越希望影响和控制他们周围的技术，而不是被动地让技术塑造他们的行为。此外，最近的研究一致认为，技术正在塑造消费者行为的各个方面。因此，未来需要在研究人们与前沿技术的互动时重新思考消费者行为模型。

在现实中，客户可能会同时体验到几种技术。然而，迄今为止，以往的研究主要集中在消费者与一项技术的交互。例如，聊天机器人、VR、AR、可穿戴技术。此外，最近的研究模拟了消费者在体验新兴技术后的满意度和忠诚度。目前还没有一项研究能够准确把握消费者在体验过程中与前沿技术之间的互动点，并分析这如何导致满意度和品牌忠诚度。

### 2. 不同年龄段消费者的行为差异

在前沿技术背景下，缺乏对代际营销的研究。新一代消费者，如年轻的千禧一代和 Z 世代，不仅是技术通，而且是技术原生代。Z 世代消费者是真正的数字原住民，与其他几代人相比，他们花在移动设备上的时间更多。他们的态度和行为是厌恶风险的。此外，Z 世代的人往往比千禧一代更负责和务实。Z 世代的消费者更有见识，阅读评论，分享他们的观点，期待个性化的服务和产品。与千禧一代相比，Z 世代消费者在与前沿科技互动时更可能表现出不同的行为模式。然而，对于这一代人的期望差异以及与各种前沿技术的互动，人们仍然缺乏坚实的理解。因此，有必要进行更多的研究以确定千禧一代和 Z 世代消费者在与新技术互动时的主要行为差异。未来的研究还可以调查年轻一代（如 Z 世代）的行为如何决定品牌在购物体验中引入前沿技术的顺序。

最近的研究重点是在购物中心、远程康复、虚拟品牌体验、体育营销和其他购物体验等多种背景下与 VR 技术和 AR 技术的消费者互动。然而，研究人员还没有对宏观层面问题的影响进行实证测试，如 X 世代、千禧一代和 Z 世代消费者在虚拟、增强和纯混合现实环境中行为的跨文化和跨国差异。

### 3. 消费者与自动化服务的交互

最近的研究强调，未来的营销与人工智能支持的自动化服务紧密相关，如聊天机器人和数字助手（如 Siri 和 Alexa）。然而，较少有研究调查不同群体的消费者在与自动化服务交互过程中所经历的情绪类型（如愤怒、恐惧、预期、信任、惊讶、悲伤、快乐和厌恶）。未来需要对消费者（如 X 世代、千禧一代和 Z 世代）在遇到新技术时的情感体验进行定量和定性的结合研究，或将情感分析和机器学习相结合。

支持人工智能的服务依赖于从用户收集的数据。在与此类服务交互时，消费者行为和响应方式的意外变化可能会产生问题。例如，客户可能会以一种意想不到的方式回应聊天机器人，如询问错误的信息或提供错误的答案。因此，未来的研究可以专注于消费者行为反应的突然和意外变化对自动化服务如何工作和回应查询的长期和短期影响。

### 4. 道德，隐私和"黑匣子"

最近的一些研究调查了与使用尖端技术（如人工智能）相关的伦理、道德和信任问题。虽然这些系统的"黑匣子"性质允许精确预测和增强个性化，但它们的工作机制和处理的信息非常复杂。服务机器人的引入带来了新的伦理和道德挑战。因此，教育用户（消费者）了解聊天机器人是如何工作的，以及谁对相关的道德和伦理问题负责是非常重要的。

　　还有研究调查了有道德或隐私担忧的消费者在与前沿技术的互动中是否仍能表现出积极的行为，如果是，如何表现。对某一系统或过程的伦理担忧并不一定会导致一个人停止使用它或形成强烈的消极态度或行为。即使这真的发生了，行为也会随着时间的推移而改变。因此，有必要评估消费者表达道德关切后行为的变化。此外，尽管《通用数据保护条例》等新法规旨在保护消费者的隐私和安全，但它确实充分考虑到了尖端技术在损害或破坏他人数据隐私和数据保护的不当行为方面的复杂性和模糊性。因此，未来有必要进行研究，以确定这些问题，并提出改进现有法规的建议。此外，未来的研究可以关注消费者在与前沿技术互动时如何感知"个性化–隐私悖论"。

**5. 消费者安全问题**

　　本节讨论的六种前沿技术都与复杂的、在某些情况下（如 AI）未被发现的、需要进一步研究的问题有关。最近的研究得出结论，消费者安全担忧是采用前沿技术的重要决定因素。此外，安全担忧影响公司用来保护客户数据安全的策略。然而，目前尚不清楚安全问题如何影响消费者行为。需要进行研究，以了解在使用尖端技术时存在严重安全担忧的消费者的行为变化的后果。未来应该研究安全问题可能如何导致消费者在与人工智能应用程序和聊天机器人等机器学习交互时（暂时或永久）改变他们的行为。此外，最近的研究表明，年轻一代的消费者（如 Z 世代）不太关心安全和隐私问题。然而，需要在年轻一代消费者使用单一或多种尖端技术的背景下进行更多的研究。

**6. 在重大全球危机期间，消费者与新时代技术的互动**

　　2019 年底，世界正处于 COVID-19 大流行的早期阶段。新冠疫情破坏了生计，威胁到在卫生方面取得的进展，并造成重大生命损失。疫情还对社会生活、消费模式和全球经济产生重大影响。消费行为以新的和意想不到的方式发生了变化，例如，广泛的恐慌性购买和消费替代。此外，在消费者与不同技术的互动方面，购物环境内外方面也发生了显著的转变。

　　这些迅速的变化为研究开辟了新的途径。例如，未来的研究可以分析恐惧和健康担忧如何影响消费者与尖端技术的互动（在 COVID-19 期间和之后）。此外，由于消费者在大流行期间和之后可能会经历一系列的混合情绪，我们呼吁进行更多的研究来分析情绪在消费者与尖端技术互动中的作用。COVID-19 为人们敲响了警钟，需要技术为消费者的日常生活提供便利，从购物到与亲人保持联系。最后，自新冠疫情期间，与新冠相关的网络钓鱼和欺诈骗局一直在上升。未来研究的一个领域是调查消费者如何识别和应对网络钓鱼与欺诈。例如，人工智能和机器学习如何帮助消费者发现这些骗局。

# 第 4 章

# 智慧精准营销战略

本章主要描述数字化时代背景下，目标市场战略的智慧精准应用，将基于传统的市场细分、目标市场选择和市场定位理论，结合智慧营销和数字营销背景，从基于商业大数据的市场细分、智慧化目标市场选择和数据推动的精准定位三大板块分析智慧精准营销战略，并以钉钉作为典型案例对精准定位进行实践剖析。

**微案例阅读**

### 元气森林的智慧精准营销战略

元气森林成立于 2016 年，是一家"互联网+"饮料公司，专门生产无糖、低热量的饮品。目前旗下拥有元气森林气泡水、外星人电解质水、无糖草本茶纤茶、燃茶、元气满满乳茶、冰茶等系列产品矩阵，深受广大消费者喜爱。自成立后，元气森林保持着一年一融资的节奏，不断拓展营销渠道，截至 2022 年 10 月，线下销售网络已覆盖全国，出口美国、澳大利亚等 40 多个国家；线上开设元气森林天猫旗舰店，元气森林京东旗舰店，元气森林小红书官方店铺等。据《晚点 Late Post》消息，元气森林 2022 年销售回款 80 亿元至 90 亿元，相较 2021 年 73 亿元的销售回款，同比增长 10%～23%，实现了连续 6 年的持续高速增长。

元气森林的成功离不开其数字化转型、数字化营销模式和智慧精准营销战略的布局。元气森林自成立起，就把选择权交给了用户，围绕"Z 世代"的独特性、多场景化的需求，通过数据回流和用户反馈把原有快消品从研发到终端的周期不断缩短，获得年轻消费者真正想要的产品，从而在短时间内推出短款产品；从企业资源计划（enterprise resource planning，ERP）突破，建设智能信息技术（information technology，IT）环境、实现智慧企业转型，助力智慧营销数据平台搭建；新品上市后，以天或小时为单位跟踪新品预计目标的达成趋势，包括周销售、增长率、复购率、消费者反馈等，形成完整的数据监控系统；生产流程上，通过打通需求端、供给端数据，在订单阶段即可实时看到品类入库完成率情况、SKU①和入库明细等，确保生产端精准供给消费产品；销售渠道上，基于其数字化平台，利用电商、传统商超、新型便利店等渠道，入驻线下门店进行铺货，线上利用社交软件抖音、小红书等媒体平台进行直播带货，吸引流量，盘活粉丝，促进用户持续转化，提升复购率。

目前，元气森林为实现数字化转型，已经建立一套高效、全面、业务导向、敏捷响应的数据中台，通过建设和提升中台数字系统，元气森林可以形成订单采集、采购、生产、库存、物流全链路可视化系统，从而达到精准的数据收集、决策，做出快速反应和降低成本，使得整个营销系统在这个过程中不断得到提升和优化，精准为目标消费者提供高品质产品。

# 4.1 基于商业大数据的市场细分

市场细分是指企业根据自身条件和目标，以消费者需求的某些特征或变量为依据，区分具有不同需求的顾客群体的过程。市场细分后，同一种商品的市场中，相同的消费群体存在着更多的相似点，而在不同的市场中，消费者的需求也存在着很大的差别，便于企业根据产品和服务特征进行精准营销。目前数字化发展进程加快，商业大数据展示出强有力的作用，企业应当顺应数字化潮流，依据商业大数据，识别所属行业内有多少细分市场，并明确各细分市场的主要特征。

## 4.1.1 基于社交数据的市场细分

社交数据是指网民在网络社交平台上的各种交互活动所产生的大规模数据，包括用户行为记录、搜索点击记录、互动记录、反馈数据等。目前，国外主流的网络社交平台有 Twitter、Facebook 等，国内比较流行的社交网络平台有微信、新浪微博，以及抖音、快手、小红书等新兴的社交平台。社交数据的重要性日益凸显，成为数字化背景下各企业进行营销活动不可忽略的要素。

### 1. 社交数据市场细分的方法

第一，单一变量细分法。单一变量细分法是指根据市场营销调研结果，选择影响消费者需求最主要的某种因素作为细分变量，进行市场细分。这种细分法以公司的经营实践、行业经验和对组织客户的了解为基础，在宏观变量或微观变量

---

① SKU 表示 stock keeping unit，最小存货单位，即库存进出计量的单位，可以以件、盒、托盘等为单位，用于销量数据分析及库存管理。

之间，找到一种能有效区分消费群体并使公司的营销组合尽可能产生高效益的变量。例如，在洗护用品行业，清扬采用单一变量法，针对男士设计洗护发产品，避开女性市场和大众市场。

第二，综合因素细分法。综合因素细分法是指按影响消费者需求的两个或几个主要因素进行综合细分的方法。例如，选取年龄、收入水平、购买渠道将女性服饰市场划分为27个细分市场（图4-1）。每个细分市场由三类不同的要素组成，具有不同的特点和子需求，企业在进行产品和服务设计、市场定价及促销宣传时要综合考虑三类要素。

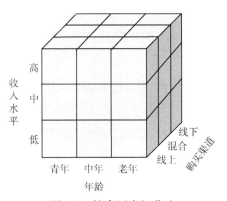

图4-1　综合因素细分法

第三，系列因素细分法。系列因素细分法是指根据企业经营需要，按照影响消费需求的一系列细分变量将整个市场划分为若干个细分市场的方法。当细分市场所涉及的因素是多项的，并且各因素是按一定的顺序逐步进行的，可由粗到细、由浅入深，逐步进行细分，那目标市场将会变得越来越具体，范围越来越明确，帮助企业在制定营销组合策略时更加精准有效。例如，某电子产品市场就可以用系列因素细分法做如图4-2所示的细分。

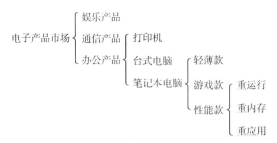

图4-2　电子产品市场系列因素细分法

**2. 基于社交数据的市场细分策略模型**

与传统市场细分模型不同，社交数据是在数字化背景和大数据技术支撑下的更为准确和指向性更强的细分基础与细分方式，同时也对细分策略制定过程提出了更多的要求。在制定基于社交数据的市场细分策略时，可以按照阶段性目标进行，以保证细分市场策略制定的流程合理、步骤严谨、指标完整和结果可行性强。具体模型可参考图 4-3。

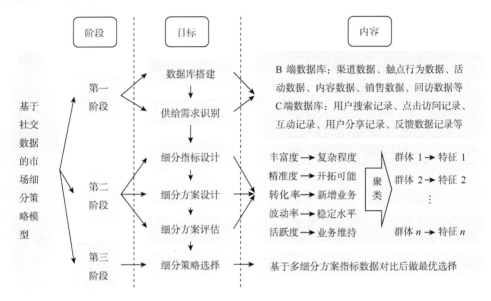

图 4-3　基于社交数据的市场细分策略模型

基于社交数据的市场细分策略模型的第一阶段是社交数据准备阶段，主要目标是搭建起完整的数据库并在数据分析的基础上识别供给端和需求端的内容和要求，为后续市场细分做好数据准备基础。数据库的搭建又可继续细分为 B 端数据库和 C 端数据库（表 4-1）。其中，B 端数据库主要是面向 B 端产品以及从生产端出发，收集渠道数据、触点行为数据、活动数据、内容数据、销售数据、回访数据等；C 端数据库则是面向 C 端产品从消费端出发，收集用户搜索记录、点击访问记录、互动记录、用户分享记录、反馈数据记录等，并在此基础上对供给侧和需求侧数据进行分类分析，通过频率统计、方差分析、交叉分析等方法识别两个端口的关键指标，为第二阶段做好数据准备。

表 4-1　数据库指标体系

| 数据库分类 | 一级指标 | 二级细分指标 |
|---|---|---|
| B 端数据库 | 渠道数据 | 投放消耗、获客成本、曝光量、下载量、激活量、激活转化率、新增注册量、注册转化率等 |
| | 触点行为数据 | 新进 20 以上企业数、来源渠道占比、所属行业占比、搜索关键词等 |
| | 活动数据 | 活动参与度、活动成本、新客户付费数、老客户付费数、订单数、客单价等 |

| 数据库分类 | 一级指标 | 二级细分指标 |
|---|---|---|
| B端数据库 | 内容数据 | 阅读量、线索转化量、文章数量、阅读人数、完成阅读次数、阅读完成率、送达阅读率等 |
| | 销售数据 | 销售额、订单量、增长率、重点产品销售占比、各平台销售占比、利润、成交率、转化率等 |
| | 回访数据 | 客户满意度、售后服务体验、投诉及建议等 |
| C端数据库 | 用户搜索记录 | 搜索条目关键词、重复搜索频次、搜索字段等 |
| | 点击访问记录 | 首次点击时长、重复访问频次、重复访问间隔等 |
| | 互动记录 | 点赞、评论、收藏数量等 |
| | 用户分享记录 | 转发等 |
| | 反馈数据记录 | 留言、举报、投诉等 |

基于社交数据的市场细分策略模型的第二阶段是细分指标设计、细分方案设计和细分方案评估阶段，也是该模型中最重要的环节。本阶段的核心任务是对上阶段的指标进行提取分类，运用K-means聚类分析、数据挖掘、文本分析等方法，按照一定的标准设计细分方案，将客户按照不同的标准划分为多个群体，并对各群体的特征进行汇总，便于后续评估和选择。首先，细分指标设计，主要是从第一阶段的数据库中识别和提取定性和定量的数据指标，针对定性数据设计好指标的分类标准和语义评价标准，针对定量数据设计好指标的分级数量、级别标识和等级含义等，如针对C端的互动记录数据，可以提取出"是否点赞""是否评论"等定性指标和"点赞量""收藏量"等定量指标，并通过"是""否"来衡量互动记录定性指标，通过具体的点赞和收藏数量值并结合具体的评判标准衡量互动记录的高低水平。其次，细分方案设计，细分方案设计是在指标设计的基础上，通过对指标的丰富度、精准度、转化率、波动率、活跃度等特征进行分类对比，评估不同数据指标所代表的复杂程度、开拓可能、新增业务、业务稳定水平以及业务维持可能等，从而根据数据指标的关联性、相似性等进行聚类分析和挖掘，将客户划分为多个小群体，并根据聚类结果的指标特征确定各细分群体的具体特征。最后，细分方案评估，该步骤是第二阶段和第三阶段的桥梁，在得到多种细分方案的基础上，可以先进行初步的评估，对各个方案的整体效价、侧重水平、指标聚集性等进行评估和二次分类，如按照最终价值的高低，将各方案进行排序，再按照指标复杂程度进行二次细分，将细分方案分为高价值-复杂操作、高价值-简单操作、低价值-简单操作、低价值-复杂操作四类，在后续阶段的方案选择上更加便捷清晰。

基于社交数据的市场细分策略模型的第三阶段是细分策略的选择阶段，是该模型的最后一个环节，主要目标是对细分方案做最后评估后选定最终的细分方案。

该阶段的工作强度不大但意义重大,影响到后续目标市场选择和市场定位的确定,因此需要更加严谨,对前阶段中的各细分方案指标进行检查,结合自身的企业目标和资源条件选定最终的细分策略。

### 4.1.2　基于商业终端数据的市场细分

商业终端是指区别于商品出厂后运输、储存与批发经销等中间环节,商品直接与购买者进行货币交换的场所,是商品流通渠道的最后环节,是商品消费端口,是商品消费零售业的总称,也称为商品最后惊人的一跳。商业终端的数据直接展示了商品最终的流通数量、流通速度、更新频率等,更能代表企业的实际营销效果,是值得企业关注的部分之一。

**1. 商业终端数据市场细分的特点**

第一,精确度更高。商业终端中数据体量更大,范围更精确,是消费者与产品或服务之间的直接数据统计,记录了消费者的直接购买行为,包括购买时间、购买数量、复购次数、评价反馈等,相较于生产端而言更能直接展示产品或服务的销售成效,相较于运营端更能反映真实消费者实际偏好和营销效果;另外,商业终端数据的收录和整理方式随着数据技术的成熟愈加系统化,分类科学性不断提高,因此,基于商业终端的数据的市场细分结果也具备更高的精确度。

第二,时效性更强。商业终端数据的一个特点是实时变化性。由于消费者购买的不确定性和随机性,商业终端数据也会随时更新变化,不断重新整理消费数据,但同时也会基于大量的数据形成整个市场的消费趋势和发展变化方式,消费数据也会呈现出一定的规律。若只关注某一时刻的数据量,容易忽略外界环境因素而导致决策失误,因此,基于商业终端进行实时更新的数据具有更强的时效性,可以更加准确地指导营销人员因时制宜,适时调整市场供给和营销方案。

第三,转化更丰富。商业终端的数据依据其涵盖范围广的特点,便于企业根据自身实际情况和资源储备有目标地选取某些关键数据库,进行产品和服务设计,满足某个具体的细分市场。不同的数据库所展示的消费者消费行为侧重点不同,如购买频次和复购次数体现消费者对某产品或服务的忠诚度,购买地点和购买渠道体现消费者对某产品或服务的信任水平和购买习惯等,企业选取不同的数据进行分析和应用,可以得出不同的营销结论,数据整体的转化率更高。

**2. 基于商业终端数据的市场细分策略模型**

商业终端数据相较于预测型数据和消费过程数据来说,具有更高的精准性、时效性和可转化性，直接展示了商品最终的流通数量、流通速度、更新频率等，对于企业来说，更能代表其某阶段内的实际营销效果，对于下阶段的营销方案制订和细分市场评估具有更高的参考价值。在制定基于商业终端数据的市场细分策略时，可以参考图 4-4 给出的模型，从"前期准备—核心处理—模型应用"三个模块出发，将商业终端数据的作用发挥出来，为企业制定科学的市场细分提供分析工具。

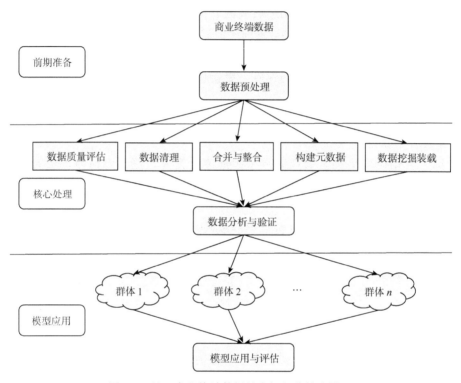

图 4-4　基于商业终端数据的市场细分策略模型

基于商业终端数据的市场细分策略模型的第一模块为做好前期准备，主要包括商业终端数据和数据预处理两个部分，为后续的市场细分做好基础的数据准备工作。首先是商业终端数据库的建立，与基于社交数据的 B 端、C 端数据库建立相似，需要收集大量的商业终端数据，建立起完整的数据库体系，便于后续进行数据分析和挖掘；但与基于社交数据的数据库建立不同，基于商业终端的数据库建立需要先确定所需参数，以免由于庞杂的终端数据导致分类混乱。其次，进行数据预处理，该步骤也是考虑到商业终端数据的庞杂性和机密性，因此在进行核心处理之前，要先对数据进行一次预处理，主要是因为需要更准确地描述企业真实的营销状况，对模型的设计维度的要求较高，对模型的拟合度和精确度要求更高，因此通常需要数百个参数，需要提前进行数据预处理。除此之外，由于商业终端数据通常包含着企业的一些非公开数据和敏感数据，因此需要格外重视送去分析的数据的安全性，在该模块中，要重视参数的设计和提取，适当加长提取时间和增加检查次数，确保第一模块数据的精确性和安全性。

　　基于商业终端数据的市场细分策略模型的第二模块是数据的核心处理，主要是对收集完成的数据进行精确处理和多方法分析。该模块内 60% 的时间需要用在数据的精确处理阶段，即完成数据质量评估、数据清理、合并与整合、构建元数据、数据挖掘装载等工作，为后续数据分析和模型建立提供足够的数据库基础，便于模型的预测检验和评估，也有助于企业细分市场的可测性和利润性；剩下的时间则用于数据分析与验证，主要是将已经处理好的商业终端数据进行模型搭建和验证分析，结合各类商业终端数据的特点和价值，运用聚类分析、数据挖掘、数据包络分析、演化推导等不同的方法，搭建起不同的，并对其进行多次的训练和优化，逐个定义完整的"训练—检验"协议，确保模型可以精准模拟和预测市场发展潜力及规模，提高模型的科学性和可行性。

　　基于商业终端数据的市场细分策略模型的第三模块是模型应用，主要是企业选定最终的细分市场。有了前期数据库建立和预处理、数据精确分析与模型搭建，企业已经可以在已有的商业终端数据基础上得到一定数量的细分市场预测模型，该模块只需要将目标消费者的数据引入模型中进行推导，并对不同类型的消费者进行特性分析，发现它们之间的内在联系，就可以初步确定适配模型，随后根据可变条件进行预测模型调整，就可以最终得出市场细分的实操模型，帮助企业确定市场细分。另外需要注意的是，要根据实际情况，对模型输出进行解释验证，并进行实施效果评估；在市场大环境改变后，及时对模型进行二次验证和参数调整，确保模型的时效性。

**微案例阅读**

### 百草味精准定位纸皮山核桃细分市场

　　百草味是以休闲食品研发、加工、生产、贸易、仓储、物流为主体，集互联网商务经营模式、线下新零售于一体的全渠道品牌和以坚果果干为主的垂类品牌。百草味专注休闲食品，在全球优质原产地探寻美味，在全链路探索更健康的休闲方式与更好的用户体验，在全渠道无限触达消费者；不断探索产品解决方案，完善涵盖坚果、果干、肉类、糕点、糖果等全品类休闲食品供应链，目前拥有全品类零食产品 1000+SKU；持续革新零售模式，实现电商、商超、新零售、流通全网覆盖，为 1.36 亿名用户和更多消费者带来更好购物体验；打通了物流体系，建立起覆盖全国华东、华北、华中、华南、东北五大区域的十五大仓储物流中心，树立起世界领先的现代智能化物流标杆。

作为休闲食品佼佼者，百草味在坚果、果干、糕点等品类中均表现良好，但随着三只松鼠、良品铺子、沃隆等休闲食品品牌的异军突起，百草味的市场压力不断增加，需要不断开拓新品类增加新产品以保证自身持续发展。2019 年，纸皮山核桃在整个山核桃市场中悄然增长，表现出不凡的潜力，市场的搜索热度、购买热度、品牌竞争指数等不断提高，百草味在对自身原有品类销售终端数据监控之下发现坚果类产品始终占据整个销售的大部分，且所有新推出的产品中，坚果类增速最快、市场占领周期最短，因此百草味迅速确定关注纸皮山核桃市场，对其进行数据模拟分析，结合百草味其他细分市场内的终端数据情况，尤其是复购数量、复购单品净含量、复购礼盒搭配等数据，百草味率先决定进入纸皮山核桃市场，并且用最短的时间推出新的纸皮山核桃产品，包装、单件净含量、礼盒件数等均是在前期数据分析的基础上进行精确设计的，在上市后，与其他同类产品的销售比拼中，百草味迅速跻身纸皮山核桃市场 Top 1，占整个纸皮山核桃市场的12.58%，成功在纸皮山核桃细分市场中站稳。

# 4.2　智慧化目标市场选择

目标市场选择（market targeting）是指企业对每一个细分市场的吸引力程度进行评估后，选择并进入一个或多个细分市场。企业选择的目标市场应是那些企业能在其中创造最大顾客价值并能保持一段时间的细分市场。资源的有限性和稀缺性决定了企业只能服务于一个或几个特殊的细分市场，难以全面占有市场。数字营销背景下，大数据技术和信息技术为企业提供了更多精准的数字化分析工具，同时也为企业进行智慧化目标市场选择提出了新的要求，指导企业在基于商业大数据的市场细分基础上进行正确的目标市场选择，帮助企业完成好市场定位（market positioning）准备工作。

### 4.2.1　数字时代目标市场选择评价标准

**1. 目标市场是否具有数字化开发价值**

数字时代背景下，企业的生产经营活动都可以通过大数据进行监控和整理，为企业实现智慧营销策略制定提供了基本的数据资料。在上节的市场细分阶段，企业可以基于社交数据和商业终端数据等商业大数据进行科学的划分和评估，对各个细分市场进行全面了解和对比；同样地，在目标市场选择阶段，企业也可以充分发挥商业大数据的作用，对各细分市场的数字化衡量水平、数字研发和数字制造程度，以及云平台搭建基础和潜力三个方面进行数字化开发价值的评估，以帮助企业选择最具发展潜力的目标市场。

第一，数字化衡量水平。要判断某一具体细分市场是否值得进入，在数字时代背景下，该细分市场的数字化衡量水平成为关键一点。具体来说，企业在分析某个细分市场时，要关注该细分市场是否具备足够的量化标准，基础数据如用户注册量、日用户活跃量、用户评价反馈数据、用户使用频次、产品单日输出量等，对于特殊产品或服务，如旅游类产品和服务，是否可以结合移动通信技术、分布式计算技术、3S（RS、GIS、GPS[①]）技术、三维可视化等高科技手段，实现旅游路径、虚拟旅游、电子消费、交通安防综合管理等场景的数字化应用与衡量。企业在选择目标市场时，要尽量选取可进行数字化衡量的细分市场，方便企业智慧营销策略的制定和实施。

第二，数字研发和数字制造程度。目标市场选择时，还要考虑该细分市场是否能够采用数字研发技术和实现数字制造。一方面，随着产品多样、频繁升级、降低价格等方面的竞争日益激烈，企业需要不断缩短研发周期，提高产品定制化程度，同时控制研发成本，这无疑给产品的研发设计带来挑战，因此，企业需要积极结合数字化的仿真和分析手段，实现数字研发和高效研发迭代，如采用数字孪生技术，把产品在虚拟空间建模分析优化。另一方面，当下的客户需要小批量、多样化的产品，企业须以高度敏捷的方式部署人力和生产设备等资源，利用先进的数字化技术，实现对生产制造过程的改善，如在车间设备上安装传感器，实时采集工作车间的业绩数据；再应用高级分析算法，从海量数据中识别出业绩不佳的区域及背后原因；然后，企业可以寻找相关性最高的、成熟的数字化案例，在业务部门的支持下解决问题并降低制造业增加值成本，实现数字制造。企业要提前分析各细分市场的数字化生产程度，预测数字化开发可能性，尽可能选择数字化潜力更高的细分市场，减轻后续优化压力。

第三，云平台搭建基础和潜力。云平台搭建是企业后续数字化运营管理的基础性工作和实施平台，在评估目标市场时，就应当提前做好预估，分析云平台系统的搭建成本、运行成本、维护成本等，预测云平台系统的预计应用效果、运用后节省的空间、时间成本和人力成本等，综合评估云平台的价值潜力，以帮助企业对各细分市场进行数字化潜力评估和最终选择。

**2. 目标市场是否具有数字扩散性和延续性**

数字化背景下目标市场选择的第二大评价标准是扩散性和延续性，又可具体

---

① RS 表示 remote sensing image，遥感影像；GIS 表示 geographical information system，地理信息系统；GPS 表示 global positioning system，全球定位系统。

体现为目标市场的数字化市场规模和增长能力以及数字性延伸程度两个方面。

第一个方面是目标市场的数字化市场规模和增长能力。数字化时代给企业的营销模式带来变革，传统方式已无法支持快速的营销创新，需要结合新的技术和方法来推动业绩的不断增长。比如，企业可以通过物联网设备跟踪并衡量消费者的行为，从而预测客户可能倾向购买的产品和服务，了解最佳的营销时点和渠道，为新产品做出更精准的客户画像，有效提升销售线索。这种结合新技术对市场规模进行科学预测的方法就是数字化背景下对目标市场扩散性进行评价的重要方法之一，企业在选择目标市场时，可以进行类似的分析，帮助企业对细分市场的市场规模有深度的了解。

第二个方面是目标市场的数字性延伸程度。主要是指企业在选择目标市场时是在大数据的支撑下，有规划、成体系、随着时间的推移逐步进行的，具有持续发展的空间和能力。当企业已经基于商业大数据划分好细分市场，并确定将若干个细分市场作为目标市场后，应当能够有计划、有步骤地逐个进入每一个细分市场，进入的时间顺序、进入方式等应该做到严格保密，避免同质竞争和商业机密泄露。但是，逐个进入的步骤和顺序并不是一成不变的，应当继续监测商业数据库，对数据变化保持敏感，根据行业环境的变化、资源数量的增减、竞争对手的策略等因素适时调整，以适应内外部环境。如果企业面临的是一个封闭型市场，其市场进入计划会遇到许多有形和无形的障碍，企业应当积极运用大市场营销（mega marketing）中权力与公共关系这两个特殊手段，结合社交数据分析，开展"大市场营销"，找出进入该市场的有效途径，全面有效地分析目标市场的数字延伸度，避免弹性小和发展空间小的细分市场。

### 3. 目标市场是否兼具经济效益和社会效益

与传统的营销时代不同，数字时代企业的一切行为都可以用数据进行量化分析，对企业的各个维度进行横向或纵向的比较，消费者也更容易和更愿意通过数据对比来选择产品和服务。因此，企业在选择目标市场时，还要提前规划该目标市场的经济效益和社会效益可发展水平，在满足经济效益的同时着重关注社会效益的作用，契合数字时代消费者的绿色消费需求。

衡量目标市场的数字化经济效益。经济效益是指企业所选择的目标市场中生产总值同生产成本之间的比例关系。经济效益从其内涵与提高途径角度看，可分为潜在经济效益、资源配置经济效益、规模经济效益、技术进步经济效益和管理经济效益等多种。从企业视角看，一个企业的经济效益可以促进整个供应链的发展，包括供应商和下游的经销商，进而促进整个社会的发展；从社会视角看，大环境对企业的经济效益产生了深刻的影响，两者相互依存，相互作用。因此，在进行目标市场选择时，要提前提取商业大数据的相应指标，依据一定的公式预估目标市场的经济效益，一般来说，可以从利润率、生产劳动率、发展速度等指标来对经济效益进行预测，对照企业的预期收益和目标，判断是否进入该目标市场。若预期经济效益与企业目标相差较远，要考虑舍弃和更改目标市场，避免后期经济效益较低导致竞争力减弱，从而出现企业发展停滞和关闭等情况。

同时，关注目标市场的数字化社会效益。数字化社会效益是指企业能够最大限度地利用有限的资源满足社会上人们日益增长的物质文化需求，这种社会效益不仅是指一般的对社会公益事业的支持与赞助，而且包括诚实守信的经营信条，以及以德取人、以信取人、以质取人、以诚取人等理念，帮助企业在消费者心目中树立良好的企业形象，这些企业形象在数字时代也能够通过一定的数据进行体现。因此，企业的目标市场的选择在实现盈利目标的同时，也要兼顾社会效益和公众责任，重点关注弱势群体（如未成年人、残疾人等），在产品或服务的设计上体现对弱势群体的关怀和便捷，体现企业的社会责任。在目标市场的选择上，不仅要通过商业终端数据考虑企业的利益，还要通过社交数据考虑目标顾客的利益，实现在获得利润的同时，得到来自社会的认可。

### 4. 目标市场是否符合企业数字化目标和资源储备

数字时代为企业带来众多发展机会，如线上端业务延伸、VR 和 AR 虚拟体验等，但同时也对企业的资金储备、更新和开拓成本、技术水平等提出了更高的要求，使得企业眼花缭乱，容易产生盲目跟风行为进入不熟悉的细分市场中，快速消耗企业资源。因此，企业在选择目标市场时要重点关注企业的发展目标和资源条件。

首先，企业要对阶段性数字化目标设置进行评价。企业在对细分市场的数字化开发价值、数字扩散性和延续性、经济和社会效益进行评价后，还要制定好自身的发展目标、盈利目标、阶段性目标等，对各目标进行数字转化，并对各目标的实现可能性做出客观评价，衡量企业的目标是否能够达到，以及所选择的目标市场是否能够满足目标效果。以游戏市场为例，一些即时娱乐性明显的小游戏，如"羊了个羊""召唤神龙"等，凭借关卡难度差距大、小程序即点即玩、推出时间卡在国庆节、春节等节假日前后，迅速吸引了年轻消费群体，短期内用户流量飙升，获得短期内的暴利，但是随着时间的推移，没有核心风格和文化输出，且穿插大量的其他游戏广告、小说广告等，使得消费者逐渐流失，无法保证长期的持续盈利，不适合想要达到长期目标的企业，但适合短期内想要达到数据曝光的企业，因此，要对阶段性目标进行评价，按照阶段性目标选择目标市场。

其次，企业要对自身的数字资源储备和开发难度做出正确判断。数字时代背景下，企业都希望切入数字营销领域抢占数字市场，但企业的资源有限、种类有限，数字资源的开发难度也更高，企业要对其做出正确研判。具体来说，企业资源按照与企业的内外联系可以分为内部资源和外部资源，内部资源包括人力资源、财务资源、信息资源、技术资源、管理资源、可控市场资源、内部环境资源等；外部资源包括行业资源、产业资源、市场资源、外部环境资源等。无论是哪类资源，在进行数字转化和储备时都存在一定的难度，因此企业要慎重对待，针对不同的资源特性，有计划地进行转化、存储和效益评估，在此基础上确定是否进入某细分市场和以何种方式进入目标市场。

**微案例阅读**

### 老爸评测目标市场选择的社会效益

老爸评测创立于 2015 年，一贯以科学的方法，依据欧盟 REACH[①]化学品安全评估法规和其他发达国家消费品安全监测标准和评估准则，以家长参与互联网众筹的模式，对市售产品进行调查和检测，发现生活中的有毒产品，担任消费者的质控平台，甄选出安全放心的产品给公众。通过在每件销售的商品上抽取小额检测费的方法，积累检测资金，实现对商家供货商品的滚动式匿名抽检，由家长共同参与，保障商家持续稳定提供放心商品。据统计，平均每年老爸评测会检测和发布 1600 条以上的科普视频及文章，为公众提供大量科学检测报告，帮助消费者选择安全放心的产品，维护消费者权益和社会公平。

老爸评测瞄准零售品市场，从父母关心的儿童用品出发，自发购买市面上的产品进行质量检测，检验其功效及含量是否和宣传一致、是否包含有害成分、是否有利于消费者的身体健康等，如 2021 年曝光的儿童面霜激素严重事件，劝导消费者谨慎购买，督促商家绿色合规生产。后期逐渐发展成为专业的评价测试类企业，并挑选经检验后各需求量大的品类中质量最好的产品进行宣传销售，实现了企业盈利和品质真实测评、有利于经济社会良性发展的双重目标。除此之外，老爸评测也积极投身公益事业，充分发挥企业社会价值。

### 4.2.2 动态目标市场选择

**1. 基于企业生命周期的动态目标市场选择**

企业生命周期理论是指企业的发展是动态变化的，将经历进入期、成长期、成熟期、衰退期四个阶段（图 4-5）。到达衰退期后，企业通常会面临消亡、稳定

---

① REACH 是欧盟规章《化学品注册、评估、许可和限制》（*Registration, Evaluation, Authorization and Restriction of Chemicals*）的简称。

以及改变三种情况，需要企业根据自身资源条件进行适当调整，以达到企业长期存续、不断更新完善发展的目标。企业生命周期理论有利于帮助企业定位与其特点相适应的发展阶段，帮助企业适时进行调整优化以保持企业的持续发展能力。因此，随着企业所处阶段的不断变化，目标市场选择也不是一成不变的，需要根据所处的生命周期进行动态调整和优化。

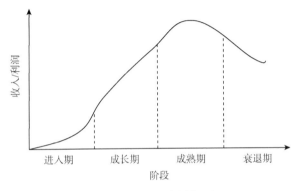

图 4-5　企业生命周期图

1）进入期的目标市场选择

企业的进入期是指企业初次进入某市场，且时间较短，尚未形成规模化经营，处于市场开拓阶段。在该阶段，通常企业的生产规模较小，产品市场份额低；处于初期投入期，固定成本较高；企业的员工数量较少，组织结构也简单，尚未出现管理压力的问题；同时盈利能力较低，资金投入较大，企业的经营压力较大。

在数字化营销背景下，处于进入期的企业，要做好行业大数据分析，用量化分析的方法对行业发展现状和发展前景进行预测，通过基于商业大数据的市场细分模型对行业市场进行科学细分，再进行指标对比和结果评估，用数据了解各细分市场的潜力与要求，以帮助企业选择适合自己进入的目标市场，避免盲目进入导致竞争压力过大或能力不足而夭折。

2）成长期的目标市场选择

企业的成长期是指企业已经在某行业内经营过一段时间，基本把握了整体市场的需求，适应了大市场的环境变化，并已经基本形成了自己的产品或服务体系，能够运用恰当的营销方案针对性吸引目标消费群体，具备了一定的竞争优势，市场份额逐渐提高，发展速度逐渐加快，处于加速发展期。

在数字化营销背景下，处于成长期的企业，应当已经建立起专属的营销数据库，有能力对当前发展阶段的营销成果进行统计整理，此阶段企业要着重对社交数据进行深度分析，从消费者视角出发，洞悉消费者消费满意度，侧重培养消费者忠诚度，在目标市场的选择上更加精确，并根据企业发展趋势进行进一步的深入和小范围拓展，逐渐扩大自己的市场影响范围。

3）成熟期的目标市场选择

企业的成熟期，也称为企业饱和期，是指企业经过较长时间的发展演进，已经发展到一定程度，前期所选择的细分市场逐渐饱和，为消费者提供的产品或服务已经十分成熟，继续改进优化的成本逐渐超出边际效益，成本提升大于效能增加。该阶段的企业也已经积累足够的资金和先进技术，人力资源丰富、管理水平较高，具有很强的生存能力和竞争能力，能够有效地进行业务协调和资源配置，在市场上具有较高的声誉和知名度。但同时企业也面临市场饱和难题以及利润峰值、边际利润开始下降并趋于负值的情况，需要重新考虑企业发展方向。

在数字化营销背景下，处于成熟期的企业，应当已经建立起完善的商业大数据中心，能够对营销过程数据、社交媒体数据、商业终端数据等进行全面的监测与分析，具备一套完整的分析、模拟、预测和评估体系。本阶段最可能出现的问题是部分产品市场饱和，边际效益开始下降甚至为负。因此，在本阶段，企业要重点对商业终端数据进行定期监控与测算，及时对目标市场进行调整，根据目标市场需求的变化进行适时的策略调整，及时清理衰退产品，及时调整营销策略满足目标市场消费者新的需求。

4）衰退期的目标市场选择

企业的衰退期是指企业经过长时间的发展，旧的产品或服务已经饱和，或者被新进入的企业瓜分市场份额；新的产品开发尚未成功，或者尚未被市场所接受；企业内外部环境发生大的变化，外部竞争更加激烈，新的时代到来，内部出现管理问题、营销问题等，企业整体的市场份额不断下降，尚未找到适合的改变方式，面临众多来自市场、员工、资金等问题的困难抉择时期。

在数字化营销背景下，处于衰退期的企业，要充分发挥数据库的作用，重新整理商业大数据，进行分类规划，深度挖掘企业的潜力数据，从大量数据支撑中寻找和确定企业的优势模块，并从中提取目标市场的新需求，迎合发展趋势，加快新产品研发速度，争取企业尽早恢复生机。

**2. 基于行业竞争环境和吸引力变化的动态目标市场选择**

数字经济背景下，企业通过大数据（数字化的知识与信息）的识别、选择、过滤、存储和使用，引导和实现资源的快速优化配置与再生，实现经济的高质量发展，并且不论是哪个行业，都开始积极应用大数据技术，实现对企业运营发展的精准监控，但与此同时，不断变化着的行业竞争环境也使得企业不得不时刻关注行业发展趋势，根据环境变化适时调整企业的市场定位与营销策略，以达到持久发展的可能，这首先需要企业进行动态的目标市场选择，为市场定位把握方向。另外，市场吸引力是一个由市场规模、市场成长率、历史毛利率、竞争强度、技术要求、通货膨胀等多种因素综合作用的结果，在很大程度上体现了整体行业和细分市场的发展潜力，也是处于不断变化的状态。因此，企业在进行目标市场选择时，可以将行业环境的变化和市场吸引力结合起来，综合地分析各细分市场的阶段性表现并预测发展潜力，为企业制订正确的动态目标市场选择方案提供帮助。

关于行业竞争环境的划分，可以引入波特五力模型。波特五力模型是由迈克尔·波特于 20 世纪 80 年代初提出的，他认为行业中存在着决定竞争规模和程度的五种力量，这五种力量综合起来影响着产业的吸引力以及现有企业的竞争战略决策。五种力量分别为行业内现有竞争者的竞争能力、潜在竞争者进入的能力、替代品的替代能力、供应商的议价能力与购买者的议价能力。关于市场吸引力的划分，根据波特五力模型中各主体的特征可以划分为"具备"和"不具备"两种（图 4-6）。

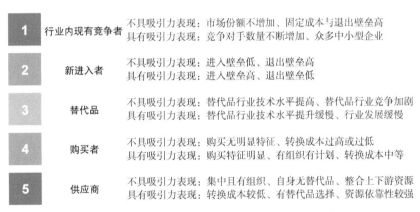

图 4-6　基于行业竞争环境和吸引力变化的动态目标市场选择

第一，针对行业内现有竞争者，企业可以充分运用商业大数据资源，对现有的竞争对手进行数据整合与挖掘，将企业自身所具备的资源与竞争对手进行量化对比，分析是否具有显著优势，同时重点对市场份额数据、固定成本数据、中小型竞争对手数量等进行检测，以帮助企业初步确定是否深入分析该细分市场。

第二，针对新进入者，企业需要重点分析和评估行业的进入壁垒和退出壁垒。具体来说，在数字化营销背景下，各行业的进入壁垒和退出壁垒都发生了新的变化，就教育行业来说，传统营销背景下企业只需要拥有资深的教师资源和标准化的硬件设施即可进入，并且若想要退出，可以进行清退和停止招生，完全放弃或者转而做其他相关领域；但在当前的数字化营销背景下，想要进入教育行业，除师资和硬件外，还要格外加强对在线教育环境的设计，包括在线教学平台、在线约课、在线辅导、线上多方对接等，每个环节的平台搭建技术要求都很高，搭建和维护成本也很高，若使用第三方平台也需要高额的费用且需考虑安全性，在退出行业时也需要放弃更多的资源。因此数字化营销背景下行业对于新进入者的吸引力表现出现变化，企业在进行目标市场选择时要充分考虑该因素。

第三，针对替代品，企业还需对替代品行业的数据进行整理分析，主要是关注替代品行业技术水平发展趋势和替代品行业的整体竞争水平。受到数字化营销背景的影响，消费者选择替代品更加快捷，并且，当前的消费主力军"Z世代"更看重产品和服务的性价比，也有更多的渠道选择和对比。因此，企业在确定目标市场时，要提前考虑本产品的被替代性，避免因同类竞争而选择失误。

第四，针对购买者，企业要重点建立商业大数据库，并做好吸引力分析。一方面，购买者是企业目标市场内的最终用户，他们的决定代表了企业产品和服务的可接受性，企业可以从购买者数据中聚类提取其搜索习惯、购买特征、习惯购买方式等数据，初步分析其是否存在一定的规律，若规律明显说明该细分市场的购买者容易被识别和精准推送，有助于企业后续营销活动的开展；另一方面，购买者还会对企业的相关业务开展和商业转化产生影响，如偏好潮流服饰的购买者容易对潮流饰品产生兴趣，而从潮流服饰转化为休闲服饰的成本中等、转化为田园服饰的成本较高，企业可以根据购买者的转化成本来预测具体细分市场的普适度、受众范围和数量等，帮助企业选择相近的细分市场作为目标市场。

第五，针对供应商，即企业的上游供应商，要建立独立的数据库模块，专门用于供应商的数据整合，对不同的供应商的业务构成情况、供应范围和压力、转化难度和频率等进行分析，结合供应商数据分析结果评估该细分市场内供应商的稳定程度，为目标市场选择提供借鉴。

**微案例阅读**

### 小红书的目标市场选择

2013年6月，小红书在上海成立，是一个生活社区平台和消费决策入口，作为社区型平台，在小红书社区内，用户可以通过文字、图片、视频笔记的分享，记录这个时代年轻人的正能量和美好生活。小红书通过机器学习对海量信息和人进行精准、高效匹配，并在此基础上上线自有的电商业务，一开始，用户注重于在社区里分享海外购物经验，到后来，除了美妆、个护，小红书上出现了关于运动、旅游、家居、旅行、酒店、餐馆的信息分享，触及了消费经验和生活方式的方方面面，使得小红书的电商覆盖范围不断扩大。截至 2022 年 12 月，小红书的注册用户已超过 3 亿人，活跃用户数达 2 亿人（图 4-7）。

图 4-7　小红书的目标市场选择

小红书的市场营销利用目标定位策略，首先锁定 18 岁到 30 岁的女性市场，随后根据小红书内高活跃用户的变动和内容分享的趋向性，进一步锁定 18 岁到 30 岁的中层、高层消费女性群体作为小红书的目标市场。小红书选择的这一目标群体中，白领人群占据绝大多数，这一类消费者往往比较注重生活质量，品位较高，具有很强的消费愿望，并且对新产品的消费需求强烈，消费视野与一般的消费群体相比较为开阔，对于海外产品，尤其是海外的潮流消费品，表现出较高的认知度，并且愿意为自己的意愿买单，具备购买能力。同时，该年轻群体的新技术接受度、潮流生活欲望、分享偏好度等更高，也更容易实现由一个用户通过"线上分享"消费体验，引发"社区互动"，进而推动其他用户去到"线下消费"，反过来再进行更多的"线上分享"的路径，最终形成一个正循环。随着人民生活越来越走向数字化，小红书社区在"消费升级"的大潮中发挥更大的社会价值，不断体现着其目标市场选择的正确性。

## 4.3　数据推动的精准定位

市场定位由美国营销学家艾·里斯和杰克·特劳特在 1972 年提出，是指为使产品或服务在目标消费者心中相对于竞争者的产品或服务而言占据更清晰、特别和理想的位置而进行的定义与方案设计。因此，营销人员所确定的市场位置必须使他们的产品或服务区别于同类竞争者，并取得在目标市场中的最大优势地位。数字营销背景下，对市场定位提出了更高的要求，即基于商业大数据的市场细分和智慧化目标市场选择的基础上，采用新的定位方法进行精准定位。

### 4.3.1　常见的数字化定位方法

#### 1. 基于文本挖掘的用户定位

文本挖掘是数据挖掘的重要组成部分，文本挖掘应用是对产品特征进行提取、对用户评论进行情感识别以及对用户评论中有关产品信息等方面进行挖掘。通过对文本数据进行挖掘从而获取文本的隐含信息，涉及文本挖掘、自然语言处理以及机器学习等目前热门的方法，可以对文本数据进行特征分析、情感分析、分类、聚类以及预测等。

在数字化营销背景下，企业的经营数据、用户使用数据等均可以用数字化的形式来呈现，用户的评论、销售人员的反馈等也可以通过文本挖掘技术进行量化转换，以便于企业的营销管理人员进行监控和分析，并以此制定相应的营销策略。文本挖掘已经广泛应用在风险管理、知识管理、网络犯罪管理、客户服务、欺诈检测、情景广告、商业智能、垃圾邮件过滤和社交媒体数据分析等九大领域，为各行业创造了不小的价值。

在企业市场定位中，文本挖掘同样可以运用起来，帮助企业进行数字化用户定位。简单来说，用户定位就是要明确企业的产品或服务的对象是什么样的一群人，他们经常在哪里出现，如何找到他们，如何跟他们连接上。为解决以上问题，企业可以通过建立数据库和分析数据来完成对本公司产品或服务的精准定位与推广。具体来说，基于文本挖掘的用户定位方法有用户标签计算、社交网络分析和文本分析三种。基于用户标签计算的用户定位方法是指使用标签值或频率，如追随者的数量、转发的数量，作为定位的基础，如使用多维用户标签来识别跨平台用户，从而确定目标消费群体；基于社交网络分析的用户定位方法通常采用网页浏览、购买或社交历史数据来识别用户；基于文本分析的用户定位方法通过挖掘用户生成文本中的语义、情感等信息来发现用户的偏好和用户需求，如使用主题建模技术分析用户的网络行为和兴趣进而确定目标群体。在实际操作中，企业可以参考图 4-8 给出的基于文本挖掘的用户定位流程，首先，对评论进行抓取，建立文本数据库，随后进行文本预处理，筛选出有关用户需求的元素；其次，根据企业产品特征库和情感词库的基础数据进行整合分析，进行用户需求的深度挖掘，包括产品特征提取、产品评论-用户需求匹配、情感倾向识别等；最后，推导出该类消费者是否会产生购买决策，提取结果信息，帮助企业确定适合自己的用户群体，进行合理的用户定位。

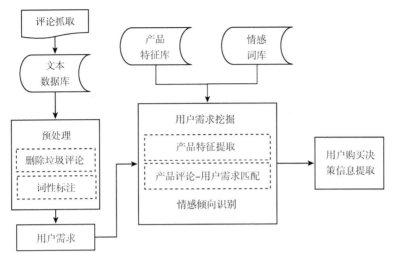

图 4-8　基于文本挖掘的用户定位流程图

## 2. 基于产品和服务功能的角色定位

角色定位是指在一定的系统环境和时间条件下，在一个组合中拥有相对不可代替性的定位。角色定位常出现在管理者的分析中，是 HR 管理的最高境界，但随着管理学科的不断发展演变，角色定位不断拓宽至更多领域，如在数字化出版背景下，学术期刊编辑运用角色定位，做新兴媒体技术的应用者、学术对话交流的策划者、学术创新成果的推广者和用户多元需求的服务者；在技能型社会建设中政府运用角色定位，做服务型政府、引导型政府和参与型政府。同样的，在营销管理领域，数字时代背景下，市场定位也可以运用角色定位的方法，基于产品和服务的功能进行角色定位。

一方面，实用型产品和服务，如家用电器、服饰、食品饮料等，用于满足消费者基本的生活和生存需求。因此在对此类产品进行角色定位时，通常需要关注消费者的功能性需求数据，如数量、质量、购买频次、更换周期等，重点为消费者提供高品质的产品和服务，做"稳定的供应商"。

另一方面，享乐型产品和服务，如旅游产品、按摩、电影游戏等，用于满足消费者除基本生活需求外的心理体验需求，如满足感、幸福感等。因此在对此类产品和服务进行角色定位时，需要更多关注消费者的情感价值需求数据，如愉悦水平、放松程度等，重点为消费者提供惬意、舒适、放松的环境和产品服务，做"贴心的守护者"。

### 3. 基于社交数据的标准化定位

标准化是指在经济、技术、科学和管理等社会实践中，对重复性的事物和概念，通过制定、发布和实施标准达到统一，以获得最佳秩序和社会效益。公司标准化是以获得公司的最佳生产经营秩序和经济效益为目标，对公司生产经营活动范围内的重复性事物和概念进行规范，以制定和实施公司标准，以及贯彻实施相关的国家、行业、地方标准等为主要内容的过程。数字化资源标准化是企业对公司经营和管理数据进行规范化处理，形成一套相对稳定的规则，是数字时代背景下数字化营销管理的重要工作内容，该项工作对于数据库的建设质量与产品服务效果具有重要影响。标准化包含了简化、统一化、产品系列化、通用化、组合化和模块化等方法，对于数据和资料的处理具有重要的指导意义。

标准化定位的应用十分广泛，在工业生产、农业种植、通信工程等领域内已经有较长时间的运用和优化，使得工业、农业、通信业等可以采用系统的、标准化的体系进行生产运作，提高了行业整体的发展水平。同样的，标准化定位也可以用于营销管理领域中，帮助营销人员实现对产品和服务的标准化管理。标准化管理是一套全新的管理体制，遵循 PDCA 循环①管理模式，建立文件化的管理体系，坚持以预防为主、全过程控制、持续改进的思想，使组织的管理工作在循环往复中螺旋上升，实现公司业绩改进的目的。

具体到数字时代背景下市场定位的应用中，标准化管理主要体现在基于社交数据的标准化定位。由于社交数据具有丰富性、广泛性和实时反馈性，因此营销人员在确定市场定位时，可以在建立起社交数据库的基础上，对社交数据进行深度分析，对社交评论进行文本挖掘、对社交分享数据进行量化处理、对社交购买数据进行分类整理，将庞杂的社交数据库进行分类归纳，并根据企业自身的数字化目标和要求，结合资源储备情况，制定一套有一定标准的衡量体系，以实现基于社交数据的标准化定位，使得市场定位更加精准，可实施性更高。

### 4. 基于商业终端数据的效益定位

效益定位是指根据企业或企业的产品和服务所能为消费者提供的效益以及能够解决问题的程度来定位的方法。由于消费者能记住的信息有限，且往往只对企业当中某一效益有强烈的诉求，因此这种定位容易产生较深的印象。比如，宝洁的飘柔定位于"柔顺"，海飞丝定位于"去头屑"，潘婷则定位于"护发"，就是通过为消费者带来的利益进行定位。

结合数字时代目标市场选择的评价标准，在进行效益定位时要考虑社会效益

---

① PDCA 循环是由美国质量管理专家爱德华兹·戴明（W. Edwards Deming）博士提出的全面质量管理所应遵循的科学程序，即按计划（plan）、执行（do）、检查（check）、处理（action）的顺序往复循环进行改进的科学程序。

和经济效益两个部分，其中，社会效益是指企业为社会、环境、居民等带来的综合效益，以及产品或服务中体现出的企业社会责任的内容；经济效益一方面包含了购买产品或服务能够为企业带来的利润收益，另一方面包含为消费者提供的利益和对消费者需求的满足程度。

具体到数字时代营销背景中，商业数据为企业提供了体量更大、范围更精确、时效性更强和涵盖范围更广的数据库，因此企业营销人员也要把握商业大数据库，在商业数据分析处理的基础上，统计消费者购买习惯和偏好，演绎消费者购买行为，按照社会效益和经济效益的分类，从中提取有效数据，作为效益定位的基础。具体来说，数字化定位资源建设应该关注大数据建设效益，将搜索、整合、储存与归纳消费者购买行为等资源作为数字化建设工作的一部分，在选择数字化定位资源时，兼顾考虑能够体现企业社会责任、企业文化、消费者利益和偏好的资源，根据企业自身条件尽量更多体现社会和经济两个方面的效益，从而将商业数据资源作为效益定位基础的作用充分体现出来。

**5. 基于消费者多元需求的组合定位**

组合定位是指基于两种及两种以上的营销因素的联合定位。在当前数字化营销背景下，消费者的需求呈现出多样化、多元化、个性化的趋势，并且随着时间的推移和变化，消费者需求随时会发生变化和转换，单纯依靠一种细分因素进行市场定位，在初期可以把握住消费者的即时性需求，但一旦外部环境、消费者心理等出现变化，原有的定位效果就会大大降低，甚至因完全无法满足消费者需求而使得产品或服务离开消费者视线，使得市场定位失败。因此，在数字时代，企业需要时刻关注到消费者的多元需求，不拘泥于某一个细分因素，从多角度出发，融合多个相似和相关性高的营销因素进行组合性市场定位，以达到更好地满足消费者需求的目标，获得消费者的认可，使产品或服务更好地为消费者服务。

具体来说，组合定位可以从消费者视角和企业视角两个角度出发进行综合考虑（图 4-9），一方面，从消费者视角出发，可以从消费者对产品或服务的功能需求、情感需求和社交需求等层面进行分析，思考消费者的关注点和各关注点的具体需求，如消费者在购买礼服时，除关注服饰的质量、舒适度外，还会侧重于对自我风格、自我价值的体现，延伸到社交需求层面，因此企业在对礼服服饰进行定位和营销描述时要加入社交属性；另一方面，从企业视角来看，可以从目标导向出发，分别关注企业的利润目标、声誉目标和持续发展目标等，思考市场定位是否能够满足企业的多种目标需求，是否能够为企业带来可持续发展的助推力，如奶粉品类企业在进行市场定位时，除了要考虑最终产品的销售额和市场份额，也要关注定位中所体现的企业社会价值和声誉问题，向消费者传达企业健康的社会目标，赢得消费者的信任。在实际的组合定位实施中，营销人员可以基于商业大数据库，在数据整合分析的基础上，分别对两个视角内的不同需求和目标进行分类整理，基于市场调研，提取消费者的两个到三个关键性核心消费需求，结合企业自身的资源储备进行组合性定位，以最大限度地满足消费者的需求；同时，建立跟踪体系，关注消费者多元化需求的变化趋势，适时调整不同层面定位的占比和宣传重点，以实现企业定位的高效化、及时性和适应性。

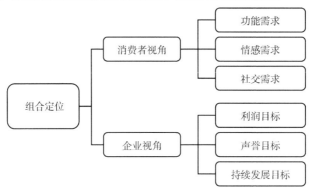

图 4-9 基于消费者多元需求的组合定位

**微案例阅读**

### 英迈国际的数字化定位

英迈国际（Ingram Micro，IMI）成立于 1979 年，总部位于美国加利福尼亚州圣安娜，深耕行业 40 年，在亚洲、欧洲、美洲等五大洲的 64 个国家和地区设立了分支机构，拥有 190 个先进的物流中心，全面代理 1700 多个国际知名品牌的 IT 技术服务。公司主要业务涵盖 IT 产品分销、移动设备及生命周期服务、电商供应链、云服务四大板块。

历经 40 多年的发展，英迈国际也在不断追逐新的时代趋势，不断优化市场定位，完善营销策略系统，致力于基于围绕合作伙伴解决方案技术的生态系统战略，打造一个满足未来经济基础一站式新体验的服务和解决方案平台，为全球提供高保障性的 IT 技术服务和完善优越的技术解决方案。但考虑到政策和公关安全影响，英迈国际主要代理的是国外产品，目标市场专注于除了政府、公安等以外的行业；市场定位基于对世界各行业的技术服务需求分析，体现在最广泛的技术与联动产品及服务的组合，以及渠道与产品的联结，是渠道发展的推动者。此外，英迈国际以商业数据为基础，为合作伙伴提供专业性服务、定期的产品培训和技术解决方案，同时也为合作伙伴提供融资或信贷服务，帮助代理商缓解财务危机，共建良好的生态系统；英迈国际也提供全周期的服务支持，涵盖前端的解决方案咨询、设备部署以及全面的售后服务等。作为品牌与代理商之间的关键纽带，致力于提升客户体验，确保服务的每一个环节都能为客户带来更高的价值。

### 4.3.2　精准定位实施策略

**1. 制定精准定位策略的步骤**

第一，识别潜在竞争优势。识别潜在竞争优势是制定精准市场定位的基础，在数字营销时代，企业的竞争优势通常表现在以下三个方面：首先，成本优势，企业通过专注于技术研发和升级，配合流水线实现规模化生产，以及建立商业大数据库，可以实现用更低的成本制造与竞争者相同质量或品质更好的产品，用更低的成本提供比竞争者更优质的服务等，或者用同样的价格销售性能更强和功能更丰富的产品，使得消费者更愿意购买该企业的产品或服务。其次，产品差异化优势，是指企业通过对商业数据的分析，根据消费者具体需求，自主研发或合作生产，所提供的产品具有独特的功能，或者品质、规格、样式、性能等比竞争者更好，具备竞争者所没有的独特优势，更容易吸引消费者购买。最后，资源优势，是指企业在数字背景下将人力、资金、技术等因素转化为更易于管控协调的数字资源，具有更丰富的资源储备，或是拥有更多高水平人才，或是拥有更雄厚的资金来源等，使得企业在研发和营销等方面有更多优势。

因此，识别自身的潜在优势，可以从财务能力、核心营销能力、业务经营情况等方面对本企业和竞争对手进行分析，寻找自己与竞争对手不同的地方，挖掘和识别自身的竞争优势，以此作为市场定位的基础。

第二，核心竞争优势定位。核心竞争优势是指与竞争对手相比，本企业在产品开发、服务质量、销售渠道、促销方式、知名度、曝光度、资金来源、人力资源水平、管理运营水平等各个方面中最具备明显优势和差异的部分，并且可以根据 PEST、SWOT、波特五力模型等理论，对企业内外部环境、竞争能力进行分析，明确购买者和生产者的议价能力，明确潜在竞争者、新进入者和现有竞争者的经营特点，逐步确定企业自身的核心竞争优势。另外，尤其要注意的是，数字营销背景下，各企业对于市场变化的敏感性加强，在确定核心竞争优势时，要注意对数字资源和数据分析能力的分析和对比。

第三，市场定位战略制定。在明确潜在竞争优势和核心竞争优势后，就可以根据企业的差异化优势制定市场定位战略，体现企业所选择的目标市场和为之提供的特色产品与服务。例如，泡泡玛特以其盲盒营销和设计师款限量娃娃作为核心竞争优势，运用产品差别化战略和营销差别化战略，向市场推出手办盲盒，成功吸引具有一定经济实力的年轻消费群体，并持续更新盲盒系列，配合联名营销、限量营销等方式逐渐占据国内消费年轻潮流玩具市场，并逐渐向海外扩展。

**2. 精准定位的营销策略实施**

1）数字化产品实施策略

产品和服务是企业的核心，提供满足消费者多元需求的产品和服务是企业发展的必要条件。数字营销背景下，产品和服务的形式不断丰富起来，越来越多的产品开始以数字化形式展现，发展成为能够跨越时间和空间限制的数字化产品，通过 3D 技术、VR 技术等，消费者可以异地近距离、全方位地考察和体验产品与服务，帮助消费者更快更清晰地做出购买决策。因此，数字时代下企业要注重对产品和服务的数字化转化与呈现，紧跟时代潮流，帮助企业升级优化产品策略。

具体来说，企业要善于运用数字化资源和信息技术，深度分析企业的产品或服务的所属类别和具体品类，尝试运用数字化技术对产品或服务进行升级展示，使得产品和服务能够通过新的形式展示出来，让异地消费者进行深度了解，让本地消费者更加清晰地了解产品和服务具体细节和内容，让消费者获得更高水平的体验。另外，在推出新产品或新服务时，要重点考虑数字化转化难度，提前为数字化产品策略实施打好基础，帮助企业形成新的产品研发思维，便于后续数字化精准营销活动的开展。

2）精准定价实施策略

价格是产品和服务的生命线，合理的定价是企业成功营销的前提。数字营销背景下，互联网的作用不断凸显，消费者可以通过互联网和自媒体快捷地搜索和对比各种类型产品的价格、质量、售后服务等，产品和服务的更换成本降低，"Z世代"消费者也更愿意尝试新鲜的、潮流的、小众的产品和服务，更喜欢进行完信息搜集后再做出购买决定，更喜欢在自媒体平台上分享产品和服务的使用体验。因此，企业在制定价格时需要更加客观、真实，避免高利润、"割韭菜"的不良动机，真正为消费者需求考虑，从产品和服务的实际功能和成本出发，制定合理的、可行的、可接受程度更高的价格。

具体来看，企业要充分把握商业大数据资源，制定精准的定价策略。首先，对产品和服务的生产全过程进行成本监控，对产品和服务的每一环节进行成本记录和分析，为精准定价提供基础数据；其次，对产品和服务的中间环节进行成本监控和附加价值计算，如分销渠道提成、商业附加价值、文化附加价值等，对超出产品和服务基础成本的部分进行量化，得出具体范围的数值，为后续定价提供证据性数据；最后，综合行业的发展水平、消费者需求程度、企业利润目标等要求确定最终的定价，但需要注意的是，不能一味地追求高利润而制定远高出成本的价格，这样只会使消费者反感，拒绝产品和服务，关键是要制定出具体的数值模型，保证每一个要素均有据可依，最终的定价能够满足目标消费群体的需求和实际消费水平，这样才是一个合理的精准定价。

### 3）整合分销实施策略

销售渠道是销售体系的命脉，在整个销售体系中的位置显得至关重要。销售渠道的成功运作必将为产品的整个销售工作奠定坚实的基础；反之，则会为销售工作制造出一道又一道的障碍。在数字营销背景下，渠道间的交流难度大大降低，可以通过语音、文字、视频、录像、直播等多种方式进行实时互动和无间断交流，使得供应商和分销商之间的关系更加紧密，但与此同时，也由于沟通的无障碍性，渠道分销商之间的竞争加剧，容易产生新的矛盾，因此，企业在进行整合分销策略制定时，除了要实现线上线下一体化管理，增加消费者体验的满意度，更加注重传统和电商渠道的科学整合外，还要加强与分销商之间的关系联结和对分销商的数字化管理。

具体来说，首先，要建立起系统的分销商管理数据库，按照线上分销渠道和线下分销渠道对众多分销商进行分类管理，了解每一个分销商的具体情况，包括可容纳产品数量、周转时长、最大销售负荷等，以便于针对性地选择分销商和分配产品数量。其次，对线上线下分销渠道分别进行重点管理，针对线上分销商，要重点对其市场反应速度、渠道覆盖范围、消费评价反馈等数据进行监测，及时调整渠道分配情况，并根据消费者反馈进行策略调整；针对线下分销商，则重点对消费者购买习惯如频次、连带购买种类、购买时间等进行量化统计分析，以更精确地分析消费者行为，使企业在渠道分配中更加科学合理。最后，要协调好线上线下分销商的关系，避免数量分配、定价差异等因素使分销商之间产生不必要的矛盾，实际操作中可以在商业数据分销的基础上，通过利益权衡、平等协商、价值共创等方法共同制定分销策略，以帮助企业实现精准整合分销。

### 4）精准传播实施策略

整合精准营销传播一方面把广告、促销、公关、包装、新闻媒体等一切传播活动都涵盖于营销活动的范围之内，另一方面则使企业能够将统一的传播资讯传达给消费者，在消费者心目中留下一个深刻的烙印。数字营销背景下，消费者行为的数据化转化进一步为企业提供了整合精准营销传播的契机。其核心思想是以通过企业与顾客的沟通满足顾客需要的价值为取向。纸媒广告、电视广告、网络广告、游戏嵌入式广告等无论是传统媒体还是新媒体，无论是线上还是线下，广告形式都多种多样，若企业要进行整合传播，都务必把这些传播方式结合起来，通过多渠道同时铺设形成传播矩阵，达成更高的覆盖率，尽可能最大化提升传播效果。

具体来看,首先,企业可以采用以精准投放著称的搜索引擎营销(search engine marketing,SEM)推广;其次,以搜索引擎辅助信息搜索,使消费者更容易搜到并了解产品或者公司,让有价值的信息占据整个搜索页面,引导舆论方向,营造良好的口碑。另外,可以尝试以视频网站和门户网站为主投媒体,发挥声影结合的视频贴片视觉冲击力强、信息传达丰富、送达率高等优势。除此之外,还可以采用网幅广告以丰富的展示画面来传递产品价格、促销活动等信息,采取大规模高频次更换创意的策略,相较历史同期投入更多创意组数以及更高投放天次,从而应对消费者追求多变、注意力稀缺的营销环境。

**微案例阅读**

### 美的集团的数字化精准管理

创立于1968年的美的集团目前已发展成为一家覆盖智能家居、楼宇科技、工业技术、机器人与自动化以及数字化创新业务五大业务板块的全球化科技集团。作为我国家电行业的领军者,美的集团始终在探索数字化转型道路,并根据不断变化的市场环境,精准实施数字化定位策略。从传统制造执行系统(manufacturing execution system,MES)升级到"人机新世代",从"美的制造"转变为"美的智造",数字化转型升级为美的带来了"量增利涨"的良好局面。美的集团的数字化精准管理主要从以下三个方面进行。

#### 1. 市场定位与产品设计的"数据化"

"美的开普勒大数据产品体系"为市场定位与产品设计提供了前瞻性数据支撑。"美的开普勒"是美的流程IT中心基于开源技术框架自主研发的大数据产品体系,该体系包括水晶球、观星台、地动仪、服务号、陀螺仪等在内的系列产品。其中,观星台能够实时采集淘宝、天猫、京东、国美、苏宁等各大电商平台的数据,通过网络爬虫与数据可视化掌握家电行业的市场全局与变化动态,基于市场空白与消费者需求设计新产品,进行更有力的市场博弈;地动仪则为美的集团提供海量的用户画像,该平台能够自动采集电商平台的产品销量、用户评价数据,并对各大社交网络服务网站的用户言论进行大数据分析。除了信息的洞察,美的还基于数字仿真、VR、AR等技术开设了线下体验店,"慧生活"线下体验店推动了智慧家居的普及,基于物联网、大数据、移动互联网等数字技术,美的集团M-Smart智慧家居设想逐渐"落地",产品与用户的双向连接更加紧密。

#### 2. 生产、物流、仓储供应链的"高效化"与"透明化"

美的集团通过工业机器人与MES的结合,实现了人员、物品、场所的全流程数字化，通过引入"T+3"产销模式，实现了生产端供应链的高效化与透明化。首先，美的在总部、事业部、基地工厂三个层面建成了一体化的企业级自主 MES 系统，全面覆盖集团的 32 家国内工厂与 1000 多条产品线。其次，美的"T+3"产销模式打通了"用户订单接收、原料备货、工厂生产、发货销售"四个周期并依次递进，通过优化制造流程、升级制造设备和工艺、产供销联动逐步压缩供货时间，将每个周期压缩至三天甚至更短时间。最后，"T+3"产销模式由客户订单驱动，使生产供应链上的所有环节适应消费者的需求，这有利于精减产品型号、拓宽销售渠道，加快库存周转并提高物流仓储效率、缩短交货周期，最终实现"按需生产"，提升企业的市场竞争力。

**3. 产品绩效评价的"细致化"**

美的观星台、美云智数（Midea Cloud）等通过采集、存储、分析在销产品的销售数据评估产品或业务的价值，从而进行客观细致的绩效评价。一方面，观星台、美云智数通过分析在销产品的市场占有率、市场增长率与盈利能力对产品进行波士顿矩阵分类；另一方面，基于产品的内部质检通过率、返修率、投诉率等完善产品细节。同时，地动仪平台通过自动采集电商平台的产品销量、用户评价数据以及对各大社交网络服务网站的用户言论，从消费者角度评估产品，并通过顾客对产品的使用体验、服务感受与售后满意度相应优化产品。

资料来源：李文婷. 2021. 浅析数字化模式下企业的精准管理[J]. 中国管理信息化，24（2）：119-122

# 4.4　典型案例剖析：钉钉的市场差异定位

钉钉（Ding Talk）是阿里巴巴集团旗下的企业级智能移动办公平台，是数字经济时代的企业组织协同办公和应用开发平台，是阿里巴巴集团专为中国企业打造的免费沟通和协同的多端平台。钉钉于 2014 年 1 月筹划启动，2014 年 12 月 1 日发布 0.1.0 测试版，正式进入社交平台市场，当时的钉钉面临着来自腾讯、字节跳动、网易等强有力竞争对手的压力，发展过程中也不断面临来自用户的多重质疑，但钉钉不断调整，持续改进，以"企业社交"的差异定位成功进入社交市场，并与腾讯微信创造出与众不同的差异，占据了企业社交的市场，截至 2022 年 12 月，钉钉已经发展至 7.0 版本，用户数超过 6 亿人，企业组织数超过 2300 万个，付费 DAU（daily active user，日活跃用户数量）突破 1500 万人。本节将通过钉钉的差异化市场定位，加深对市场定位理论及智慧营销战略的理解。

### 4.4.1 钉钉的市场定位逻辑

**1. 分析社交领域行业现状**

一方面，微信成为社交领域内一家独大的社交产品。阿里巴巴在进军社交领域前，首先对整个行业的发展前景和现状进行了调研和分析。2011 年，我国智能手机开始普及，腾讯趁机推出主打"简洁社交"的微信，并连通 QQ 与通讯录，支持 QQ 好友复制和通讯录搜索好友，抛弃 QQ 复杂化的功能和页面设计，以简单流畅为核心，迅速吸引了众多用户注册，到 2013 年注册用户就超过 6 亿人，稳稳占据了社交市场。并且之后继续丰富微信功能，如上线扫一扫、微信支付、微信游戏等新功能，逐渐成长为全能型的口袋综合体，彻底改变了移动社交方式，微信一度成为手机必备软件，并向社交、学习、办公一体化服务发展。截至 2022 年，微信已经更新至 8.0 版本，累计注册用户数超 12 亿人，几乎实现人人有微信，在社交领域一家独大，领导地位稳固。

另一方面，其他社交产品不断尝试但不停失败。有了微信惊人的用户增长，再加上智能手机的加速普及，众多企业看中了社交领域，也想分一杯羹。字节跳动推出多闪、云歌人工智能推出马桶 MT、快如科技推出聊天宝、搜狐推出狐友、人人网重启、微博推出绿洲、网易上线声波、探探科技推出探探、上海任意门科技推出 Soul 等，不论是传统的互联网企业，还是新晋的初创小企业，都针对移动社交，设计了不同的页面风格，加入各种个性功能，如马桶 MT 主打陌生人社交，开通的功能以匿名限时群聊为主；多闪主打视频社交，定位于年轻用户的熟人社交；聊天宝由子弹短信升级而来，增加了熟人圈、好东西等功能；狐友设计高校圈、生活区域圈等，提供匿名和实名发帖相结合的形式；人人网基于其校园网基础，扩展应用范围；绿洲对标 INS 以图文社交分享为主等，各社交新平台都打出自己的独特功能，通过已有平台或大量宣传来吸引用户。然而，微信早已用简洁、免费、便利性等牢牢圈住了数亿用户，用户不愿意重新下载安装，来与少部分的朋友或陌生朋友交流，大多社交产品都以失败告终，少数留在市场上的产品也是依靠公司其他产品勉强维持着。

**2. 调动阿里巴巴全部资源试水社交市场**

在 2011 年时，淘宝已经发展到成熟阶段，拥有 7280 万个注册用户和 960 万个企业商铺，是电商领域的领头羊，但是阿里巴巴一直希望在社交领域有所成就，以弥补企业布局短板，并为电商发展增添更多的社交保障。因此，作为腾讯的老牌竞争对手，阿里巴巴也瞄准社交领域，发布"来往"即时通信软件，作为阿里巴巴第一款独立于电商业务之外的社交产品，其核心功能是熟人之间的社交，除了语音、文字等基本的通信功能之外，"来往"支持"阅后即焚"，不留下大量记录，不占用过多内存，想要从此切入与微信抗衡；并且，阿里巴巴将"来往"作为其占领社交领域市场的宝贝，想要一炮而红，所以调动整个阿里巴巴集团的资源，号召全体阿里人使用来往，并拉来自己的亲朋好友，扩大来往的辐射范围，上线仅两个月就突破了 1000 万人的注册用户。但是"来往"宣传的"阅后即焚"其实是仿照国外 Snapchat 的模式，其他的功能如支持多人聊天、有声图片、免费贴图、免费网络电话等微信也都支持，新用户早已习惯了微信，并已经习惯了微信的简约直观，不愿意重新改变社交软件，不愿意重新建立好友联系方式，最终阿里巴巴的"来往"还是以失败告终。

### 3. 推倒重来，错位竞争

1）耐心走访调研，瞄准"企业社交"

"来往"失败后，阿里巴巴并没有直接放弃社交领域，它重整旗鼓，将"来往"推翻重来。首先进行的是更加细致的市场调研，阿里巴巴重新审视原先的市场定位，发现不应该和微信正面竞争，而应当从细分市场入手，了解各细分市场内消费者的痛点，选择微信尚未顾及的细分市场，并满足其消费者的需求，才可能获得成功。因此，阿里巴巴重新将社交领域进行分类，按照社交关系和社交内容细分为"朋友关系社交"和"工作关系社交"两大类；而微信恰恰是瞄准朋友关系社交，占据了朋友关系的主场；所以阿里巴巴可以考虑从工作关系社交入手，尝试为工作社交提供专业的社交平台。但当时的阿里巴巴是在 To C 潮流下，倒退寻找 To B 的市场定位，一度没有信心。随后几个月内，阿里巴巴不断走访调研企业用户，挖掘工作社交平台的需求可能性，最终规模不大的康帕斯公司和规模较大的复星集团给阿里巴巴提供了定位思路和信心，阿里巴巴针对中小企业工作和生活信息繁杂、没有统一沟通平台的痛点和大型企业信息沟通安全性尚无保障的痛点，瞄准"企业社交"，打造了具备企业的内部沟通与免费电话、移动考勤、OA 审批、日志等功能的"钉钉"，成功吸引了一批企业用户的关注，剑走偏锋，成功打开了社交领域市场。

2）打通企业间联系，打造企业生态服务开放平台

成功切入市场后，钉钉再次把目标放得长远，着眼于企业之间的联系、供应链上下游之间的连接等，从企业内发展成为企业间的企业级社交协同工具。具体来说，钉钉发现在我国的企业管理过程中，内部组织管理能力欠缺，没有高效统一的管理方式，对企业信息的分类依然较为模糊，不利于企业的可持续发展。因此，钉钉将阿里巴巴集团多年来的管理经验加入软件设计中，重点提高在线工作平台的系统性和科学分类性，上线智能办公电话、虚拟号码回拨、信息分级展示

等功能，使得企业间合作更加安全便捷，使得企业内管理更加规范，逐步打造企业生态服务开放平台，实现了企业间的高效互动交流，再次吸引了大型企业的关注并获得认可。

3）丰富使用场景，重视差异定位与个性营销

伴随中国企业数字化发展进程的加快，钉钉也没有停止脚步，继续扩大和丰富使用场景。在2020年初新冠疫情突袭时，钉钉抓紧更新服务板块、扩容服务器，助力线上办学、线上办公；疫情好转后，又迅速上线复工板块，增加健康打卡申请等功能，助力企业复工；针对服务型企业，上线数字化客服系统，开通智能热线电话和智能文档功能，帮助企业加强沟通和存储；针对企业间支付环节，提供数字化企业支付服务，简化打款和支付流程……钉钉不断地更新，保持其在"企业社交"定位上的优势，使得其体量不断扩大，成为企业的信任平台。

除此之外，当钉钉面临用户质疑时，也突出其个性营销的特点。由于钉钉是面向企业端提供服务，打卡、签到、测评等功能难免会引起学生用户、员工用户的不满，2020年有一些用户在哔哩哔哩上吐槽钉钉并且纷纷给出1星评分，一度将钉钉评分从4.9分拉低至1.3分，但钉钉不仅没有选择反驳，反而顺势而为，发布真诚的自黑式道歉视频，一时成为热点，并引起更多企业用户的关注，反而成功吸粉无数，再次扩大了用户规模，进一步稳固了其在"企业社交"市场的地位。

### 4.4.2 钉钉定位的理论问题

目标市场战略理论（STP[①]）是企业选定目标市场和制定市场营销组合策略的前提，由市场细分、市场选择和市场定位三个环节组成，三个环节相互联系，缺一不可。企业的目标市场战略是否准确，决定了企业是否能够顺利打开市场并获得发展机会，是企业发展战略制定中十分重要的一环。钉钉的成功突围很大一部分就是取决于目标市场战略的成功。

**1. 钉钉的市场细分**

钉钉是阿里巴巴在社交领域的全新布局，在目标市场战略的第一步市场细分中，钉钉将整个社交领域市场按照系列因素细分法，从社交渠道、社交双方认识与否、社交关系等因素进行细分，划分出线下社交、基于线上的陌生人社交、基

---

① STP 战略中的 S、T、P 三个字母分别是 segmenting、targeting、positioning 三个英文单词的缩写，即市场细分、目标市场选择和市场定位的意思。

于线上的熟人社交、基于线上的熟人工作关系社交等多个细分市场（图 4-10）。并且，该细分方式和结果符合可实现性原则，企业具有进入的可能性；符合可营利性原则，企业能够在各细分市场中通过提供收费功能或用户流量获得利润；符合可衡量性原则，各细分市场的潜在用户数据等信息可以在调研后进行量化分析；符合可区分性原则，各细分市场之间有明显的类别差异，能够加以区分。

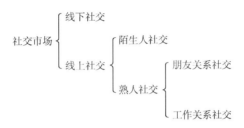

图 4-10　钉钉对社交领域市场的细分

### 2. 钉钉的市场选择

在进行市场细分后，钉钉对社交行业环境和自身资源优势进行了分析，结合实际情况，选择了"基于线上的熟人工作社交市场"，即"企业社交市场"，前期采用市场专业化模式，通过不断更新产品和服务内容满足企业用户的需求；后期采用产品专业化模式，不断将产品和服务推向更多的 B 端市场，扩大辐射范围。2014 年阿里巴巴布局钉钉时，微信已经拥有超过 3 亿名注册用户，在基于线上的熟人社交市场上地位稳固；同时，像聊天宝、狐友、绿洲等同类社交软件也纷纷进入基于线上的朋友社交市场，不论是熟人还是陌生人，朋友关系的社交市场已经趋于饱和。因此，钉钉选择避强定位策略，避开基础雄厚、发展趋势迅猛且稳定的微信，转而选择基于线上的工作社交市场作为目标市场，尝试专门为企业用户提供一个专业的线上办公和沟通交流平台，与微信上的朋友关系区分开来，将生活和工作区分开来，帮助企业管理员工工作状态。事实证明，钉钉的这一选择也确实吸引了企业用户的关注，纷纷尝试钉钉带来的线上工作新环境。

### 3. 钉钉的市场定位

首先，识别潜在竞争优势。识别潜在竞争优势是进行市场定位的第一步，需要企业回答竞争对手定位如何，目标市场上消费者的哪些需求需要满足，以及针对竞争者的市场定位和潜在顾客的需求企业能够做什么三个问题。钉钉在确定将企业社交作为目标市场后，重新分析社交领域内各竞争对手的定位和优劣势，并结合消费者需求重点关注企业的潜在竞争优势，寻找市场突破口。经过对微信、人人网、探探等已经进入社交市场的平台进行分析，以及对阿里巴巴集团内部资源条件的分析，钉钉总结出自己的潜在优势有：一是产品差异化优势明显，微信、探探等主打的都是朋友关系社交，交流内容偏向生活化，消息内容繁杂，而钉钉准备推出的产品是为企业用户服务，专门为工作提供统一的平台，便于用户将生活和工作区分开，有利于提高工作效率，避免公众号消息、广告消息等过多导致忽略工作中的重要信息，是一个完全不同性质的社交平台。二是具备一定的资源优势，钉钉是阿里巴巴集团主推的区别于电子商务的平台，有阿里巴巴的大力支持，在资金、人力、技术等资源上均有保障。

其次，核心竞争优势定位。定位核心竞争优势实际上是一个企业与竞争者各方面实力相比较的过程。通常的方法是分析、比较企业与竞争者在产品开发、服务质量、销售渠道、促销方式、知名度、曝光度、资金来源、人力资源水平、管理运营水平等各个因素上，究竟哪些是强项，哪些是弱项。借此选出最适合本企业的优势项目，以初步确定企业在目标市场上所处的位置。钉钉结合自身在产品差异化和资源方面的潜在优势，确定了产品和服务质量与经验丰富的 B 端基因是核心优势，据此来帮助确定市场定位。

最后，市场定位战略制定。在明确潜在竞争优势和核心竞争优势的基础上，可以根据企业的差异化优势制定市场定位战略，体现企业所选择的目标市场和为之提供的特色产品与服务。这一步企业需要使目标消费者了解、知道、熟悉、认同、喜欢和偏爱公司的市场定位，建立与市场定位相一致的形象；并通过各种努力强化目标消费者对市场定位的认可，稳定目标消费者的态度和感情。钉钉主要采用的是产品差异化战略，从产品功能、产品便捷性、专业性、可靠性等方面体现与竞争对手的差异，为企业用户提供一体化服务，吸引其使用钉钉。

# 第 5 章

# 数字时代品牌塑造与管理

数字时代改变了消费者与品牌的互动，进而改变了企业的品牌管理方式。为更全面地审视数字时代的品牌塑造与管理，本章首先从数字时代品牌塑造框架开始，带领读者了解数字环境下的品牌塑造模式和新媒体环境下的品牌塑造方法；其次，从数字时代的品牌价值评估与风险管理方面，为品牌经理人提供切实的管理建议；再次，以 Keep 的品牌打造之路为例，将品牌塑造与管理的理论背景与实践情景融合，深入探讨其品牌运作的过人之处；最后，就数字时代品牌管理研究前沿进行讨论，引发对未来品牌管理的进一步思考。

## 微案例阅读

### 三顿半的互联网品牌打法

三顿半，作为一个原创精品咖啡品牌，成立于 2015 年，2019 年至 2021 年双十一期间，三顿半的销量超过雀巢，成为首个斩获天猫双十一咖啡品类销量冠军的国货品牌。在品牌营销和传播策略上，三顿半采取"放大口碑"模式，靠 KOL、素人拍视频分享而爆红，调动用户参与其中共创内容。三顿半在运营用户上的成功之处在于用好的内容营销，把品牌、用户连接在内容平台上，然后不断创作新的内容去影响更多的用户，进而产生交易转化。

挖掘种子用户。将消费者中愿意探索的咖啡爱好者筛选出来引流到三顿半：早期三顿半在社交媒体上寻找美食达人作为种子用户，不断给他们寄送产品，并根据他们的意见改进产品。在其他品牌都争相与头部 KOL 合作时，三顿半却在社交平台上，从现有用户中发掘极具潜力的 KOC（key opinion consumer，关键意见消费者），并与之合作共建内容。

寻觅口碑传播者。在品牌共情和用户连接上，三顿半让用户参与，设计了一个神秘的"领航员"角色，"领航员"们是品牌方在各渠道精挑细选出的可以产出优质 UGC（即用户将自己的原创内容通过互联网平台进行展示或者提供给其他用户）内容的消费者个体，他们不仅承担着打入普通消费者内部进行品牌推广的职责，更会将自己对于咖啡的意见反馈给品牌方。三顿半不断发展"领航员"，他们既是三顿半了解用户需求的触手，同时也是三顿半最忠实的用户。

培养自发传播者。为了和消费者有更多互动，三顿半推出了"返航计划"，即产品空壳回收，并做成周边产品，三顿半联合了一些合作的咖啡店作为返航点，消费者用小程序预约确定返航点、空罐数量等信息后便可到店兑换周边产品。最后是把画像精准的咖啡爱好者进行线上线下的互相导流，实现与各地咖啡馆的共赢。

通过深入洞察消费行为与偏好，三顿半对传统速溶咖啡进行变革与创新，在品质与价格之间寻得平衡，并用新格局打破传统速溶咖啡的互动常规和营销壁垒，让喝咖啡变得有趣，消费场景更加多元，成功征服了众多注重体验的咖啡爱好者，三顿半也随之出圈。

资料来源：《三顿半通过 DTC 模式把产品打爆，出道 4 年成为品类冠军》，https://business.sohu.com/a/593460453_120967578，2022-10-17。

# 5.1 数字时代品牌塑造框架

## 5.1.1 数字环境下的品牌塑造模式

### 1. DTC 品牌塑造模式

DTC 是 direct to consumer 的缩写，字面直译为直接面向消费者，DTC 品牌模式是指由同一个公司设计、生产、销售的品牌通过互联网线上销售渠道，不经过经销商或中间平台，直接通过自己的官方渠道接触消费者，与消费者互动，将商品直接销售给消费者，促使他们完成购买动作的运营模式。DTC 品牌模式并不是近期凭空产生的，其源于 21 世纪初的美国，发展至 2015 年前后才开始进入大众视野。在过去十几年中，DTC 的运营并不顺利，新冠疫情之前已现颓势。然而，2019 年底的一场新冠疫情，让线下零售店的销售模式忽然刹车，诸多品牌纷纷关闭门店，线下销售遭受到毁灭性的打击，消费者行为也被迫产生了一系列改变，无意间改写了 DTC 品牌模式的发展轨迹。

去除中间商，实现商品"从工厂直达消费者"只是"知其形"，DTC 品牌模式的本质和精髓在于以消费者需求为核心，通过数据和用户反馈来改变产品；借助数字化的优势，通过社交媒体与消费者紧密互动，维系良好的品牌形象和消费者关系。随着互联网技术的进步、社交媒体的发展及全球产业链的成熟应运而生的 DTC 品牌模式，在后疫情时代逐渐成为跨境电商领域发展的新趋势。

做好 DTC 品牌运营，将成为后疫情时代网络品牌制胜的关键。接下来，本书将继续探讨后疫情时代 DTC 品牌模式的可持续发展路径。

第一，了解消费者需求，讲好品牌故事。新一代消费者的产品需求和购物决策的变化引领了价值链的革新。企业应积极利用 DTC 模式搭建全方位的消费者沟通渠道，借助大数据收集沉淀客户需求，并将其引入诸如生产、销售、推广等决策过程中，实现产品和终端消费者需求的精准匹配，以优化客户的购买体验，提升后续重复营销和口碑裂变的实效。在与消费者直接接触的每个环节中，应注重多角度、多形式、生动地讲述自己的品牌故事和品牌愿景。在 Criteo 公司的一项调查研究中，50% 的美国受访者表示他们的购买决策受到品牌价值的影响。可见，消费者大多会倾向购买与自身价值观类似的品牌，依托 DTC 做好品牌价值的立体呈现，有助于培养客户忠诚。

第二，注重营销渠道整合、社交与互动。企业应充分把握 DTC 模式提供的可在品牌运营的各环节与消费者独立、高效、灵活互动的机会，打造多维立体的营销转化流程，将各种营销方式和渠道整合起来，在消费者的生活空间形成一个以其为中心的运营体系。目前，DTC 品牌模式已升级到 3.0 版本，而主打 SNS 营销①和 KOL 营销的抖音、小红书、微信和微博等社交媒体，应成为企业品牌价值输出、与客户建立情感连接的有效渠道。社群是消费者表达场景的优良载体，品牌代言人和营销者可以在社群内引导一个互动性极高的话题，吸引消费者主动参与并扩散，将社群内挖掘到的消费者实际需求转化成品牌信息记忆点，提高消费者对品牌价值的认同感，从而达到以价值转化为回报的最终目的。

第三，搭建符合 DTC 品牌定位的独立站。独立站是拥有独立网站域名、独立空间服务器，不依托其他平台而独立存在的平台。商家应充分发挥主观能动性，依据所打造品牌的定位，从网站风格设计、产品页面构图、文案写作、内容规划等方面细致灵活地打造并运营好自家网站，在创造、提高消费者体验的同时，以独特的模式给消费者留下更深刻的印象。由此可见，独立站给品牌提供了一个触达消费者的绝佳渠道，是避免同质化竞争、打造 DTC 品牌模式的利器。近年来，利用 ERP 软件转型经营独立站的跨境 DTC 品牌商家数量一直呈现增长趋势，受新冠疫情影响，在 2020 年更是出现暴增。DTC 独立站依托社交媒体平台，有更多的站外流量玩法，可以简单高效地建立自己的私域流量池，提高复购和回购率，建立用户黏性，跨境电商企业可借此在业务模式上实现质的飞跃。

第四，关注行业发展风向，把握政策红利。DTC 品牌模式涉及生产和销售全链条层面的系统重构，在多个环节上对相关传统模式造成了重大冲击。近年来，随着大势所趋，一些新锐品牌正在借助 DTC 崛起，而众多传统品牌则纷纷

---

① SNS 营销是指利用社交网站进行品牌推广、产品销售和客户互动的一种营销方式。

加快了DTC转型的步伐。后疫情时代，DTC品牌模式更是成为影响跨境电商企业破局成败的关键因素。2020年11月，中国、日本、韩国、澳大利亚、新西兰和东盟十国共15方成员正式签署《区域全面经济伙伴关系协定》，区域内90%以上的货物贸易将最终实现零关税，以及享有降低企业享受优惠税率的门槛、简化海关通关手续等各种有利条件，从而护航DTC企业出海发展。2021年，国家关于"十四五"的若干规划中，更是高频率提及了贸易数字化和跨境电商。2022年初，国务院批复同意在27个城市和地区新设跨境电商综合试验区，截至2023年底，全国共设立跨境电商综合试验区132个。以上种种利好政策，为DTC品牌模式的健康运营和发展营造了良好的环境。

### 2. 4+1品牌塑造模式

新媒体时代下，品牌的塑造与传播有别于传统的品牌建设，但也应该避开品牌建设的误区，如定位同质化、传播方式单一、传播渠道融合度低等。下面，本书将介绍互联网品牌塑造的4+1模式，其中4表示精准定位、品牌互动、超级符号、传播方案，1是指以口碑塑造为核心。

第一，精准定位在第4章中已进行了详细的描述。互联网时代营销的关键词就是精准，品牌塑造也是一样，讲求精准。这与产品的整体概念一致，品牌是产品的一部分，从产品设计之初就要找到一个精准的目标人群，做好精准定位，产品品牌便可与这种定位一脉相传。只有精准定位，品牌才能做到有个性，追求统一性的品牌自然是毫无个性可言的。精准的品牌定位离不开品牌策划阶段的市场细分，对市场的细分和洞察是精准定位的先决条件，因此品牌的塑造离不开前期的品牌调研。这里通常存在一个误区，精准定位并非就认定品牌的受众群很窄，反而是希望借由精准定位的人群成为前期的购买人群从而带动实用型用户、保守型用户，从而引发市场的渗透。

第二，要在情感共鸣中加强与客户的互动，共建品牌。互联网时代品牌塑造最大的特点就是互动，互联网时代，品牌可以二次传播，也让每一个消费者都有机会成为品牌的自媒体，当然前提是品牌可以打动消费者，消费者才会进行二次传播。能打动消费者，让消费者产生消费情感记忆，品牌一定得是一个有故事的品牌，故事必须与其定位的人群产生情感共鸣。有一个品牌——多芬，讲故事就讲得很好，多芬品牌的核心理念是鼓励女性寻找真正属于自己的美丽。从2004年开始，多芬就在北美和欧洲掀起了真美行动，它们的理念就是你远比自己想象得要美。多芬曾经拍过一个广告，以真美故事为主题，情节是这样的：让女性自己描述自己的样子，再让另一个陌生人描述这个女性的样子，最后分别让画家画下来，结果发现，别人描述的自己比自己描述的自己要漂亮很多，说明我们每个人对自己的要求都太高、太苛刻。这个故事直击消费者内心，引起共鸣。

要想在情感共鸣中加强与客户的互动，直击客户内心的故事是必不可少的。

第三，要设计一个有内涵的超级符号。品牌本身就是名称、用语、符号的集合，为了更好地进行品牌传播与识别，设计一个有内涵的超级符号意义重大。超级符号并非普通的标识符号，它们是我们生活中广为人知且深受喜爱的元素。这些符号深深地融入我们的生活，本身承载着丰富的意义，并且引导我们按照其指示进行日常活动。以红绿灯为例，它不仅是一个交通信号标识，更是人们共同遵守的交通规则的象征，指导着我们安全出行。超级符号在品牌塑造领域就是用一种被人熟知并认可的符号进行嫁接，使目标受众一看到符号的信息，就会产生品牌联想。因此在设计符号时就要考虑符号的含义以及符号的传播性，如看到三只松鼠的标识就立马可以联系到三只松鼠这个品牌。

第四，要形成科学的传播方案。新媒体时代改变的其实并不是品牌定位的本质，改变的是品牌传播的方式。互联网时代品牌传播途径不再局限于电视、报纸。因此在做好精准的定位、产生共鸣的互动和有内涵的超级符号后就需要形成科学的传播方案。科学的传播方案一方面需要选择合适的传播平台，另一方面需要设计吸引人注意力的传播内容。就传播平台而言，互联网平台很多，如抖音、微信、微博、百度等，无论是视频平台还是社交平台，在选择传播平台时都要注意平台的调性，每个品牌都需要有针对性地进行传播内容设计，如在百度平台上要注重口碑塑造、在抖音上需要快速爆点地宣传。就传播内容而言，互联网时代最不缺的就是信息，最缺乏的就是用户的注意力，信息爆发式的传播让用户注意到品牌的传播内容难度增加，因此品牌传播时一定要增加传播内容的影响力。

第五，互联网品牌塑造离不开口碑塑造。互联网时代品牌的塑造最终落脚点还是传播。传播离不开口碑，口碑必然要超越客户的期待，只有为客户提供有品质感、体验感、超越客户的期待的产品和服务，客户才能参与品牌的建设与传播。因此口碑建设这个核心一定不能忽视。

### 3. 品牌塑造的基本框架

无论是"DTC 品牌塑造模式"还是"4+1 品牌塑造模式"，都强调了品牌故事在数字时代品牌塑造过程中的重要性，为此，本书以品牌故事的打造为核心构建了品牌塑造的基本框架，如图 5-1 所示。

数字时代，消费者已经成为品牌故事的关键作者。企业生成的品牌故事（由黑色拼图表示）和消费者生成的品牌故事（由灰色拼图表示）都是通过大量的传播渠道（传统渠道和社交媒体渠道互动）在动态演变的过程中讲述的。其中由企业生成的品牌故事通常是一致和连贯的，而消费者生成的品牌故事更有可能随着时间的推移而改变。

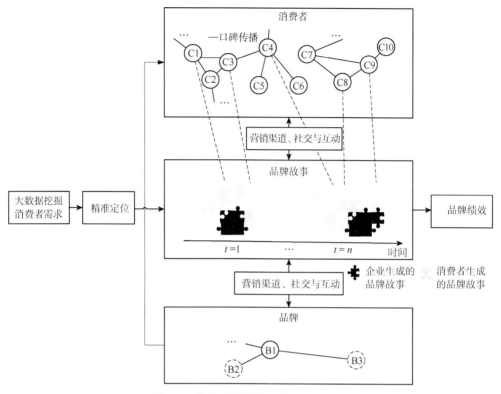

图 5-1　数字时代品牌塑造的基本框架

随着时间的推移，企业并不局限于通过监控品牌的言论来倾听消费者生成的品牌故事，也可以尝试积极营销消费者生成的品牌故事及其对品牌绩效的影响，如图 5-1 中品牌和消费者之间的箭头所示。不仅如此，企业可以进一步使用消费者生成的品牌故事来补充自己的故事［由图中的灰色拼图（$t=1$）表示，该拼图变成了黑色拼图（$t=n$）］。

与此同时，消费者通过社交媒体传播的品牌故事也可能影响消费者的社交网络。消费者之间可能会产生新的联系，因为消费者交换了他们的品牌故事，并收集、提炼和进一步传播其他消费者讲述的品牌故事。同样，消费者通过讲述品牌故事与品牌互动，建立了其他消费者和公司可以观察到的消费者–品牌网络。

## 5.1.2　新媒体环境下的品牌塑造方法

新媒体时代品牌传播媒介建立在多媒体计算机和互联网的数字媒介技术形式上，信息接收逐渐与人的各种感官知觉发生联系，信息传播也逐渐向动态化、具身交互化[①]、数字化方向拓展。新媒体传播范围广、速度惊人，品牌方应当利用新媒体交互性强的特点，创作出与众不同的产品，吸引消费群体及时关注，以在众多类似品牌中脱颖而出。适应数字营销的新变化，构建数字化传播的新范式，是企业和品牌生存和发展的重大课题。本书将从以下几个方面关注新媒体环境下品牌塑造的新方法。

### 1. 直播流媒体

直播电商重构了在线购物的人、货、场。在疫情常态化背景下，直播电商的火热是一种必然趋势。直播电商本质上是一种内容社交电商，主播是直播电商成功的关键因素之一，主播的知名度、影响力和私域流量等直接决定直播电商的效果。直播电商作为一种新的营销方式，需要创新营销传播，提升消费者的沉浸感和产品溢价感知，在促进产品销售的同时，增进消费者对直播电商主播、商家和平台的认同度。直播电商的发展也会改变品牌营销模式，如 C2M[②]的兴起，正是基于消费者的个性规模化需求满足而产生的品牌生产新模式。品牌直播营销成功的影响因素有以下几个层面：首先，直播主播的选择。例如，主播市场有疯狂小杨哥等头部主播，董明珠等品牌 CEO 主播，洛天依、叶修等虚拟偶像主播，还有大量的腰部主播，主播的选择需要结合品牌调性、品牌定位与品牌整体战略而定。其次，直播活动的营销。例如，"央视主持人朱广权合体李佳琦，1.2 亿人围观"，这一为湖北带货的公益直播活动，具有很强的话题度。再次，直播营销的规范。例如，中国广告协会在 2020 年出台了《网络直播营销行为规范》，对于网络直播中的乱象提出了规范要求，市场监管部门也加大了对直播营销的监管，国家市场监管总局出台了《市场监管总局关于加强网络直播营销活动监管的指导意见》。目前，直播营销活动中存在一些乱象，亟须品牌主、平台和主播加强自律，维护品牌直播生态环境，促进品牌直播健康发展。

### 2. VR

VR 即利用以终端用户为核心的人机交互接口，通过计算机生成拥有高度逼真感的三维立体交互环境。基于 VR 的构想性、沉浸感和交互感特性，媒体开始在大型赛事和活动直播中利用 VR 技术，VR 游戏给玩家们提供了全新的体验，VR 影视、VR 展览等日益被投资商所关注。VR 技术的盛行，让更多的企业开始思考如何利用 VR 技术提供的全新可能为企业的产品宣传和品牌塑造服务，以此

---

① 2001 年加利福尼亚大学欧文分校的保罗·杜里什教授从人机交互视角首次明确了"具身交互技术"这一概念，将其称之为一种可以利用身体作为媒介完成与虚拟世界在视听、嗅味、触觉等多通道的交互技术。

② C2M 表示 customer to manufacturer，从消费者到生产者。

推动新的营销传播与品牌传播理念的建立。VR 的构想性、交互性和沉浸性能够为用户营造全方位的视听感官环境，有科学证据表明人们对 VR 体验的记忆具有全方位的记忆点和持续性，时间长并且更加深刻，因此，基于 VR 的体验式营销具有提高营销效果的潜力。除了通过 VR 技术物理还原增加认知和创造兴趣外，VR 技术还具有促使消费者产生情感共鸣的可能，这对以提高顾客黏性和打造认同为重要目标的体验式营销与品牌传播极为重要。VR 展示能使大脑对画面的感知升级到另一个时间与空间层次，具有极高还原度的 VR 技术能够实现场景、空间体验和产品交互的多样性，为观众带来 360 度沉浸式的体验。

VR 能够逼真地还原物体和场景，但是，这是物理层面的还原，场景化营销传播的核心是唤起人的内心和需求。如果物理场景并不能打动消费者，不能令消费者触景生情，哪怕物理场景还原再逼真，也不可能引发消费者进一步的情感唤起和行为改变。个体的受教育程度、价值理念与过往经验存在差异，同一场景对于不同个体存在截然不同的意义。基于 VR 技术的营销传播与品牌传播还需回归到最基本的人的问题，对消费者的特征、需求、价值观要有扎实的调研与把握，并精准锁定人群，创造个性化的场景。

此外，目前的 VR 营销传播与品牌传播实践中的场景还原还需解决社交的问题。目前的虚拟场景中，基本都是消费者独自体验，但是，在真实的线上线下场景中，消费者在与同辈的互动中做出购买行为，在口碑中形成对品牌的态度。因此，在未来的 VR 营销传播与品牌传播中，企业还应该尽可能地在虚拟场景中构建与消费者的动态关系网络。

### 3. 聊天机器人与人工智能

聊天机器人对商业智能至关重要。顾客对优质服务的要求和个性化体验的期望越来越高，为了满足顾客需求，应对业务领域日益激烈的竞争，越来越多的品牌和公司开始关注与构建聊天机器人或虚拟代理。如今，聊天机器人变得越来越受欢迎，逐渐成为公司和品牌与消费者互动的首选渠道。聊天机器人帮助营销人员接触顾客，鼓励顾客参与营销活动，与顾客建立联系，转换顾客。聊天机器人还可以促进个性化营销，完善顾客服务体系，节省成本，在通信软件上快速增加顾客数量。此外，聊天机器人也为顾客提供了更好的服务质量和个性化的体验。很多品牌，如美国鹰牌服装和达美乐比萨，已经推出聊天机器人来接收订单或推荐产品。亚马逊、eBay、Facebook 和微信已经采用聊天机器人进行会话商务。

聊天机器人向客户承诺了更好的服务质量和更个性化的体验，但目前的聊天机器人经常让用户失望。当前的聊天机器人功能有限且构造简单，基于规则和逻辑响应制造。大量的企业和组织争先在其特定的服务领域部署聊天机器人。在部署的早期阶段，聊天机器人方案常常以糟糕的实例为目标，忽视用户需求和用户体验。因此，企业需要开发出体现自身品牌特征的聊天机器人，并且在营销活动中，聊天机器人的个性也应适合细分群体特征。

聊天机器人的引进和其广泛的使用改变了企业与顾客的交互，公司需要更新对顾客管理和品牌管理的理解，并重新定义他们的营销组合指标。作为目前功能强大的数字营销工具，聊天机器人极大促进了顾客参与性，满足了鼓励顾客参与的部分标准。未来人工智能和聊天机器人会完全满足所有参与标准，促进个性化和交互，进而改善顾客体验和用户体验。此外，对话式营销（conversational marketing）是聊天机器人背后的核心驱动力，它赋予了这些机器人真正参与和交流的能力。作为一种具有巨大潜力的战略，对话式营销与作为交互平台的聊天机器人相互依存，共同塑造用户与品牌之间的沟通体验。随着即时通信应用的使用量持续增长，作为会话界面的聊天机器人对品牌至关重要，在这种界面中，营销不仅需要注重品牌形象的塑造，更要致力于为用户提供优质的体验、发现价值和保持持续的对话。随着对话的正式性和结构性降低，品牌维持用户体验的难度加大。品牌有时会犯错，失去对谈话的控制，但是品牌应该随时准备从错误中学习。营销人员必须比以往任何时候都更坚持以客户为中心，采取由外而内的方式来设计营销活动。

### 4. 大数据

与品牌建设相关的大数据信息分析的五类常见应用场景如下所示。第一，基于大数据信息分析的精准营销。莱斯特·伟门于 1999 年提出了精准营销的概念，而 Zabin 等（2004）提出了精准营销的 4R 法则：正确的顾客（right customer）、正确的信息（right message）、正确的渠道（right channel）以及正确的时刻（right time）。魏想明等（2016）认为基于大数据的精准营销可以通过挖掘用户数据、推送定向广告和开发主题数据三个方面进行。利用大数据研究预期消费者消费习惯、地理位置、支出额度等行为特征，建立预期消费者与营销体系之间的紧密联系，将有效信息通过有效渠道在有效时间传递给预期消费者。

第二，基于大数据信息分析的风险管控。利用大数据量化风险，将账务流水、财务数据与网络舆情、监管信息等进行关联分析，全面覆盖信用风险、操作风险、市场风险等各类风险。中国工商银行原首席风险官魏国雄（2019）认为数据信息是大数据时代风险管理的基础，银行要通过各种方式，利用各种渠道来采集外部的数据信息，如加强同业间的数据信息交流合作，与相关机构和部门在数据信息上的交互联网，并与一些专业数据公司进行合作，包括协作、购买、交换等方式。大数据背景下，企业外部数据也成为一种有效和实用的风险信息资源。例如，企业可以通过对社交媒体信息抓取分析，进行先期的商标侵权和舆论发现等风险预警，缩短企业反应时效。同时，企业还可以通过对 Facebook、Twitter、微博、朋友圈等社交平台上公开信息和半公开信息进行分析，有效预测消费者对品牌的情绪变化和关注点变化等。

第三，基于大数据信息分析的决策支持。利用大数据确定海量信息之间的关联性，挖掘信息的潜在价值，为高层决策提供有力的信息支撑和决策依据。大数据下的决策环境发生了巨大改变，大数据影响了企业的数据管理、知识管理和管理决策组织。

第四，基于大数据信息分析的产品设计。利用大数据信息分析研究预期消费者对产品的偏好，优化产品的设计方案，使之贴近消费者的需求。吴艳等（2015）以网络男装产品开发为主要研究对象，对实际调研、设计与研发、定价与市场化等三个基本内容进行拓展性分析，在原有的开发流程"调研与计划—设计与研发—定价与上市"上进行拓展，增加了"网络消费数据反馈"与"产品改进与提升"两个项目，优化了男装产品开发方法。

第五，基于大数据信息分析的流程优化。利用大数据信息分析现有产品从设计到售后各环节，发现和定位有待优化的流程，提高生产效率。大数据对出版流程可实现全方位、多角度、深层次的渗透，并从选题策划、内容生产、编排制作、营销推广和读者服务五个基本环节出发，分别阐述了大数据对出版流程的渗透方式和特点。综合传统品牌建设的实施框架和大数据信息分析的应用场景，我们提出了一种基于大数据信息分析的品牌建设实施框架，如图 5-2 所示。新框架基于传统品牌建设的五个阶段，将大数据信息分析融入各个阶段，重点突出了其在品牌建设中的作用。需要说明的是，在基于大数据信息分析的品牌建设实施框架中，大数据信息分析的应用场景并非局限于品牌建设的某一阶段，而是可以复合地运用到多个阶段中。以基于大数据信息分析的风险管控应用场景为例，其既可以用于品牌保护阶段，也可用于品牌营管阶段和品牌战略阶段。

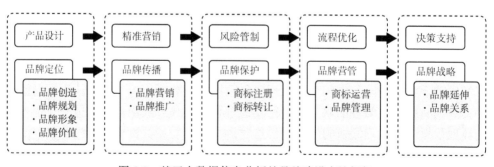

图 5-2　基于大数据信息分析的品牌建设实施框架

**5. 数字影响者**

在可用的社交媒体营销活动中，越来越多的公司开始使用数字影响者来为品牌背书，因为数字影响者将目标受众与品牌联系起来，同时与他们的追随者保持直接沟通。最近的一项研究显示，39%的营销人员计划增加影响力营销的预算。

数字影响者包括多平台的高知名度互联网微名人，他们通过对个人生活和生活方式的文字与视觉描述，在社交媒体或博客上积累粉丝，并通过付费代言品牌（即付费 eWOM）来赚钱。这些非传统名人，可能只对小众群体来说是出名的，却越来越被视为在网络环境中比传统名人更强大，因为他们被认为更可信，更容易接近。最近的一项研究表明，追随者对数字影响者的信任程度与对朋友的信任程度相同。当数字影响者传达信息时，消费者会将信息解读为高度真实。

数字影响者应该持续发布高质量和富含信息的内容，这对于吸引追随者和发展信任关系至关重要。数字影响者发布的内容需要强调故事性。独特而生动的故事讲述可以激发读者对品牌帖子的积极态度，从而增强读者对有影响力的帖子的信任。这样的故事会产生共鸣，吸引读者的注意力。有影响力的人应该专注于设计一种机制，通过替代表达方式向其追随者传递信息。此外，管理者应注重选择能够产生影响力的数字影响者，从而创造品牌价值和参与度，从而引发更大的行为反应。可使用可观察和感知指标的组合，以全面评估数字影响力潜在的力量。

对于管理者而言，必须考虑数字影响者吸引消费者关注其品牌的潜力，从而开发更有效的品牌传播。通过选择这种营销工具，品牌可以利用数字影响者的社会影响力，提高其营销行动对受众的影响，提高社交媒体活动的竞争力和投资回报。

# 5.2　数字时代的品牌价值评估与风险管理

数字技术的发展将数字逻辑渗透到了社会各层面，包括品牌的传播和品牌资产的形成，品牌资产的概念模型也需进行重构以适应数字变革。数字化的品牌价值除了包含传统的品牌与生活者的关系，还应该包含数字生活空间中的品牌相关信息和品牌方与生活者的互动方式，以及与品牌有较强情感关联的生活者与其他生活者的潜在互动。目前存在的数字化品牌价值都是对传统模型的变形，只量化了品牌与消费者的关系，而未将品牌数字内容、生活者之间的互动纳入。闫彦珍（2015）指出大数据时代背景下，原有的品牌评估模型具有一定的局限性。

### 5.2.1 传统品牌价值评估方法

在量化"品牌价值"的方法中，经典评估模型有 Interbrand 公司的品牌价值评估模型（即 Interbrand 模型），扬·罗比凯广告公司的品牌财产评估（brand asset valuator，BAV）电通模型；世界品牌实验室（World Brand Lab）的品牌价值评估模型（即 WBL 模型）等。

（1）Interbrand 模型的基本思想与收益法大致相同，即将品牌未来收入转化为现实价值，理论公式为 $V=P \times S$，其中，$V$ 为品牌价值；$P$ 为品牌收益；$S$ 为品牌强度倍数。$S$ 由七部分组成（包括领导力、稳定力、市场力、国际力、趋势力、支持力、保护力等），通过专家打分得到各因素的得分，然后利用 S 形曲线，将得分转换为品牌强度倍数，最后品牌价值就等于品牌收益和品牌倍数的乘积。该模型不足点为：第一，忽视对消费者的考虑，它所涵盖的七个方面要素都是基于企业或市场；第二，品牌作用力指数和确定品牌强度的七个方面因素得分过于主观。

（2）品牌财产评估电通模型的立场是消费者，通过四个指标即差异性、相关性、品牌评价、品牌认知作支撑。差异性为基点一，因为差异性=利润空间；相关性为基点二，相关性=消费者数量；品牌评价为基点三，品牌评价=盈利表现；品牌认知为基点四，代表一个品牌的知名度及消费者对品牌掌握和认知的经验结果。四大基点形成有机联系，并注重以消费者为中心来进行评估，但缺点也是只有消费者数据，而且还缺乏对品牌忠诚度的考虑，而这是品牌价值评估至关重要的因素，同时该模型还缺乏进一步量化的数理基础。

（3）WBL 模型强调品牌价值应当由财务要素、品牌附加值要素、品牌强度要素构成，基于此理论，WBL 采用"经济增加值"（economic value added，EVA）确定企业的盈利水平；运用"品牌附加值工具箱"计算品牌对收益的贡献度。其理论公式为：$V=EVA \times BI \times S$，其中，EVA 为平均营业收益；BI 为品牌附加值系数；$S$ 为品牌强度倍数。该模型综合了财务方法与消费者因素，并利用品牌附加值工具箱来量化品牌带来的超额收益。但是，在对未来收益的风险预测上，却不如 Interbrand 模型考虑得更加周全。由于 Interbrand 方法用 S 形曲线将品牌强度最后分值通过 S 形曲线转换为贴现率，巧妙地估计了未来的风险，这种方法相对来说，使评估理论更加严谨，这也是 Interbrand 模型更受青睐的原因。

### 5.2.2 数字化品牌价值评估维度

数字时代的品牌价值内涵发生了变化，数字化技术所营造的数字生活空间引起的消费者在信息获取方式、决策方式、情感互动方式以及品牌营销活动方面的差异化反应成为品牌资产内涵的必要补充。为此，有必要探讨数字时代品牌价值的构建新要素。具体而言，包含线上品牌信任、线上品牌融合和线上品牌共创。

**1. 线上品牌信任**

对于数字时代的品牌资产而言，基于线上品牌信任的品牌资产应该包括"品牌搜索质量"和"品牌数字口碑"两个要素。

首先，数字时代的搜索结果相较于传统的媒介时代更加具体可感，消费者可以更加轻易地获得产品销量、产品价格变动趋势、好评率、促销活动等信息。因此，数字时代的品牌资产构建要素"品牌搜索质量"应该包括以下几个二级要素：曝光量（包括曝光、独立曝光和可见曝光三种类型）搜索词条排名、内容浏览量、点击率（访问量）、点击转化率等。

其次，品牌数字口碑是线上品牌信任最直接的体现，是数字时代品牌资产不可或缺的一个关键要素。数字口碑的重要性体现在它能够起到改变消费者态度和行为的效果，消费者的线上搜索行为、品牌态度的形成以及购买决策等都会被"品牌数字口碑"所影响。"品牌数字口碑"不仅会直接影响品牌的盈利能力，在丰富与消费者的沟通渠道方面也影响重大。因此，数字口碑可以从以下几个方面来衡量：社交媒体平台粉丝数量、品牌发布内容转发量、产品销售量、产品好评率、评价数量、评价质量等。

**2. 线上品牌融合**

线上品牌融合主要划分成数字生活空间、线上品牌社群和品牌粉丝资产三个方面，消费者的认知融入、情感融入、行为融入共同影响了消费者线上品牌融入的程度和效果。

首先，在线上接触品牌时消费者物质层面和心理层面上的感受都属于品牌空间感知，换句话说，这里所说的品牌空间包括了消费者与品牌接触的线上互动空间和影响消费者对品牌感知态度的心理空间。在数字生活空间中，物理位置、心理认知和社交状态与位移等条件都会影响消费者在数字生活空间中对品牌的体验，线上品牌社群是存在于数字生活空间中的，在线上品牌社群中，社会交往、信息质量等要素都会对消费者的品牌态度产生影响。因此，数字时代下品牌资产构建要素中的品牌空间感知应该包括下列几个二级要素：线上社群数量、社群活跃度、社群规模、社群互动量、社群信息数量等。

其次，数字时代的粉丝不再局限于以品牌提供的产品服务信任为基底的品牌忠诚，在"品牌情感忠诚"这个概念中，要把品牌当成一个"偶像"去经营，适应了数字时代中"饭圈文化"和"粉丝经济"的大潮流。品牌情感忠诚作为数字时代品牌资产的构建要素之一,其评估指标可以分为以下几个方面。第一是消费者的品牌情感忠诚体现在复购率上,这一点和传统模型中的品牌忠诚评价指标是相似的,顾客的重复购买率能够最直观地反映出消费者对品牌的忠诚度;第二是消费者的购物决策时长,消费者的品牌情感忠诚度和消费者的购物决策时长是成反比的,当消费者能够以越短的时间来确定是否购买某品牌的产品或服务,这就意味着消费者对品牌的忠诚度越高;第三是消费者所能承受的品牌价格波动幅度,这一点可以体现在品牌价格变化和消费者购买率之间的变化趋势图中。除此之外,在品牌的应用程序端,用户留存率等指标也是评估品牌情感忠诚度的重要因素。

**3. 线上品牌共创**

线上品牌共创共分成内容共创和体验共创两个方面,消费者全程参与到品牌内容的生产过程中,构筑了品牌的内容资产;消费者与品牌之间的系列互动形成的体验共创,增强了消费者的品牌认可和品牌忠诚。

首先,对于品牌内容共创,我们需要从创作者和阅读者两个角度出发。消费者参与到品牌内容创作的评估指标有话题创作参与量、话题热度,相应的指标越高,表明受众参与品牌内容创作的热情越高涨,越有利于品牌资产的积累。对于内容阅读环节,除了前文讲到的品牌搜索质量中所包含的浏览量等指标外,还应该关注内容的注意度、视听率以及数字时代评估内容互动率的指标,包括跳失率、二跳率、访问深度以及个性化互动指标等,这些要素能够更加精确地评估消费者的品牌内容感知程度。

其次,体验共创可以划分为可用性体验、实用性体验、社交性体验和娱乐性体验,将体验的层次划分成上述四个方面,从具象性体验到精神性体验,较为全面地涵盖了体验共创的层次。品牌体验价值是贯穿整个品牌与消费者互动的过程中的,所以,在数字时代,要对消费者的体验进行量化需要考虑到整个营销链条。目前主要的划分方式是从客观和主观两个层面来进行评估的,客观方面关注的是消费者的线上消费金额、活跃度、流失率等数据;主观方面则强调的是消费者对品牌体验做出的主观评价,如好评率、分享率、复购率等,与前文所讲到的数字口碑是一种包含关系。

### 5.2.3 基于社会化媒体的品牌知名度评估

我们如何才能实时和长期地了解利益相关者对品牌的看法和感受?大多数品

牌知名度衡量标准都是从总体水平衡量（如 Interbrand "最佳全球品牌"榜单、福布斯"世界最有价值品牌"榜单和 Kantar Millward Brown "BrandZ 全球 100 大品牌"榜单等），或依赖于定期的客户品牌维度感知调查（如 Y&R 品牌资产评估师），但这些维度的可操作性是有限的，因为衡量的维度（差异化、相关性、尊重和知识）并不能直接映射到战略性商业决策中。为了更好地回答上述提出的问题，品牌知名度指标必须捕捉利益相关者的声音（而不仅仅是对品牌属性的评级），实时反映重要的品牌事件，并将品牌与公司的财务价值联系起来。值得高兴的是，研究表明，可以通过社会化媒体对品牌知名度进行实时和动态监控，通过利用驱动因素之间的互惠和良性关系进行管理，并与公司的财务业绩相关联。由此产生的测量结果保存在一个在线纵向数据库中，品牌知名度研究人员可以访问该数据库。接下来，本书将详细介绍该品牌知名度评估方法。

**1. 品牌知名度的概念化**

品牌知名度可以被定义为利益相关者对品牌的思考、感受和谈论的总体印象，通常由影响公司财务业绩的品牌事件形成。这一定义具有以下特点：①它涉及所有利益相关者（当前和潜在客户、员工、合作伙伴和投资者），而不仅仅是当前或潜在客户；②它有思考、感觉和谈话的成分（不仅仅是关于品牌的知识）；③它可以反映实际的品牌事件（如可控营销活动、不可控的公共事件）；④与公司的财务业绩有关。图 5-3 说明了品牌知名度和其他相关概念之间的关系。研究表明，品牌知名度存在于公司知名度、品牌资产、客户资产等概念的交集之中。它对公司的所有利益相关者（不仅仅是客户）都有影响，专注于品牌思维和感受，并强调营销行动以增加公司价值。

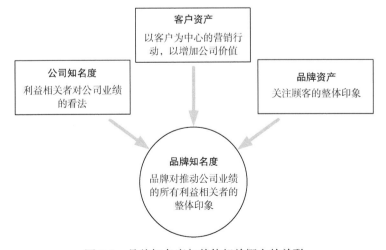

图 5-3　品牌知名度与其他相关概念的关联

### 2. 社交媒体跟踪评价方法的开发

使用多阶段的理论数据迭代过程来开发跟踪器。具体操作包括：第一步，建立三驱动者跟踪机制。采用客户权益框架中的驱动程序来开发跟踪器。具体而言将推动客户终身价值和对公司有贡献的因素组织为三个主要驱动因素：价值资产、品牌资产和关系资产，这些驱动因素本身可以进一步细分为子驱动因素。其中，价值资产是品牌的理性和客观方面，包括价格、服务质量和商品质量。品牌资产是客户对品牌的主观感受，如品牌情感和品牌形象（包括酷、刺激、创新和是否具有社会责任）。关系资产是客户与品牌之间的纽带，高于价值资产和品牌资产，如品牌社区建设和个人联系（包括社区、友好、个人关系和值得信赖）。第二步，选择社交媒体。Twitter 是一个合适的社交媒体，主要原因包括：①大多数 Twitter 账户是公开的，这意味着 Twitter 上的对话对公众对品牌的认知有更大的影响，而许多其他社交媒体平台（如 Facebook）默认为私人沟通；②大多数品牌在 Twitter 上保持活跃，这意味着品牌对话不断更新，并可供公众访问；③Twitter 提供了一个公开可用的应用程序编程接口，可以识别关于品牌的对话，如使用用户名"@Coach"而不是"Coach"来识别关于品牌的对话，以确保精确度（检索到的相关推文数量除以所有推文数量）。第三步，选择要监控的品牌。由 100 个全球品牌组成，涉及制造业、批发贸易、零售贸易、运输和仓储、信息、金融和保险、科学和技术服务以及住宿和食品服务等广泛行业。既包括互联网品牌和传统品牌，也包括企业品牌和个人品牌。第四步，使用 Twitter 用户名收集推文。第五步，利用面板数据测量三个驱动因素和子驱动因素。第六步，利用动态多变量 VAR 模型，进一步研究三个驱动因素之间的内部关系，研究结果表明品牌与价值驱动之间存在互惠关系，且品牌驱动对价值驱动的影响更为显著。三个驱动之间存在良性循环，从品牌驱动到关系驱动，从关系驱动到价值驱动，最后从价值驱动回到品牌驱动。第七步，建立跟踪公司异常回报的责任制。结果表明，具体而言，品牌驱动的影响更加实时，反映驱动捕捉利益相关者对品牌事件或活动的直接情感。价值驱动力的影响更短期，反映质量和成本的波动不如品牌感受那么频繁。关系驱动因素的影响是长期的，更多地取决于积极情绪，这反映出关系需要时间才能发挥出来，但就长期营销影响而言，股市可能是短视的。

### 3. 跟踪评价方法的管理应用

根据驱动因素对财务回报的时间效应来管理品牌，这三个驱动因素往往以不同的速度影响公司的财务回报：品牌驱动因素实时影响，价值驱动因素需要一周时间，关系驱动因素需要两周时间才能发挥作用。

鉴于品牌驱动力反映的品牌情绪很容易随着品牌事件而波动，并且鉴于其在三个驱动力中的主导影响，公司可以利用品牌事件和活动（如新产品发布）来提升该驱动力，并期望真正的时间对财务回报的影响。

鉴于价值驱动因素反映了品牌知识，它不像品牌情绪那样容易改变，公司可以利用这一驱动因素作为其品牌声誉相对更稳定的基础。它与品牌驱动因素的协同作用支持了这一策略，即品牌情绪可以被品牌事件所操纵，而品牌知识可以将情绪转化为更持久的品牌知识，从而稳定品牌情绪起伏对财务回报的影响，品牌危机管理就是一个例子。

鉴于关系驱动因素反映了品牌关系，公司可以利用这种驱动因素来获得较少受时间波动影响的长期回报，尽管公司需要对建立关系的品牌努力保持耐心。

## 5.2.4　数字化品牌风险管理

"品牌可能会花费数年时间来建立自己的声誉，但它们可能会在几秒钟内衰落，尤其是随着数字媒体的发展。"数字时代，社交风暴被视为品牌危机的一种数字形式，确定哪些风暴会损害短期和长期的品牌认知，并成为消费者长期记忆的一部分十分必要。

社交媒体风暴是一种形象的比喻，指的是网络中突然出现的许多针对某个品牌的、主要是负面的社交媒体言论。可以被概念化为更广泛的品牌危机现象的一种新的数字形式。在前数字时代，消费者只能通过联系公司或与非常有限的其他人交谈来单独表达对品牌的不满，没有太多机会将他们的抗议捆绑在一起形成更大的力量，而社交媒体的兴起已经将权力从组织转移到消费者。社交媒体使个体消费者能够通过他们的数字网络共同创造和传播品牌相关的内容，在很短的时间内通知大量其他消费者。在当下这一时代，每个品牌都可能遭遇社交媒体风暴。例如，在一段令人震惊的视频中，记录了美国联合航空公司（United Airlines）的一名安保人员暴力地将一名乘客赶下超售航班，从而引发了全球轩然大波。Abercrombie & Fitch 的首席执行官迈克·杰弗里斯（Mike Jeffries）在接受采访时表示，他只想让"酷"和"受欢迎"的孩子穿该连锁店的衣服后，在推特上受到了一波又一波愤怒、情绪化的评论。研究认为，社交媒体风暴的特点是极端动态的，这意味着它可以在很短的时间内经历指数级增长。因此，社交媒体风暴可能对公司的品牌资产构成重要威胁。

下面的内容旨在帮助品牌管理者尽早识别威胁性的社交媒体风暴，以便能够分配足够和适当的资源来防止其升级，这种洞察力对于建立有效的企业应对措施至关重要。

### 1. 口碑作为一种潜在原因

在社交媒体研究中，对于理解社交媒体风暴具有关键相关性的是口碑性质的变化。传统的品牌危机主要是由记者的跟踪报道推动的，而社交媒体风暴本质上是消费者的数字口碑的聚集，这是对品牌风暴的个人层面的补充。

研究指出，传统的面对面的口碑传播与其数字形式之间存在系统性差异，如评论或零售网站上的表达（消费者评论或电子口碑传播）和社交媒体平台上的表达（社交媒体或微博口碑传播）。主要的区别包括消息的传播范围和消息传播的速度。数字口碑可以触及无限数量的其他消费者和媒体，而在传统的线下环境中，触及范围仅限于小部分消费者。

与品牌相关的消费者表达可以与多种其他来源产生共鸣（如传统媒体），在这种所谓的"回声宇宙"中，数字信息"相互回响和呼应"。为此，数字空间中信息传递的范围和速度增加了。数字口碑的新特征及其在"回声宇宙"中的放大，为社交媒体风暴的发生和对消费者和品牌的影响奠定了基础。

### 2. 社交媒体风暴的出现

"社交媒体风暴"的概念是由 Pfeffer、Zorbach 和 Carle 引入学术界的，他们将"社交媒体风暴"定义为在社交媒体网络中突然释放大量含有负面口碑的信息和对某人、公司或团体的投诉行为。社交媒体风暴既可以包括消费者故意伤害品牌的敌对和攻击性行为，也可以包括一些无意间的社交表达。

### 3. 品牌应该如何应对社交媒体风暴

如图 5-4 所示，可以将不同的社交媒体风暴因素分为以下几个方面。①触发特征，指的是可以在危机开始时观察到的特征。其中，产品或服务失败是指与绩效相关的危机使人们对品牌提供基本功能效益的能力产生怀疑；社交规范失败是指企业违反了现有的价值观或社会规范，影响了品牌传递象征性和心理效益的能力；沟通失败是指在道德上有问题的传播，可能会降低人们处理信息的积极性，其影响一般小于前两者；生动性指的是品牌信息刺激不同感官的程度，可以通过颜色、图片或动态动画来实现，其程度取决于它刺激感官的数量。②危机期间演变的风暴特征。它们随时间发生差异，包括风暴的强度、长度和广度。触发特征（不同的原因、生动性）也可能影响滞后的风暴特征（强度、长度和广度）。触发特征和风暴特征与品牌的短期和长期影响联系起来（可以通过品牌认知的变化来衡量，如品牌质量、品牌价值、品牌满意度、推荐意愿、品牌识别和品牌整体印象），将对消费者产生短期和长期的影响（可以通过消费者的记忆结构来衡量）。

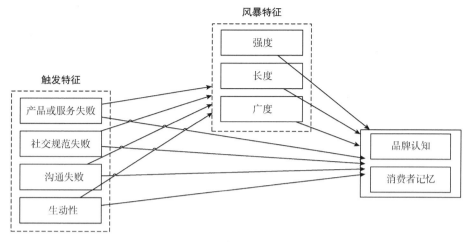

图 5-4　社交媒体风暴对品牌的影响

相关研究发现，触发特征和风暴特征都与不同程度的消费者处理信息的动机、能力和机会有关——会对品牌认知产生更多的负面影响。具体而言，就触发特征来讲，社交媒体风暴的触发点涉及产品或服务失败，与消费者有更大的潜在个人相关性，显然会增加人们在形成品牌认知时处理风暴信息的动机。它们不仅被模糊地记住，而且深深地扎根在消费者的记忆中，这可能源于它们与消费者个人生活的密切关系，以及由此产生的处理信息的强烈动机。相反，与沟通失败相比，由社交规范失败引起的风暴对品牌认知或一般记忆的影响并不明显，尽管它们增加了消费者记住事件原因的可能性。在短期内，生动性能引发风暴，为消费者提供了视觉刺激，也增强了消费者处理风暴信息的能力，因此生动性引发的风暴与品牌认知的负面影响有关。但从长远来看，生动性引发的风暴不会对品牌认知变化产生影响。

就风暴特征而言，强烈的社交媒体风暴伴随着大量的推文，尤其会在短期和长期内影响消费者的品牌认知。推文越来越多，重复并扩大了社交媒体的风暴，消费者有更多的机会处理这些信息，并反映在他们对品牌的负面看法上。此外，社交媒体风暴的长度对正确原因的回忆产生了额外的影响：短的风暴往往只能模糊地记住，而长时间的风暴更有可能记住详细的细节。与一般的猜测不同，社交媒体风暴的广度，对品牌认知或消费者记忆的变化没有任何影响。

基于上述原因，品牌经理可以实施有效的措施以避免社交媒体风暴带来的负面影响。需要牢牢记住的是，社交媒体风暴通常与品牌认知的下降和（或）记忆效应的增加有关，当它们是由产品或服务失败或社交规范失败引起的，以生动的触发器开始，引发许多推文，持续很长时间。

产品或服务失败、生动性两个指标源于初始触发特征，强度与长度两个指标属于演变的风暴特征。具体而言，社交媒体风暴的原因和触发因素的生动性都可以立即确定，使其成为合适的早期预警措施。使用产品或服务失败、生动性两个指标的评估（例如，对产品或服务故障进行高度警报），就有可能对每一个新的社交媒体风暴建立一个即时分类，并得出适当的反应。相反，风暴的强度和长度需要在风暴的持续时间和发生后进行考虑，因此它们是正在进行的管理工作的重要指标。例如，如果消费者继续遇到大量与风暴相关的推文，建议管理人员认真对待正在进行的风暴，并采取相应的行动。

## 5.3　典型案例剖析：Keep 的品牌打造之路

### 5.3.1　Keep 品牌打造逻辑

"自律给我自由"悄然风靡互联网，唤醒年轻一代运动意识。Keep 是国内领先的移动健身应用程序，致力于为用户提供包括健身教学视频、日常运动伴随、社交、专业饮食指导、健身装备购买等在内的一站式健身服务。2019 年 8 月，Keep 推出的《这都算 Keep》广告片火遍全网，刷爆互联网，以接地气完美"出圈"，将运动彻底融入日常；2020 年 8 月，"人间 AI"健身博主帕梅拉（Pamela Reif）官宣入驻 Keep，当天粉丝就突破 10 万人，也让 Keep 当天实时搜索登顶。Keep 在中国成了"运动""健身"的代名词，2018 年 3 月，Keep 在北京三里屯召开了上线 3 年来的第一次发布会，创始人王宁在会上宣布，Keep 累计用户已突破 1.2 亿人，累计训练 68.79 亿次，成为中国最大的运动社交平台。从创立之初"移动健身教练"产品定位到打造"自由运动场"的全面升级，Keep 逐渐走出健身领域，充分运用大数据将各项孤立的产品打通，形成闭环式场景。突破重重突围，Keep 作为一款互联网应用程序走出了自己的品牌打造之路，在 3 年之内从 0 到 1 成为行业领军者。

**1. 品牌导入期**

Keep 成立初衷是让更多的人可以随时随地科学地开启运动，享受健康生活方式，"在人们想运动的时候，会说我要 Keep 一下"。创业初期，Keep 团队想要将其打造成一款移动端健身软件，为用户提供健身专业化视频课程指导，满足用户的工具性需求。简单来说，Keep 在上线初期的目标是成为一款具有社交属性的健身工具类产品，用户可利用碎片化时间，随时随地选择适合自己的视频健身课程进行真人同步训练，完成后将成果分享至社区。因此，Keep 最初将自己定位为"移动健身教练"，充分运用互联网移动端的优势，实现"互联网+健身"融合。

Keep 将目标用户锁定在年轻"健身小白"。受到时间和场地限制，"健身小白"很难通过户外运动或健身房达到健身目的，只能利用碎片化时间锻炼。王宁将这部分用户称为"0～70 分"人群，他们在健身领域不追求极致，需求简单直白，"可能就是很简单的减肥，或某个身体部位的塑形，希望自己穿衣服好看一些"。这类用户相比专业健身爱好者，数量更庞大、范围更广，Keep 旨在挖掘这个庞大群体的潜力，帮助更多人爱上运动、科学运动，改善运动生活方式。为有效解决用户痛点，Keep 团队在 Keep 2.0 版本中开发个人数据中心，收集用户每日每周每月锻炼数据和用户参与课程情况，以数据智能地进行统计，分析得出用户的体能状况，再结合其健身目标，系统自动匹配相应课程，实现健身方案的定制化，减少"健身小白"的迷茫感。

为使品牌定位深入人心，Keep 在导入期进行了互联网品牌推广。首先，有针对性地寻找运动或减肥爱好者聚集的社群，如知乎、微博、豆瓣、贴吧等流量巨大的社交平台；其次，在这些社群里长期连载高品质的以分享减肥经验、健身攻略为主要内容的帖子，培养出固定读者和粉丝，并通过搜索引擎优化得到更高的网页曝光和关注；最后，在产品正式上线时，将这些帖子同时引爆，几乎在一夜之间，以帖子作者身份告知读者这些有极大参考价值的健身知识都来自 Keep 这款软件。"埋雷"计划让 Keep 一夜爆红，在 iOS 上日下载量达 4 万次以上，上线初期就登顶了 App Store 榜首。Keep 以低成本的新媒体为手段，在社区社群发帖，获得关注后，迅速完成 APP 用户转化。此外，还巧妙利用微博、微信。在产品上线前利用第三方流量梳理"体验—反馈"的良好产品口碑。

**2. 品牌增长期**

新的发展时期，团队决定 Keep 要坚持"健身初学者"的精准用户定位，在此基础上进行品牌产品线的延伸和业务线的新探索。在总战略目标引导下，如何将 Keep 从产品变成一种年轻人的生活方式成为团队下一阶段的根本任务，品牌升级之路成为 Keep 的必然选择。Keep 最终决定通过对产品的全面升级，来打造一个"一站式运动平台"，完成从工具型产品到平台型产品的转化，并提出从"移动健身教练"到"自由运动场"的品牌升级。

在垂直领域取得领跑优势后，2016 年 4 月，Keep 在 3.0 版本中正式推出跑步功能，满足"Keeper"在"一个 APP 上解决所有运动健身问题"的需求。在跑步功能的延伸上立足于两大优势：一是打通跑步板块与健身课程之间的壁垒，相应增加跑前热身、跑后拉伸等配套课程，使跑步这一看似简单的运动变得更科学，并将跑步纳入每周训练课程表中，为用户制订全套训练方案；二是细分跑步场景，不局限户外跑这一个场景，增设室内跑步机课程、针对学生党的操场燃脂跑课程，并根据健身等级进行专业场景分类，包括 HIIT 燃脂跑①、零基础跑等，覆盖更多跑步场景。除了推出跑步功能外，Keep 在 2017 年 5 月发布 4.0 版本，增加瑜伽、骑行、计步等其他运动板块，产品全面升级，对 APP 首页结构进行改版，以顶部 Tab 方式将训练、跑步、骑行平铺在首页，首次将跑步和骑行突出为与健身平行的运动品牌，整个品牌包含的运动品类更齐全、更丰富，并推出了饮食记录功能，一步步实现从运动健身工具向运动平台的转型。

在产品升级后，Keep 为塑造新的品牌形象，在用户快速增长期利用多种媒介和手段开展各类营销活动，突出"线上线下并行"的联动模式，加强用户的品牌认知，传递品牌理念，最终实现流量和价值的双重变现。在线上推广方面，Keep 聚焦社交媒体的运营和社区的建设，利用网络红人、微博大 V 及在健身业界有影响力的领袖人物进行目标用户的精准推广，强调内容的"人情味"。Keep 在平台和微博上添加了"自律给我自由"话题，鼓励用户分享观后感或晒出健身前后对比照。

**3. 品牌成熟期**

恰逢 2018 年马云提出"新零售"概念，这给了 Keep 一个灵感：是否可以在健身行业也打破线上和线下的界限，让线下成为线上课程的体验地，实现线上线下的完美融合？于是，Keep 做出大胆尝试，决定不再完全依赖线上 APP，而是将业务场景从手机移动端拓展到线下和硬件领域，串联起线上、线下和硬件产生的所有数据，通过人工智能科技手段全面提高用户健身运动效果，打造一个面向健身群体的运动生态闭环，更进一步地挖掘中国健身市场的潜力。

2018 年 3 月，Keep 正式推出城市运动空间品牌 Keepland，瞄准城市公共运动场景，在北京华贸中心顶层打造首家线下健身空间 Keepland，3 月 21 日正式对外营业。Keep 利用其巨大流量和精准课程指导优势，为线下健身空间提供稳定客户来源和个性化定制课程，实现线上场景，线下完美地复刻和延伸。当用户到达 Keepland 后，佩戴手环，用 Keep APP 扫码签到，在电视屏幕上实时显示用户心率、体重、体脂等详细身体数据，跟随课程运动后，相应的运动报告会实时反馈在 APP 内，实现线上线下全面同步。

与此同时，Keep 正式发布了健身器材品牌 Keep Kit，首推智能跑步机和智能体脂秤两款智能硬件产品，将传统功能升级为科技互联的智能设备，主打智能化和互联化。Keep Kit 系列以各种家庭健身智能设备来占据用户相应的家庭健身场地，形成了以"内容+产品+服务"的完整模式。Keep 在 CES②2019 科技盛会上还

---

① HIIT 表示 high-intensity interval training，高强度间歇训练。

② CES 表示 International Consumer Electronics Show，国际消费类电子产品展览。

另外展出了全新智能硬件 Keep C1 智能动感单车及 W1 走步机,以及带有 AI 动作指导功能的智能运动手环等,体现全力进军家庭运动场景的品牌决心。

2019 年 6 月,Keep 在上海举行品牌营销开放日,重磅发布融合海量数据资源、贴合多元营销场景、结合 AI 技术辅助分析打造的"无穹"系统,旨在为品牌营销赋能,提供更直接、更精准的效果转化。作为一个高精度智能数据营销系统,"无穹"涵盖了五大功能板块——情报中心、投放引擎、报表工具、工单系统和人群管理。在广告投放中充分发挥数据和算法的价值,真正实现品牌在数据管理的多平台、全维度的高效协同。Keep 数据平台负责人雷宇指出:"无穹顾名思义就是没有穹顶,想象力无上限的含义。Keep 希望以无穹 1.0 为原点,不断进化、迭代、提高,最终目的是给予使用者更强劲的助力。"

回望过去 5 年的发展,Keep 通过主动调整品牌目标逐步从单一提供运动内容和数据记录的移动健身工具,发展成为"一站式"健身运动平台,超越同类产品成为中国最大运动社交平台。2019 年,Keep 线上业务全年营收同比上涨 286%,Keep 智能硬件产品营收同比上升 177%,Keep 运动消费品销售规模已突破 10 亿元,并以 300% 的年增速稳步增长。最终,Keep 在横冲直撞的探索中开辟出了一条迈进健身全生态链的品牌创建道路。

### 5.3.2 Keep 品牌打造的关键理论问题

**1. 精准定位用户**

用户画像必须要精准。一方面,如用户健身习惯、健身状态等用户的数据来源要准确可靠,收集用户信息的智能计算终端要保证精确并且符合当前时代下的用户主流趋向。另一方面,对于用户需求的预测也要客观准确,这就要求建立健身用户数据库,根据用户的运动实时状态和健身数据匹配用户画像,并根据用户画像预测用户下一步的健身需求。在用户定位完成后还需要对对应的标准场景模式做出微调以适应用户的个性化健身需求。以 Keep 为例,发展成熟的健身品牌所应当拥有稳定的用户群体、丰富的高质量健身运动场景和高效的场景适配与更新机制,稳定的用户群体是品牌传播继续发展的源泉和动力,丰富的高质量健身运动场景是保持用户忠诚度的重要法宝,而高效的场景适配与更新机制则是实现用户与场景深度交融的技术和制度保障。

**2. 打造品牌故事完成品牌升级**

在品牌增长期,Keep 打造的"自由运动场"品牌场景故事表明 Keep 不会将自己局限在"健身"这一个细分领域,而是要围绕健身运动的诸多领域和产业开展延伸,Keep 所搭建的"自由运动场"想要达到的效果不仅是健身运动的多种多样，还是用户在参与健身运动时的自由程度，这种自由程度包括自由地选择健身运动场景，也包括用户之间的自由交流，这些对于 Keep 来说将是一个全新的升级与变化。这样的品牌场景故事突出的是全面健身和自由健身两个核心观念，在进行品牌传播的过程中能够让用户非常容易地抓住这一特征，并由此展开联想，并最终形成了 Keep 的品牌认知。数字时代，品牌要用心打磨自己的品牌故事，让品牌故事引起受众情感的共鸣，而受众对品牌的认同感也会逐渐因此而形成，有温度的品牌更能被用户所关注，有故事的品牌更能被用户所认同。

**3. 延伸品牌边界**

互联网时代本身就是一个无限跨界、无限连接的时代，品牌场景边界的跨界延伸不仅是互联网连接思维在品牌合作上的应用，还是顺应时代潮流所做出的选择。健身品牌的跨界延伸可以从健身品牌本身出发，进行品牌内涵和理念的创新和延伸。比如，Keep 推出的子品牌，不仅有适合健身运动穿戴的专业健身运动设备，还有一些是引领时尚潮流的运动时尚衣物，这标志着 Keep 的品牌场景边界向运动服装领域的一次跨界延伸。在移动场景时代，各个领域之间的界限也将逐渐产生消解，跨界延伸也将成为更多品牌可供选择的场景化新道路，但是在进行跨界延伸时也需要注意延伸的产品和服务一定要符合品牌的场景定位和文化标签，这样才能最大限度地凸显自身的品牌文化，最大效率地实现品牌的重塑。

# 5.4 数字时代品牌管理研究前沿

互联网和基于互联网的技术的迅速普及正在重塑企业建立和管理全球品牌的方式。虽然特定的平台和技术变化迅速，但基本的趋势不会迅速变化。从学术和实践文献中可以明显看出，数字时代的到来对品牌管理的各个方面都产生了深远影响。本节指出了五大核心数字趋势对全球品牌建设和管理的影响：数字全球销售渠道的兴起、品牌战略共创、品牌活动的全球透明度、品牌消费者之间的全球连接，以及物联网。对于每一种趋势，讨论了市场中发生的关键变化和未来研究的方向。

## 5.4.1 主要研究关注的领域

**1. 数字全球销售渠道的兴起**

数字销售渠道是指通过各种基于互联网的平台销售产品和服务。根据行业专家 eMarketer 的数据①，全球零售电商市场规模在 2014 年至 2022 年几乎增长了三倍。2021 年，全球零售电商销售额约为 5.2 万亿美元。预计这一数字在未来几年将增长 56%，到 2026 年将达到约 8.1 万亿美元。数字销售渠道为已经全球化的品牌（"现有品牌"）以及正在走向全球的品牌（"新品牌"）提供了重要的新可能性。

如果消费者在实体店购买了该品牌，而该品牌未能达到承诺，他们可以回到实体店进行赔偿。但是消费者怎样才能在网上购物后得到赔偿呢？消费者如何判断产品或服务是否值得信赖？依靠品牌名称。一个强大的品牌会给消费者灌输信心，让他们相信它会兑现承诺，而且许多强大的品牌都是全球品牌，因为全球可用性和接受度标志着品牌的质量。因此，数字世界可能青睐强大的全球品牌。

虽然数字销售渠道为现有的全球品牌提供了机会，但对新品牌（包括来自新兴市场的品牌）的好处更为深远。有了互联网，海外消费者只需敲击键盘，就能看到每个品牌。超过一半的受访者（包括 73% 的德国人、64% 的墨西哥人、58% 的中国人、50% 的韩国人和 30% 的美国人）在一项在线调查中表示，他们在过去六个月里从海外零售商那里进行过网上购物。

数字渠道还提供了比以往任何时候都更快地扩展到全球水平的机会。以 2013 年推出的中国奢侈羊绒品牌 Sand River 为例，它在中国有 12 家实体店，但到 2019 年，海外销售占收入的 15%，全部通过数字渠道销售。如此迅速的扩张在前数字时代是不可能的。

**2. 品牌战略共创**

企业越来越意识到，他们可以通过利用消费者的知识来提高业绩。他们正在寻找方法让消费者参与全球品牌战略的特定方面，如新产品开发（new product development，NPD）、品牌定位和广告。一项调查发现，27.4% 的欧洲主要组织（包括非营利组织）在过去 12 个月内持续与客户合作项目，而只有 10.5% 没有。调查还发现，58% 的企业已经试点了共同创造项目，以帮助它们创新，51% 的企业表示，共同创造改善了它们的财务业绩，54% 的企业报告称，这有助于提高它们的社会影响力。在一项全球研究中，61% 的受访高管表示，他们拥抱开放式创新以产生新想法。

众包，即通过互联网召集大量人员来收集想法或信息，已经成为最重要的共同创造类型之一。众包促进了真正以地球为中心的品牌战略的发展，从以地球为中心的新产品开发到吸引消费者的全球广告，通过从世界各地的消费者（不仅仅

---

① 资料来源：https://www.emarketer.com。

是母国的消费者）获得输入。例如，卡夫食品公司努力让迷你奥利奥饼干有自己的特色，有别于普通奥利奥饼干。它聘请了众包公司，收到了来自 42 个国家的 500 多个创意，并确定了 10 个潜在的新品牌定位。这种投入激发了迷你奥利奥围绕"亲密时刻"的新价值主张和全球活动。

全球众包可以降低现有全球品牌的研发和营销成本。但对于缺乏现有全球品牌资源的新品牌来说，优势更大。如果这些品牌可以将大部分成本外包，就会削弱老牌国际品牌的资源优势。

### 3. 品牌活动的全球透明度

在工业时代，产品变得越来越复杂，以至于消费者很难评估产品的质量和价值。对于通常处于技术前沿的全球品牌来说，信息不对称尤其严重。品牌经理可以利用消费者之间缺乏跨境信息流动的情况，收取更高的价格，提供不同质量或客户服务，以实现利润最大化。数字时代已经将这种信息不对称降到最低。

然而，电子零售商和比价网站正在改善消费者的决策能力。网上购物者知道很多关于全球品牌的属性和全球定价的信息，在数字时代，从供应链到售后服务，全球品牌活动的透明度已成为一个重要问题。这就要求品牌在整体范围内保持一致。

透明度对一种被称为"地理阻塞"（基于地理位置或国籍对消费者进行区别对待）的常见公司做法具有重大影响。地理阻塞可以采取不同的形式，如拒绝访问网站，拒绝销售，没有送货选项，或不同的价格或销售条件。以巴黎迪士尼乐园为例，德国消费者抱怨说，他们无法获得法国居民可以获得的更便宜的在线交易，因为他们被引导到主题公园的国家网站，而该网站没有同样的优惠。消费者组织收集的定价数据显示，该主题公园德国网站的一个高级套餐价格为 2447 欧元，而法国网站的价格为 1346 欧元。为了避免欧盟委员会的调查，巴黎迪士尼乐园同意确保非法国消费者在其网站上公平地获得最佳优惠。

### 4. 品牌消费者之间的全球连接

随着 Facebook、Twitter、Instagram、微信、微博等社交媒体的出现，消费者每天可以与成百上千的人交流品牌信息、观点和体验。消费者通过社交媒体、一般评论平台、专注于特定产品类别的专业评论平台、电子商务平台和其他平台与他人交流。这些虚拟交流的整体通常被称为 eWOM，即当前或潜在消费者之间以互联网为媒介的书面交流（如评论、Twitter、博客文章、点赞、图像、视频推荐等）。在当今的营销环境中，传统广告已经变得不那么有效，eWOM 已经成为推动品牌销售的一个越来越重要的因素。因此，电子口碑对任何品牌都有吸引力，尤其是对那些不像大品牌财力雄厚的新品牌。

电子口碑的崛起深刻地改变了全球品牌和消费者之间的力量平衡。在前数字时代，品牌经理在很大程度上控制着品牌叙事。与品牌相关的沟通在很大程度上是单向的，从品牌到消费者，本质上是一种独白。在互联互通的数字时代，独白已经变成了多方对话。最好的情况下，品牌经理是对话的参与者之一，最坏的情况是，被排除在外。因此，品牌经理必须与数字意见领袖接触，征求他们的意见，以影响口碑。这些数字意见领袖在诸多领域（如新产品开发、广告活动和品牌定位等）中都能提供宝贵的见解，进而提高 eWOM 的受欢迎程度和影响力。

与此同时，消费者之间的数字连接也催生了对等（P2P[①]）在线平台的崛起，这些平台通常被称为"共享经济"。这些平台使人们能够通过基于费用的共享来协作利用未充分利用的库存。这个在线平台促进了素不相识的人之间的交流。陌生人分享和在线平台的结合使共享经济成为一种强大的新现象。

**5. 物联网**

有形商品比无形服务更容易被复制。因此，许多领先的商品公司都在现有产品上增加了服务。用服务增强产品，使得全球品牌的价值主张对买家更有价值。数字时代将这些所谓的服务转换策略提升到了一个全新的水平；物联网正在迅速成为现实。物联网正在改变人们彼此之间以及与他们消费的产品之间的互动方式。这导致智能设备（如家用电器和汽车）配备了传感器、软件和连接，允许这些设备相互交互和交换信息。

物联网的终极目标是拥有一个操作系统，该系统集成了一系列相互通信和用户通信的设备，可能与谷歌 Home、Alexa（亚马逊）、Siri（苹果）或 Cortana（微软）等虚拟助手结合。我国家电品牌海尔也在向这个方向发展。海尔已将其家电业务重新定义为一个生态系统，以适应越来越多的消费者寻求智能系统而非单个产品的市场。因此，海尔的品牌价值急剧上升；2019 年，进入 BrandZ 全球最具价值品牌 100 强榜单，品牌贡献得分为 5 分，品牌价值为 163 亿美元。

## 5.4.2 主要研究范式

早在 1997 年，霍夫曼和诺瓦克就坦言数字时代的来临为世界创造了一个全新的环境。在这一新形势下，企业营销职能需要一个全新范式才能更好地发挥其作用。我国品牌管理领域尚未意识到这一点。数字化时代下，无论是线上还是线下，消费者与品牌以及消费者与消费者之间的互动都已悄然发生改变。这需要企业重

---

① P2P 表示 peer-to-peer，对等网络。

新思考应该如何对品牌进行管理。

本书主要介绍品牌管理社区导向范式，这一范式丰富了目前研究甚少的品牌管理实践领域，也为企业将品牌融入进消费者的数字化生活提供了途径，将数字媒体纳入品牌管理的战略和职能中去，大大提升了品牌价值。品牌管理社区导向范式主要涉及一些新的品牌管理理念，鼓励企业站在更广泛的视角来看待它们的消费者，这不仅要求企业应该在数字化时代俯瞰全球市场，还要求企业囊括当前核心消费者以外的其他利益相关者。

与 Louro 和 Cunha（2001）归纳提出的品牌管理四范式（产品导向、企业导向、顾客导向和关系导向）不同，品牌管理社区导向范式在品牌战略要素上具有新的特征，如表 5-1 所示。

表 5-1　品牌管理范式

| 项目 | 品牌管理四范式 | 品牌管理问题 | 品牌管理社区导向范式 |
| --- | --- | --- | --- |
| 营销重点 | 关系导向 | 共同创造 | 互动导向 |
| 品牌管理重点 | 关系 | 新型知识 | 体验 |
| 品牌描述 | 关系、个性、不断进化 | 品牌社区 | 联结性、品牌体验、参与 |
| 品牌角色 | 共同配置 | 共同创造 | 拥护者 |
| 品牌维度 | 品牌特许、品牌形象和品牌历史 | 品牌社区 | 品牌底蕴、品牌真实性 |
| 绩效指标 | 基于过程的、平衡计分卡 | 新型知识 | 数字化指标、服务导向指标 |
| 品牌管理结构 | 顾客管理 | 新型知识 | 顾客指导 |
| 核心能力 | 自内而外 | 新型知识 | 由外向内 |
| 战略定位 | 内部/外部 | 品牌管理职能、品牌社群 | 外部/内部 |
| 战略重点 | 整合与互动 | 力量平衡 | 互动性 |
| 战略过程 | 保护战略和过程战略 | 品牌管理职能 | 实时、紧急 |

品牌管理社区导向范式丰富了目前研究甚少的品牌管理实践领域。从一个新的角度去思考品牌管理可能会激发对当前品牌管理方法的反思和提升。数字化时代下，品牌与消费者间力量发生了根本性转变，品牌社群的作用需要企业更进一步地重视，消费者对品牌价值的贡献持续扩大，这些变化都迫使企业管理者重新审视消费者与品牌关系。数字媒体提升了企业在内容和媒介上对品牌信息传递的掌控力。品牌管理者应该看到这项技术的影响力和普遍性。通过品牌管理社区导向范式，品牌管理新战略要素可以在企业经营实践中得到很好的应用。品牌管理社区导向范式的实施包括在任何接触点通过丰富的媒介，可靠地传达一致的、与消费者生活息息相关的品牌故事以及形成互动。因此，通过社交网络媒体形成持续的品牌社会化可以增强品牌与大众的情感联系。深刻理解消费

者行为的变化并且使品牌不断地适应这些变化将有助于企业认清自外而内的核心能力和品牌管理新的战略方向。消费者与品牌以及企业之间的关联能使企业找到战略重点和方向。品牌管理社区导向范式也为企业将品牌融入进消费者的数字化生活提供了途径。

### 5.4.3　未来值得关注的研究问题

**1. 数字全球销售渠道的兴起**

在数字销售渠道方面，对于品牌而言有三个广泛的选择，这三个选择并不相互排斥。第一个选择是公司可以建立自己的品牌网站，就像宝洁和苹果等公司所做的那样。这样就消除了中间环节，避免了双重边缘化。第二个选择是通过亚马逊等电子零售商销售，这种选择最接近于品牌与实体零售商之间的安排。第三个选择是介于这两个极端之间的，是品牌在市场平台上建立自己的商店，如 eBay、天猫（阿里巴巴）、乐天和亚马逊（既是电子零售商又是市场）。品牌制造商直接向买家销售（即平台不拥有产品的所有权）。如果需要，平台可以完成订单。例如，亚马逊将来自 185 个国家的消费者与来自 100 多个国家的 200 万个供应商连接起来，其中 65% 的供应商使用亚马逊来完成订单。其中，与通过电子零售商甚至专门的品牌网站销售相比，在线市场上的品牌商店几乎没有引起研究关注，在国际范围内更是如此。

此外，随着数字销售渠道的普及，广告正从传统媒体转向网络媒体。2019 年，全球数字广告支出有史以来第一次占到媒体广告支出总额的一半。这就提出了几个需要研究的问题。首先，数字广告在全球范围内是否同样有效？有学者报告称，对互联网广告的信任在不同的时代（如 Z 世代、婴儿潮一代）、数字媒体（如品牌网站、文字广告）和地区（如北美、欧洲）之间存在系统性差异。此外，不同数字媒体和国家的成本也不同。学术研究应该开发新的模式，以帮助全球品牌在这个复杂的全球环境中优化数字组合。未来的研究还应该确定线上和线下广告的最佳组合。相关研究者发现，同时使用线上和线下媒体的策略，比所有的钱都花在线上广告上的策略，"广告收益"高出 50%。然而，这种最佳组合可能因国家、品类和品牌的不同而有所不同。

**2. 品牌战略共创**

将共同创造作为公司战略不可分割的一部分的承诺，要求公司允许外部人士进入，并放弃对其战略的部分控制。换句话说，企业与环境之间传统的严格界限变得模糊。一个富有成效的研究领域将检验品牌共同创造的成功是否取决于公司的组织结构和文化。对于那些使用网络模型、结构扁平、"灵活"、组织文化容忍试错的公司，共同创造是否会带来更好的结果？这就提出了一个相关的问题：在中国等新兴市场发挥重要作用的国有企业也能使用共同创造吗？

### 3. 品牌活动的全球透明度

品牌活动的透明度可能导致的营销危机——广义上定义为源于营销混合相关活动的公开负面事件，对任何公司来说都可能是灾难性的。例如，产品损害丑闻、掠夺性和反竞争定价、虚假广告、劣质产品成分来源与不道德的分销行为。这样的危机可以摧毁精心培育的品牌资产，造成重大收入和市场份额损失，并导致公司价值大幅下降。我们需要研究在何种情况下，营销危机会蔓延到其他国家。此外，还需要对此类知识的国际传播过程进行研究。对于未来研究而言，一个关键的领域是探讨透明度的最佳程度。在掩盖危机和完全公开危机之间，有很多种选择。在发生危机的国家，对消费者透明可能是可取的，但在其他国家也是如此，还是最好"别自找麻烦"？对于所有国家和危机，不太可能有一个统一的答案。那么，是什么偶然因素在起作用呢？

### 4. 品牌消费者之间的全球连接

一个紧迫的研究问题是，品牌如何产生和利用电子口碑，尤其是在全球范围内。品牌经理、数字意见领袖和其他消费者的角色是什么？我们能在网络中区分信息流的特征吗？广告在社交网络上传播开来，产生大量的电子口碑，是任何全球品牌经理的梦想。是否有可能预测哪些广告将在本地和（理想情况下）全球传播开来？相关文献中提出了六个要素：简洁、乐观、及时、参与、信息丰富、鼓舞人心。这些要素全面吗？所有要素都需要具备吗？每一项有多重要？

另一个相关的问题是，品牌如何通过拉拢数字意见领袖来引导电子口碑。考虑到成本因素，全球意见领袖和本地意见领袖的效果与效率如何？全球意见领袖有不同类型，包括名人（如凯莉·詹娜）、体育明星（如克里斯蒂亚诺·罗纳尔多）、演员（如乔治·克鲁尼）和音乐家（如泰勒·斯威夫特），但这些人数量相对较少，价格昂贵，可能对企业的品牌或目标群体不可信。

### 5. 物联网

一个正常运行的物联网需要从消费者那里收集大量数据，这引发了严重的隐私问题。各国在对信息隐私的监管方面存在很大差异，信息隐私的定义是个人对向他人披露哪些信息以及披露多少信息的控制程度。在隐私关注方面似乎存在系统性的跨国差异。这些差异是否会影响物联网在不同国家的市场潜力？

我们能否从国家的制度特征，包括国家文化价值观、法治、政治制度等因素来解释这些差异？

　　国际营销人员应该研究的一个问题是物联网解决环境问题的潜力，这些问题本质上是全球性的。物联网在减少经济活动的环境负担方面具有巨大潜力。但这可能需要将企业行为与消费者行为进行更紧密的集成，包括能够相互通信的连接设备，以及在供应商管理的库存系统、业务分析和消费者支持系统中集成的设备。这表明隐私保护和环境之间可能存在权衡。消费者愿意为了更大的利益而放弃一些隐私保护吗？

# 第6章

# 数据赋能的产品服务创新

为了更深入理解数据赋能的产品创新机理以及其深刻内涵，本章将围绕众包创新的重要理论概述及数字化服务体验创新相关内容来展开叙述。本章将首先从用户参与产品创新的过程、模式及绩效评估来综合介绍众包创新的概念及实践意义；其次，从数字化服务渠道的模式、形式、策略，在线服务的类型及特征，顾客体验的类型及策略三大方面内容来综合阐述数字化服务体验创新的理论逻辑及实施方法；最后，引入故宫开展数字化产品服务的案例进一步对本章内容进行归纳剖析。

## 6.1 众包创新

### 6.1.1 用户参与产品创新的过程

现今，我们都生活在数字化的神奇时代，我们不难看到，随着市场竞争的加剧和经济全球化的发展，企业间争夺资源和市场竞争越来越激烈，迫使企业更加重视用户的需求，以此提高自己的竞争力，这需要企业必须比用户自身更加了解其需求，加深企业与用户之间的交互程度。因此，用户在创新中的角色也发生了变化，由被动的、被引导的消费者角色，转变为价值的创造者以及企业的合作者，企业需要通过联合用户，整合用户资源到产品创新过程中。用户不仅可以作为新产品开发的概念来源，还可以作为产品的创新主体参与新产品开发。承载需求信息的用户参与产品创新过程，就可以有效地集成用户需求信息和企业产品创新能力，是企业缩短新产品上市时间的有效策略，为企业赢得持续竞争优势。

在数字营销时代，用户具有更开阔的互联网视野与强烈的营销参与意愿，愿意将自己的知识、经验、想法设计等投入企业的产品创新过程中，同时在数字技术的催化下用户也能够更加便捷、高效地参与产品创新，将自己的想法付诸实践，实现创新性想法向物质成果的快速转化。用户参与产品创新的过程取决于每个产品创新阶段的特征及用户参与的角色，具有交互性、阶段性的特点。随着用户价值的广泛发掘与创新潜力的不断激发，用户开始参与到产品创新的全过程并实现了从用户个体向用户生态系统的转变，进一步厚植众包创新在数字化营销时代的优势。用户参与产品创新过程如图 6-1 所示。

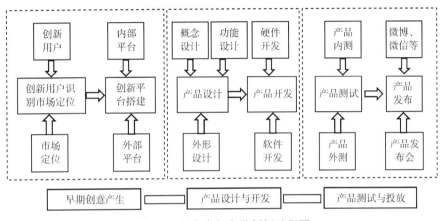

图 6-1　用户参与产品创新过程图

### 1. 早期创意产生阶段

1）阶段任务

早期创意产生阶段是产品创新的初始阶段，在这一阶段中，企业的任务主要是识别创新用户进行市场定位及搭建创新平台，创新过程前期工作是企业产品创新进行的前提和基础。识别创新用户的主要任务是识别出领先用户，领先用户拥有更多的参与产品创新经验，而且对于企业产品具有更高的敏感度与熟知度，领先用户可以综合利用自身的经验、技术等优势助力企业进行产品创新。

搭建创新平台包括搭建内部平台与外部平台。内部平台主要是企业内部人员进行研发设计的平台，内部平台需要具有高效处理、互联互通、专业攻钻的特点。内部平台需要整合企业内部的人力、技术资源，能够高效实现内部平台工作的协作与沟通。外部平台是企业搭建的用于品牌用户参与产品创新的平台。外部平台需要具有便捷参与、互动互助、操作灵活的特点。外部平台需要给予用户便利参与产品创新的途径，外部平台的操作需要灵活简便，能让用户广泛参与，同时可以实现用户间的交流互助，进一步激发用户产品创新的潜能及活力。在这一阶段中，用户的任务主要是通过企业搭建的创新平台来提出自己对于产品的初步创意设想及相关建议，并争取其想法能够被企业采纳。

2）用户参与角色

在早期创意产生阶段，用户的创新参与角色为个体用户。用户利用个体身份，在企业的引领或自身思考下向企业提出产品创意或协助研发人员产生产品创意。基于个体的差异性，企业能够获得多样化产品创意，若企业搭建的创新平台用户参与的活跃度高或汇聚的用户创新力量大，用户也可以利用个体身份自由展开交流沟通以进一步完善自身创意，为企业提供最优创意。

3）用户参与产品创新的优势

用户参与到早期创意产生阶段可以为企业提供自身创造性、个性化的创意或协助研发人员构想出新产品概念及产品创意，这有利于企业降低研发成本、为后期产品创新工作做好铺垫，提高产品创新效率。对于自身，用户参与早期创意产生过程也能满足其实际需求。一是满足其创新意愿。企业在收集产品创意时不会全面细致地考虑用户创意的必要性及可行性，但会充分借鉴用户创意并汲取灵感。因此在早期创意产生阶段，用户参与产品创新不存在门槛问题，每个参与的用户都拥有发言权与建议权，用户的创新意愿能被充分满足，任何天马行空、新颖出彩的创意都能被提出，用户在表达的同时也获得了企业的重视与尊重。二是获取一定回报性收益。为激励广大用户参与到企业产品创新中，企业往往会给予用户一定的报酬性补助或其他物质性奖励，用户获得一定的回报性收益，在回报性收益的激励下，用户参与产品创新的动力增强并愿意全身心投入企业的产品创新过程中去。

4）用户参与产品创新的挑战

在创意产生阶段，用户虽然可以帮助企业降低研发成本、助力产品创新工作，但在此阶段，企业需高效地识别用户的创意、对于新颖的创意要充分汲取灵感，对于可行的创意要充分评估其专业价值；同时在这一阶段也要做好用户关系管理工作，进一步挖掘领先用户与活跃用户，保持与领先用户及活跃用户的良好关系，增强合作黏性；优化与一般顾客的关系，进一步提高其忠诚度与价值共创参与度。在产品创新的早期创意产生阶段，由于个体的差异性，企业能够获得多样化产品创意或想法，但由于用户间缺乏交流与想法整合，企业识别用户创意的效率较低，这就要求企业加大对用户间交流沟通的激励，进一步整合用户的创意，实现创新源泉充分涌流。

**2. 产品设计与开发阶段**

1）阶段任务

产品设计与开发阶段是产品创新的中期阶段，是企业产品创新的关键，是产品由形象到具体、由概念到成品的重要时期。用户在此阶段的任务便是要提供更为具体可行的建设性想法或其他建议，为新产品的研发或旧产品的改善出谋划策，也可承担一些辅助性工作，如辅助产品决策、产品设计等。产品设计开发过程中企业可以充分考虑或采纳用户提供的建议，以用户需求为基础设计产品，融入流行元素或对原有产品元素进行改良创新。产品开发任务包括软件开发与硬件开发，产品开发环节主要以企业内部专业研发人员为主，关于用户创新建议应选择具有专业背景与较高技术水平的领先用户的创新建议。

2）用户参与角色

在产品设计与开发阶段，用户的创新参与角色为群体用户。由于在产品的设计与开发阶段，企业所需要的辅助性建议或创新工作需求具有一定的专业性及可行性，为推进产品的顺利研发、改造等需要汲取高质量的用户创新成果。由于用户的个体局限性及领先用户识别成本的增高，用户主要依靠虚拟品牌社区的力量在产品设计与开发阶段或是产品创新整个阶段提供自身的想法建议及其他创造性资源。在虚拟品牌社区中，用户间的相互交流有助于创意产生，企业在获取灵感的同时可以有意识地培养领先用户在虚拟品牌社区中的意见领袖能力。未来，随着数字时代用户主权意识的提高及自主参与意愿进一步增强，用户的参与角色将会演变为用户生态系统，这意味着用户可以参与到产品创新全阶段并能最大限度地发挥自身创新优势与潜能。在用户生态系统中，众多业务和最终用户进行交互创新，企业与用户相互提供可利用性资源，用户参与产品创新主动性增强，网络参与者主导的自主创新模式及领先用户活动驱动模式更加普遍，产品创新的活力及效率显著增强。

**微案例阅读**

### 米游社：虚拟品牌社区在产品创新中的力量

米游社（图 6-2）是米哈游公司搭建的大型游戏交流社区，内设发帖、用户创作等多个版块，是米哈游公司进行游戏创作的重要信息渠道。在发帖板块，用户一方面能与众多玩家进行游戏经验交流；另一方面，可以直接表达自身的游戏体验，为游戏开发商提供优化建议。在用户创作板块，用户不仅可以自由创作游戏攻略或开发设计游戏辅助程序软件，也可以自由创作游戏人物，这些为米哈游公司进一步优化游戏服务提供灵感与信息支持。

在米游社 APP 中，米哈游公司通过搭建虚拟品牌社区，设置讨论区、用户创作、游戏使用工具等内容，不仅满足了米哈游玩家对游戏工具的实用需求，也为用户交流、顾企交流提供渠道，为进一步改善游戏服务、开发新款游戏提供基础，也让虚拟品牌社区在产品创新中的力量进一步彰显。

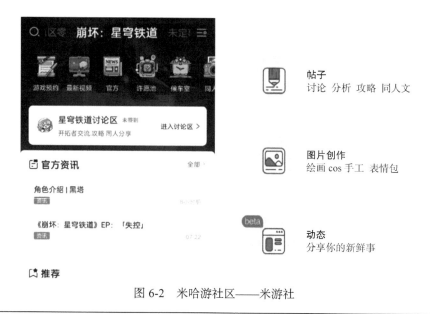

图 6-2　米哈游社区——米游社

3）用户参与产品创新的优势

用户参与到产品设计与开发阶段有助于企业获取更为实际的、专业的、有导向性的产品设计开发建议，而用户在此产品创新的核心阶段往往会更加积极配合及主动提供建议，有利于推动企业产品创新进程。而对于自身，用户参与早期创意产生过程也能满足其实际需求。

4）用户参与产品创新的挑战

由于在产品设计与开发阶段，用户参与产品创新面临如下挑战。①缺乏前沿性和突破性的创新技术。从用户的知识技能水平角度来看，创新用户持有的知识技术大都是已经成熟的创新技术，但难有前沿性和突破性创新技术。②缺乏创新的连续性与系统性。从用户进行创新活动的时间上来看，用户进行创新活动大多是时间碎片式创新，因此缺乏创新的连续性与系统性。③隐性知识难以转化。从创新用户所拥有创新技术的性质上来看，创新用户所掌握的知识多为隐性知识。隐性知识来源于个人的生活实践中，是被个人所掌握，为个人所拥有，不为其他人所共知的，通常而言这种个人不被共知的知识难以具体准确地描述和被接受，这些隐性知识企业难以捕捉和进行具体转化。

**3. 产品测试与投放阶段**

1）阶段任务

产品测试与投放阶段是产品创新的最终过程。在此阶段，用户主要参与到产品的测试工作，包括反馈产品体验、提出修改建议等，在产品投放阶段，用户的身份也由创新参与者转变为消费者。企业的产品测试任务包括产品内测与产品外测。产品内测主要人员可以是企业内部员工或是企业的忠诚顾客，产品内测需要准确记录产品测试的相关系数、数据以及顾客反映的问题，便于后期完善产品，产品外测是将新产品交给更多市场消费者来试用并收取他们的反馈，产品外测不仅是帮助企业测试新产品的有利机会，也是增强顾客联系的良好途径。产品投放是新产品走向市场的最后一步，通过产品投放，顾客可以增强对产品的理解及认同，便于产品获得更高的市场接受度和知名度。企业主要依靠新媒体宣传及产品发布会进行产品投放活动，用户可以通过转发新品信息等帮助企业进行产品宣传，由此进一步推动产品走向市场。

2）用户参与角色

用户在此阶段的创新参与角色为群体用户。和产品设计与开发阶段类似，用户通过虚拟品牌社区渠道获取参与产品测试的机会，也通过虚拟品牌社区的力量为企业进行新产品的宣传、推广。在当今时代，虚拟品牌社区成为网络化营销布局的重要环节，众多品牌都建立了自身的虚拟品牌社群，社群运营官通过线上线下渠道汇聚强大私域流量，在社群中发布相关新品测试信息以激发用户参与产品创新的动力。例如，新兴护肤品牌"肤漾"，在每次推出新品前就会在官方社群中、运营官朋友圈等渠道发布招募新品体验官的信息，吸引了众多用户参与产品测试，助力产品持续推陈出新。在产品投放阶段，用户由于前期的体验及参与，可能成为新品的支持者与购买者，企业也能借助用户间的口碑传播开展口碑营销，扩大产品市场。

3）用户参与产品创新的优势

在产品测试与投放阶段，用户能获取到免费体验产品的机会，也能向企业反馈自身最真实的建议，这都有利于产品的进一步完善，使得最终产品能在最大程度上满足用户的实际需求。于企业而言，在产品测试阶段，因为有了用户的参与测试，企业能够有效节约试错成本。在产品投放阶段，由于早期的参与，用户对于产品的设计理念、创新点、优势等会更加了解，用户的产品认知有所提高，企业的营销成本也会随之降低。

4）用户参与产品创新的挑战

在产品测试工作中，由于用户挑选具有随机性，如何选择最具代表性的目标用户来参与产品体验是企业面临的一大挑战，同时由于被测规模的限制，测试结果也可能存在不准确、不全面的问题，因此准确评估测试结果也是企业所面临的另一项工作。在产品投放过程中，由于个别用户可能未全程参与产品创新全过程、个人见解未表达到位、企业与用户存在理解偏差、信息不对称等原因，可能使得最终产品未达到用户的理想状态，由此产生了产品潜在负面口碑的问题，对此企业需完善自身管理产品负面口碑的能力，全面提高新产品的市场接受度。

### 6.1.2 用户参与产品创新的模式

在互联网新技术的支持下，用户在创新和价值创造过程中所扮演的角色被重新定义，用户参与产品创新的渠道也更加便捷。数字时代用户参与产品创新的模式主要有在线社区参与模式、众包模式、用户创新工具箱参与模式。这些模式极大提高了用户参与创新的便利性并降低了企业获取信息的成本，在数字营销时代被广泛采用。

**1. 在线社区参与模式**

1）在线社区参与模式介绍

在线社区是企业通过整合用户等利益相关者参与产品创新以实现共同利益的平台。在线社区有利于促进社区成员的协作体验，也有助于企业汇聚自身私域流量，及时获取用户反馈。用户可以通过在线社区进行共同创造活动，利用平台自发性地输出产品反馈、建议或与其他用户交流以共享信息、增进产品理解等。通过在线社区，企业可以获取用户的共同需求及期望，并将用户的想法融入产品设计中，也能直接获取用户的反馈，为后续产品完善奠定基础。具体而言，企业可以将用户在在线社区中的评论作为产品设计阶段的输入，并依据用户购买行为和评论情感分析完善产品属性和提升用户满意度。

**微案例阅读**

### 小米手机：小米社区助力产品与服务创新

小米手机创建的小米社区汇集了众多活跃的米粉，米粉通过小米社区能够自由讨论小米产品、参与趣味话题、交流玩机心得等，同时也能便捷提出自己遇到的问题，获取与小米开发组人员面对面交流的机会，由此提升用户的服务体验。小米的研发人员也会利用平台发布玩机教程，在与米粉的互动中获取产品设计灵感等，这也为后续推出新品、优化现有产品做好准备。

随着互联网技术的飞速发展，在线社区以其独具魅力的交流互动特性，让网民在其平台上进行快捷高效的交流和互动，受到了广大网民用户热烈追捧。随着在线社区的流行，不同在线社区之间的竞争也越来越激烈，因此，如何吸引、激励并保留用户，使他们积极参与社区贡献，成为在线社区管理者关注的焦点。一般而言，若新产品设计复杂且不易评估，企业可采用"在线社区"模式，根据用户在社区中发表内容的数量和质量对用户进行分级，重点挖掘领先用户的需求和建议。

2）在线社区用户参与激励机制

在线社区的激励机制对处于不同动机状态下的用户的激励效果是不一样的。而且在在线社区中存在的不同激励机制对不同的用户群体有不同的作用，并非所有激励机制对所有用户都能产生激励的效果，所以在线社区运营商必须根据用户需求和社区的整体发展方向来设定其激励机制，以使在线社区朝着持续健康的方向发展。

（1）公开表扬机制。为了使在线社区能够更加健康有效地运行及激励在线社区用户广泛参与产品创新，在线社区一般会采用公开表扬的激励机制来对在线社区成员的创新行为进行肯定，提高用户参与产品创新活动的积极性，进而为社区产生贡献。常用的方式是设立排行榜、荣誉榜等。在线社区公开表扬机制当中，排行榜是最广泛采用的一种措施，它也是用户的一种成就展示系统，通常会设置在社区功能界面中的醒目位置，根据用户对社区贡献的变化，排行榜名次也会进行不断调整。用户在排行榜中的名次代表了其名望和声誉，可以有效满足用户的成就需要。

（2）积分等级机制。在线社区也会参照实体社区中采用的等级制度来设置相应的积分等级机制，以有效激励社区成员参与社区活动。积分激励是在线社区运营商目前最为广泛采用的激励措施。通过参与社区中的产品创新活动，社区成员可以积累到相应的社区积分，随着社区积分的累加，其积分等级会不断提升，并逐步开放使用社区中提供的其他功能或成为社区的领先用户。实践证明，积分等级机制可以有效增加社区成员的参与感和凝聚力，并增加其知识分享行为。积分等级可以看作在线社区内部成员的身份和地位的象征，积分等级高的用户由于其特有的等级标识可以得到社区其他用户的认可，其社区地位和声望以及自我感知价值也会得到提升。但随着积分的不断累积提升，当用户的积分等级到达一定阶段的时候，其对用户的激励作用开始变得不明显。针对这部分用户，此时就应该调整激励策略，以经济激励这种实在的激励手段来促使其进一步参与社区活动。

（3）经济激励机制。经济激励是一种实物激励，是在线社区给参与产品创新的用户有形的外部收益。其奖励形式多种多样，如商城优惠券、电子数码产品和货币奖励等。用户可以通过积极参与社区中的产品创新活动来赚取积分，并用积分在积分商城中兑换家居生活用品、图书杂志、数码产品等一系列不同的礼品或者直接兑换成现金。经济激励机制能够有效地刺激在线社区用户参与社区中的产品创新活动，进而提升整个社区的创新活跃度。

（4）特殊圈子机制。人是群居动物，有归属需求和合作精神。通过在社区中建立不同的圈子机制，可以有效促进圈子中的成员进行合作来完成产品创新任务，还能够增加圈子内成员之间的情感联系。特殊圈子的建立能够有效满足在线社区用户在社区中建立友好人际关系互动的需求、有效提升社区成员对在线社区的归属感，还能为用户提供团队帮助，当用户在产品创新过程中遇到困难时能通过圈子合作交流的方式来给予解决。

**微案例阅读**

### 百度百科的在线社区激励：百度蝌蚪团

"百度蝌蚪团"的成员是由百度百科中的优秀用户所组成的，在蝌蚪团里的成员还有其独有的功能和权益，如可以建立团队成员专用的交流平台、在百度个人中心成立自己的工作室、拥有普通百度用户所不具备的管理权限等，"百度蝌蚪团"的成员通过圈子合作的方式进行百度知识型产品的创新，成员间不仅能互助合作，弥补各自的知识盲区，同时为百度知识型产品的创作提供了强大智力支持。

（5）官方活动机制。在线社区可以通过举办线上和线下的官方活动来有效激励社区中的成员参与社区产品创新互动。

以上五项激励机制是国内外在线社区产品创新运营过程中经常采用的激励机制。随着互联网的不断流行，技术不断更新发展，在线社区也从原来的电脑端向移动智能设备端转移。多种类型的在线社区相继退出市场。随着在线社区的不断发展，对于在线社区用户的产品创新激励机制也应该随着市场的变化而进行更新。如何对应于不断变化的在线社区来设定相应的产品创新激励机制将成为国内外学者研究的焦点。

**微案例阅读**

### 名创优品在线社区产品创新

随着互联网技术与新媒体的快速发展，新时代下的品牌内涵产生了深刻变化，在线社区已成为品牌与顾客进行价值共创、营销沟通的重要途径，而名创优品正是牢牢抓住了在线社区的东风，借助线上业务，以新社群营销的创新做法促进自身产品创新。

名创优品主要采用公众号引流方式来增加在线社区成员（图6-3）。名创优品公众号菜单栏设置福利精选入口，用户点击领取现金选项即可跳转名创优品福利官企业微信二维码，以领取优惠券的方式吸引用户添加。用户添加福利官企业微信后，福利官企业微信自动发送欢迎语，引导用户进入社区。

图 6-3　名创优品社区

名创优品注重打造多样化的在线社区内容，给用户带来丰富优质的产品创新体验。①产品打造。名创优品会结合实际，因时因地因需征集用户产品需求。如随着季节变换，名创优品会采用用户反馈的方式研发产品，用户可以以文案+图片的形式分享自身产品创意，名创优品社群运营官会对这些创意进行筛选并与用户进一步展开交流。②问卷调查及问答。名创优品社群内会不定期发布问卷调查，采用填写调查问卷+抽奖的方式，针对其产品、社群运作等不同主题征集用户反馈，针对用户问题进行解答，根据用户的关注点和建议，不断完善自身品牌产品。③物质激励。名创优品固定在每周一发布用户参与产品创新的优惠福利，采用线上筛选，赠送线下优惠券的形式，引导用户领取，既能让用户感知到社区的专属价值，提高用户和社群的黏性，留存客户，也能以优惠券的形式激励用户参与品牌的产品创新。

**2. 众包模式**

1）众包模式介绍

众包是指通过互联网平台向庞大且多样化的用户群体搜集新产品创意的模式，在激发用户群体的潜力及提升企业的创新能力方面发挥重要作用。网民人数的增加及互联网平台的高自由度为众包模式提供了良好的条件，与传统用户相比，众包用户可以使用更少的时间和财务资源为产品创新出谋划策，企业也可以通过众包模式推进产品创新的同时识别领先用户，充分发挥用户潜力。

一般而言，若新产品设计过程简单且易于评估，企业可采用"众包用户"参与模式，并通过专家评估、公投或两者混合模式选择符合公众需求的产品。由于众包的规模性和多样性，企业面临着众多用户所提出的众多想法，企业可能难以有效利用用户潜力，因此在开启众包模式前，企业需要考虑采取众包模式的原因和促进众包模式成功的因素。企业可以根据用户动机与解决方案之间的关系采用过滤不合适的想法、优化众包平台智慧筛选机制、加强与众包用户沟通等方式，以促进众包的成功。

在众包模式应用实践方面，目前已经有许多基于众包理念运营的第三方服务平台。国外平台有 MTurk、InnoCentive 等，其中最具代表性的 InnoCentive 是专业化的化学和生物领域的研发供求网络平台，由数百万科研精英参与众创，聚焦于具体问题和任务的解决，是典型的开放式创新众包平台。国内平台有猪八戒网、海尔 HOPE 等，其中最具代表性的猪八戒网开放性更强，可提供品牌营销、软件研发、知识产权、科技咨询等多种企业服务解决方案；与更为注重学术性和专业性的 InnoCentive 相比，它具有更多的发展空间与可能性。此外，如宝洁、戴尔、思科、波音、联想等行业领先企业，也在不断尝试基于众包理念运行企业平台和企业项目。

2）众包模式的运作流程

众包模式价值共创过程的源头可以追溯到委托代理理论。在委托代理关系中，代理人由于具有相对优势而代表委托人行动。顾客和企业价值共创的两个主体即发包方和接包方，实际为委托与代理的关系。随着企业逐渐遵循服务主导逻辑，它们在注重产品本身的基础之上更加重视服务，因此当企业在运营中需要启动一个任务需求时，自身的专业化程度不足时，尽量满足顾客的个性化需求、提升自身的服务水平时，想节约时间或金钱成本时，都可以通过众包平台委托有一定专业能力及兴趣的顾客帮助其完成任务。众包模式运作流程如图 6-4 所示。

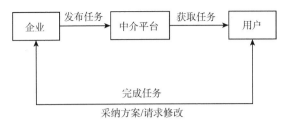

图 6-4　众包模式运作流程

具体流程为：①企业作为发包方在平台上发布任务，并描述任务的具体需求情况；②顾客作为接包方在平台上获取任务信息，根据自己的实际情况（如自身时间、金钱成本、自身能力等）考虑是否完成交易，考虑清楚后进行任务的筛选；③接包方完成任务。顾客可以结合实际情况在任务解决的过程中彰显自己的个性，表达自己的需求偏好；④发包方最终得到结果，对其进行汇总评价，企业可以利用这些信息，对顾客表达的需求进行个性化定制；⑤如果发包方对接包方反馈方案不满意，可以在平台上重新发布或请求重新修改，由此进入新一轮环节。当任务最终获得发包方的认可后，接包方获得了满意的答案，发包方也运用最低的成本、最快捷的方式获得了问题的解决方案，双方最终都实现了自己的价值。

3）众包模式顾客和企业价值共创清单

众包模式不仅是一个解决问题的过程，同时也是一个创造价值的过程，顾客和企业价值共创清单可用表 6-1 表示。对于企业来说，在与顾客成功完成基于众包平台的对接之后，不仅可以节约人力方面的雇佣成本，而且会得到顾客提供的解决方案，生产效率大幅提高，这是企业作为发包方获得的直接价值。当企业生产出可以让顾客满意的产品，提升了服务质量，增加了未来顾客对企业服务的满意度和信任度，使顾客的忠诚度得到提高，进而产生口碑效应，提升了企业品牌影响力，相对于其他未使用众包平台的竞争对手来说，企业就拥有了相对的竞争优势。另外，企业只需要在网络平台进行线上交易就可以得到任务解决方案，既方便快捷，又非常有效实用，这是企业获得的间接价值。对于众包平台来说，众包平台对接包方和发包方起到了有益联结的作用，顾客和企业对其接纳程度增加，可能建立长久的合作关系，这是众包平台获得的直接价值。一旦顾客或企业获得了好的体验，未来就可能产生越来越高的采纳接受度，平台知名度也会有所提升，吸引更多用户及企业加入平台，这是平台的间接价值。这些价值产出，一旦缺少了发包方和接包方的任何一方，以及如果没有了众包平台的连接，都是不可能实现的。由此，顾客、企业和众包平台三方均获得了各自的价值，三者之间契合程度增强，彼此产生了依赖和共鸣，从而就会形成长期的合作关系。

表 6-1 众包模式顾客和企业价值共创清单

| 共创主体 | 直接价值 | 间接价值 |
| --- | --- | --- |
| 企业 | ①生产运作效率提高<br>②减少经济、人力成本 | ①企业服务质量提高<br>②工作体验方便快捷、有效实用<br>③品牌影响力提升，在业内产生相对竞争优势 |
| 顾客 | ①赚取报酬<br>②增强服务体验，满足个性化需求 | ①彰显个人能力<br>②获得心理满足提升自我成就感 |
| 众包平台 | 顾客、企业满意度增加，有可能形成长久的合作伙伴关系 | 平台的知名度增加，吸引更多用户加入平台 |

### 3. 用户创新工具箱参与模式

用户创新工具箱是企业为减少需求黏性和信息转移成本将产品设计部分交给用户的模式，该模式能增加用户参与的积极性和提高企业新产品开发的效率。一般而言，若用户对新产品存在异质性偏好，偏好信息难以转移且根据自身能力难以设计成品，企业可以采用"创新工具箱"模式。

用户需求信息充满黏性，不同用户的需求存在很大差异，而且通常是复杂和快速变化的。有时用户清楚地知道自己的需求是什么，但他们总是很难明确地表达出来，不知道如何把自己的需求完整地传递给企业。作为企业，为了使产品能够开发成功，必须准确地理解用户的需求，即使花费大量的人力、财力、物力和时间全面、深入地收集和了解用户的需求，也存在很大的不确定性。这就需要一个全新的产品研发方法来解决传统的产品开发流程中存在的困难和不足。希普尔教授提出通过"用户创新工具箱"来解决这个问题，企业研究与开发部门可以将产品开发任务进行层层分解，开发出供创新用户专用的创新工具从而解决创新过程中的问题，用户可以利用这个工具箱在相关规则的基础上，根据自己的想法进行研究与开发以及测试，开发出能够真正满足自己需求的产品。对于企业来说，不必再费心费力详细地了解用户的需求，而是将与需求相关的创新任务直接交给合适的用户。对于用户来说，只要有初步的想法、创新构思和设计方案，就可以借助创新工具箱创新产品或者构建产品原型，测试和评价产品的功能，并可以对产品进行反复改进直到满意。

用户创新工具箱提供了用户进行创新的具体方法，是用户参与创新的一种有效方式，它是用户创新理论的进一步深化，让用户在一定的规则下可以充分发挥自己的才智，开发与创新出使自己较为满意的新产品，同时，企业用户创新工具箱的设计可以更好地让用户参与到企业产品创新过程及有效实现用户价值。用户创新工具箱能够促进用户间的相互交流、支持，有利于用户新灵感的迸发。由于大部分用户缺乏对自身偏好和能力的认知，企业往往以"最大化用户学习效应"的方式开发用户创新工具箱，助力用户便捷化、高效化参与产品创新，对于领先用户而言，大众化、简便化的用户创新工具箱未能完全满足其创造设计需求，他们会通过自身创建的工具箱设计满足自身需求的解决方案，以指导企业进行产品创新。

**微案例阅读**

### 癞蛤蟆工具箱：电商运营好帮手

癞蛤蟆工具箱（图 6-5）是国内电商行业专业用户创新工具箱，其功能包含数据采集、词路词根淘词、直通车优化、查权、验号、补单优化等电商运作各方面应用工具集合，癞蛤蟆工具箱也聚集了众多知名电商运营大咖的打造爆款手法，能够有效为电商用户提供技术指导与工具支持，助力我国电商行业发展。

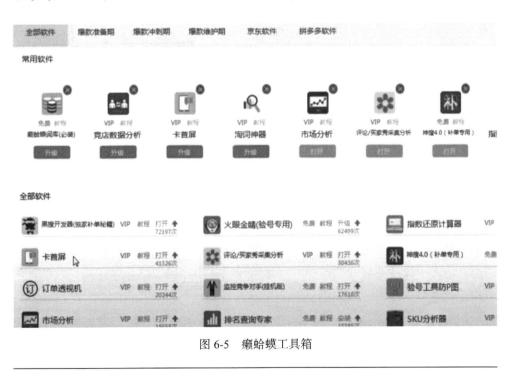

图 6-5　癞蛤蟆工具箱

## 6.1.3　用户参与产品创新的绩效评估

### 1. 用户参与产品创新绩效评估要点

评估用户参与产品创新绩效是企业产品创新的重要过程，此过程涉及识别用户参与角色、明确用户参与阶段，同时也受情境机制的调节作用，用户参与产品创新绩效评估要点如图 6-6 所示。

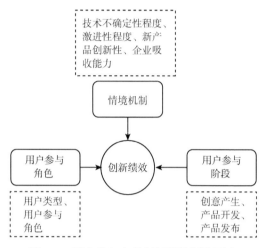

图 6-6　用户参与产品创新绩效评估要点

1）识别用户参与角色

不同类型的用户会对企业创新产生不同的影响。领先用户由于自身知识、能力水平较高或对企业产品拥有较好的熟知度，他们所提出的想法更容易开发成商业产品，而普通用户习惯立足于个人角度及内心期望对产品研发给予建议，因此他们更容易提出新颖、超前的创意。除了用户类型，用户参与角色也会影响产品创新绩效。用户作为信息提供者和共同开发者，在企业采取市场开发战略时对产品创新绩效具有积极影响；用户作为共同开发者在企业内部协调能力强时的正向影响更高；用户作为创新者在企业具有战略灵活性时对绩效的积极作用更强。总体而言，为了更好地提升产品绩效，企业可以让用户成为产品设计者和决策者参与到产品创新过程中。

2）明确用户参与阶段

每个产品创新阶段的用户参与都有可能带来积极效应，但用户在创意产生阶段和发布阶段产生的积极效应显著大于产品开发阶段。在创意产生阶段，用户通过提供自身创新性想法与建议节约了企业初步产品构想的成本，在产品开发阶段，由于用户的反复测试及需求的多变性，产品开发过程具有复杂性与渐进性，企业的研发成本随研发时间正向变化；在产品发布阶段，由于用户的创新参与或事先体验，产品更易被用户所接受，企业的营销宣传及市场推广成本进一步降低。因此，在新产品构思和发布阶段，用户参与通过加速新产品的上市时间提高了新产品的财务绩效；而在新产品开发阶段，用户参与减缓了新产品上市时间从而影响了新产品财务绩效。

3）评估情境机制

不同的情境机制也会对用户参与产品创新的绩效产生影响。当技术不确定性程度高时，用户参与对产品创新绩效产生的影响更显著，实用主义激进性程度越高，用户参与促进产品创新成功的可能性越大，但享乐主义激进性程度会降低用户参与对产品创新成功的可能性。同时，用户参与和产品创新绩效的正向关系会受新产品创新性和企业吸收能力的影响。企业的吸收能力可以加强社交媒体在用户参与和产品创新绩效之间的作用，更有利于调动用户的参与，同时若企业具有吸收包容、兼收并蓄的文化观念，那用户的想法与建议也更能被企业接受和采纳，用户参与促进产品创新成功的可能性增大。

**2. 用户参与产品创新绩效评估模型**

用户参与产品创新绩效评估模型可以从价值和稀缺两个维度进行构建。价值维度包括产品特征（流行度、复杂度、整合度、产品更新次数）及创新者特征，稀缺维度主要综合考量产品供给与市场需求的状况。企业通过评估用户创新产品的价值性与稀缺性，决定是否采纳用户所创新的产品，企业的采纳意见影响着用户产品创新绩效的实现，即用户创新的产品越能被企业采纳，用户产品创新的绩效越高。用户参与产品创新绩效评估模型如图 6-7 所示。

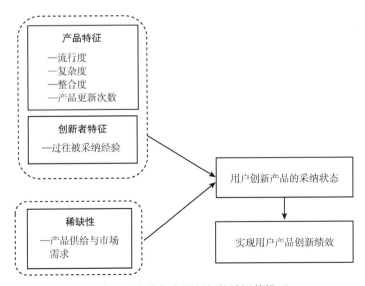

图 6-7　用户参与产品创新绩效评估模型

1）产品特征中的流行度

过往研究表明，产品的流行度越好说明其满足消费者需求的可能性越大，具有越大的市场接受度，企业能获得的商业价值也会越高。由于参与企业产品创新的用户多为企业产品的实际使用者或潜在消费者，因此企业可以将用户参与产品创新的活动当作一个产品测试的假想市场，如果用户所提出的产品创新想法受欢迎程度越高，那么产品的未来市场接受度可能就会越高。因此，用户创新想法的流行度是预测该想法被企业采纳并转换成实际商品的重要指标，则用户创新产品的流行度与企业采纳概率之间呈显著的正向关系，流行度也成为评估用户产品创新绩效的重要指标。

2）产品特征中的复杂度

随着产品同质化的加剧，企业都期望通过产品创新以赢得竞争优势。为了满足消费者多元化需求和个性化体验，同时减少自身产品不被模仿的可能性，企业在产品创新中投入的物力、精力持续增多，产品也随之具有更高的复杂性。当用户参与产品创新过程中提出的想法与设计更具有复杂性时，产品就可能具有更多的功能及特性，也能满足消费者更多的需求。但复杂性的想法与设计也会给企业带来一个难题，那就是如何准确理解用户复杂性的想法并转化为实际成果，同时如果产品的复杂性很高，消费者使用产品的难度可能也会随之增强。因此，随着产品复杂度的增加，并超过一个特定值后，其潜在市场价值可能会逐渐下降，则用户创新产品的复杂度与企业采纳概率之间显著地呈倒"U"形关系。复杂度也成为评估用户产品创新绩效的重要指标。

3）产品特征中的整合度

整合度是指用户创新产品与现有产品之间相匹配的程度，产品整合度越高，产品才能越好地被推出市场。企业的产品往往由多个部分组合而成，而用户在参与产品创新时可以选择自己感兴趣或熟悉的部分进行设计、研发，这就要求用户所提出的创新想法需要具有较高的整合度，能与现有产品相匹配。如果用户创新部件与现有部件的整合度较低，那么其潜在市场价值就会越低。这是因为，对于企业来说如果想要采纳用户创新产品就必须调整现有产品，使之相互匹配，但是这样做不仅成本过高而且会打乱了企业内部创新的步调。另外，对于消费者来说，整合度较低的产品可能无法传递其原有的价值，导致市场吸引力下降。因此用户创新产品的整合度与企业采纳概率之间呈显著的正向关系。整合度也成为评估用户产品创新绩效的重要指标。

4）产品特征中的产品更新次数

用户间具有的知识、技能、经验等不同，因此根据用户在创新过程中提出的想法所设计出的产品可能还存在些许漏洞或不足，而用户在产品创新过程中可以分享自己的思路或建议，其余用户也会据此给予自己的评价或建议，此时用户就可以充分听取其他用户的建议并对自己的想法进行改正或进一步完善。过往研究也发现用户对创新产品的持续维护和更新是提升其质量的有效手段，因此用户创新产品的更新次数与企业采纳概率之间呈显著的正向关系。产品更新次数也成为评估用户产品创新绩效的重要指标。

5）创新者特征

由于需要独自承担创新的全部过程，对于用户的知识和技术要求是非常高的。但是对于企业来说，它们无法逐一去识别和了解用户的个人能力，因此只能通过用户参与产品创新的过往行为来进行判断。在这些判断标准中，过往被采纳经验被认为是最好的衡量用户能力的指标。用户过往被采纳经验越多，代表其掌握的知识和技能越多，同时也更了解企业和市场的需求，因而其创作出高质量产品的可能性就会越高。因此，用户过往被采纳经验与创新产品的潜在市场吸引力之间有显著的正向关系。

6）稀缺性

稀缺性可以用产品供给与市场需求来综合衡量。由于用户间的差异性及个性化想法，用户所创新出来的产品或提出的建议具有差异，而用户提出的想法或创新出的产品能否被企业采纳在一定程度上取决于产品的供给及市场需求。例如，当某个创新产品是第一个被提交到产品创新过程中的该类型产品，虽然其具有很强的独特性，但是可能会因为市场中对该类型产品的需求很低而被企业拒绝采纳。相反，即使某个创新产品所属的类别已经有很多类似的其他产品，但是可能由于市场中对该类型产品有着很高的需求而仍然被企业采纳。因此，对产品稀缺性的衡量需要综合地考虑产品供给和市场需求，只有这样才能对创新产品做出合理的评估。参照过往研究，可以采用需求/供给的比率来作为稀缺性的衡量标准。因此，用户创新产品的稀缺性与企业采纳率之间呈显著的正向关系。因此，稀缺性也成为评估用户产品创新绩效的重要指标。

CCPM 理论模型是基于用户创新能力—情境—过程—模式（capability-context-process-mode）的理论模型，并在此基础上形成了用户参与产品创新 CCPM 理论框架（图 6-8）。

个人—组织匹配是指在产生重要选择结果时人与组织相匹配的程度，可分为要求—能力匹配及需求—供给匹配，前者发生在个体能力能很好满足组织要求时，后者则发生在组织满足个体需求、意愿或偏好时。因此，结合个人—组织匹配理论，本章将用户—企业匹配分为能力—情境匹配（CC 匹配）、能力—过程匹配（CP

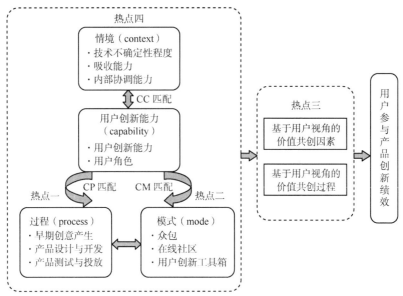

图 6-8　用户参与产品创新 CCPM 理论框架

资料来源：解学梅和余佳惠（2021）

匹配）以及能力—模式匹配（CM 匹配）。在 CCPM 理论模型中，用户创新能力作为起点和核心，是决定用户角色的关键因素；根据用户创新能力，可以划分出不同角色的用户，如普通用户和领先用户、信息提供者、共同开发者和创新者。下面具体阐述 CCPM 理论框架的逻辑机理。

首先，用户创新能力需要和产品研发情境相匹配（CC 匹配），即企业在面临不同产品研发情境时，需根据用户创新能力识别用户参与角色。例如，企业内部具有较高的协调能力时，作为共同开发者的用户对产品创新绩效产生的影响更显著，因此，企业需识别具有专业知识的用户加入产品创新过程。其次，用户创新能力需要和用户参与过程相匹配（CP 匹配），即企业需根据各阶段特征将具备不同创新能力的用户匹配到合适的产品创新阶段，以最大程度地发挥用户的创新潜力。例如，企业可以根据用户的产品创意、技术知识和产品经验将用户分为资源提供者、共同创造者和使用者，由此让用户分别参与早期创意产生阶段、产品设计与开发阶段以及产品测试与投放阶段。最后，用户创新能力需要和用户参与模式相匹配（CM 匹配），即企业需要基于用户参与模式特征激励和引导具备不同能力的用户采用不同模式。例如，企业可根据"分级式用户管理"，面向创新能力强的用户发起"众包"任务；或通过设置用户创新工具箱进行干预，帮助技术上存在困难的用户形成产品创新方案，提升用户的产品创新意愿。

综上，CC 匹配、CP 匹配和 CM 匹配共同构成了 CCPM 理论模型，为实现后续价值共创和产品创新绩效提升提供理论基础。此外，CCPM 理论模型主要通过价值共创因素和价值共创过程促进产品创新绩效的提高。一方面，CCPM 理论模型有助于触发价值共创的动机。企业通过识别用户能力，为其匹配合适的参与阶段和参与模式，不仅能够有效触发用户参与动机，而且能够促使用户获得自我效能感和财务奖励；并且用户在产品创新过程中通过与企业及其他用户互动学习，获得用于价值共创的新知识，由此提升认知和判断能力。因此，CCPM 理论模型通过触发用户价值共创动机，可以有效促进产品创新绩效的提升。另一方面，CCPM 理论模型有助于促进价值共创过程。企业通过匹配参与过程精准识别用户价值，并在整合用户知识过程中促进价值共创。此外，企业在匹配过程中通过在线社区与用户建立协作关系，促使用户持续参与价值共创过程。由此，CCPM 理论模型通过促进价值共创过程可以持续获取用户知识，从而提升产品创新绩效。

## 6.2　数字化服务体验创新

### 6.2.1　数字化服务渠道

信息技术的深入发展使得传统的技术经济范式向数字经济范式转变。在数字化时代，企业的服务向着完善服务体系、延伸服务平台、丰富服务形式、提升服务温度、深入满足顾客需求的方向转变，数字化服务是客户服务转型发展的新阶段，数字化服务渠道建设更加多元化、智能化、高效化。数字化渠道建设是数字化服务体验创新的重要节点，服务渠道是连接服务供给的桥梁，数字化服务渠道建设要求充分完善服务顾客的每个触点、升级顾客服务体验的每个"关键瞬间"，在发挥渠道自身优势的同时带给顾客非凡服务体验。

服务渠道数字化升级贯穿线上线下，促进线上线下服务融合创新，推动顾客服务体验智慧化升级。

### 6.2.2　在线服务与顾客体验

**1. 在线服务**

移动互联网的普及应用使在线化成为数字化服务的本质特征。在线也是互联网的本质特征，即计算机处在网络连接的状态，是上网的代名词。一台计算机脱离互联网，叫作离线；一台计算机与互联网连接之后，就实现了在线。在线化就是计算机通过互联网连接后发生的变化，这台在线的计算机不再单单是一台计算机了，互联网让这台计算机连接了世界，连接了全球，可以在线获取各类信息、服务及应用。移动互联网不仅改变了人们的工作生活方式，更催生加速了商业模式和服务方式的变革，这种变革率先从金融、支付、生活、娱乐、交通等消费领域开始。随时随地的移动支付，改变了消费领域的商业生态，让随时随地的商品交易成为现实，也就催生了在线化服务。比如，金融行业的在线化服务依托各大银行的业务交易平台，搭建机器人智能问答方式，实现在线化的咨询申诉服务。再如，京东、美团的销售平台，打造了智能化的在线服务平台，更加体现了消费与服务的完美统一。

**2. 在线服务的特征**

*1）实时性*

移动互联网对人们生活工作的改变率先从消费互联网开始，移动支付的兴起彻底改变了人们的消费理念和消费行为，移动支付的最大特点就是在线化，可以随时随地发起支付，打破时空距离，实现实时交易，消费者每天在线的时长在拉长，具备实时在线的特征，商家的商品和服务也具备了实时在线的模式。特别是当消费互联网转向产业互联网，移动互联网从以生活娱乐为主转向工作生产，实现数字经济时代的万物互联，在线化成为必然。

*2）互动性*

移动互联网的普及应用，加速了商家与客户的互动，加速了数字经济时代的转化，也让互动性成为在线化服务的一大特征。数字经济时代，数字化消费者已不满足被动单向接受来自供应商的内容和服务。客户具有更强的自我意识，要求更高的互动性并积极参与其中。一方面是内容和服务自身的互动性特征。客户希望自己的声音被倾听，对自己所购买和消费的内容和服务施加自己的影响，并把自己的观点和评论进行分享。另一方面是可以实时对在线服务质量和效果进行评价，商家对评价的内容进行细分，有助于对消费内容和服务进行改进和优化。

**3. 在线服务的类型**

在线服务由于各行业的差异性，其类型也具有多样化，一般可总结为如下几类。

*1）知识问答服务*

知识经济的纵深发展让知识问答服务在在线服务中成为热门。通过在线平台，知识需求者能够迅速得到所需知识、方法，促进自身实际问题的解决，而知识提供者也能快速、高效地实现自身知识价值的变现，解决他人疑惑的同时获得一定收益。

2）客户服务

由于在线服务具有实时性、互动性的优势特征，利用在线平台开展客户服务成为企业的不二选择。在线进行客户服务能够及时获得顾客反馈、深入解决顾客的问题，同时在线客户服务也成为企业提高顾客体验、完善售后服务的关键环节。

3）便民服务

随着智慧城市、智慧政务的建设，便民服务已在线上全面开展。市民可通过各个在线化服务平台自助办理个人事项、参与相关政务、医疗等活动。在线化便民服务极大程度地推动了市民服务工作的简化与高效化运转，加深了市民便捷化、智慧化体验。

4）在线教育

在疫情的影响下，网络教育迎来蓬勃发展的机会。在线教育成为在线服务的重要内容。教育是知识性服务的重要组成部分，教育在线化极大促进了知识传播、变现的速度，也为教育行业的发展拓展了新途径。

5）其余行业在线服务

由于各行业的特点、运作方式等不同衍生出了其行业专属的在线服务，行业专属的在线服务有助于推动该行业服务工作的高效运转，提升行业专业化、便捷化、智慧化服务水平。

**微案例阅读**

### 数字营销时代下崛起的在线教育

随着数字营销的深入发展，线上是众多企业拓展业务、寻求蓝海市场的重要选择，由于知识经济及智能终端技术的普及，在线教育在数字营销时代的发展力量愈发蓬勃。

基于细分的市场需求，目前我国在线教育资源具有多类型、多样化特征，包括涵盖各年龄段的各类在线教育APP，如适合幼儿的斑马AI、中小学的猿辅导、学而思网课、高等教育的中国大学MOOC等；同时上新了各类技能学习的在线教育软件，如日语学习沪江、健身学习 Keep 等。在数字营销时代下，在线教育并不仅是一个具象的行业，也是服务的重要延伸之处，如哔哩哔哩作为动漫社区，也成为学习各种技能、开拓知识面的重要在线教育资源聚集地，同样的还有知乎、小红书等，在线教育已深入生活的方方面面，其内涵在不断延伸发展。

**4. 数字化服务创新**

随着信息物理系统和数字孪生的兴起，数字形式对物理形式的映射正在不断加强。在某些行业，虽然产品和服务的数字化形式和程度还存在一定的差异，但是数字化的服务和物理形式的产品正在进行深度融合。企业产品的形态和交付方式在数字化的方式下发生了颠覆性变革，数字化正在重新定义产品和服务的特性，数据成为产品服务的重要特性，数字世界正在史无前例地影响着物理世界。市场需求正在从产品导向转变为产品服务导向，产品的价值越来越多地体现在数字化服务产生的附加值上。客户要求的不仅是符合个人需求的产品，而是需要提供更好的客户体验和更全面的"一站式"服务。对于消费者而言，他们需要的不再是一件商品，而是整体的解决方案；对于企业客户而言，他们需要的也不仅是一台机器，而是这台机器全生命周期的运维服务。优质的服务水平成为企业竞争力的一个重要因素，以用户体验为核心的数字化服务形态将是未来商业社会的主要竞争形态。

为提高数字化服务竞争力，企业建立自身的智能服务体系与智能运营体系（图 6-9）则成为其重要目标。

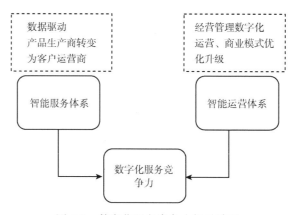

图 6-9  数字化服务竞争力提升路径

1）构建智能服务体系

在数字经济时代，对客户现实需求和潜在需求的深度挖掘、实时感知、快速响应、及时满足水平已经成为企业新型的竞争能力，塑造这一新型竞争能力的核心在于通过数据驱动去打造面向客户需求、客户体验的感知能力和转化能力。企业应基于"数据+模型=服务"的理念，实现从产品生产商到客户运营商的转变，构建远程状态监测、故障诊断、预测预警、在线、调优等各种智能服务。

2）构建智能运营体系

企业数字化转型的核心目标是优化企业的业务运营管理，建设智能化的企业运营环境。企业应基于数字化技术，借助移动互联、大数据、物联网等技术手段及背后的数字化思想来促进企业经营管理的科学化、高效化、智能化，促进产业升级和转型，实现业务流程和运营管理的数字化，达到实时响应的全新运营和商业模式。

**微案例阅读**

### 齐鲁壹点的在线化服务

移动互联网已经成为信息传播的主渠道。因此，主流媒体的主阵地必须转移到线上，实时在线，与用户时刻连接。在线化是齐鲁壹点 8.0 版的鲜明特征。

（1）记者在线。齐鲁壹点有 600 多名记者在线，通过记者在线，用户可以直接在线上@记者，进行新闻报料。为了用户能够方便快捷地找到记者，齐鲁壹点运用 AI 技术，对记者进行了自动化标签处理，为用户想找哪类记者提供了依据。齐鲁壹点还有上线机器人"小壹"，只要用户告诉小壹想找哪位记者或者哪类记者，它就会自动推荐相应的记者给用户，提高了用户找记者的效率。

（2）用户在线。用户在线主要依托两个栏目：情报站和壹点号。通过情报站，情报员可以与记者互动，也可以直接生产内容上传，壹点编辑经过审核后，可以将其中优质的内容推送至头条频道，甚至全网分发。壹点号用户超过 2500 名，包括个人号、壹点商号和政务号，也是用户生产内容的重要平台，日均生产 PUGC（professional user generated content，专业用户生成内容）内容 300 多条。

（3）内容在线。内容移动优先，优质内容先上齐鲁壹点再上报纸，并且通过考核来引领。

（4）服务在线。齐鲁壹点推出了"问壹点"栏目，有 500 余名专家学者在线为用户答疑解惑，先后推出壹点问暖、壹点问诊、壹点问财和壹点问考等多个活动，其中壹点问考活动有超过 100 所学校的招生负责人同时在线，解答考生的各种有关报考的问题。

### 5. 顾客体验

顾客体验是顾客在厂商基于营销所创造的特定场景或流程中，亲身感受或参与创造产品或服务价值的活动。顾客体验是评判数字化服务、数字化营销成果的重要标准，只有让顾客获得非凡的体验，才能有效提升顾客价值，培养顾客忠诚，实现品牌资本溢价，创造企业可持续竞争优势。

顾客体验类型大致可分为知觉体验、思维体验、行为体验、情感体验、相关体验，如图 6-10 所示。

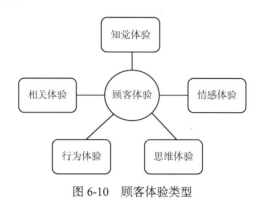

图 6-10　顾客体验类型

1）知觉体验

知觉体验即感官体验，将视觉、听觉、触觉、味觉与嗅觉等知觉器官应用在体验营销上。顾客通过自己的各类感官对企业所提供的产品及服务有一个真切感知。感官体验有利于顾客识别区分品牌产品、引发消费者购买动机和增加产品的附加价值等。

2）思维体验

思维体验是指以创意的方式引起消费者的惊奇、兴趣、对问题进行集中或分散的思考，利用自身脑力与精力获得思考结果或思考过程中的愉悦感、成就感，进而为消费者创造认知和解决问题的体验。

3）行为体验

行为体验是指通过增加消费者的身体体验，指出他们做事的替代方法、替代的生活形态与互动，丰富消费者的生活，从而使消费者被激发或自发地改变生活形态、生活方式。

4）情感体验

情感体验即体现消费者内在的感情与情绪，使消费者在消费中感受到各种情感，如亲情、友情和爱情等，激发出内心最柔软、真挚的情感。

5）相关体验

相关体验源于个人通过实践追求自我完善的渴望，这种渴望促使他人对自己产生好感。它使消费者和一个较广泛的社会系统产生关联，从而建立对某种品牌的偏好。

**微案例阅读** ————————————————————————

**海底捞：注重顾客的情感体验**

海底捞以优质的服务、顾客至上的理念在火锅品牌中持续火爆，针对喜欢独处的人士，海底捞特地推出了 88 元的单人套餐，让喜欢独处的人也能走入火锅店，享受自己安逸的火锅时光；为了缓解单人用餐的孤独感，海底捞会贴心地为顾客送上玩偶来陪伴用餐，在顾客庆生时会主动为顾客唱生日歌、送上生日蛋糕，让顾客感受到生日的喜悦，持续注重顾客的情感体验使海底捞的优质贴心服务更加深入人心，也让服务成为海底捞在市场竞争中的有力武器。

**6. 顾客体验提升策略**

提升顾客体验需要综合考量顾客体验的各个方面，包括提供给顾客的产品、服务，与顾客进行沟通的方式、对顾客做出的承诺，以及把握好顾客体验中的各个关键触点。提升顾客体验需要企业深入洞察影响顾客体验的各因素并制定出合适的策略，能够根据消费情境的变化及时调整优化策略，顾客体验提升策略可用图 6-11 表示。

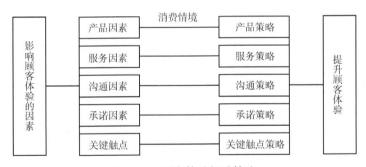

图 6-11 顾客体验提升策略

1）产品策略

①严格保证产品质量，做好品控。产品是顾客购物的第一个接触品，在第一时间就能够影响到顾客的感知感觉，产品的包装、外形、颜色等都会影响顾客的购物感觉。②产品娱乐化。对注重享乐性需求的消费者来说，如何强化顾客的娱乐、情感等心理体验至关重要。以感官刺激为主的娱乐体验一直是体验营销的中心，对于注重休闲娱乐需求的享乐性体验顾客更是如此，因此需要在数字产品娱乐化方面进行加强。③产品感知化。产品的感知化不仅体现在享乐性需求上，也体现在功利性需求上。感官刺激是娱乐体验很重要的一部分，如网络游戏中，调查报告结果显示游戏画面的精彩程度在一定程度上影响游戏玩家的感官体验。产

品的感知化一般可以通过产品外观、包装、色彩、字体、产品预览等方式达到顾客感知的目的，通常采取的方式有图片展示、视频展示、背景音乐、网络广告等。

2）服务策略

在实际生活中，顾客更加希望商家提供更多的服务来使他们购物更加方便，良好的服务能够使顾客在购物中保持愉悦的心情，同时商家提供的服务越多，消费者就感到越方便快捷。①服务的可视性。尤其是在网上购物过程中，顾客在登录网站后，只能根据自己主观意识判断网站所提供的服务。如果企业能够在网站上增加所提供的服务的可视性的话，顾客就能根据网站所提供的服务选择自身所需要的进行体验，也就促成了购买行为的发生。②服务的多样性。企业提供多种多样的服务，能够使顾客有更多的选择空间，这有利于顾客与商家发生交互式的体验活动。

3）沟通策略

在网络营销中，由于网络的虚拟性，网络商店与实体商店存在差异性，实体商店拥有导购员及其他服务人员，可以为消费者提供体验服务，而网络商店并没有面对面的导购员给予体验服务，只能通过客服或者线下沟通进行体验服务。因此在确保产品和服务满足消费者需求的同时，沟通也扮演了消费者网络体验的一部分。网络企业在开展网络营销的过程中，除常见的 FAQ（frequently asked questions，常见问题解答）、BBS（bulletin board system，公告板系统）、E-mail、网站地图等网上沟通工具在线为消费者提供相应的售前产品政策、产品知识、支付政策等咨询，以及售后的维修、升级、支付、质保、物流配送等沟通网络消费服务。同时还强调线下与目标消费者之间的沟通，线下沟通一般是网络企业组织的沟通活动，如网友见面会、消费者俱乐部、论坛版聚、特色频道集体活动、企业品牌宣传活动、企业策划的特色活动等。

4）承诺策略

在网络营销中，承诺包括产品承诺、支付承诺、安全承诺等方面，实物与描述的一致性、支付流程的简单快捷、网站信息的安全等都是顾客关注的重点，这些都影响着顾客最终的购买决策。因此对于网络体验价值而言，网络服务的承诺，即企业对顾客能够得到的服务的具体内容和利益，以及出现服务失误时能够获得的补偿而向社会公开做出的保证。对于网络体验消费而言，网络商家的产品承诺、支付承诺、售后服务承诺以及安全承诺的落实到位对于顾客提升其体验感知价值是至关重要的。

5）关键触点策略

关键触点指的是顾客接触到品牌的所有的媒介点，包括推广内容、网络信息、门店、实体环境里的感觉内容（视、听、气味等）、产品或服务等，看似数量繁多，但所有触点可以分为四个阶段：预触点、首触点、核心触点、末触点。要获得忠诚顾客，需要保证每个阶段的触点都有好的体验。

顾客在不同的消费情境中所产生的体验是不同的，企业需要根据消费情境的变化主动调整自身产品、服务、沟通、承诺、关键触点策略以迎合顾客需求、提升顾客体验。例如，在数字营销中，数字化场景的增加使得消费者拥有更多自助服务的机会，企业需要调整自身的产品及服务，使其更加突出自助、便捷的特征；在线上线下深度融合的趋势下，消费者在线化服务需求持续增多，企业则需根据线上服务场景推动自身产品及服务的数字化升级以及优化顾客和企业间营销沟通、履行承诺的模式等。

# 6.3　典型案例剖析：数据赋能引发展，文博产业创新机

随着 5G、人工智能、云计算等信息技术的快速发展，运用数字化、网络化、智能化提升文化和旅游供给质量及管理服务效能成为时代新趋势。故宫博物院是全国重点文物保护单位、享有盛名的国家 5A 级旅游景区，故宫博物院为了"让文物活起来"，一直努力建设以观众为中心的"数字故宫""智慧故宫"，为提高服务质量，提升观众的参观体验，不断努力对服务方法、服务质量、服务内容进行创新。故宫博物院在数字技术应用研究方面已经开展了近 20 年，并且不断努力地通过新科技、新技术、数字化的方式在互联网上建成一座以数字藏品为基础，以保存、展示、公共服务为目标的数字博物馆。在新媒体、智能博物馆，大数据等概念快速发展的时代，故宫博物院也积极运用数据赋能自身文化产品与服务的创新与升级，展现文博产业蓬勃活力。

## 6.3.1　故宫数字化创新

### 1. 智慧旅游新思路——故宫"智慧开放项目"

2018 年起，故宫博物院数字与信息部同专业地图团队合作，对故宫开放区域的 600 多个建筑、展厅、服务设施位置信息精确采集，采用 GPRS（general packet radio service，通用分组无线服务）导航技术、LBS（location based service，基于位置的服务）定位技术、360 度全景技术等，集成大众喜爱的紫禁城祥瑞、故宫

美图、特色路线，打造集指路、百科与闲聊于一体的 AI 专属导游，推出了"玩转故宫"小程序，满足不同观众的个性化游览需求。在 2021 年 12 月发布的数字故宫小程序 2.0 中，"玩转故宫"全新升级为"智慧开放"项目，除继续优化地图导航服务外，以开放服务面临的突出问题为导向，从运营管理、服务质量、游客需求、开放安全、古建安全保护等多个维度抓取核心问题，扩展在线购票、预约观展、在线购物等实用板块，新增游客参观舒适指数查询、无障碍路线查询等功能，将"零废弃""适老化""无障碍"等理念融入开放服务中，并对 AR 实景导航在故宫场景应用及 AI 交互性服务进行了探索，让游客与 AI 可进行文字、语音等多种形式交互，不仅能为观众提供建筑讲解、导览服务，还能提供故宫知识百科、语音闲聊等多种功能。"传给故宫""故宫书店"等功能为观众提供了更流畅的游览和购物体验，通过线上线下的场景结合，为观众减轻参观负担，提供更多消费选择。

从"玩转"导航的小助手，到更智能、更友好、更简单的开放服务平台，故宫博物院公共服务水平迈上了新的台阶，也向"智慧博物馆"一站式参观体验的建设历程迈出了新的一步。

**2. 数字营销时代故宫博物院线上数字产品建设**

故宫博物院建设的数字产品内容不仅是对藏品的深入解读，同时也提出了"口袋里的博物馆""把故宫带回家""让故宫成为一种生活方式"等服务理念。其中，"故宫出品"系列 APP 是充分考虑了移动设备的普及性、交互性，以及携带方便等特点，基于故宫博物院专家对于藏品、宫廷史等的研究成果，借助近 20 年来积累的高清数字藏品资源，通过不同角度介绍具有故宫特色的文物藏品及文化背景知识，从而研发出的系列数字产品。自 2013 年开发第一款 APP "胤禛美人图"至今已经完成了多款不同内容、不同风格的数字化产品，包括"韩熙载夜宴图""紫禁城祥瑞""皇帝的一天"等。其中，"胤禛美人图""韩熙载夜宴图"等 APP 是通过运用新技术把文物串联起来，深入解读名家作品，使其能够立体、多维度地展现在观众面前。"紫禁城祥瑞""皇帝的一天"等 APP 是基于传统文化内容的创作，通过使藏品趣味化，以专题形式进行文化解读，把故宫文化和藏品生动、形象、有趣地展现给不同年龄段的观众，给观众带来了一种全新线上参观、鉴赏、评鉴的方式。

故宫博物院也同样加强自身官方网站群建设，为公众提供更广泛的数字化服务。为了顺应数字时代的发展变化及满足当代观众对精神文化的热爱追求，故宫博物院对其官网进行再次改版。新版中文站的设计风格有很大的改变。扁平化的页面设计融合了传统与时尚，以故宫特有的红墙、黄瓦、朱门、金钉为底色，加上传统纹样的装饰，页面整体突出了古典艺术气质，形成特有的"故宫美"。在内容构架上也进行了优化，建立了导览、展览、教育、探索、学术、文创等综合板块，使观众查找信息更加方便快捷，帮助观众提高参观效率。数万张高清藏品影像不仅让观众能看清楚，更要让观众看过瘾。为了适应移动互联时代的发展，同时推出了中文站移动版，方便观众随时获取各种信息。中文站改版之前，全新的英文站也同时推出了移动版，这些升级都是为了提供多样化的服务，为国内外观众的参观、学习提供更便捷的途径，提高参观效率。

数字故宫不仅为观众提供了多种形式的终端数字产品，同时为了更直接地与故宫爱好者对话，还开通了"微故宫"（微博、微信）官方社交媒体，"微故宫"立足故宫的资源和优势，创作内容层次更为丰富，在历史文化的基调上笼罩着科技感和现代感。关键词与现代生活的贴合度更高，人文色彩也更为亲和，在行业内形成独特的风格。"微故宫"是具有人物 IP 的公众号，在传播过程中逐渐被大众默认为"皇家官微"，被大家接受、喜爱。这个大 IP 正在不断努力，使自己变得更为丰满、生动，充分发挥可互动的优势，不断地用丰富的内容把故宫文化以生动、趣味的形式推广给大众，为爱好者们提供了更多与故宫直接交流的机会。故宫线上数字化产品如图 6-12 所示。

图 6-12　故宫线上数字化产品

### 6.3.2 故宫数字化产品服务创新逻辑

**1. 把握顾客体验关键触点**

精准把握顾客体验的关键触点是故宫博物院开启数字化产品服务创新的基础逻辑，只有准确理解顾客需求、提升顾客数字化体验，故宫博物院的数字化创新才具有意义。故宫博物院在进行创新设计前综合考虑了顾客的感官、情感、思维、行为体验，致力于用 AI、AR 等先进的智能技术丰富游客的感官享受，将传统文物与新科技结合向游客传递民族文化的魅力，让游客在故宫数字化体验中激发民族热情，树立文化自信，争做中华文化的传播者与弘扬者。精确把握顾客体验关键触点后，故宫博物院采取了正确的产品、服务、沟通策略，赋予产品时代感与科技感，开发满足新需求的多样化精美文创，将智慧化服务贯穿游客体验全过程，积极运用新媒体工具宣传数字化衍生产品与全新服务，打造故宫亲民、向上、高科技感的 IP 人设等，这些都进一步深化了游客的数字化体验。

**2. 打造专属数字化服务渠道**

故宫博物院通过线上线下全渠道共同发力，为大众提供优质的数字化服务。不断增强自身运用数字化技术的能力，正确树立"互联网+"思维，将旅游文博与信息技术的发展深度融合创新，开发出了"智慧开放项目"，实现线上线下场景的有机结合，不仅为游客的线下旅游提供了帮助与便利，同时升级版的小程序也更好地满足了游客的需求，提升了顾客的服务体验。

在数字化的时代，故宫博物院也擅长发挥新媒体的优势，通过加强自身线上数字产品的建设以进一步满足消费者的需求及拓展自身品牌内涵。故宫博物院通过开发专属的各类 APP、建设自身官网、打造社交媒体矩阵、创建 IP 等实现了更好地与消费者进行互动、弘扬优秀传统文化等，也进一步丰富了自身产品内容，将科技与历史相结合，重新拓展延伸了品牌内涵，展现了故宫新时代的蓬勃活力。

**3. 创新数字化产品服务策略**

延伸服务场景，打造交互体验。故宫博物院通过开发"智慧开放项目"帮助数字产品进一步延伸了自身的服务场景，利用 AR 技术、智慧互联技术等打造了对游客线上线下、各场景的深度服务网络。利用数字技术，游客与故宫博物院的互动、对话增多，游客不仅与故宫博物院实现了在旅游事项上的沟通协作，同时也实现了故宫文化的传播与对话，游客的精神文化需求得到满足。

创新服务内容，迎合大众需求。故宫博物院致力于新时代文博产业的复苏与发展，为了迎合大众多样化、多变化的需求，拉近与年轻消费者的距离，故宫博物院积极引进先进的数字化技术，实现数字化技术与传统观光融合创新，让消费者通过数字化技术感受到展品的魅力及故宫新时代的活力。同时故宫博物院也在不断进行自身线上数字产品的更新迭代，增加可用功能，优化顾客服务体验。

优化服务管理，全面提升体验。随着故宫博物院各类新业务蓬勃发展，尤其是数字业务的快速增加使其建立了覆盖全业务、全流程的数字化体验管理机制。游客可以通过官方网站、小程序客服等多个渠道表达自身诉求及建议，并能得到故宫博物院的及时反馈与高效处理。故宫博物院所建立的涵盖全业务、全流程的服务质量标准体系和全质量指标客户感知监测机制使其可以实现对客户体验的全面、动态掌握，并及时查找和持续提升感知短板，全面提升客户体验。

### 6.3.3 故宫数字化创新的关键理论问题

#### 1. 把握好数字化创新的"质"

故宫博物院作为老牌文博代表，如何正确打造品牌的数字化创新之路对于自身及国内文博产业具有重要思考价值。因此，故宫博物院在数字化创新时需准确把握好数字化创新的"质"。

数字化创新的"质"首先体现在故宫博物院需具有敏锐的时代洞察力及开阔的营销视野，只有立足于当代游客的需求和时代发展的环境才能找到正确的数字化创新方向。其次体现在拥有先进的数字技术，故宫博物院只有在积极学习、引进先进的数字化技术，提高自身科技水平才能有效促进传统文博与新科技的融合创新发展。再次体现在故宫博物院综合能力的培养上，当有了先进发展理念与技术的加持，故宫博物院需要蓄力培养、提高自身的综合能力，包括技术运用能力、营销沟通能力、服务运营能力、顾客管理能力等，只有提高自身综合能力水平才能在数字化创新道路上自信前进。最后体现在故宫博物院复盘、反刍意识的树立，故宫博物院的数字化创新思路不可能一成不变，只有善于总结来时路，才能有效汲取经验，在数字化创新道路上走得长远。

#### 2. 把握好数字化创新的"量"

把握数字化创新"质"的同时也不能忽视"量"的问题。数字化产品服务创新虽已是数字营销时代发展的必然趋势，但对于文博产业，故宫博物院也需准确把握好数字化创新的"量"。在文博产品与服务中融入太多数字化科技或开发太多数码产品都容易产生本末倒置、传统失真的弊病。运用数字化的目的是使传统文化"活起来"，复苏传统文化在新时代的生机活力。因此故宫博物院在数字化创新过程中需要把握好"量"，基于顾客需求创新产品与服务，杜绝过度科技化、商业化。

# 第 7 章

# 数据赋能的创新定价策略

定价是商业战略的构成和营销策略的延伸。随着数字化时代背景下商业模式的不断演进，定价策略变得多渠道化、动态化和智能化。本章首先从全渠道定价影响因素、定价方法、定价趋势三个方面介绍全渠道定价策略；其次，分析什么是动态定价和动态定价的三种策略；最后，介绍了随你付免费价格策略等其他创新定价方法。

**微案例阅读**

### Uber 的创新定价体系

Uber，中文译作"优步"，是一家从事风险投资的创业公司和交通网络公司，总部位于美国加利福尼亚州旧金山，以移动应用程序链接乘客和司机，提供租车及实时共乘等服务。Uber 不断推进世界的移动方式，其应用程序让乘客与司机紧密联结，使城市变得更方便、更容易到达，并为司机提供更多业务、为乘客提供更多的搭乘方式选择。自 Uber 在 2009 年创立至今，已覆盖超过 70 个城市，并继续在全球迅速扩展业务，以缩短人们和城市的距离。

自品牌创立以来，Uber 不断创新发展定价机制，为所有人提供更加可靠和经济实惠的出行方式，其主要发展历程可分为以下三个方面：①动态定价，当遇到周末晚上，或假期节日，或极端天气时，往往容易出现打车高峰。这时 Uber 会对车费实行动态加价，周边区域的司机会因为更高的车费而开往此地，空车数量减少，最终达到供求平衡，加价回落至零。②一口价订单，Uber 在 2016 年开始逐步取消以实际行驶里程和时间来定价收费的模式，取而代之的是在乘客叫车的时候，事先对里程和时间做出估算，并结合动态加价的系数，生成一个一口价车费，让乘客在享受共享交通带来的低廉价格的同时多一分确定性。③个性化定价，Uber 根据所知的用户信息对不同用户采取不同的定价策略。Uber 根据用户的使用记录推断用户的价格敏感度，并以此对高敏感的用户做打折优惠，或者对非活跃用户进行价格营销。此时 Uber 将定价策略持续细分，直到每个用户都有一套针对自己的价格体系。

Uber 的创新定价策略离不开实时数据智能平台的支持与建设。Gairos 是 Uber 的实时数据处理、存储和查询平台，旨在推动大规模、高效率的数据探索。在 Uber，实时数据（乘车请求数、可用司机数、天气、游戏等）可以让运营团队做出明智的决定，如动态定价、最大调度预计到达时间计算以及对用户服务的供求情况进行预测，从而改善 Uber 平台上的用户体验。Gairos 的出现为实时数据处理、存储、查询建立了统一的平台，让 Uber 服务可以将流式数据与实时处理结合起来，以每分钟一次的方式创建可操作的洞察力，从而优化市场配置，同时满足乘客和合作车主的需求。

# 7.1　全渠道定价策略

## 7.1.1　全渠道定价影响因素

全渠道零售（omni-channel retailing）是指企业采取尽可能多的零售渠道类型（如实体渠道、电子商务渠道、移动电子商务渠道）进行组合或整合销售产品或服务，以满足顾客在任何时候、任何地点、以任何方式进行购物、娱乐和社交的综合体验需求，提供给顾客无差别的购物体验。

对于全渠道零售商来说，定价是影响其盈利能力的重要因素，区别于传统的定价方式，全渠道定价可以结合线上线下的不同优势，对市场做出更加灵敏的反应，以形成竞争优势。结合传统的定价影响因素和全渠道的特征，全渠道定价主要受定价目标、产品成本、市场需求、市场竞争、国家政策、消费者行为与心理因素的影响，如图 7-1 所示。

图 7-1　全渠道定价影响因素

**1. 定价目标**

定价目标是企业在对其生产或经营的产品制定价格时，有意识地要求达到的目的和标准。它是指导企业进行价格决策的主要因素。定价目标大致有以下几种：追求盈利最大化、维持或提高市场占有率、实现预期的投资回收率、实现销售增长率、适应价格竞争、保持营业、稳定价格、维护企业形象。根据不同的定价目标，企业会采取不同的定价策略。

**2. 产品成本**

成本是产品价格构成中最基本、最重要的因素。企业产品定价以成本为最低界限，产品价格只有高于成本，企业才能补偿生产上的耗费，从而获得一定盈利。在一般情况下，商品的成本高，其价格也高，反之亦然。商品的成本因素主要包括生产或采购成本、销售成本、储运成本和机会成本。

1）生产或采购成本

产品的生产成本包括原材料、研发、生产制造、运输、工厂利润等，是企业生产过程中所支出的全部生产费用，是从已经消耗的生产资料的价值和生产者所耗费的劳动的价值转化而来的。对于没有工厂的卖家，他们需要在市场上进行采购，采购成本的高低对定价有直接影响，如果产品的进货成本高，卖家为了保证利润，定价自然也会高一些。

2）销售成本

销售成本是商品流通领域中的广告、推销费用。企业为了促进销售，增加销售收入，销售人员会设计各种各样的营销与促销手段，从而产生名目繁多的销售费用。在全渠道新零售背景下，广告、推销等是商品实现其价值的重要手段，用于广告、推销的费用在商品成本中所占的比重也日益增加。因此，在确定商品的营销价格时必须考虑销售成本这一因素。具体来说，销售成本大致分为以下几类：媒介推广费、促销活动费、顾问合作费、销售奖金、销售工具制造费、现场管理费、临时设施费用等。

3）储运成本

储运成本是商品从生产者到购买者手中所花费的运输和储存费用。运输费用的差异首先来自快递品牌的选择上，同样重量的相同物品运输价格最贵的是顺丰，最便宜的是中通和极兔。同时，运输商的服务品质的差异也会造成成本的差异。储存费用是自建仓库或租用仓库企业因商品的储存而付出的一定费用，具体包括仓储费用、资金成本、税金与保险费、报废损失费等。运输和储存费用会被卖家转嫁到成本之中，从而影响最终的定价。

4）机会成本

机会成本是企业从事某一项经营活动而放弃另一项经营活动的机会，另一项经营活动所应取得的最大收益。但是，商品的成本不是个别企业的商品成本，而是所有生产同一产品的生产部门的平均生产成本。在通常情况下，机会成本对个别企业的商品成本影响比较大，对平均生产成本的影响比较小，因而对商品价格的影响也很小。

### 3. 市场需求

如果说成本是企业制定价格的底线，那么市场需求就是价格的天花板。商品价格是在一定的市场供求状况下形成的，在一定时期内，某种商品的供求状况反映其供给总量与需求总量之间的关系。这种关系包括供求平衡、供小于求和供大于求三种情况。当市场追捧一个新品时，造成这个新品供不应求，那么它的价格也会随之上调。但当商家线上线下全渠道大量铺货，买家的选择变得多样化，卖家的利润就会被稀释，商品的价格也会随之受到影响。同时，市场需求是动态变化的，可能受到经济环境、天气气候、流行趋势、地域文化、消费者偏好等因素的影响，企业在制定价格时需要综合考虑。

需要特别强调的是，随着大数据和云计算的广泛运用，市场需求预测的手段得到极大的丰富。不同于传统预测方法强调经验和历史销售数据且往往采用抽样分析的技术，大数据提供的是海量的样本数据和样本类型，从而使企业能更精准地预测市场需求，为定价提供了更科学、更可靠的需求数据。因此，企业在预测市场需求时需要重点考虑这些新方法。

### 4. 市场竞争

市场竞争也是影响价格制定的重要因素。企业的价格策略，要受到竞争状况的影响，一般来说，竞争越激烈，对价格的影响也就越大。根据竞争的程度不同，企业定价策略也会有所不同。按照竞争的程度，市场竞争可以分为完全竞争、完全垄断和不完全竞争三种状况。在完全竞争状态下，企业几乎没有定价的主动权。各个卖主都是价格的接受者而不是决定者。完全垄断是指一种商品完全由一家或几家企业所控制的市场状态。在完全垄断状态下，企业没有竞争对手，可以独家或几家协商制定并控制市场价格。不完全竞争是在市场经济体制下普遍存在的典型竞争状态。在这种状态下，多数企业都能够积极主动地影响市场价格，而不是完全被动地适应市场价格。

同时随着在线购物的盛行，以及技术手段的进步，商家很容易利用数据采集软件实时检测竞争对手同一商品或类似商品的价格变化，并采取及时的措施调整价格，因此在全渠道零售环境下，价格以及价格的变化在竞争对手之间是完全公开透明的，任何细微的变化都能被对手察觉从而产生连锁反应，因此商家在制定价格时必须要考虑竞争对手的反应。

**5. 国家政策**

多数国家对企业定价都有不同程度的约束。定价时，企业应主要考虑国家指导性定价和市场调节定价等因素。

1）国家指导性定价

国家指导性定价是指国家物价部门和业务主管部门规定定价权限与范围，指导价格制定和调整的企业定价方式。这种定价方式有浮动定价、比率控制定价和行业定价三种。具体来说，浮动定价是指国家规定商品的基准价格、浮动幅度和方向，由企业在规定的范围内自主作价。比率控制定价是指国家规定商品的差价率、利润率与最高限价范围，由企业自行灵活地确定价格。企业商品价格可采用高进高出、低进低出或高进低出等形式，但不得超过规定的控制比率。行业定价是指为了避免同行业企业在生产和流通中盲目竞争，国家采取计划指导，由同行营销者协商制定商品的统一价格，并由协商者共同遵守执行。这能防止价格向垄断转化，有利于市场竞争。

2）市场调节定价

市场调节定价是指在遵守政策和法规的前提下，根据市场供求状况、市场竞争程度、消费者行为及企业自身条件等因素的变化趋势，由营销者自行确定商品价格。这种定价主要适用于生产分散、营销量大、品种规格繁多、供求情况复杂、难以计划管理的商品，且主要依靠价值规律自发地调节商品价格。市场调节定价有协议定价和企业定价两种形式。其中，协议定价是指买卖双方在不受第三方影响的情况下，相互协商议定商品价格。企业议价是指实行部分指令性计划价格商品的企业，在完成国家任务后，超产部分，企业根据市场状况确定其价格。这是国家为了增强企业活力，提高企业劳动积极性所采取的一种鼓励性措施。

另外，经济周期的变动、利率和通货膨胀等宏观经济环境的变动都会影响生产成本和消费者对产品价值和价格的看法，从而影响定价决策。政府政策的变动，如税收政策的变化或者对价格的直接干预也会影响到公司的价格决策。

**6. 消费者行为与心理因素**

消费者行为，尤其是心理行为，是影响企业定价的一个重要因素。无论是哪一种消费者，在消费过程中，必然会产生种种复杂的心理活动，并支配消费者的消费过程。因此，企业制定商品价格时，不仅应迎合不同消费者的心理，还应促使或改变消费者行为，使其向有利于自己营销的方向转化。同时，要主动积极地考虑消费者的长远利益和社会整体利益。

根据消费者消费心理的不同，一般将消费者分为冲动和情感型、理智和经济型、习惯型三种类型。冲动和情感型消费者的购买由其情绪波动所支配，购买行为具有冲动性、即景性和不稳定性。这类顾客对商品价格不是十分重视，主要注重商品的花色、式样等。因此，企业对于适销对路的商品，定价可略高，且可视市场即时状况调高价格。理智和经济型消费者购买商品时往往会分析评价，并喜欢货比几家再购买，对价格比较慎重。因此，企业应依质论价。习惯型消费者对零售商或品牌等产生了信任或偏爱，因此，企业定价可略高。但应注意，价格过高会导致消费者转向其他企业购买。

### 7.1.2　全渠道定价方法

**1. 个性化定价**

个性化定价是指企业在认识到每位顾客均具有个性化需求的前提下，以顾客信息为基准，对顾客的特征、喜好等进行分析，为每位顾客制定不同的价格。个性化定价分为以下四步。

（1）了解顾客支付意愿。了解顾客支付意愿是实施个性化定价的前提。对于任何一个产品，企业首先需要了解不同顾客愿意为其支付的金额。

（2）确定目标顾客。在了解了顾客的支付意愿后，分析这些顾客是否为企业的目标受众，从而确定产品售卖的目标顾客。

（3）制定差别化定价策略。在了解了顾客的支付意愿和确定目标顾客后，企业须设计差别化的定价策略，对不同顾客设置不同的价格。

（4）商品价值分割。实施个性化定价策略的企业需要对商品价值进行分割，也就是说，支付不同价格的顾客，应该享受到不同的服务，得到不同的商品价值。

全渠道背景下实施个性化定价首先能够准确地了解顾客的支付意愿，从而为其制定其能接受的价格。其次，企业在实施个性化定价的过程中，实际上也是一对一的营销，因此，顾客会感受到企业对他们的重视，从而提升顾客的忠诚度。最后，个性化定价可以从愿意支付高价的顾客身上获取高额利润，并且利用低价吸引大量顾客，从而为企业获取利润。

**2. 先买后付**

全渠道背景下实体零售商和在线零售商都扩大了随着时间的推移付款选项，包括先买后付、分期付款和分期贷款。先买后付也叫先享后付或先用后付，英文缩写为 BNPL，全称是 buy now pay later，即购物的时候先收到商品，收到货后用好了再付款，也就是后付款。先买后付从客户体验上看一般分为两种：一次性后付款和分期后付款。一次性后付款，也就是收到货之后产品没问题再一次性还款；分期后付款如三期、四期等分期还款，一般需要交易成功当日先付首期，然后按月还剩余的货款，用户一般不需要承担手续费。

根据 Global Payments 在 2022 Commerce and payment trends report 提供的数据，"先买后付"可以为商户带来 20%~30%的交易转化率及可将商户的交易笔数提高 30%~50%，2022 年预计有 65%的商户计划将"先买后付"作为支付选项之一。先买后付能让用户凭信用购物，无须立即付款，短期内很好地解决了用户的资金紧缺困境，同时可以为商户拓宽引流渠道、提高商品和品牌的曝光度、缓解资金流紧张，可以给商户带来更大的保障。

### 3. 捆绑定价

近年来，捆绑定价已经成为企业常用的一种定价方法。捆绑定价是指将两种或两种以上的相关产品，捆绑打包出售，并制定一个合理的价格。这种销售行为和定价方法常常出现在信息商品领域。根据捆绑定价性质，可以将其划分为同质产品捆绑定价、互补式产品捆绑定价、非相关性产品捆绑定价。同质产品捆绑定价按照提供的产品组合不同，又可以把它划分为混合产品组合定价和单一产品组合定价。广为人知的捆绑价格案例有麦当劳的多款套餐、微软的 Office 软件，以及旅游机构的全包旅游套餐，当中包括航班、酒店和汽车租用。

互联网使捆绑成为更有吸引力的定价策略。首先，大部分深受互联网影响的产品都是以比特流形式传递的内容，如音乐、新闻、研究报告、软件以及随着宽带普及的电影和电视节目，这些内容可以方便地进行组合。其次，无论是对于消费者还是对于公司而言，在线交互往往比离线交互更容易，互联网的这种交互性使得消费者能够更容易地创建自己的捆绑并向公司传达其偏好。再次，在线内容是一种替代产品，而且增加新客户的成本很低，由于创建新产品捆绑相对容易，与出售内容相关的边际成本很低，这激励公司创建许多不同的捆绑以服务于尽可能多的细分市场。另外，捆绑定价通过产品组合，降低了消费者的搜寻成本，尤其是在基本产品与捆绑产品互补性很强的情况下，这种交易成本的节约更加突出，消费者的购买欲会增加。最后，在捆绑定价的形式下，由于捆绑定价是将产品作为组合进行销售，生产者可以通过操纵产品组合中不同产品的价格，以实现自己的利润，扩大自己的盈利空间。

### 4. 会员制模式

会员制是一种人与人或组织与组织之间进行沟通的媒介，它是由某个组织发起并在该组织的管理运作下，吸引客户自愿加入，目的是定期与会员联系，为他们提供具有较高感知价值的利益包。会员制一般可分为三种：免费会员、付费会员、储值会员。免费会员是指用户获取会员身份，并不需要额外花钱。这种会员模式门槛低，覆盖广，经常被设计成"成长型会员"模式，最常见的就是"积分制"。根据用户累积的消费行为，区分不同的会员等级和权益。付费会员是指用户需要花钱获取会员身份，而且是限时的。这种会员模式门槛较高，主要针对一部分黏性高、要求高、复购高，且有一定消费力的用户。这又可以细分为付费购买消费资格（如 Costco、山姆会员店等），以及付费购买权益（如京东 PLUS、天猫 88VIP 等）。储值会员本质是一种消费金预存行为，钱还是顾客的，只是提前存在商家这边，顾客承诺以后会用来消费。预存，是为了返现、折扣等价格优惠，而非为了某种权益或服务额外支付溢价。

## 7.1.3　全渠道定价趋势

### 1. 价格透明度显著提升

全渠道零售时代，与价格相关最显著的变化是价格透明度的提升，以往人们需要探访多家商店，拜访多家供应商，询问多种报价，或者研读第三方报告后才能收集到价格数据并加以对比，这个过程枯燥乏味、苦难重重，而且耗时巨大，这就意味着很多顾客所能获取的价格信息非常有限。因此，卖家在定价的时候可以明目张胆地收取较高的价格，人们却很难发现中间的价差。随着移动互联网的普及，任何人都可以随时随地轻松了解不同卖家的价格状况。并且，随着智能手机在日常生活中的渗透，价格透明度开始受到本地层面的影响，现在，打开手机 APP，扫描一下商店里面的商品条形码，消费者立马就可以知道相同的产品在附近的其他商店的价格，这抑制了较为相近的范围内相同商品实施不同定价的可能性，相同的商品和服务定不同的价格将变得越来越困难，顾客对一切情况了如指掌，如果对价格有怀疑，他们可以通过手机查询商品价格，进而在其他地方以更低的价格买到相同的产品。对于零售商而言，通过特定网站的帮助，如阿里巴巴网站，找出产品价格最低的供应商，也不再是难题。因此，全渠道环境下的定价往往倾向于采用统一定价，同时借助爬虫等技术跟踪竞争对手或者市场上相同产品的价格变化，以确保顾客不转向其他卖家购买商品，提高顾客的留存率。

### 2. 精准定价

在定价领域最恒久不变的现象之一就是，面对同样的产品或服务，不同的顾客有着不同的支付意愿，在全渠道零售时代也是如此。因此，制定一个单一的价格是很不明智的。许多时候，在为产品设计一个成熟的定价结构时，一个很好的做法是有意识地将产品价格分为三个等级，即低、中、高。这种定价结构确保了不同价格敏感度的顾客都能找到适合自己的商品，从而在交易失误造成损失和自动放弃营利性销售的两难境地中，尽可能做出损失最小的权衡。互联网技术的发展为企业全面获得顾客信息提供了现实可能，从而可以对顾客做精准营销，有了更多的机会向不同顾客收取不同的价格。

**3. 全渠道定价服务于顾客体验**

全渠道零售的宗旨是建立各个渠道上一致的客户体验。无论组织的客户通过移动、在线、店内何种方式购物及享受服务，该客户都会得到一致的客户体验。这种无缝的体验增强了消费者对品牌的熟悉程度和关系，从而提升了品牌的正面形象和顾客留存率，因此全渠道零售的重点集中在提供稳定的客户服务，一致的消息传递，每个客户接触点的可用性，以及定价的一致性。首先，全渠道零售这一零售新模式关注于如何智能使用数据，实现与消费者充分交互，更好地知晓每个个体消费者，之后绘制出消费者的客户旅程，进而了解在每个接触点上什么时候去和消费者进行沟通是最合适和最有效的。其次，线上价格应有竞争力，将全渠道体验的价值转化为价格。另外，在线下限制产品种类，将其作为额外服务，并定高价。全渠道的促销分析也应从线上和线下结合分析，而其中唯一保持不变的是顾客的一致性体验。

# 7.2 动态定价策略

## 7.2.1 什么是动态定价

在动态定价策略出现以前，除了股市、旧汽车市场的价格波动很大之外，商家一般为自己的商品确定好价格后，选择保持其相对稳定，而后通过各种促销手段增加销售量。因此，交易各方，无论是消费者还是商家早已形成一种观念：商品价格或多或少应该是稳定的。20 世纪 80 年代初，美洲航空公司带头启用"最优动态定价法"的概念，根据市场需求和供给状况，频繁变化机票价格，实现在获取最大收入的条件下卖出机票的目标。这种定价方法把销售量作为管理者决定的变量，而价格则由市场所决定，完全颠倒了传统的定价方法。美洲航空公司正是通过这种方法，成功而迅速地挤占了市场，导致美国几家服务高级但是空运率低的航空公司宣布破产。

动态定价就是利用互联网和大数据赋予的强大信息处理能力，根据消费者行为特征、供应情况、库存水平及其他价格影响因素的变化，迅速、频繁、动态地实施价格调整，为顾客提供不同的产品、各种促销优惠、多种交货方式以及差异化的产品定价方式。在此定价方式下，商家无须不断以牺牲价格和潜在收益为代价，便可及时清理多余库存。随着全渠道零售的发展，线上线下的数据逐步被打通，辅以云计算、智能货架、电子价格标签等先进软硬件的应用，线下实体店应用动态定价也成为现实。欧洲的 Sainsbury、Morrisons 和 Tesco 已经在它们的试点门店中实验电子价格系统，在国内，盒马鲜生（简称盒马）作为阿里旗下的泛生鲜零售新物种，以线上线下融合和业态创新为主要经营特征，2018 年初，盒马位于北京经济技术开发区的旗舰店就搭载了电子货架标签（electronic shelf labels）系统，如图 7-2 所示。

图 7-2　盒马店内的电子价格标签

动态定价策略也存在固有缺陷，其有效性要构筑在及时反应与调整的定价系统之上。也就是说，在按既定定价规则运作的基础上，离不开人为的判断。企业必须具备敏锐的感知能力，对动态定价策略有所反应。如果不具备这种感知能力，企业就该老老实实，采取稳定的定价策略。在制定定价策略的过程中，明智的做法是针对特定客户群体进行试验，甄选出最佳定价模型，然后，再对模型进行相应的调整。同时，动态定价策略会降低消费者信任水平的感知，进而影响消费者的购买行为。所以，在实施动态定价策略的同时，不仅要考虑是否与其他定价策略结合使用，还要考虑其对消费者心理诉求的影响。

### 7.2.2　动态定价的三种策略

埃森哲战略变革研究所的副合伙人兼高级研究员阿吉特·卡毕尔与 MCA 解决方案公司联合创始人兼首席运营官威浦·阿格热瓦总结出三种动态定价策略。

#### 1. 时基定价策略

时基定价策略的关键在于把握顾客在不同时间对价格承受的心理差异。例如，超前型购买者对新款时装、电脑、创新电子产品以及新版精装图书趋之若鹜，他们愿意为此支付较高的价格；相反，滞后型购买者（那些持币观望，不到最后一刻不掏钱的消费者）则表现出愿意为机票、酒店住宿支付更多费用的特点。

高峰负荷定价（peak-load pricing）和清理定价（clearance pricing）是两种最为常见的时基定价策略。高峰负荷定价法是指当用同一设施为不同时段的市场（顾客）提供同一产品或服务时，对这种产品和服务按不同的时段制定不同的价格，具体来说，就是对高峰时段的顾客定高价，对非高峰时段的顾客定低价。通过高峰定价法，用同一设施向不同时点上的市场供应产品也能提高利润。高峰负荷定价最适合于供应缺乏弹性的产品。此时，供应商能完全预测需求的增长，因而能够进行系统化的价格上调。某些长途电话服务或公用事业单位就经常采用这种策略。

清理定价则最适合于需求状况不确定和容易贬值的产品。贬值的原因很简单：产品过时或季节性差异。生命周期较短的易腐商品和季节性商品就属此类产品。针对这种情况，企业就必须降低价格，及时清理多余库存，以备需求的不测变化，如生命周期较短的计算机等电子产品。企业应适时降低价格，及时清算过剩库存，加快资金的回收。

## 微案例阅读

### 高峰负荷定价和清理定价

高峰负荷定价是指对需求高峰期间的顾客定高价，对非高峰期间的顾客定低价。滴滴出行是涵盖出租车、专车、滴滴快车、顺风车、代驾、大巴、货运等多项业务在内的一站式出行平台。滴滴网约车价格由基本费用、行驶费用和特定费用组成，每个费用项目通过设置分时分区的费用参数，并根据行驶里程和行驶时间来计算订单价格。以滴滴出行快车普通型为例，价格采用实时计价的方式，基于订单服务内容（里程、时长、时段等），按以下费用项目定价标准来计算订单价格（表7-1）。可以看出滴滴在用车高峰时间段定出比普通时段更高的价格，以提升运力，疏导和缓解出行需求。

表 7-1　滴滴出行快车普通型定价标准

| 基础费 | | 里程费 | | 时长费 | |
|---|---|---|---|---|---|
| 普通时段 | 14 元 | 普通时段 | 2.50 元/公里 | 普通时段 | 0.56 元/分钟 |
| 00：00～07：00 | 15 元 | 00：00～07：00 | 3.20 元/公里 | 11：00～20：00 | 0.58 元/分钟 |
| | | 11：00～13：00 | 2.53 元/公里 | | |
| 17：00～00：00 | 15 元 | 17：00～20：00 | 2.53 元/公里 | | |
| | | 22：00～00：00 | 3.20 元/公里 | | |

清理定价是对需求状况不确定和容易贬值的产品进行降价销售，以清算过剩库存，加快资金的回收。例如，在中秋佳节期间，人们往往会购买月饼礼盒作为礼物表达祝福，所以在中秋节期间，月饼礼盒的价格会达到最高值。在中秋节之后，传统商超会依靠打折、促销等方式来消化中秋节后剩余的月饼，如在盒马、

永辉超市、山姆会员店的广州酒家、荣华等很多热门品牌月饼最低都在 7 折到 8 折出售，原本价格相对较高的月饼，节后价格暴跌，甚至卖到了"白菜价"。这是因为月饼的节令消费特性非常明显，生产厂家和经销商从多年前就开始根据市场调研和销售经验进行"按销定产"，所以近年来基本上都会在节后一段时间里，通过各种打折、促销、团购等方式将存货消化掉。

### 2. 市场细分与限量配给策略

市场细分与限量配给策略的基本原理是：利用不同渠道、不同时间、不同精力花销情况下，顾客表现出来的差异性价格承受心理。为此，企业必须开发专门的产品服务组合，根据不同的产品配置、渠道、客户类型和时间进行区别定价。

**微案例阅读**

#### 机票价格为何变化多端？

以航空业为例，对同一座位，航空公司的票价或许多达 15 种不等。不同票价的设置取决于订票时，乘客接受的限制条件或其他多种因素。例如，起飞前 14 天出票，或一周前出票，票价都有所不同。

以 2023 年 2 月 21 日，北京至上海的 7：10～9：35 吉祥 HO1254 机票（2023 年 2 月 11 日报价）为例。在携程网上，机票报价为 743 元；在同程旅游网上，机票报价为 749 元；去哪儿网的机票报价为 750 元；智行出行的报价为 737 元；飞猪网的报价为 760 元；而吉祥航空的报价为 738 元（当然，票价越低，限制条件自然也就越多）。

航空公司大多对不同价位、不同种类的机票实行限量配给制，并通过需求形态分析，不断修正定价策略，从而实现不同渠道间收益的最大化。

### 3. 动态推销定价策略

企业通过网络进行市场钻研的灵活与便捷是传统营销望尘莫及的，动态推销策略利用 Internet 赋予的强大优势，依据供应情况以及库存水平的变化，迅速、频繁地施行价格调剂，为顾客提供不同产品、各种促销优惠、多种交货方式和差异化的产品定价。在此策略下，网络商家无须不断以牺牲价格和潜在收益为代价，便可及时清理多余库存。这类策略与潜伏消费者需求紧密结合，企业可以依据登录文件以及点击流中的信息跟踪每一位消费者的点击流，适时提供服务，与更多的潜伏消费者实现交易。例如，航空公司的自行定价，呈现了收益管理的收入最大化的新法子。这个繁杂的系统包含了多种管理策略，通过分析消费者信息动态定价，尽量用固定能力来匹配各细分市场的潜伏需求，实现以最大盈利方式分配一趟航班的座位的目标。

### 盒马鲜生——打造个性化的购物体验

盒马是阿里巴巴旗下基于实体门店与线上平台，区别于传统精品超市的OAO（online and offline，线上和线下）新零售业态，以"生鲜超市零售+体验式生鲜餐饮+生鲜物流配送"的模式，集合了超市、餐厅、菜场的功能，从产品品类、价格、便利度和消费场景四个方面对传统零售业进行革新，提供给消费者更多选择、更便宜、更便捷和多样化消费场景的购物体验。盒马采用线上下单，门店配送的运作模式，线上APP汇集各类商品，线下门店集超市、餐饮、仓储于一体，为消费者打造一站式购物体验。线下门店中设立各类餐饮区域，满足消费者对于实体商品直观体验的消费需求，在获得消费者对于线下产品的信任度后，发展线上下单自然水到渠成。

同时盒马利用阿里大数据、云计算等人工智能技术，对消费者的购物习惯有着更加清晰的认识，更能从消费者的角度出发，为消费者创造一个舒适的用户体验。如盒马的智能订单库存分配系统会根据盒马门店的历史销量和淘系数据进行不同区域商品分配的预测。盒马线上线下相融合的发展方式进一步激活了阿里系的用户数据，通过技术和模型刻画用户画像、分析用户的消费习惯、消费偏好等行为模式，灵活调整线下商品库存及陈列。

图7-3　盒马新零售操作系统

IOT 表示 internet of things，物联网；EHR 表示 electronic human resource，电子人力资源管理；

RF 表示 radio frequency，射频

# 7.3　其他创新定价方法

## 7.3.1　随你付（PWYW）

PWYW 的全称是 pay what you want，有的文献也表述为 pay as you wish，也可称为"随你付"，即允许消费者支付任意价格。Kim 等（2009）将 PWYW 定义为将价格决定权完全交给买者的参与式定价策略。在采取这种定价方式的交易中，卖者只提供一种或多种产品，而由买者决定价格，买者设定价格后，交易就自动达成。这种定价方式是建立在买卖双方互相信任和理解基础上的，由顾客对产品质量、服务环境等方面进行感知，从而对所需物品制定价格的一种定价方式。因而，卖者必须接受买者的出价而不能收回产品。作为最激进的参与式定价策略，PWYW 定价策略将产品和服务的定价权完全交给消费者，使消费者对价格的控制权达到最高水平。在数智化时代，PWYW 定价策略就是以自身的独特性来吸引消费者的眼球，以定价策略的创新性激发消费者的购买欲望，同时也满足了顾客的好奇心，是一种行之有效的定价策略。

### 1. "随你付"的优势

1）有利于买方主动权的逆转，具备促销作用

买卖从来都是卖家定价，买家砍价，现在反过来由买家定价，获得定价权的快感与新鲜感会吸引很多的消费者来体验。PWYW 以独特的定价方法吸引消费者的关注，同时以消费者参与式定价的方式提高消费者对品牌的好感度。在长期以卖方定价的交易方式下，PWYW 定价方式的出现无疑是一种新鲜事物，由于人们天生的好奇心，当消费者发现这种新奇的定价方式时，其通常会在好奇心的驱使下选择尝试。但是吸引消费者好奇心的前提条件是要让消费者知道企业推出的参与式定价方式——PWYW。所以对于企业在推出这一定价方式之前应该做好宣传推广的工作，而不是贸然地推出。

2）有利于加强消费者对企业的信任，降低感知风险，避免买方后悔

采用 PWYW 定价策略本身就是一种企业对其产品质量有信心的信号，企业的信心会通过 PWYW 定价策略的信号显示作用转变为消费者的信心，这种信号还能提高消费者感知的价格公正性。同时在 PWYW 定价方式下消费者能够参与甚至是决定了产品的价格，这种自主决定权让消费者对企业更加信任，大大降低了消费者尝试一种新产品或服务（尤其是体验品，如音乐）时的感知风险。大多

数消费者会对自己不了解的产品或者服务产生疑惑与感知风险，在 PWYW 定价方式下他们可以先消费后支付，如果消费者对这一产品或者服务表示满意，通常消费者会根据先前的消费感知与认知支付较高的价格，反之就会支付较低的价格甚至不支付。

3）具有预测功能，有效避免卖方定价错误

如何根据市场对商品进行合理定价以及定不同的价是非常难的，涉及太多的因素，定价失误的损失也不小，定价对于一些商家来说一直是个头疼的问题。这样把定价丢给买家会减轻不少压力。因为产品或者服务的定价权利由卖方转移到买方，企业可以根据消费者自主支付的定价程度判断消费者市场接受产品或者服务的意愿强度。当企业对于推出的新产品或者服务不太了解消费者的接受程度，可以在产品推广前期采用 PWYW 定价方式，根据消费者自主支付的价格水平来确定该产品或者服务的定价程度。如果消费者自主支付的价格高于企业设想的价格，企业将来就可以提高价格，反之，则降低价格。

4）有利于利用价格歧视，增加利润

价格歧视（price discrimination）并非贬义，又称为"价格差别"，是指商家面向不同消费群体出售同一种商品时采取不同价格的行为。在这方面的确可筛选出不同的消费者，因为高品质消费者（指那些正确认识到产品或服务价值或特别喜欢某个产品，给予其更高估值）愿意为此付出高价，从而给商家带来更高的利润。对于这种消费人群 PWYW 是非常有效的策略。

## 2. 随你付的适用条件

研究表明，这种定价策略可以增加公司的营业额和利润，能够提高顾客的重复购买率和赢得消费者良好的口碑。经过营销实践证明大多数知名品牌能够从 PWYW 的定价方法中受益，但也存在着一些企业在运用该定价方式之后没有获得预期的利润甚至是出现了亏损，这一现象说明该定价策略的成功实行是需要一定条件的。例如，不同程度的品牌熟悉度可能就会对消费者的质量感知和购买决策产生重要影响。

PWYW 定价方式的五个适用条件，具体如下所示。

（1）产品边际成本低。在线销售的产品或软件产品的边际成本均很低，类似地，任何边际成本很低的商品（即使首次投入很高，但是后续的生产或复制成本很低）都可以尝试 PWYW 定价的策略。

（2）消费者忠诚度或道德水平较高。在 Radiohead 乐队的案例中，《In Rainbows》销售的成功建立在无数歌迷的忠诚上，作为乐队的铁杆歌迷，他们关心着乐队的成长，因此也具有较强的支付意愿。在理论的解释上，古典经济学把人当成自私和理性的，而忽略了人的情感因素，芝加哥大学行为经济学领域的先驱理查德·泰勒教授指出，人类经常会对他们受到的对待做出富有情感的反馈，他强调，人们"以友好馈赠友好，以合作回报合作，以真诚对待真诚，以背叛惩罚背叛"。泰勒教授同样也指出，人们总是会表现出一些利他性的，就算没有经济激励也无所谓，PWYW 定价策略正是利用了这一利他性的行为特点。

（3）产品可以可信地卖出不同的价格。Radiohead 乐队之所以能利用顾客自己定价模式取得成功，一个主要原因是他的顾客群里有一群人比其他任何人都热爱 Radiohead 乐队。如果一件商品的顾客感知价值差异性不大，那么 PWYW 定价策略是行不通的，PWYW 定价策略能够获利的重要原因在于该商品有着极其广泛的、多样性的顾客群，这么多人心中对商品的成本结构认知不会统一，从而很容易高估商品的实际成本。另外，广泛的顾客群在给出自己愿意支付的价格后，实际上实现了卖家对每个消费者收取不同的价格，从而利润最大化，更精确地说，PWYW 定价策略让卖家能够将价格歧视细分到每一个顾客身上。

（4）买卖双方关系密切。PWYW 定价策略中买卖双方具有较强的关联性，总是很乐于去跟对方交换自己的真诚和友好。在采用 PWYW 定价策略的企业中，同样理念的应用显得更为重要，因为顾客的支付行为完全靠自觉。

（5）高度竞争的市场环境。音像制品行业是高度竞争性行业，不仅因为有无数的乐队在互相争夺年轻的歌迷，同时因为盗版猖獗，很多年轻歌迷选择听不花钱的盗版歌曲，在这样一个市场里任何一个乐队选择制定一个固定的价格，必然面临销售惨淡，而顾客自己定价模式提供了一个更好的定价机制，尽管乐队总是希望定高价来实现利润最大化。确实，在一个竞争性很强的市场中，顾客自己定价能有效地避免可能的价格战，因为消费者支付自己的价格是随机且自主的，这样使得竞争对手无法开展价格战。

### 7.3.2　免费价格策略

#### 1. 免费价格策略的内涵

免费价格策略就是将产品和服务以零价格的形式提供给顾客使用。免费能让人的情感迅速充电，感受到免费的东西比实际要值钱得多。免费价格策略在传统市场营销中常用于促销和推广产品，这种策略一般是短期和临时性的。但在全渠道营销中，免费价格不仅仅是一种促销策略，还是一种非常有效的产品和服务定价策略，许多新兴公司凭借免费价格策略一举获得成功。公司作为市场主体，获取利润是公司生存和发展的基础，采用免费价格策略，企业的产品和服务可以由消费者免费使用，那么公司是如何生存和发展下去的呢？

目前，电子商务采用免费价格策略，一个目的是让用户免费使用习惯后，再开始收费。例如，金山公司允许消费者在互联网下载限次使用的 WPS 2000 软件，是想待消费者使用习惯后，掏钱购买正式软件，这种免费策略主要是一种促销策略，与传统营销策略类似。另一个目的是想发掘后续商业价值，是根据战略发展需要来制定定价策略的，主要是先占领市场，然后再在市场获取收益。例如，淘宝利用免费策略来占领市场。免费价格形式主要包括以下几种。

（1）产品或服务完全免费，即产品或服务从购买、使用和售后等所有环节都实行免费服务。例如，《人民日报》的电子版在网上可以免费使用。

（2）对产品或服务实行限制免费，即产品或服务可以被有限次使用，超过一定期限或者次数后，取消这种免费服务。例如，金山软件公司赠送可以使用 99 次的 WPS 2000 软件，使用次数完后需要付款申请继续使用。

（3）对产品或服务实行部分免费。例如，一些著名研究公司的网站公布部分研究成果，如果要获取全部成果必须付款购买，如艾瑞咨询网。再如对于一些新的电影，优酷视频网站让消费者免费观看几分钟，如果消费者想观看全部内容，就必须支付一定的费用。

（4）对产品或服务实行捆绑式免费，即购买某产品或服务时赠送其他产品或服务。捆绑定价需要精心选择产品的组合，使顾客感觉组合产品的价格小于各个产品价格之和。顾客的支付意愿会从某个产品成分转移到整个产品组合。采用这种方式，企业会突破网上产品的最低价格限制，利用合理、有效的手段，去减轻顾客对价格的敏感程度。例如，国内的一些互联网服务提供商（internet service provider，ISP）为了吸引接入用户，推出了上网免费送 PC 的市场活动。实际上从另一方面来看，这个商业模型就相当于分期付款买 PC，赠送上网账号的传统营销模式，只不过市场操作从 PC 制造商转向了互联网服务提供商。

事实上，免费价格策略恰恰也是谷歌公司所选择的定价策略，消费者访问谷歌网站，通过强大的、让无数人生活变得更轻松美好的搜索引擎，得到的一些搜索结果都是绝对免费的，与之类似的 360 公司也为万千国内用户提供免费的杀毒软件，这些看似免费的服务，它们为消费者创造出越多的价值，就有越多回报的可能性。利用累计的客户流量和信任度，谷歌等互联网公司能将这些流量和客户忠诚度的数据卖给广告商们，广告市场正是这些公司开辟的第二主导市场。与几乎所有的传媒巨头相比，谷歌公司的不同之处在于，它能够向广告客户提供完全切实有效的价值（图 7-4）。

谷歌公司的这种情况虽然特别，但现如今，免费价格策略随处可见，很多公司，已经发现采用免费战略有助于它们建立并维护一定规模的顾客群，免费战略如此流行，以至于传统的定价策略逐渐落于下风，其中最大的驱动因素当属信息的边际成本递减。同时随着计算机和互联网技术的高速发展，今天的人们可以随

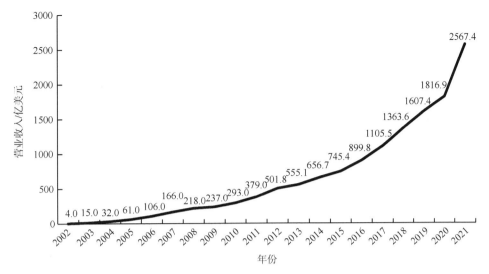

图 7-4　谷歌公司 2002～2021 年营业收入

心所欲地在互联网上向全世界发送信息，无论是数据处理方面还是存储方面，计算机的性能都呈指数化增长，而价格却在逐年降低。互联网的快速发展凝聚了众多的用户，这本身也增加了免费服务的传导性，更重要的是这个庞大的用户群有着各种各样不同偏好的细分用户群。

免费定价可以成为有效的定价战略，但是却不具有无所不能的魔力。与传统的定价方法一样，免费价格策略也有自己的局限性：随着公司不断发展，总有一天需要有盈利能力。就算产品成本能压缩到几乎为零，在某些时刻一定也会有人要为摆放在货架上的产品而付费。世界上从来没有免费的午餐。不过，现代科技的发展却带来了新的可能性：世上没有免费的午餐，但会有人付了别人的账单，或者有顾客会在稍后花钱吃一顿更加昂贵的大餐！

**2. 适合免费价格策略的产品的特性**

在网络营销中对产品实行免费价格策略是要受到一定环境制约的，并不是所有的产品都适合于免费价格策略。互联网作为全球性开放网络，它可以快速实现全球信息交换。因此，只有对那些适合互联网这一特性的产品才适合采用免费价格策略。一般来说，适合免费价格策略的产品具有下列特性。

1）易于数字化

互联网是信息交换平台，它的基础是数字传输，易于数字化的产品都可以通过互联网实现零成本的输送，这与传统产品需要通过交通运输花费巨额资金，实行实物配送有着巨大的区别。只要企业将这些免费的数字产品放置到网站上，用户就可以通过互联网自由下载和使用，如此企业通过较小成本就能实现产品的推广，节省了大量产品的推广费用。

2）无形化

采用免费价格策略的产品大多是一些无形产品，它们只有通过一定载体才能表现出一定形态，如软件、信息服务、音乐制品、图书等，这些无形产品可以通过数字化技术实现网上传输。

3）零制造成本

这里的零制造成本主要是指在产品开发成功后，企业只需要通过简单复制就可以实现无限制的产品生产，这与传统实物产品生产受制于厂房、设备、原材料等因素有着巨大的区别。软件等无形产品易于数字化，可以通过软件和网络技术实现无限制地自动复制生产。对于这些产品，企业只需要投入研制费用，至于产品生产、推广和销售则完全可以通过互联网实现零成本运作，因此可以实行免费价格策略。

4）成长性

采用免费价格策略的产品一般都是利用产品成长来占领市场，为未来市场发展打下坚实基础。奇虎360公司2008年7月推出了永久免费的360杀毒软件来抢占市场，在3年的时间里，用户数量从零上升到3亿人，极大程度地蚕食了收费杀毒软件企业的市场份额，逼迫这些企业不得不放弃原有的收费模式（表7-2）。

表7-2　奇虎360公司产品活跃用户数量（单位：百万人）

| 360 系列产品 | 2008 年 12 月 | 2009 年 12 月 | 2011 年 1 月 |
| --- | --- | --- | --- |
| 360 安全卫士 | 116 | 216 | 301 |
| 360 杀毒 | 2 | 87 | 248 |
| 360 安全浏览器 | 18 | 106 | 172 |
| 360 其他安全产品 | 119 | 225 | 328 |

5）冲击性

企业采取免费价格策略，其核心宗旨在于强力推动市场蓬勃成长，积极拓展崭新的市场疆域。这一策略不仅旨在拓展新的市场领域，更是对既有市场格局的一次深刻冲击。如若不然，仅凭免费产品的策略，很难在竞争激烈的市场中快速形成可观的规模，更难以在未来的商业环境中捕捉到宝贵的发展机遇。3721网站为推广其中文网址域名标准，采用免费下载和免费在品牌计算机预装的策略，在

1999 年短短的半年的时间内就迅速占领市场而成为市场标准，对过去被国外控制的域名管理产生巨大的冲击和影响。

6）间接收益特点

在市场运作时，企业虽然可以利用互联网实现低成本的扩张，但还是需要不断开发和研制免费的产品，为此需要投入大量的资金和人力。因此，采用免费价格策略的产品或服务一般具有间接收益的特点——它可以帮助企业通过其他渠道获取收益。例如，百度公司通过免费搜索引擎服务吸引了大量的用户，庞大的用户群又为百度搜索引擎实现营销传播提供了良好的机遇，如此百度公司就可以通过竞价排名等方式获取间接收益。雅虎通过免费搜索引擎服务和信息服务吸引用户注意力，这种注意力形成了雅虎的网上媒体特性，雅虎可以通过发布网络广告获取间接收益。这种收益方式也是目前大多数互联网内容提供商（internet content provide，ICP）的主要商业运作模式。

**3. 免费价格策略的实施风险**

为用户提供各种免费的产品或服务实质上是企业的一种市场策略。然而，世界上从来没有免费的午餐，互联网世界也不例外。一般来说，企业提供免费产品的动机有两种：一种动机是让消费者体验后，形成使用习惯和偏好，然后开始收费；另一种动机是发掘后续的商业价值，如网景公司把它的浏览器免费提供给用户，开创了在互联网上免费发放浏览器的先河。后来，微软也如法炮制，免费发放 IE 浏览器。再后来，网景公司公布了浏览器的源代码，将免费进行到底。网景公司当时允许用户免费下载浏览器的主要目的是在用户使用习惯之后就开始收费，这是该公司提供免费软件的背后动机，但是 IE 浏览器的出现打碎了网景公司的美梦。所以对于企业来说，为用户提供免费服务只是其商业计划的开始，并不是每个企业都能顺利取得成功。实行免费价格策略，企业必须承担很大的风险。

**4. 免费价格策略的实施步骤**

免费价格策略一般与企业的商业计划和战略发展规划紧密相连，企业要降低免费价格策略带来的风险，提高免费价格策略的成功率，应遵循下列步骤。

（1）互联网是成长型的市场，企业在该市场中获取成功的关键是要有一个可能获得成功的商业运作模式。因此，企业考虑免费价格策略时，必须看这一策略是否与企业自身的商业运作模式相吻合。例如，我国专门为商业机构之间提供中介服务的网站 Alibaba.com，提出了免费提供信息服务的 B2B 新商业模式，获得了市场认可，并且具有巨大的市场成长潜力。

（2）分析采用免费价格策略的产品或服务能否获得市场认可，也就是提供的产品或服务是不是市场迫切需求的。已经通过免费价格策略成长起来并且获得成功的企业都有一个特点，就是提供的产品或服务受到市场的极大欢迎。

（3）分析实施免费价格策略的产品的推出时机。互联网上的游戏规则是赢家通吃，只认第一，不认第二。因此，在互联网上推出免费产品是为了抢占市场，如果市场已经被占领或者已经比较成熟，则企业要审视所推出的免费产品或服务的竞争力。例如，百度公司虽然不是中国第一家搜索引擎公司，但是其在中文搜索方面具有独特的优势和竞争力，因此也确立了其在中文搜索领域第一的市场地位（表7-3）。

表7-3　2022年1～6月中国搜索引擎使用情况

| 中国电脑端搜索引擎市场份额排名 | | | 中国移动端搜索引擎市场份额排名 | | |
| --- | --- | --- | --- | --- | --- |
| 1 | 百度 | 51.68% | 1 | 百度 | 90.85% |
| 2 | 必应 | 25.87% | 2 | 神马 | 2.89% |
| 3 | 搜狗 | 10.09% | 3 | 必应 | 2.17% |
| 4 | 谷歌 | 7.33% | 4 | 搜狗 | 1.47% |
| 5 | 360搜索 | 4.42% | 5 | 谷歌 | 1.13% |

资料来源：美国网站通信流量监测机构 Statcounter

（4）考虑产品或服务是否适合采用免费价格策略。目前，国内外很多互联网服务提供商对用户也不是毫无要求：它们有的要求用户接受广告，有的要求用户每月在其网站上购买一定金额的产品。例如，用户在优酷视频网站观看视频之前，必须先观看一段时间的广告，如果想跳过广告，则必须支付一定的费用。

（5）策划推广免费的产品或服务。互联网是信息的海洋，网络用户已经习惯免费的产品或服务。因此，企业要吸引用户关注免费产品或服务，应当与推广其他产品一样有严密的营销策划。在推广免费产品或服务时，主要考虑通过互联网渠道进行宣传，如在知名网站中提供链接，发布网络广告；同时，还要考虑在传统媒体上发布广告，利用传统分销渠道进行宣传等。例如，奇虎360公司在推出免费的360杀毒软件时，就通过电视广告宣传了其永久免费的特性。3721网站为推广其免费中文域名系统软件，首先通过新闻形式介绍中文域名概念，宣传中文域名的作用和便捷性；其次与一些著名的互联网服务提供商和ICP合作，建立免费的软件下载链接，同时还与PC制造商合作，提供捆绑预装中文域名软件。

# 第 8 章

# 数字渠道创新管理

互联网特别是移动互联网的发展使企业营销渠道发生深刻变革，它彻底改变了传统的销售方式，为企业带来了更多的机遇和挑战。本章将首先介绍数字时代渠道变革，从多渠道到全渠道，分析营销渠道发生了何种变化；其次，从全渠道整合方式、接触点管理及对用户体验的影响，分析全渠道的设计与管理；再次，通过介绍渠道归因和全渠道绩效评价模型来阐释全渠道的绩效管理；之后，通过梳理目前主要关注的研究领域，提出未来值得关注的研究问题；最后，将针对盒马鲜生这一典型案例进行介绍，剖析其全渠道打造逻辑及背后的理论逻辑。

**微案例阅读**

## 孩子王的数字化渠道变革

孩子王是一家创立于 2009 年的母婴零售龙头企业，它的第一家门店位于南京建邺万达广场，经营面积高达 8000 平方米，单品数量达到两万多个。孩子王在成立之初，以大店模式运营，除销售商品外，还提供儿童乐园、互动活动、育儿服务三大类型的专业母婴服务，一站式满足母婴消费需要。孩子王创立后发展迅猛，以江苏市场为基础迅速向全国实现了快速扩张，在成立 5 年后的 2014 年营业收入达到了 15 亿元，至 2017 年，门店数量突破 200 家。

但随着线上母婴渠道的快速发展，蜜芽、红孩子等母婴类垂直电商进入市场，各母婴类产品品牌商也逐步开始在淘宝、京东这些综合电商平台布局发力。孩子王在经历了几番调研以及微信等社交媒体的初步探索后，董事长汪建国认为面对消费者的变化以及移动化、数字化的趋势，孩子王应充分利用互联网思维，保持持续创新与变革。于是，在 2015 年 "更懂你+" 孩子王百店盛典暨全渠道战略峰会上，孩子王 CEO 徐伟宏正式对外推出了孩子王的全渠道战略，建立集线上、线下两个服务平台，连锁门店、电子商务、社群分享三大销售渠道于一体的全渠道布局，开始了孩子王数字化转型之路。

孩子王在 2015 年正式推出了官方移动 APP，拥有全球购、会员卡、积分商城、附近门店、0 元试用、妈妈口碑、育儿顾问等多个板块，APP 商城不仅有孩子王自营，还有渠道品牌授权的商家入驻，拥有超过 40 万个品项，全国的用户都可以通过该 APP 获取丰富的产品。孩子王 APP 也连接了线下实体门店，用户可以通过 APP 的"附近门店"功能挑选附近门店的产品，可送货到家或到店自提。为满足消费者便利性、互动性需求，孩子王陆续通过微信公众号、微信小程序、微商城以及在第三方电商平台开设的"孩子王官方旗舰店"实现商品销售和与消费者互动。除开拓线上渠道外，孩子王在线下店还推出了签到大屏、电子价签、云货架、人脸识别、扫码购等数字化服务，打造以数字化、场景化、服务化为基础的线下智慧门店，将线上高效率和线下体验进一步深度融合。

为了深度整合线上线下渠道，提高全渠道服务和运营的效率，孩子王进一步打造和迭代了它的数据中台、业务中台和 AI 中台。数据中台能有效采集各业务系统数据、门店数据、第三方来源数据，从中发现购买规律、连带需求、潜在需求，同时运用业务模型和机器学习等智能算法实现数据处理和可视化，处理加工后的数据可运用到会员、营销、商品、供应链、物流等业务领域，为实现会员的定制化服务提供了有力的数据支撑。业务中台以服务用户为核心，包括会员、商品、库存、交易、售后、促销等 11 个子系统，是前后端系统的桥梁，有效提高了业务的共享能力。AI 中台则是为提供人工智能服务而构造的一系列组件和系统。可以通过向前台系统如孩子王 APP、智慧门店提供机器人智能对话、智能推荐、智能搜索、智能识别等 AI 服务，帮助前端业务场景实现智能化，还可以驱动其他中后台系统更好地运行。

# 8.1 数字时代渠道变革

## 8.1.1 多渠道变革

传统的销售渠道主要包括实体店、分销商、代理商等，随着互联网技术的迅速发展，企业销售渠道发生了深刻变革，互联网信息技术推动亚马逊、阿里巴巴、京东等一系列电子商务平台的建立。这些企业的出现，使得消费者拥有前所未有的购物方式，也彻底改变了传统的销售方式，给企业带来了更多的机遇和挑战，如今的公司必须建立和管理不断发展且日益复杂的渠道系统。

在数字化背景下，多渠道变革意味着使用多个销售渠道以满足消费者的需求，如电子商务网站、社交媒体平台、实体店面等，"线上+线下"的多渠道分销风靡各行各业。大多成功的公司都会采用多渠道分销，即通过两种或两种以上的营销渠道来触达某个市场领域或者某个客户群体。例如，美国 Sharper Image 公司拥有 186 家实体店铺、一家网络商店和一家邮购商店，三种渠道对公司的销售贡献分别是 59%、16%和 17%，都为公司的整体业绩做出了贡献。又如必胜客店铺在中国成功运营之后，在 2001 年又推出必胜宅急送渠道，分属两家公司管理，且目标顾客有差异，前者属于社交型顾客，后者属于宅家型顾客，都收到理想的绩效。

多渠道变革侧重于为消费者提供更多的购物选择和方便，需要企业具备一定的数字化技术能力，如有适当的电子商务技术、物流和库存管理系统等。在多渠道变革中，企业通常专注于优化每个销售渠道的表现，从而最大限度地提高销售量。

**1. 线上渠道**

线上渠道指的是通过互联网和数字技术来销售产品和服务的渠道。企业可以选择自建网站、第三方销售平台、社交媒体平台等多种线上渠道销售产品。通过这些线上渠道，企业有机会直接面向消费者进行销售，减少了中间环节，降低了销售成本，提高了销售效率。

1）企业官方网站

企业自己开设的官方网站，如 Nike、Adidas、Apple 等品牌利用自己开设的官方网站提供产品或服务，并进行在线交易。这些在线购物网站是线上销售的重要渠道之一，也是许多企业实现多渠道布局的重要组成部分。

2）第三方电商平台

例如，亚马逊、淘宝、京东、eBay 等是许多品牌和零售商的主要线上销售渠道。这些网站提供了一个平台，让商家可以在上面开店，展示商品并接受在线订单。这些平台有着庞大的用户群体和成熟的销售与物流系统，让品牌和零售商可以借助这些平台来扩大销售渠道和提高销售额。

3）移动应用程序

许多品牌和零售商都开发了自己的移动应用程序，让用户可以通过应用程序浏览和购买产品。例如，许多快时尚品牌都有自己的移动应用程序，让用户可以在应用程序上浏览新品、下订单并跟踪订单状态，另外，一些平台企业如美团、饿了么等，也可以使用手机或平板电脑下单，购买商品或服务。

4）社交媒体平台

企业可以在 Facebook、Instagram、抖音、微博、小红书等社交媒体平台上创建品牌页面，发布产品信息和促销活动，并通过直播等方式与顾客互动。有些社交媒体平台，不仅是营销信息传播工具，也是许多品牌的线上销售渠道。例如，许多品牌在抖音、小红书上开设商店，让用户直接在这些平台上购买产品。

**2. 多渠道之间的竞争**

多渠道的设计对市场营销总监的渠道管理形成了巨大的挑战，设计多渠道并不难，但采用多渠道战略的企业可能会面临多个渠道之间的竞争。当企业同时在多个渠道上销售产品时，不同渠道之间会发生竞争，如消费者可能会在线上和线下进行比价和选择。不同的渠道可能会对品牌形象产生不同的影响，如线上销售可能更注重价格和便利性，而线下销售则更注重消费者体验和品牌形象。在多个渠道中同时运营需要企业投入大量的人力、物力和财力，如维护网站、管理物流等。因此，管理多渠道真正的难点在于不同渠道之间的利益如何协调，如何规避和协调渠道之间的竞争与冲突。许多企业需要通过定价、促销、产品差异化等方式在不同渠道中保持竞争优势，进行基于渠道的产品差异化是实现线上线下共生的重要方式。

产品差异化指的是在线上、线下提供有区隔性的产品，防止消费者产生直接的对比，从而引发渠道冲突。在这种模式下，通常线下多出售热门商品，线上销售补充线下，而不是与线下进行销售竞争。企业的这种产品差异化供应主要可以通过两种形式实现。

一是产品供应节奏差异化。例如，一些服饰品牌在天猫开设奥特莱斯店（Outlets），产品以过季、打折商品为主，线下实体店主推新季上市商品，二者成为互补渠道。又如耐克，对于新上市的产品，线上商店会有广告链接，但是在上市初期不会有线上零售。

二是产品品类供应差异化。线上线下产品品类差异化的方式，已经被众多企业采用，能在一定程度上防止价格敏感型消费者从线下往线上转移，缓和线下与线上的渠道冲突。例如，BenQ 在线上供应的品类就和线下有型号区隔，避免了消费者在实体店里用手机比价，它还专门对实体店中的手机比价客户设计出一系列防御性产品，这种产品的价格甚至低于线上。

**微案例阅读**

### Nike 的多渠道区隔布局

Nike 是一家在多渠道产品布局上非常成功的企业，它采取了一些策略来进行线上和线下产品系列区隔，避免了多渠道冲突，也增加了对品牌形象和产品销售的控制权。

在线下，Nike 主要通过自己的品牌专卖店、运动专营店来销售产品，这些店铺通常位于购物中心和街道上，可以提供直接接触和试穿产品的体验。在线上，Nike 主要通过自己的网站、移动 APP、亚马逊等线上渠道销售产品。Nike 在不同的渠道会销售不同系列产品，一些高端系列如 NikeLab、Jordan、AGG 等只在 Nike 官网、品牌专卖店及一些指定的大型零售店如 Foot Locker 等进行销售，而不在其他零售商店及大型商场销售。Nike 也推出了许多专门在线上渠道销售的产品系列，与某些合作伙伴或艺术家合作的限量版或独家版，通常会在 Nike 官网、Nike APP、Nike SNKRS 独家销售。例如，Nike x Off-White 联名系列的鞋款和服装在 2017 年首次推出，只在 Nike 官网和 Nike SNKRS 上销售，后续也只有部分鞋款通过其他零售商渠道进行过限量发售。Nike 的官网和 APP 是展示品牌形象和新产品的主要平台，将限量版或独家版产品放在这些平台上有助于提高品牌形象和知名度，提高网站和 APP 流量，同时也可以避免过度销售，更好地控制产品的定价，避免价格战和渠道之间的价格冲突。

## 8.1.2　全渠道变革

随着信息的无障碍流动、移动端的广泛使用，营销渠道类型逐渐丰富，各个渠道之间的绝对边界逐渐消失，多渠道营销逐渐被全渠道所替代。在一次完整的购买过程中，购买者将利用很多分销渠道或是信息渠道和物流渠道，实现全渠道选择、购买、消费。在数字时代，更加突出的是线上和线下的互动合作，如顾客可以在优衣库的实体店了解产品，在天猫旗舰店或小程序上订购，然后通过线下店铺自提或者快递完成销售。随着移动互联网和智能终端的普及，更直观的体现是移动端和线下的交互。例如，京东到家整合了多家连锁水果专卖店，顾客可以在任一家水果店选择想要的水果，在手机 APP 上下单，最终店铺把水果送到顾客家中。这种跨渠道的整合被称为"全渠道战略"。

"全渠道"这个概念由贝恩全球创新和零售业务负责人 Darrell Rigby 提出，他在《购物的未来》（*The Future of Shopping*）一书中提到，数字化零售正在迅速脱胎换骨，我们有必要赋予它一个名字"omni channel retailing"。他指出全渠道零售提供了一种综合的销售体验，将实体店的优势与在线购物的信息丰富体验相结合。而后，Levy 等（2013）也提到全渠道提供了一个协调的方案，利用零售商的所有渠道来提供无缝的客户体验。我国学者李飞（2014）界定了全渠道的学术定义，即企业综合运用尽可能多的零售渠道类型进行有效整合销售的行为，进而满足消费者对于购物、娱乐和社交的综合体验需求。随着全渠道的不断发展，学者发现很难将信息渠道和购买渠道完全割裂开，顾客可以在一些信息搜索渠道如小红书直接购买，也可在购物渠道获取信息，如在实体店咨询销售人员，或是在天猫查看其他消费者对产品的评价信息，因此，Verhoef 等（2015）提出全渠道战略是对众多可用通道和客户触点的协同管理，以使跨通道的客户体验和各渠道整体的绩效得到优化。

由上述对于全渠道的定义描述可以知道，全渠道不再是"实体店+网店"这样多渠道的简单叠加，而是通过巧妙设计实现线上、线下渠道的交叉和融合，综合设计企业信息提供、商品展示体验、履约及物流、客户支持与服务等基本环节，实现渠道网络的共享与交互（图 8-1）。其目的是提供客户全方位的购物体验，无论是线上还是线下购物，都能让客户享受到相同的服务。在全渠道营销中，企业必须将所有渠道整合起来，实现信息和资源共享、协调与合作。

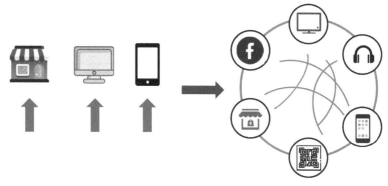

图 8-1　多渠道向全渠道转变

**1. 全渠道与多渠道的差别**

全渠道和多渠道同样都是涉及通过多个渠道与客户互动的业务策略，但它们之间存在一些关键的差异，具体如表 8-1 所示。

表 8-1　全渠道与多渠道的差异点

| 项目 | 全渠道 | 多渠道 |
| --- | --- | --- |
| 关注点 | 顾客 | 产品和服务 |
| 顾客旅程 | 无缝和一致的体验 | 各渠道独立的购买体验 |
| 数据分析 | 集中系统管理 | 无跨渠道数据分析 |
| 协调和一致性 | 协调一致，渠道互补 | 各渠道独立运作 |
| 个性化 | 利用各渠道数据提供个性化定制 | 无个性化定制 |
| 客户支持和服务 | 集成的客户支持和服务体验 | 独立支持团队和流程 |
| 库存和履约 | 流程整合 | 单独库存和履约流程 |

多渠道战略的关注点在产品和服务,强调以多个渠道向客户提供灵活的选择,如一个服装品牌可以让顾客在其网站、实体店或社交媒体平台上购买服装,但这些渠道都是独立运作的,拥有自己独特的购买体验和客户旅程,客户可以选择他们最喜欢的渠道进行交互。这些渠道有自己的数据,企业不会将所有渠道的顾客数据集成到一个集中的系统,也就无法分析跨渠道的顾客行为。例如,一家实体零售店无法跟踪其顾客的在线行为。每个渠道并不会针对每个个体客户进行定制,它们可能提供不同的购买体验。例如,顾客在品牌网站和实体店可能会收到不同的促销优惠。渠道间是独立运作的,因此,采用多渠道战略的企业可能针对每个渠道采用单独的库存和履行流程,这会导致差异和延迟。例如,品牌网站上的产品可能缺货,但在实体店中有货。同样,这些企业也可能通过不同的渠道提供客户支持和服务,但每个渠道都有自己的支持团队和流程。客户可能需要在不同的渠道上重复表述他们的问题或疑问,如客户可能打电话给品牌的客户服务热线,但当他们给品牌的支持团队发电子邮件时,他们必须重复表述他们的问题。多渠道战略的重点是优化每个单独的渠道,以最大化销售,并且会想方设法避免各个渠道之间的冲突。

全渠道战略的关注点在于顾客,它以提供无缝和一致的顾客体验为目标,将所有渠道整合起来,旨在消除渠道之间的障碍,以便顾客可以自由地无缝切换各个渠道,而不会遇到任何中断或不一致之处,使得顾客可以获得一致的购物体验。例如,顾客可以在品牌的网站上浏览产品,然后到实体店试穿,最后通过移动 APP 进行购买。全渠道战略将所有渠道的数据整合到一个集中的系统中。它允许企业跟踪顾客在所有渠道上的行为,整合来自所有渠道的客户数据,根据每个客户的行为和偏好提供定制的推荐、促销和信息,为每个顾客提供个性化体验。例如,品牌可以跟踪顾客的在线浏览行为,并在他们到访实体店时为他们提供个性化的产品推荐。由于全渠道战略将所有渠道的库存和履行流程整合在一起,使顾客可以访问相同的库存并通过其偏好的渠道收到订单。例如,客户可以在品牌网站上订购产品,并选择在实体店中提取。同样,执行全渠道战略的企业会在所有渠道上提供无缝和集成的客户支持与服务体验。客户可以通过其偏好的渠道与品牌互动,并获得一致的支持和服务。例如,客户可以在品牌网站上启动与客服的聊天,然后通过移动 APP 继续对话。

总体来说,全渠道战略比多渠道战略更加复杂,需要投入大量的资源和基础设施来实现,但它可以为客户提供更加出色的购物体验,在如今客户通过各种渠道与企业互动的数字时代,全渠道营销已成为企业保持竞争力并满足客户期望的重要策略。

**2. 零售企业全渠道变革**

随着信息技术的快速发展以及消费者主权时代的到来,全渠道零售正成为全球零售企业打造竞争优势的利器。越来越多的零售企业在向全渠道的方向转型升级，亚马逊收购全食超市（Whole Foods Market），开设线下书店以及无人超市 Amazon Go，推出社交购物平台 Spark，实现线上线下一体化的全渠道布局。中国企业也紧随步伐，纷纷开始了全渠道零售变革。

1）传统零售企业

传统零售企业主要以实体店为主，通过实体+电商的模式构建全渠道战略，如苏宁易购。苏宁易购从一个专营空调的电器商铺到全国最大的电器连锁企业，再到如今成为综合性的大型零售企业，实现了全渠道华丽转型。它的全渠道变革主要集中在线下和线上两个方面。

苏宁易购在线下渠道方面主要有两个举措，一是通过苏宁易购的 O2O 平台"苏宁云商"，将线上销售和线下服务相结合，实现线上下单线下配送和安装；二是加强实体店的建设和运营，开设了苏宁易购的"智慧店"，通过引入智能科技，提高消费者的购物体验。另外，苏宁易购还积极拓展物流渠道，建设了覆盖全国的大型物流仓库和配送中心，实现了快速和高效的商品配送。

苏宁易购积极拓展线上渠道，建设了一整套从搜索、购物到支付的电商生态系统。其中，其自营平台 Suning.com 是其主要的电商平台，通过商品搜索、详情展示、用户评价等功能，提供便捷的购物体验；同时，苏宁易购还开展了多种跨界合作，如与京东合作开展"2.0 淘宝村"项目，与腾讯合作开展"苏宁小店"等。

苏宁易购通过整合线上和线下的渠道，建立了一个高度可持续的生态系统，实现了更好的客户体验和更高的销售额。苏宁易购不仅在物流和供应链领域进行了投资和升级，也在数字化和智能化方面取得了重大突破，如推出了智能家居解决方案和智慧零售门店等。虽然苏宁易购在全渠道变革过程中确实面临过一些挑战和困难，也曾经亏损过。不过，通过不断优化和升级其全渠道战略，苏宁易购已经逐渐实现了业务的转型和盈利能力的提升。根据 2021 年三季度的财报数据，苏宁易购实现了净利润同比增长 91.31%。苏宁易购还积极探索新的商业模式，如社区团购、O2O 零售等，这些新模式为苏宁易购提供了更多的增长动力。

2）纯电商零售企业

纯电商零售企业是纯线上销售，这些企业通过与其他实体企业进行战略合作或者自己开设实体门店的方式来实现全渠道变革。我们将以阿里巴巴和京东为例，介绍纯电商企业进行全渠道变革的模式。

阿里巴巴收购线下实体超市大润发，双方实现线上线下融合，共同打造全渠道零售生态系统，这是阿里巴巴新零售战略的一个重要实践案例。双方合作内容主要包括：①大润发门店成为天猫超市的实体门店，天猫超市的商品将进入大润发门店销售，同时大润发在门店内设立天猫超市的展示区，方便消费者线下体验和选购天猫超市的商品。②通过新零售技术，实现线上与线下的融合，消费者可以在天猫超市 APP 上预订商品，在大润发门店取货，也可以在大润发门店选购商品后使用天猫 APP 扫码支付。③大润发与菜鸟网络合作，共同打造大润发的智慧仓储，加快仓储物流的数字化升级，提高仓储效率和准确度。④大润发利用阿里巴巴的数据和技术优势，改善商品品质和运营效率，实现精细化管理和定制化服务。

京东无人超市是京东推出的一种全新的零售模式，是京东进行全渠道布局的方式之一。其核心特点是实现无人化，顾客可以通过扫码进入，扫码选择商品、结算付款、自动出门的全自助购物过程。无人超市中的商品主要是快消品和日用百货等商品，其中也包括部分京东自有品牌。京东无人超市使用了一系列高科技技术，包括人脸识别、摄像头、传感器、RFID（radio frequency identification，射频识别）等技术。通过这些技术，系统可以实时感知顾客的行为和购物信息，并为顾客提供个性化的推荐和服务，目前，京东无人超市主要在一些商业区等高流量地区进行试点，如机场、商场、写字楼等，提供 24 小时不间断的服务，从而提供更便捷、更智能的购物体验。京东无人超市主要是应用于商业场所，这种无人超市的出现，为消费者提供了更加便捷、快速的购物体验，同时也为商家节省了人力成本，提高了运营效率。

## 8.2　全渠道整合

### 8.2.1　全渠道整合方式

Goersch（2002）提出了多渠道整合，是指协同管理网店、实体店等不同零售渠道，从而使消费者在渠道转换过程中获得一致购物体验。跨渠道整合，是企业通过精心协调各渠道的目标，巧妙设计和部署多元化渠道网络，以产生强大的协同效应，从而为消费者提供独特且增值的服务和体验的过程。从零售商角度来看，全渠道整合是零售商与消费者之间不同的交互方式和途径，如网站、实体店、目录销售、电话等整合起来，统一管理，优势互补，共同为消费者服务，满足消费者需求。这些定义并无本质区别，全渠道整合即指在企业采用的所有渠道之间进行跨渠道整合。

不同渠道在信息传递、分销和客户服务上各有千秋，因此合作的形式可以用渠道功能来区分。然而，合作不仅影响到客户生命周期的售前、销售和售后阶段，同时也影响商品本身。因此，基于最终利益的整合形式分类需要考虑目前的状态是否需要提升或是否需要培养一种新的状态。在这种背景下，基于两个维度区分合作形式被提出，如图 8-2 所示，分别是资源贡献（纵轴）和产生的好处（横轴），形成了五种跨渠道的合作形式。这些合作形式并不是独立的，而更像是企业的整体合作营销策略的一部分。在实践中，合作伙伴还将面对这些形式的混合，因为合作通常致力于获取多种形式的协同效应。

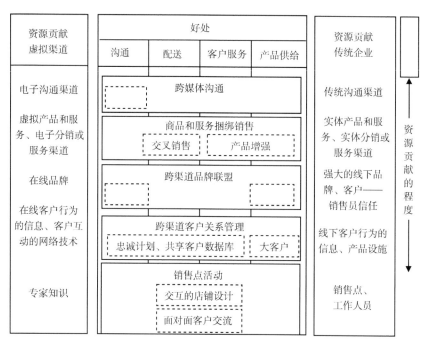

图 8-2　渠道整合方式

资料来源：范小军（2022）

**1. 跨媒体沟通**

网络和印刷媒体的战略组合优化了传统的广告营销策略。线上渠道的特性是快速和全面地实现与客户的交互，而印刷媒体则能够引起客户的注意，快速激发客户的兴趣。显然，对企业来说，整合在线和传统媒体密集的跨媒体沟通对全渠道发展具有显著的优势。实施这种战略时，利用合作伙伴的渠道比利用传统大众媒体（如印刷媒体和电视）更能够大幅度降低成本。在线企业可以从邮件、线下的合作伙伴的建筑物、汽车车体或销售终端的杂志等渠道的广告上获利，而传统广告公司可以在合作伙伴的互联网平台上投放广告。

**2. 商品和服务捆绑销售**

一个商品可以被分为三个层次：核心商品、一般商品和附加商品。按照客户的预期，顾客可以通过一般商品获得价值。例如，一家电子企业在互联网上与当地汽车租赁机构合作，使客户在享受电子产品服务的同时，还能轻松完成旅游地的租车服务。在附加商品层次，企业间的竞争焦点往往聚焦于超越客户预期的售后服务、担保以及交付体验上。例如，在现有渠道的基础上建立一个新的服务渠道，以供各自的合作伙伴使用（如互联网服务门户或交付服务）。

企业在进行渠道合作时，往往与第一个合作伙伴的合作通常旨在强化其核心商品优势，而与第二个合作伙伴的合作则可能旨在获得额外的分销渠道以接触现有销售范围外的客户。这样的跨渠道销售通常是合作伙伴提供的独立服务，旨在向现有客户销售适当的商品。这种策略不仅大大提高了满足客户需求的质量，也提高了满足客户需求的数量，提高了盈利能力，降低了成本。

### 3. 跨渠道品牌联盟

引入跨渠道的商品捆绑时，两个合作伙伴在各自的广告中共同表现双方商品的特色不仅能够加强各自的品牌形象，还能实现宣传效果的倍增。当这种联盟中线上与线下渠道品牌一致时，感知质量将得到整体提升。

广告联盟对于新品牌或要进入新市场的知名品牌尤其重要。不管是哪种情况，利用合作伙伴的优势并与之分摊成本都可以被用于提升品牌认知和品牌知识。因此，当电子企业与拥有实体品牌的伙伴合作建立更强大的线下市场，或者传统企业想与在某块在线市场小有所成的电子企业合作，从而把业务扩展到这块在线市场（本身的品牌较弱）时，跨渠道的品牌联盟是非常有益的。

### 4. 跨渠道客户关系管理

信息技术的发展改变了获取竞争优势的方式。在网络经济的框架里，数字信息渠道的发展将促使信息作为一种生产要素产生更广泛的经济生产效应。从效率和有效性角度来看，有关客户的信息影响了竞争优势的基础。

CRM 可以被视为是一种管理方法，"在客户接触点结合了 IT 和业务流程优化的思想"。当在 CRM 领域合作时，合作伙伴可以整合它们的信息和知识资源。一个共同的客户数据库，包含从线上渠道和实体渠道获取到的数据，有助于解决"客户难题"，支持许多运营和战略决策。互联网使企业容易确定哪些用户访问了什么网站，从而允许电子企业在短时间内生成高质量的客户档案，使他们能够对客户进行个体描述。相反，要想有效地收集客户的个人数据，传统零售商需要跨越线上和线下的渠道间隔，需要通过会员卡或优惠券等进行客户识别和实行客户忠诚度计划。

客户价值最大化意味着客户成为价值创造过程中不可或缺的部分，并对价值创造产生重要的影响。随着网络的发展，大规模定制的新潜能得以激发。"定制意味着为消费者提供特定的商品或服务来响应特定客户的需求，而大规模定制意味着用具有成本效益的方式来实现这个过程"。为了实现永久性的客户个人问题解决方案，线上企业、线下企业和客户三方合作是有效的。因此，客户贡献识别和解决问题所需的信息，线上企业贡献互联网技术，使客户能以一种有效的方式个性化地配置实体商品，而线下企业则实现商品的生产和交付，如图 8-3 所示。

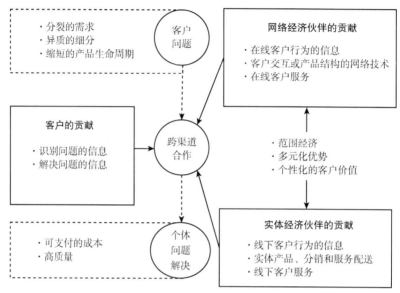

图 8-3　大规模定制的合作方法

资料来源：范小军（2022）

### 5. 销售点活动

由于日益增长的市场集中化和国际化，以及日益增长的邮件订单分销渠道的发展，销售网点的竞争压力越来越大。传统零售商因此开始尝试线上渠道与实体渠道相结合的商业模式，使用电子市场的互联性来为更广泛的市场提供产品或服务。这也包括使用交互式自助服务机，使零售商能利用互联网的力量为更广泛的市场提供客户关怀，帮助客户自助获取商品和服务。同样，在合作伙伴的网点设置交互式自助服务机可以使电子企业把业务扩展到实体。这样，电子企业的服务创新就可通过线下合作伙伴为客户提供额外价值。

为了克服跨渠道媒体的不连续性，交互式自助服务机通常与基于会员卡的客户忠诚度计划结合起来。协作的跨渠道客户忠诚度计划可能包括：在各自伙伴企业内的积分累计与兑换、店内终端提供的电子价格折扣券，以及在实体现金取款处使用打印好的网络优惠券。另外，线下伙伴还能分发"电子优惠券"，该优惠券具有独特的识别代码，客户可以在线上现金取款处使用。

相比媒体渠道，机构渠道（如商店和销售人员）使得传统的零售商可以向客户提供面对面的服务。因此，合作伙伴的零售终端也可以在预售、销售和售后阶段为消费者实现面对面的渠道功能，包括购买实体商品的实践经验、个人咨询、维修服务和交流。

### 8.2.2 全渠道接触点管理

对于品牌企业来说，传统营销时代注重的是渠道的选择，那么在进入全渠道时代，企业应更关注如何建立与管理和顾客的接触点。在数字时代，渠道会成为接触点中重要的组成部分，销售渠道和信息传播渠道将渐渐合二为一，所有能够让消费者触达品牌的接触点都可以成为购买触点，无论是社交媒体、网络视频，还是户外广告，都可以成为直接的销售渠道。同样，无论是实体销售渠道，还是网络商城，也都是顾客获取品牌信息的接触点。全渠道时代，消费者对品牌、产品、口碑的信息获取以及购买决策路径变得更加丰富和动态，打破时间、空间的限制。消费者期望他们的线上搜索、社群互动、线下体验、交易达成等环节是无缝链接、多向互转的。因此，对于采取全渠道战略的企业，必须做好接触点管理。

全渠道接触点管理（omni-channel touchpoint management）是指企业通过对所有接触点进行管理和协调，从而实现不同渠道之间的协同和一致性。顾客可能会在购物网站、社交媒体、实体店铺等多个接触点上与品牌互动，全渠道接触点管理的目的就是消除渠道间的分割和障碍，在这些接触点上为顾客提供一致的品牌形象和良好的购物体验，让顾客感受到品牌的连贯性和稳定性，从而提高企业品牌价值和竞争力。

### 8.2.3 全渠道整合对用户体验的影响

由于消费者数字接触点的普及，多渠道购物成为新常态。对于零售企业来说，全渠道零售作为一种管理各种接触点的策略，旨在协同改善客户体验。目前全渠道战略发展为零售企业提供的指导方针是，应该跨渠道整合接触点，创造无缝的客户体验，但是对于全渠道整合，行业尚缺乏统一的标准。全渠道整合对用户体验的作用究竟如何，学界尚未达成一致结论。

**1. 全渠道整合特征**

就用户整个购物旅程的感受而言，全渠道整合特征主要包括两个方面。

第一，零售元素一致性，是指消费者感知零售组合要素的一致性。例如，客户在零售商的在线和实体店铺中找到相同的产品和价格；在社交媒体和网站上阅读一致的信息；通过聊天和电话接受相同类型的客户服务；在合作伙伴的平台和品牌的官方渠道中找到类似的产品或服务信息。

第二，渠道连通性（即无缝链接），是指顾客在购买旅程中轻松、简便和无障碍地跨越各种接触点的程度（Homburg et al., 2017；Huré et al., 2017）。当顾客通过应用程序购买产品并获得附近取货点的建议；通过品牌的聊天服务启动维修服务，并在无须重复程序的情况下在合作伙伴的网站上完成；选择实体店铺以退回在其他地方购买的产品；或从第三方评论网站前往品牌的官方渠道时，感知的连通性就会出现。

**2. 全渠道整合对用户体验的影响作用**

Gasparin 等（2022）根据这两类特征，将全渠道整合程度划分为四个模式，探讨对用户体验的影响作用（图 8-4）。

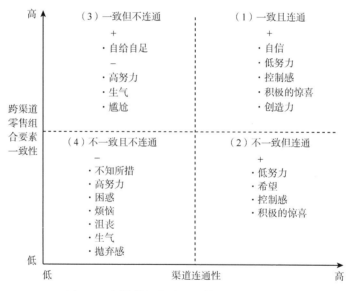

图 8-4 全渠道整合对用户体验的影响作用
图中"+"表示正向效应；"−"表示负向效应

1）模式 1：一致且连通

第一种模式将零售元素的高一致性和触点的高连通性结合在一起。在这种旅程中，顾客通常会在触点间找到相同的价格、商品、促销和信息，并轻松地在触点间移动。在这种情况下，顾客可以感受到积极的感官体验（在实体店看到了和网上图片相同的产品）和积极的情感体验（感觉安全和确信），可以花很少的精力即可实现渠道间的转化，通过网上的评论感受到购买决策的可控性，因而可以获得最积极的体验。

2）模式 2：不一致但连通

第二种模式将零售元素的低一致性和触点的高连通性结合在一起。不同渠道在产品、价格或促销方面的不一致，会让消费者感觉困惑、生气，带来不好的体验。但研究也发现，有些情况下，较低的一致性并不妨碍消费有积极的体验。例如，部分消费者会认为网店运营成本比实体店低，不同渠道中价格差异是合理的，他们认同网店和实体店上收取不同的价格背后的逻辑，因此不会引发负面的体验。甚至，当消费者发现网店有额外促销时，会有惊喜感。

3）模式 3：一致但不连通

第三种模式将零售元素的高一致性和触点的低连通性结合在一起。由于渠道之间较为割裂，连通性低，消费者在渠道间的转换需要耗费更多的精力，这会带来一些负面体验。但也有一些消费者似乎能够在不连通的购物旅程中找到出路，他们会认为当从一个渠道向另一个渠道迈进时，若移动难度大，就会更有挑战性，当消费者养成习惯和难以克服所感知的障碍时，在他们努力完成渠道转换时，反而会产生愉悦的感觉。

4）模式 4：不一致且不连通

第四种模式将零售元素的低一致性和触点的低连通性结合在一起。当然，在这样一种情境下，全渠道整合程度很低，势必会带来最差的用户体验。

## 8.3　渠道绩效评价

企业使用多种渠道，因此，我们需要对渠道绩效进行评价。为了准确评估渠道绩效，我们需要追踪所有这些渠道，同时可以通过归因建模（attribution modelling）和全渠道管理（omni-channel management）来了解这些渠道是如何相互作用的。

### 8.3.1　渠道归因

渠道归因是指将企业销售额、客户转化率等业绩指标，分解为不同营销渠道对这些业绩指标的贡献，以评估每个渠道的贡献度和效益。在全渠道绩效评价中，需要综合考虑各个渠道的归因结果，以确定整个渠道组合的贡献度和效益。通过对渠道归因的分析和比较，可以确定哪些渠道对销售业绩的贡献最大、哪些渠道效益最高，以便针对性地进行渠道投入和资源配置，从而实现最优化的销售效果。

渠道归因的方法可以有多种，常见的方法包括以下几种。

### 1. 第一点击归因

第一点击归因（first click attribution）模型将销售额归因于第一次与客户互动的渠道。在用户完成一次转化（如购买、注册等）之前，用户通过点击广告或其他营销渠道的第一次互动所带来的被视为销售的主要贡献者，将相应的转化归因给该广告或渠道。

举个例子，假设一名用户在社交媒体平台上看到了一则广告，但并没有立即进行购买或注册等转化行为。之后，他在电子邮件中收到了与该广告相关的促销信息，最终在电商平台上完成了购买。在这个例子中，第一点击归因会将转化归因给用户最初点击的社交媒体广告，即使购买的实际行为是在看到电子邮件后发生的。

第一点击归因的优点是可以识别出营销渠道中的潜在"导流"来源，即第一次接触到广告或渠道的用户。这有助于企业更好地评估各种广告和渠道的转化效果，并确定如何针对性地分配广告预算。但是，第一点击归因并不能完全反映出所有渠道对于用户转化的贡献，因为用户很可能会通过多个渠道接触到产品或服务，而第一点击归因只能将贡献归因于最初接触到的那个渠道。因此，在全面评估营销渠道贡献时，需要综合考虑各种归因模型和方法，以得到更加全面和准确的评估结果。

### 2. 最后点击归因

最后点击归因（last click attribution）将所有销售转化的功劳归于最后一次接触或点击。换句话说，如果一个用户在点击广告后转化了，那么这个转化将被归因给最后一次点击的广告。

最后点击归因模型比较简单和直接，因为它将所有功劳归于最后一个接触点，这通常是转化的最后一步。它也比较容易理解和实现，因为它只需要跟踪和记录最后一次接触点。

然而，最后点击归因模型的局限性也很明显。它忽略了所有之前的营销活动和接触点对于用户决策过程的贡献，这可能导致低估这些营销活动的效果。此外，对于长周期的购买决策，最后点击归因可能不足以准确反映用户旅程的真实情况。

### 3. 线性归因

线性归因（linear attribution）模型是将销售转化的功劳平均分配给用户接触过的所有营销渠道。换句话说，如果一个用户在转化前接触了三个营销渠道，那么这个转化将被平均分配给这三个渠道。

线性归因模型相对于最后点击归因模型更全面和公平，因为它将功劳平均分配给所有的营销渠道，而不是只归因于最后一个接触点。这有助于更准确地反映各个渠道对于用户决策过程的贡献，避免低估之前营销活动的效果。

然而，线性归因模型也有一些缺点。由于所有渠道被平均分配功劳，这可能导致一些渠道的贡献被低估或高估，特别是当某些渠道与用户决策过程的关系更加密切时。此外，线性归因模型也不考虑用户接触渠道的时间顺序和重要性，这可能影响对于用户旅程的真实理解。

### 4. 时间衰减归因

时间衰减归因（time decay attribution）是一种基于时间的归因模型，该模型将销售额归因于与客户互动最接近转化时间的渠道，并根据距离转化时间的时间间隔进行权重分配，即离转化时间越近的渠道权重越大。因为这些接触点更有可能对用户做出转化决策产生影响。时间衰减归因模型通常使用指数函数或对数函数来衰减贡献权重，以更准确地反映不同时间段的接触点贡献。例如，Facebook就是使用一个基于时间衰减的归因模型，它将点击时间看作一个重要的因素。如果一个用户在点击 Facebook 广告后立即购买了商品，那么 Facebook 广告将获得更高的归因比例，而如果用户在点击广告后几天或几周后才购买商品，则 Facebook 广告的归因比例将相应降低。

时间衰减归因模型的优点在于，它考虑到不同接触点与转化之间的时间差异，从而更好地反映了营销活动对于用户旅程的实际影响。此外，它还可以根据实际数据来调整衰减函数的参数，以适应不同行业和情境的营销效果分析需求。

然而，时间衰减归因模型也存在一些缺点。仅将功劳归因给最近的接触点，可能导致之前的营销活动的贡献被低估，从而影响对整个用户旅程的理解。此外，时间衰减归因模型需要根据实际数据来确定衰减函数的参数，这可能需要更多的数据和专业知识。

### 5. 基于位置的模型

基于位置的模型（position-based model）是一种将用户行为归因给特定渠道的方法，它基于用户在不同位置进行交互的信息来判断哪个渠道对转化产生了最大的贡献。该模型依赖于用户的位置信息，通常是通过移动设备的 GPS 或其他位置传感器来获取。当用户在移动设备上与不同渠道进行交互时，基于位置的渠道归因模型可以追踪用户的位置，并将转化归因给相应的渠道。例如，当用户在一家零售店扫描了一件商品的二维码并最终购买时，这个交互可以通过该模型归因给店内渠道。例如，亚马逊使用基于位置的归因模型，假设一个消费者在某个商场内搜索了一个商品，但并没有在该商场内购买，而是几个小时后通过亚马逊完成了购买。在这种情况下，亚马逊可以根据该消费者在商场内的定位数据将购买归因于该商场，从而识别出该商场为一个有效的营销渠道。此外，亚马逊可以根据消费者的定位数据识别在实体店中花费时间较长的区域和部门，从而确定哪些商品在促销和市场推广方面需要更多的投入。这些数据也可以帮助亚马逊确定实体店的布局和地理位置是否合适，以及是否需要调整或关闭某些店面。

与其他归因模型相比，基于位置的模型的优点在于它可以提供更具体的信息，特别是涉及线下渠道时。然而，该模型仍然存在一些缺点，如用户可以在不同位置上与不同渠道进行交互，可能存在交叉效应和复杂性问题。

### 6. 自定义归因模型

自定义归因模型（custom attribution model）是一种基于特定业务需要和数据特征进行设计的渠道归因模型，可以根据业务需求和渠道特性来定义权重分配方式，这种方法需要结合数据分析和实验结果来调整模型，以达到更准确的归因效果。相较于传统的预设模型（如最后点击归因、线性归因、时间衰减归因等），自定义归因模型更加灵活、精准，并能够更好地反映实际业务情况。

自定义归因模型通常需要依靠大量的数据分析、业务理解和经验知识来构建。在构建自定义归因模型时，需要先了解业务目标、用户行为路径和营销渠道特征等方面的信息，再根据实际数据情况设计出最适合的模型。

常见的自定义归因模型包括基于回归分析、机器学习、时间序列等方法构建的模型。这些模型能够更好地考虑多个因素对用户行为的影响，从而更加准确地评估各个渠道对业务目标的贡献。自定义归因模型的优势在于能够更好地满足不同业务场景的需求，提升营销决策的准确性和有效性。

但是，自定义归因模型需要更多的技术和专业知识来进行建模和评估，这需要公司拥有相应的技术和人才支持。自定义归因模型容易受到个人主观因素的影响，人员变动、经验不足等原因可能会导致模型的准确性不足。自定义归因模型主要基于公司自身的数据进行建模和评估，缺乏关于外部平台和渠道的信息，对于跨平台和跨渠道分析的准确性有所不足。这种归因模型需要不断进行优化和更新以保证其准确性，需要耗费大量时间和资源，而且优化结果不一定能达到预期效果，模型更新和优化难度都很大。

归根结底，营销人员在评估全渠道绩效时，不能孤立地关注单个渠道的定价和价值，而应全面审视这些渠道间的相互作用以及它们对彼此的影响。任何一种归因模型都具有其局限性，营销人员需要结合其他归因模型和数据来获得更全面和准确的营销效果分析。在使用数据驱动的归因模型时，必须确保数据来源的可靠性和准确性，根据市场和业务环境的变化，定期评估和更新归因模型，以确保其仍然适用于当前业务环境。此外，归因模型只能反映不同渠道对转化的贡献，但无法全面反映营销活动的整体效果。因此，在使用归因模型时，需要结合其他指标进行综合评估，如 ROI、转化率等，以确定营销活动的整体效果。

## 8.3.2　全渠道绩效评价模型

对于全渠道的绩效评价根据不同的角度和目标采用不同的方式，以下是两种常见的全渠道绩效评价模型。

### 1. 4C 模型

4C 模型主要考察四个指标：覆盖度（coverage），是指企业的产品或服务在各种渠道中的分布情况和覆盖面积，包括线上和线下渠道；一致性（consistency），是指企业在各种渠道中，品牌形象、产品定位、销售策略、价格、服务质量等要素是否一致，以及这些要素与目标市场是否相符；协调性（coordination），是指企业在各种渠道中的各项运营活动是否协调一致，包括线上和线下渠道之间的协调；客户体验（customer experience），是指客户在各个渠道中购买和使用产品或服务的感受和满意度，包括购买的便利性、产品的品质和性价比、售后服务的质量等。

评价全渠道绩效时，可以通过对以上四个指标的评估，综合考虑各渠道的覆盖度、一致性、协调性和客户体验，从而对企业的全渠道运营情况进行综合评价。

### 2. ROPO 模型

ROPO 模型是指 research online purchase offline 模型，即"线上搜索，线下购买"的模型。它是一种用于评估线上营销活动对线下销售业绩影响的模型。

ROPO 模型可以通过以下步骤来评估全渠道绩效。

（1）收集线上和线下销售数据，包括线上渠道（如电子商务平台、社交媒体、搜索引擎等）的点击率、转化率和订单数据，以及线下销售数据（如店内销售额、销售量、顾客流量等）。

（2）将线上销售数据和线下销售数据进行比对，以确定哪些销售额是由线上活动直接带来的，哪些销售额是由线下活动直接带来的，以及哪些销售额是由线上和线下之间的协同作用共同带来的。

（3）使用数据分析工具对线上和线下数据进行分析，以确定哪些线上活动对线下销售产生了最大的影响，并确定线上营销活动的效果和 ROI。

（4）根据数据分析结果，制定更精准的营销策略，以提高线上和线下销售额。

ROPO 模型的优点是可以综合评估线上和线下销售的影响，同时可以识别出线上活动对线下销售的贡献。然而，该模型的缺点是需要准确地收集和比对数据，而且需要进行高级数据分析，这需要一定的技术和资源。

# 8.4　数字时代渠道管理研究前沿

## 8.4.1　主要关注的研究领域

数字时代的渠道管理研究主要侧重于全渠道变革。图 8-5 展示了全渠道管理的七个研究领域。其中，全渠道战略定位于战略层面，其他则关注于运营层面。运营层面主要研究全渠道零售、全渠道营销与广告、全渠道物流与实现、全渠道客户服务等策略对消费者行为及企业渠道绩效的影响，以及全渠道消费者行为和全渠道消费者偏好对产品或服务的设计有何种影响。全渠道战略、全渠道零售、全渠道客户服务、全渠道消费者行为和全渠道消费者偏好是五个研究关注相对较多的领域，下面进行详细阐述；而全渠道营销与广告、全渠道物流与实现两个领域研究的关注相对较少，不做详细展开。

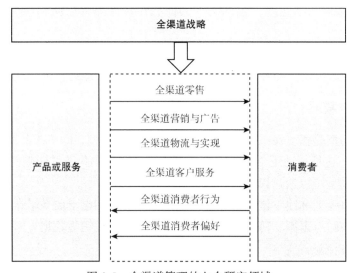

图 8-5　全渠道管理的七个研究领域

**1. 全渠道战略**

全渠道战略是重要的研究领域之一。早期的研究关注于多渠道零售的整合与协同作用，强调跨渠道运营的重要性，包括跨渠道价格和促销、客户沟通、市场研究等。近年来，学者研究了全渠道营销策略的渠道一致性模型、跨渠道整合的影响因素，对消费者及企业产生的影响。图 8-6 为跨渠道整合研究框架。

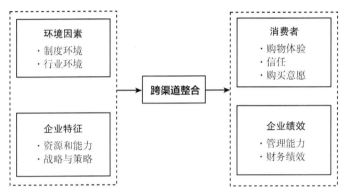

图 8-6　跨渠道整合研究框架

环境因素和企业特征会对跨渠道整合产生影响。在外部环境中，制度环境对企业跨渠道整合的影响较为显著，竞争对手的跨渠道整合策略、顾客的无缝购物体验需求都会给企业带来经营压力，进而影响其跨渠道整合的程度；行业环境中的竞争激烈程度和行业集中度等也会影响企业的跨渠道整合。企业内部特征中，拥有的资源和能力如 IT 能力、人工智能水平、内部信息系统、业务对接等都有助于协调管理不同渠道的功能和任务；而在战略与策略方面，多元化战略由于内部沟通成本较高，跨渠道整合的意愿会降低。

企业采取跨渠道整合会对消费者的态度行为及企业绩效产生影响。第一，跨渠道整合可以改善消费者的购物体验，提升其对企业的信任度，进而影响其购买行为，包括提升购买意愿和忠诚度；第二，跨渠道整合可以提高企业管理能力，包括企业创新服务的能力、渠道协同的能力等；第三，跨渠道整合最终会对企业的财务绩效产生影响。许多研究发现跨渠道整合可以提高企业利润，但也有研究指出跨渠道整合可能会增加产品销售的分散性，增加库存成本，进而降低利润。总体而言，跨渠道整合短期可能会带来渠道冲突，出现侵蚀效应，但长期会对企业绩效有提升作用。

研究者建议企业制定定制化的全渠道战略，因为每家公司都可能拥有不同的渠道资源和资产。总的来说，研究者认为全渠道战略在全渠道管理中起着重要的作用，但这种零售模式的复杂性并不是每个公司都能从中受益，因此需要根据公司的具体情况制定相应的战略。

### 2. 全渠道零售

全渠道零售是目前研究较为广泛的领域之一，它旨在整合各种渠道以优化零售商的总销售额。技术在实现全渠道零售方面起到至关重要的作用，如价格策略、强大的数据分析能力、提供独特的产品等都是实现成功的策略。研究者通过调查实践中的案例和消费者行为，提出了一系列针对性的建议和模型。他们研究了物理展示厅和虚拟展示厅的作用、线上购买和线下自提模式、从网店购买然后在实体店自取的模式、最佳自提店的服务设计等方面，为实现全渠道零售提供了有力的支持。然而，由于全渠道零售的历史较短，研究领域还有待进一步拓展和深入研究。总的来说，现有的文献在全渠道零售领域取得了丰硕的成果，更揭示了这一领域内至关重要极具影响力的关键组成部分。

### 3. 全渠道客户服务

该领域的研究主要涵盖了多渠道服务中的交叉渠道效应、线上线下品牌形象的互动、消费者的渠道选择行为、O2O 服务推荐系统的服务质量等方面。

研究人员探讨了多渠道服务提供中的跨渠道冲突问题，发现多渠道服务中存在负面交叉渠道效应，Falk 等（2007）发现，线下渠道的满意度表现会降低线上渠道的实用性并增加风险。但是，Kwon 和 Lennon（2009）在研究多渠道零售品牌形象时发现，线下品牌形象和线上品牌形象之间存在积极的相互作用。综合这些研究可以发现跨渠道效应在不同的情境下是不同的，它们的关联可能是正相关的，也可能是负相关的。同时，Yang 等（2013）研究了消费者的渠道采纳行为，发现跨渠道的协同效应和协同冲突共存，并影响着消费者的渠道评价。因此研究者建议管理者在服务交付过程中注意这些现象，并关注渠道整合和整体渠道系统的表现。

### 4. 全渠道消费者行为

在全渠道环境下，消费者可以轻松地在不同渠道之间进行切换购物，因此研究多渠道购物行为变得非常重要。在全渠道背景下，消费者行为的研究主要集中在以下几个方面。第一，消费者的跨渠道行为备受关注，尤其是跨渠道购买行为和渠道转换行为；第二，消费者对于全渠道体验的感知和态度也是研究的热点，如全渠道服务质量、渠道一致性等；第三，消费者的决策过程在全渠道环境中也发生了变化，因此消费者的信息搜索、评估和选择行为也成为研究的重点；第四，消费者与商家之间的互动和沟通在全渠道背景下变得更加复杂，因此研究消费者与商家之间的互动和沟通方式也备受关注；第五，消费者对于新兴技术在全渠道环境中的应用和接受度也是研究的一个方向，如 VR、人工智能等。

除了上述几个方面，全渠道消费者行为的研究还涉及其他方面。例如，一些学者研究消费者在全渠道环境中的购买行为和偏好，探讨了线上和线下购物渠道对消费者决策的影响。另外，一些研究还关注了全渠道营销策略的效果，如何有效地整合不同渠道的营销活动，提升消费者的购买意愿和忠诚度。此外，一些研究还关注了全渠道消费者的信息获取行为和信息来源偏好，探讨了消费者在全渠道环境下获取信息的渠道和依据。还有一些学者关注了全渠道消费者的互动行为和社交媒体使用情况，探讨了消费者在全渠道环境中如何与其他消费者、零售商和品牌进行互动，以及社交媒体在影响消费者购买决策和忠诚度方面的作用。综上所述，全渠道消费者行为的研究涉及多个方面，涵盖了消费者的跨渠道行为、营销策略、信息获取、互动行为和社交媒体使用等，这些研究为理解全渠道背景下消费者行为提供了有益的见解。

**5. 全渠道消费者偏好**

全渠道情境下消费者偏好的研究旨在了解消费者对多个购物渠道的使用和购买偏好。研究表明，消费者在不同渠道间的选择和使用是受多种因素影响的。其中最重要的因素是消费者的多渠道自我效能感，也就是他们在不同渠道上进行购物时的信心水平。此外，渠道的特征、产品的性质以及消费者的个人偏好也对他们的选择和购买行为产生了重要的影响。因此，了解消费者偏好对于制定和实施全渠道营销战略至关重要。

研究表明，消费者对于全渠道环境下的偏好主要表现在以下几个方面。第一，他们希望购物渠道之间的整合性和协同性更好，以提高购物效率和购物体验；第二，消费者更喜欢使用在线渠道，因为这种购物方式更加便捷和快捷，同时也提供了更多的产品和服务选择；第三，消费者更倾向于使用移动设备进行购物，因为这样可以随时随地进行购物；第四，消费者更愿意在社交媒体上获取和分享商品信息和购物体验；第五，消费者对主要购物体验的感知和满意度会对其在不同渠道间的选择和使用产生重要影响，因此提高消费者体验质量是实现全渠道营销成功的关键。

综上所述，全渠道情境下消费者偏好的研究主要关注消费者在多个购物渠道中的选择和使用偏好，以及影响这些偏好的因素。研究发现，消费者更喜欢整合性和协同性好的购物渠道，并更倾向于使用在线和移动购物渠道。此外，社交媒体在提供商品信息和购物体验方面也发挥了重要作用。为了成功实现全渠道营销，提高消费者体验质量至关重要。

## 8.4.2　未来值得关注的研究问题

**1. 全渠道消费行为**

未来关于全渠道消费行为的研究应该采用全渠道视角，特别关注同时建模多个渠道和触点的选择行为。可以考虑以下研究问题：是什么驱动了消费者同时选择多个触点和渠道？特定的触点是否会引起对特定零售渠道的偏好和选择？消费者触点选择与消费者零售渠道选择之间的相互关系是什么？消费者对 AI、VR（或 AR）、区块链等新技术的采纳反应如何？

### 2. 全渠道零售组合要素

这个领域对于许多采用实验和建模方法的学者来说仍然是一个值得深入探讨的领域。例如，全渠道整合和协调通常被认为是有效的，但总是有效吗？除此之外，全渠道的发展也带来了新的问题，如展厅行为和反展厅行为。可以考虑以下研究问题：零售商在不同的渠道和触点中该实现多大程度的整合？整合程度及整合作用会受到哪些因素影响？不同的营销组合工具在跨渠道和触点上的使用对渠道绩效有什么影响？什么因素影响了顾客的展厅和反展厅行为？零售商如何应对消费者的这种行为或从中受益？探索更多渠道的交互和整合（如社交媒体零售和实体零售之间的交互作用）。

### 3. 全渠道策略和绩效

现有许多研究已经深入探讨了多渠道策略和增加渠道对绩效的影响，但是对全渠道策略对绩效的影响仍未完全厘清。因此还可以特别关注如下问题：特定的客户接触点如何影响零售渠道的绩效？店内使用移动渠道或接触点如何影响购买行为和实体店绩效？这点需要更多关注，因为消费者可能会在接触完实体店后使用移动设备（包括平板电脑）。企业这样做可能是为了提供更强的全渠道体验，而消费者可能是为了获取更多关于市场产品的信息。不同的客户接触点和渠道是否可以以一种方式整合，从而增强渠道绩效？在全渠道环境中，提供跨接触点的无缝体验被认为是很重要的。主要问题是如何做到这一点，以及它是否真的会使零售商的绩效更强？新技术（如 VR、AI、区块链等）如何改变全渠道零售绩效？

## 8.5  典型案例剖析：盒马鲜生的全渠道创新

### 8.5.1  盒马鲜生的全渠道打造逻辑

盒马鲜生（简称盒马）创立于 2015 年，于 2016 年 1 月在上海金桥广场开出首店，是阿里巴巴集团旗下以数据和技术驱动的新零售平台。盒马以鲜活水产和新鲜蔬果为主打，开创了"不卖隔夜菜"的"盒马日日鲜"等系列产品，为顾客提供最快 30 分钟极速送达的购物体验，希望为消费者打造社区化的一站式新零售体验中心，用科技和人情味给人们带来"鲜美生活"。

### 1. 细分市场与定位

盒马创始人兼 CEO 侯毅称，盒马未来主要将服务三类人群。第一，晚上大部分时间在家的家庭用户；第二，基于办公室场景推出针对性便利店或轻餐；第三，周末会带着孩子去超市逛逛的用户。在盒马会员中，20~45 岁的女性白领占比达70%。盒马发现这群人背后代表的是一个家庭，她们共同特征是生活节奏快，追求较高生活品质。她们在日常生活中围绕吃会产生一些问题，痛点集中在很难方便买到新鲜并安全的品质食品，没有时间为家人精心挑选商品，没有时间烹饪。

针对这些痛点，盒马打造了快节奏高品质的生活解决方案：围绕吃这个场景构建商品品类和线上线下服务方式，让目标客户能吃到新鲜的商品、买到新鲜的商品，甚至倡导他们抛弃冰箱，即买即吃，享受新鲜健康的生活方式。

### 2. 用海鲜引爆品牌

按照盒马高层的说法，鲜活海鲜在盒马一开始就承载了引爆盒马品牌的重要使命。与一般超市或菜场环境脏乱、气味难闻的海鲜售卖区不同，盒马店的海鲜区干净明亮，还有少见的帝王蟹、波士顿龙虾等大海鲜。盒马通过提供性价比较高的鲜活海鲜，一下子占领客户的心智。

大海鲜促销是盒马每一家新店吸引客户的主要手段。客户到店后，盒马相对高端的门店环境、现场加工海鲜的服务、超市+餐饮的布局、悬挂物流系统等，都会给客户形成差异化印象，并成为客户口碑传播的素材。由此，盒马的知名度在2017 年逐渐扩大，特别是 2017 年 7 月马云等阿里巴巴高管巡视盒马上海金桥店时，站在海鲜池边举起帝王蟹的照片的广泛传播，让盒马很快变成了"超级网红"。

### 3. "超市+餐饮+APP"模式

盒马的顶层设计在成立之初就被确定：第一，线上交易要大于线下；第二，线上每天要做到单店 5000 单以上；第三，APP 能够独立生存，不需要其他流量支持；第四，在冷链物流成本可控的范围内做到 30 分钟送达。

在这样的顶层设计下，盒马采用了"超市+餐饮+APP"模式。盒马首家店在上海金桥国际商业广场开业，店铺面积 4500 平方米。盒马店仓合一，店铺既是线下零售场景的卖场，也是线上购物的仓储中心。盒马门店围绕"吃"来构建商品品类，并依据其所倡导的生活理念来选择商品。因此盒马店内 SKU 不超过 5000 款，其中80%是食品，生鲜产品占比 20%。食品以中高档为主，大都做成小包装来售卖。

餐饮中心不仅是客户体验中心，更是流量中心，不仅能吸引客户到店，更能吸引客户在线消费。在店内购买的生食可在支付一定加工费后，由厨师加工制作，而后在就餐区享用。所以，盒马门店扩充餐饮经营面积，不仅提供堂食，还将食物加工所需的调料和各种美食做成半成品和成品在线销售。

盒马 APP 是将门店客户引到线上消费的关键手段。不像其他零售店接受多种支付方式，在盒马购物必须下载盒马 APP，然后在 APP 内用支付宝付款。一旦客户在门店获得了很好的消费体验，就会通过 APP 在线消费。对于在线订单，门店又充当仓储配送的角色。为了保证生鲜商品质量并降低物流配送成本，盒马划定了店铺周边 3 公里配送范围，客户可以在 APP 上订购店内商品，盒马用常温配送代替冷链物流提供生鲜配送。对于盒马店铺辐射的 3 公里生活圈用户来说，无论是到店消费，还是在家通过 APP 下单，店铺分拣后，配送员 30 分钟送达，商品品质、花费时间、服务消费体验都是一致的。

2017 年 9 月，阿里巴巴集团投资者大会上盒马首次公开了一组经营数据：开店 1.5 年以上的门店单店坪效超过 5 万元，单店日均销售额超过 80 万元，线上销售占比超过 60%，均远超传统超市。

### 4. 衍生新业态

为打造社区化一站式新零售体验，除了传统盒马门店服务和配送服务，盒马还对门店模式进行了迭代，衍生出 F2 便利店、盒马云超、盒小马等。

盒马 F2 便利店项目是以盒马已有的体系资源，利用小业态的快速灵活，细分到 Office 场景，主打办公人群的餐饮即时需求。该项目是针对上班族在外吃早餐、中餐时"排队、食物不新鲜"的痛点去做的，并以"现吃现做、到店自提"的模式来体现盒马的新鲜生活理念。

盒马门店线上产能有限，于是在 2018 年 4 月推出了盒马云超。云超的商品品类以大容量洗发水、饮料、大米和桶装食用油等计划性较强的日用品为主，还包括厨具、日用百货、美妆等。消费者对此类商品的时效性要求低于生鲜熟食，因此，消费者下单当日的订单会在夜间采用卡车等单次运量较大的运输方式，运送至相应门店，第二天在订单量较少的时段配送，配送时效延长为次日达。自此盒马 APP 不仅跟生鲜卖场关联，更是一个电子商务平台，涉及粮油副食、休闲零食、美妆个护、母婴用品、厨卫清洁、日用百货等十大类商品。

盒小马相当于精简版的盒马，是盒马与阿里巴巴旗下线下连锁超市大润发合作推出的，经营面积为 800 平方米左右，也是店仓合一、线上线下一体化运营，支持门店周边 3 公里配送，但没有餐饮服务区和现场加工服务。

此外，盒马还推出了机器人餐厅，2018 年 2 月开业的盒马上海南翔店引入了机器人，变成了一个自动化餐厅+超市的实体店。机器人送餐系统和设备是盒马自行研发的，应用了声音、图像等多种混合感应技术，"这套系统能让机器人在菜品出餐后以 40 秒左右的速度送餐"。全数字化的管理提升在优化消费者的消费体验的同时，也提高了运营效率。

### 5. 数据与技术驱动

盒马选址与选品都是大数据驱动的结果。当盒马考察开店地址时，会对周边三公里支付宝活跃用户进行大数据分析，这些数据来源于支付宝消费或微信、微博等第三方平台。在开店前的选品也是根据支付宝用户画像和商品供应链数据来决策，在开店运营后，盒马将店内 SKU 销售数据加入选品决策数据池中，会通过 APP 等媒介去持续跟踪客户需求偏好，完善选品算法。

盒马引入阿里巴巴个性化导购技术，打造了"千人千面"的个性化营销。消费者通过 APP 结算可以让盒马统一线上线下会员，并获得会员线上线下全方位的消费需求和消费习惯数据。由于掌握了客户的清晰画像，盒马的广告基本都是能引起客户共鸣的场景式内容，而营销互动场景，可以是实体店的各种聚会，也可以是线上各种形式的促销。

盒马对物流体系进行了数字化再造，如图 8-7 所示。建立智能履约集单系统，基于客户的地理位置、下单时序、具体需求和商品的配送温度需求把订单串联起来，结合店内店外配送人员的位置和状态计算出最优配送方式，提高效率降低成本。通过智能店仓作业和配送调度系统，让配送员的位置信息、技能信息清晰可见，商品的订单、批次、包裹也实现了完全的数据化。在门店内，哪里需要增加拣货员，也可以实现随时调配。智能订货库存分配系统，则是基于盒马门店的历史销量和淘系数据，对不同区域商品分配进行预测，提高门店库存周转效率。

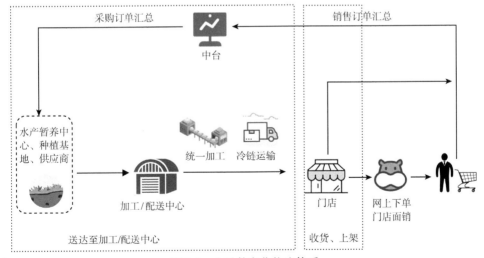

图 8-7　盒马数字化物流体系

盒马通过对传统零售业和线上线下生鲜电商渠道整合的升级改造，推动平台与顾客互动，实现了价值创新与渠道整合。

### 8.5.2 盒马鲜生全渠道创新的关键理论问题

全渠道是整合顾客流、商店流、信息流、资金流、物流等零售流的方式，创新零售业态与价值创造形式。

**1. 重构"人、货、场"零售三要素**

以盒马为代表的全渠道重构了零售业态的"人、货、场"。

（1）人重构：盒马通过引入 AI 技术，实现了商品的智能选配和销售预测，同时还引入了社区化服务，打造社区化购物场景，为顾客提供个性化的购物体验。盒马还推出了"盒马鲜生 APP"，顾客可以通过 APP 进行线上下单、送货上门等操作，实现了线上线下的互动和融合。

（2）货重构：盒马致力于打造全球的"新鲜好物"供应链体系，采用"直采直供"模式，实现商品的快速流通。盒马通过建立新型的冷链配送中心，推行"一站式"采购和配送服务，从而实现了物流成本和效率的优化。此外，盒马还采用"品牌合作+自有品牌"的供应策略，同时也加强了商品的品质控制和溯源体系建设，保证商品的品质和安全。

（3）场重构：盒马采用了一系列的科技手段，如 AR、VR 等，为顾客打造数字化的购物场景。盒马还推出了"盒马鲜生 APP"，让顾客可以在线上下单，同时也可以获得优惠券等多种福利。盒马还提供了便捷的"配送+自提"服务，顾客可以选择快递、门店自提等多种服务方式。此外，盒马还采用了"生态圈"模式，以门店为中心，以社区为单位，将线上线下融合到一个整体中。盒马还为顾客提供了多种增值服务，如线下开展烹饪教室、健康体检等活动，从而提升了消费者的购物体验。

如图 8-8 所示，借助全渠道多触点的实时数据积累，建立不断自我学习与调整的模型，提供准确的供应链相关信息预测，提高"货"供给效率。各渠道间消费者信息互通，用户画像更加清晰，反向定制产品，提高"人"的消费体验。通过线下"场"设计爆品体验，吸引消费者流量至线上网店，实现渠道与渠道间的联动。

**2. 全渠道零售商业模式创新**

著名商业模式创新专家 Alexander Osterwalder（亚历山大·奥斯特瓦德）和 Yves Pigneur（伊夫·皮尼厄）在《商业模式新生代》一书中提出了商业模式画布（business model canvas），将完整的商业模式分为目标客户、价值主张、渠道、客户关系、核心资源、关键活动、关键合作伙伴、成本结构、收入来源九个模块。

（1）目标客户。描述企业的目标客户，包括客户的需求和特点。盒马主动定位了核心用户群体，20～45 岁的女性白领为服务的主要群体，她们工作繁忙、注重品质，将商品新鲜度和品质作为第一要求，将购物体验和服务看得也很重要，对价格的敏感度反而不高。

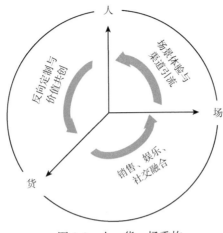

图 8-8　人—货—场重构

（2）价值主张。描述企业提供给客户的独特价值，如产品和服务的特点、功能与好处。基于吃这一场景存在的痛点，打造了快节奏高品质生活解决方案，提供一站式生活服务，包括从食材到餐桌的全方位服务。盒马的产品以优质的生鲜产品、新鲜的餐饮食材和创新的零售体验为特色，同时为消费者提供了快捷、便利的购物体验。

（3）渠道。描述企业用于将产品或服务提供给客户的方式，如线上、线下、分销渠道等。盒马的渠道包括盒马 APP 和线下门店。消费者可以通过 APP 线上下单购物，同时也可以到实体店铺购物。通过实体店，盒马要将线下客户引流到线上，而盒马 APP 是实现引流的关键手段。

（4）客户关系。描述企业与不同客户群体之间建立的关系类型，如个性化服务、社交网络等。盒马与消费者之间的关系是基于便利、快捷和高质量的服务。包括将餐饮与超市融合，让消费者体验从食材挑选到加工成美食的全部过程；发放新人福利券、各个细分品类的优惠券、根据个人特征定向推送的优惠券；建立主题微信群，围绕盒马"吃"的概念和消费者进行交流和讨论；在线上 APP 和微信公众号等推出节日主题推文；针对超级用户的 X 会员计划；等等。

（5）核心资源。描述企业为实现其业务模式所需的重要资源，如人员、技术、资金等。为实现便利和高效的服务，盒马的关键资源包括来自阿里巴巴的资金和人力资源；与天猫团队共享的采购供应链资源；以及包括在大数据采集、加工、服务方面的技术平台。

（6）关键活动。描述企业为保证实现其价值主张和必须核心业务所进行的重要活动，通常是指企业的主要业务过程，包括生产、采购、研发、销售、营销、客户服务等。盒马的关键活动主要包括采购和供应链管理、门店运营和管理、盒马 APP 和物流系统开发与维护、客户服务和售后支持等。

（7）关键合作伙伴。描述企业与其他组织或公司之间的关键合作伙伴关系，如供应商、分销商、合资企业等。盒马的关键合作伙伴主要是指各类供应商。例如，与本地大型蔬菜基地、牲畜养殖基地、海鲜捕捞商等供应商合作，能第一时间拿到优质货源，保障盒马的新鲜与便捷特色。与众多餐饮品牌联营合作，餐饮品牌在盒马店内开设餐饮档口，盒马也引进这些餐饮企业中央厨房的熟食制品，或共创熟食成品、半成品等一系列产品，并通过盒马的线上线下双渠道平台，将这些好产品送达顾客，实现双赢。

（8）成本结构。描述企业为实现其业务模式而产生的成本，如生产成本、人员成本、广告费用等。盒马的主要成本包括固定初始投资成本（固定设备、店铺租金等）、采购与生产成本、物流成本、运营与管理成本等。

（9）收入来源。描述企业的收入来源，包括销售收入、租赁、许可等。盒马的主要收入来源是线上线下销售收入、餐饮加工收入、餐饮企业入驻租金收入等。

### 3. 零售商业模式创新中的数据驱动

零售商业模式创新的关键在于实现线上线下的无界融合，其核心是数字技术对业务体系的协同和强化。数据资源和数据能力的互动过程是盒马全渠道创新的必要保障，表现为"全触点体验优化—价值网络拓展—竞争优势实现"的动态循环（图8-9）。

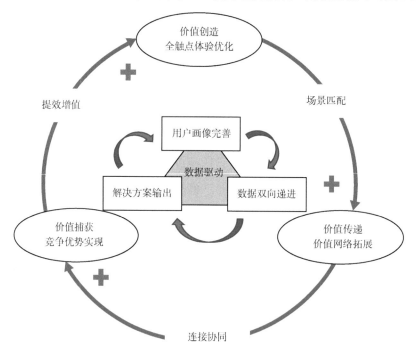

图 8-9　数据驱动盒马零售商业模式

### 4. 全触点体验优化

盒马将线上和线下的购物体验无缝融合，让消费者在任何时间和地点都能够享受到一致的服务和体验。例如，盒马的移动应用程序和线下门店之间可以实现数据共享，消费者可以在手机上选购商品，然后在门店付款和取货。此外，盒马建立了高效的物流配送网络，可以实现在最短时间内将商品送达消费者手中。同时，盒马还开展了"社区团购"等业务，将生鲜食材和其他商品直接送到社区居民手中。盒马还进行了场景化营销。盒马将营销场景化，将商品和服务与消费者的生活场景紧密结合。例如，盒马会在门店中设置"厨艺教室""健康生活专区"等场景，向消费者展示如何使用盒马的商品和服务来提高生活质量。这背后都是盒马利用先进的技术手段，如大数据、云计算、人工智能等，对消费者行为和偏好进行分析，并实时调整产品和服务策略。同时，盒马还开发了一系列基于移动端和物联网的应用程序与设备，以提供更方便、更个性化的购物体验。通过这些优化方法，盒马不断提升全触点购物体验的质量和效率，赢得越来越多消费者的青睐。

**5. 价值网络拓展**

为了满足用户需求，盒马通过向产业链上下游延伸建立高度协作和快速反应的联盟伙伴关系。盒马围绕"买手制"打造长期共荣的生态型"新零供"关系，将逐步完成全球和全国的农产品基地建设，建立以厂家直供为核心的供应模式，加大与品牌商、生产商联合开发盒马专供的定制商品，为消费者提供最具性价比的品质服务。这些关系的选择与建立是基于供应侧数据的指导。盒马基于大数据分析精确洞察消费者，并向基地种植户反馈消费需求，从而推动农产品精细化和标准化的种植，把传统农业变成订单式农业，促使农产品生产规范有序，目前已成功推出藕带、沙葱等众多畅销农产品。同时，盒马根据从数据中台以及哔哩哔哩、小红书等其他社交平台中获取的信息，挖掘新消费需求，通过共同研发和品牌联名，赋予传统商品新消费元素，如与光明联手推出流心奶黄八宝饭，与新雅粤菜馆共同打造网红爆款青团等。

**6. 竞争优势实现**

企业需要通过构建成本优势以及差异化定位等举措，持续革新并开拓市场，从而强化竞争壁垒，获取超额收益，实现企业经营的可持续性。盒马的竞争优势实现主要体现在财务指标降本增效和运营水平质量兼顾。盒马通过生鲜基地直采缩短中间环节，降低流通成本，并通过市场规模增长促进规模盈利，从而实现财务指标降本增效。并且，盒马通过加速扩张和布局，以及提高用户黏性和转化率来实现运营水平质量兼顾。在盒马实现竞争优势的背后，数据驱动主要聚焦于解决方案的输出，通过数据系统集成，打破业务之间的隔阂、消除数据孤岛效应，建立统一的数据中台为前端业务提供支撑。同时，在人工智能、物联网等技术的赋能下，众多传统业务系统被升级改造为智能化的自动服务系统，从而极大提升了人力资源效能。

# 第9章

# 数字营销传播策略

为了更好地认识数字营销传播策略，本章首先将从数字广告的定义、类型以及影响数字广告传播的因素三个方面进行阐释；其次，介绍目前常见的社会化媒体营销传播，主要包括微博营销、微信营销、短视频营销三方面；再次，介绍数字化整合营销传播渠道的特点以及有效整合；最后，引入亚朵品牌的多媒体整合营销传播案例，加深对于数字营销传播的理解。

**微案例阅读**

## 宜家 IKEA City

宜家作为知名家居品牌，在国内积累了一定的粉丝数量。近年来，随着消费主力群体的改变以及家居市场的竞争愈发激烈，如何最大化地捕捉到消费者兴趣，实现销售额增长，成为宜家思考的主要问题。

以往在消费者的认知中，宜家都是以"大卖场"的形式出现，然而在 2020 年宜家却一反常态，在上海开设了国内首个宜家城市中心店（IKEA City），IKEA City 占地仅有 3000 平方米，面积远远低于其他宜家店铺。此次新开的城市中心店主要有两个亮点：第一，缩小了门店面积，店铺内展示的商品更加精细，此外，IKEA City 开设在静安寺，消费者在宜家店内能直接看到静安寺，满足了年轻消费者的需求；第二，宜家通过门店视觉、数字化工具等打造了更完善的零售服务模式。IKEA City 提供了更加数字化、智能化的工具，对于店铺内剩余的产品，消费者可以通过"小程序"下单购买，同时送货到家，实现线上线下渠道的融合，除了小程序外，IKEA City 还提供其他数字化工具让消费者体验宜家方案，如提供个性定制方案的 PAX 衣柜系列 2.0 设计工具、以交互式可视化方式辅助产品设计的贝达 3D 模块设计工具等。

近年来，宜家也在积极进行数字化转型，不再依靠传统、单一的卖场经营模式，而是更加注重数字化渠道的开拓，除了宜家小程序外，宜家也与天猫合作，借助天猫平台，扩大了消费人群，同时宜家也开起了直播带货，打造全渠道数字化购物闭环。

　　资料来源：《从大卖场到城市店，宜家的转型"虽迟但到"》，https://www.digitaling.com/articles/328964.html，2020-08-05。

# 9.1　数　字　广　告

## 9.1.1　数字广告类型

　　数字广告是广告主借助数字媒体向用户传递有关产品或服务信息，数字广告起源于 20 世纪 90 年代，经过数年间的发展，数字广告已衍生出互联网广告、社交媒体广告等多种类型。从广告传播渠道来看，数字广告可分为互联网广告、社交媒体广告、户外数字广告和其他数字广告形态四种类型。

### 1. 互联网广告

　　互联网广告是指以网站、网页等互联网媒介为载体，以数字技术为手段，运用文字、图片、视频等形式，以推广宣传特定信息为目的的营销传播活动。互联网广告涉及的范围广，主要包括：①横幅（banner）广告，又称旗帜广告，是互联网广告最早使用的广告，以 GIF、JPG[①]等格式表现广告内容的矩形图片，一般放置在网页上，内容设计比较醒目，容易吸引人，当用户点击图片就会跳转到广告主页面。②搜索引擎广告，是指广告主在搜索引擎上进行的广告宣传，广告主根据产品或者服务的特点，总结归纳出产品关键词，撰写广告内容并自主定价投放的广告。③文字链接广告，指以文字作为广告，将相关文字插入超链接，当用户点击文字时，即可进入相应产品界面。文字链接广告需要准确概括出产品内容，使用户能够一目了然，文字链接广告不需要五颜六色的色彩，对用户的视觉干扰小，同时文字链接广告效果也很好。④网页弹窗广告，指用户打开网页后会自动弹出广告，无论用户点击与否都会出现在用户界面。网页弹窗广告具有强制性，容易使用户感到厌恶，同时网页弹窗广告易携带病毒，影响用户体验。⑤电子邮件广告，指广告主通过互联网平台将广告消息发送到用户邮箱。电子邮件广告具有使用方便、使用费用低、覆盖范围广、针对性强等特点，但目前随着用户安全意识提升以及平台改善，电子邮件广告容易被平台列入垃圾邮件，使得传播效果大打折扣。⑥互联网植入式广告，指在宣传过程中把产品或品牌标识以有形或者无形的方式融入场景

---

　　① GIF 表示 graphic interchange format，可交换图像数据格式；JPG 是一种常见图像文件格式，全称为 JPEG（joint photographic experts group）。

中，通过场景设置，激发消费者的购买意识以及购买需求，给消费者留下印象。互联网植入式广告用途较广，可运用在电视或电影中、综艺节目中，植入式广告并不适用于所有广告类型，如在广告宣传初期，广告知名度较低的情况下，若进行植入式广告，观众对广告陌生，难以对广告产生购买需求。

### 2. 社交媒体广告

社交媒体广告是指广告主借助微博、微信、小红书、短视频等社交媒体平台以文字、图片、短视频等多种形式传播有关产品信息。社交媒体广告主要涉及以下几方面：①微博平台。微博作为目前使用频次较高的平台，同时微博上入驻明星多，所带来的粉丝效益大，已成为品牌或企业推广首选。微博广告指品牌或企业通过微博平台发布产品消息推广产品以达到传播品牌、树立良好品牌或企业形象的目的。②微信平台。微信平台属于社会关系网络，目前许多品牌或企业会借助微信平台创建官方微信公众号、开设微信短视频、建立微信社群等，同时会根据用户需求通过微信公众号、微信短视频、微信社群等发布产品消息以达到推广产品的目的。目前我国微信使用人数多，微信平台营销已经成为一种主要的营销推广方式。③短视频平台。其是指企业或个人将产品或品牌以剧情或段子的形式融入视频中进行推广。短视频的特点就在于时间短内容精，因此对于品牌或企业来说，要想借助好短视频进行营销，就要在内容上下功夫，做到短而精。目前我国短视频月活跃人数破亿，短视频正处于流量风口处，短视频营销已成为不可忽视的一部分。④小红书平台。小红书平台近几年才发展起来，小红书属于种草式营销，如何准确归纳产品特点和寻找产品卖点成为小红书平台营销的重点，种草式营销的好处就在于当 KOL 在平台发布相关产品的测评或分享时，能拉近与消费者之间的距离，从而吸引更多流量，并将流量转化为忠实顾客。⑤H5 广告（HTML①5 广告）。其是指利用 HTML5 编码技术来实现的一种数字广告，在网络社交媒体中传播的带有特效、互动体验和声效的 Web 网页。

### 3. 户外数字广告

户外数字广告是指将户外广告与数字化技术相结合并在公共场所进行投放的广告，是现代化的户外广告，具有智能化、数字化、覆盖范围广、视觉效果强烈等特点。常见的户外数字广告可分数字 LED②广告、数字楼宇广告、AR/VR 广告、裸眼 3D 屏广告四种。①数字 LED 广告。数字 LED 广告是由新媒体技术与传统户外广告相结合的一种新型数字广告，LED 广告由发光二极管组成，是一种可以

---

① HTML 表示 hypertext mark language，超文本标记语言。

② LED 表示 light emitting diode，发光二极管。

显示文字、影像的显示屏广告。视觉上看，LED 显示屏广告色彩搭配好，屏幕大，能很好地传递广告信息。②数字楼宇广告。其是指借助互联网技术利用液晶显示屏来进行广告信息的传递以及广告活动的开展，主要围绕着楼宇进行开展与宣传。一般楼宇广告布置在电梯内部以及一些高楼大厦旁，且会选择在人流量大的地方进行布置，从而能有效地进行产品推广与宣传。③AR/VR 广告。其是指用户佩戴硬件设备可以将虚拟世界的元素在现实世界展现出来并进行互动，目前 AR/VR 广告已成为提升广告体验的重要形式。通过 AR/VR 广告，用户能更加真实地体验到产品，能增加用户与产品之间的互动体验。④裸眼 3D 屏广告。其是指不借助其他工具，能裸眼实现立体视觉效果的广告。裸眼 3D 屏的屏幕大，从不同角度看都能很好地展现立体效果，并且非常逼真，能在短时间内吸引到观众，目前这种创新的广告形式已在各大城市的核心商场地段广泛投放，成为各大商场推广宣传的新宠。

**4. 其他数字广告形态**

除上述三种广告形态外，还有一些其他数字广告形态。例如，①二维码广告。二维码广告是数字时代下与广告行业融合发展的产物，二维码广告具有携带信息量大、用户主动接收信息等特点。二维码可容纳的信息是普通条形码的几十倍，并且二维码可以容纳文字、音乐、图片、视频等多种形式，使传统广告不再受限于时间以及空间。②电商平台广告。随着我国经济的快速发展、互联网技术的发展以及平台建设的不断完善，出现了一种新的购物方式——网络购物，电商平台广告则是在网络购物的兴起下逐渐发展起来的广告，是指企业或品牌借助互联网平台，对商品进行宣传，吸引目标用户进行购买从而完成交易的广告。③数字藏品广告。近几年，元宇宙的概念被广泛宣传，一些新旧概念不断提出，数字藏品也是在此背景下提出的。数字收藏品在国外被称为"不可替换的代币"（non-fungible tokens，NFT），由于国内政策原因，不允许任何代币出现，因此，国内将所有 NFT 统称为"数字收藏品"。④品牌虚拟人。其是指品牌商结合自身产品特点，虚构一个产品代言人，代言人可以是动漫人物也可以是不存在的人物。相比于明星代言，品牌虚拟人的代言费用低，可以创造一个不存在的形象进行代言，减少品牌方成本，此外品牌虚拟人不会有负面舆论，可以维持一个好的品牌形象。

## 9.1.2 数字广告效果

数字广告效果，是指广告商通过数字媒介进行传播从而对广告所产生的作用及影响。广告效果有多种分类，只有正确进行效果评估才能为数字广告的发展提供建议，因此本书借鉴相关学者对广告效果的分类研究，从广告效果的性质、广告活动过程以及广告活动构成因素对数字广告效果进行划分（Chaffey and Ellis-Chadwick, 2019）。

**1. 从广告效果的性质划分**

广告效果有狭义和广义之分。从狭义来讲，广告效果指的是广告所产生的经济效果，包括对销售额、市场占有率、利润率的影响。从广义来讲，广告效果指的是广告在传播过程中对个人和社会的影响，包括广告的经济效果、心理效果及社会效果。随着社会经济的发展，广告所产生的效果不仅仅局限于狭义上的效果，而更多地从广义上综合考虑广告带来的效果，因此，本书指的数字广告效果主要从广义上进行解释。

1）广告所产生的经济效果

广告所产生的经济效果是指广告在传播过程中给品牌方带来的销售额以及利润的提升。广告的经济效果可以追溯到 20 世纪 60 年代，在当时由于经济发展有限、社会媒介不发达，广告宣传只能依靠人员推销以及口耳相传，作用效果非常有限，因此，广告主要的作用是广而告之商品的信息。近年来，随着宣传媒介的增多，广告的宣传得到加强，现有研究主要集中在广告对销售的影响。广告如何才能产生经济效果？影响因素有哪些？如何去实现？本节结合 Liu-Thompkins（2019）以及高腾飞和曲韵（2023）的研究，根据"影响因素—作用过程—影响结果"的逻辑过程构建广告经济效果模型。

在图 9-1 中，影响因素代表影响数字广告效果的因素，主要有广告效果、广告机制、广告创意元素、广告语境、广告个性化以及搜索广告六个方面。作用过程则表示在影响因素作用下的数字广告的运作流程，涉及创意生产、实时反馈、效果监测、动态调整、投放渠道以及智能优化六个步骤。影响结果则为数字广告最终所产生的经济效果，主要从宏观上的经济增长以及微观上的企业增值两个方面进行衡量。其中，影响因素和作用过程是相互影响、相互作用的，影响因素推

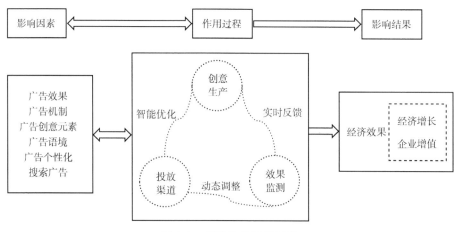

图 9-1　经济效果作用过程

动了数字广告作用过程的实施，作用过程的实施能反馈各影响因素对数字广告效果的影响大小，从而更好地确定影响因素。一般采用销售额、利润率等经济指标对数字广告产生的经济效果进行衡量。

2）广告所产生的社会效果

广告的社会效果是指广告在宣传中给社会带来的影响，主要包括社会道德、社会伦理、社会文化、社会风俗、社会习惯等。社会包含了许多方面，具有多样性、复杂性等特点，因此，广告在进行宣传时，要综合考虑其对社会的影响。广告对社会产生效应最常见的形式是公益广告。

**微案例阅读**

### 一个关于"一块"钱的故事

一块钱能做什么？腾讯用公益短片告诉你答案。故事发生在某山村，留守兄弟与乡村小卖部爷爷立下约定，将玻璃罐存满一百枚一块钱硬币后，便能买下小卖部的一部二手手机。为了尽快完成约定，兄弟俩便开始了赚钱之旅。兄弟俩日出而作日落而息，通过帮助邻居赶鸭子、采茶叶、砍柴、挑水等，赚取着硬币，向约定前进。在小溪玩耍过程中，弟弟的鞋子顺着小溪漂走了，去小卖部时弟弟的脚赤裸着，哥哥在手机和鞋子间纠结许久，选择了给弟弟买鞋，正当兄弟俩要离开的时候，小卖部爷爷将手机的价格改为了一元，小卖部爷爷的举动既让弟弟拿了鞋，又让他们拥有了一部手机。短片结尾，兄弟俩与妈妈通话。

该广告是腾讯公益推出的广告，腾讯公益创立了"99 公益日"，联合其他企业、媒体、明星等共同发起公益活动，通过公益片宣传让大家了解到公益项目，为有需要帮助的群体贡献自己的一份力量。2015～2019 年，在"99 公益日"推动下，腾讯公益网络募捐平台已获得超过 55 亿元善款，累计受益公益项目超过 5万个。该捐款资金用于基层群众，给老百姓带来真实贴切的服务。一块钱虽少，但汇聚到一起就是巨大的能量。

资料来源：《腾讯公益广告：一个关于"一块"钱的故事……》，https://www.sohu.com/a/338524944_627450，2019-09-03。

腾讯作为国内知名企业，打造公益活动，展现了一定的社会责任感，同时腾讯借助公益日让公众关注到目前弱势群体，并为他们贡献一份力量。腾讯通过公益广告的形式，对社会产生了影响，为社会发展做出了努力。

3）广告所产生的心理效果

广告所产生的心理效果是指广告对消费者心理活动的影响，是对消费者接触广告后内心所发生的心理过程变化的评估，主要包括认知、理解、评价和记忆。认知是指将广告信息传递给消费者，并考察消费者是否能根据所接收的信息对广告内容形成初步的认识、印象及态度；而理解则是指消费者是否能够准确领悟广告所传递的信息内容，如果消费者能准确认识到广告信息内容，则消费者对广告呈现正面反馈并深化对广告的理解，增加传播力，反之如果消费者没有准确认识到广告信息，则会产生负面反馈，影响广告传播；评价涉及消费者对品牌形象、知名度及价格的考量。当消费者对广告信息产生积极印象并给予正面反馈时，这往往意味着他们对品牌的认可，从而有助于构建和增强品牌忠诚度；而记忆则体现在消费者在有需求时，能否迅速在脑海中回想起该品牌。若能做到这一点，便意味着该品牌在消费者心中留下了深刻的印记。

因此，广告要想达到预期心理效果就要充分考虑消费者的认知、理解、评价与记忆，即在做广告内容与广告宣传中，品牌要清晰并简化地传达广告信息，注重品牌形象、品牌知名度、品牌价格等品牌资产的提升，传达核心卖点并与消费者需求、市场痛点相结合，增加消费者记忆点。

**2. 从广告活动过程划分**

按照广告活动过程的时间节点不同，广告效果可以划分为事前效果、事中效果、事后效果三部分，与此对应，广告效果评估可以划分为事前评估、事中评估、事后评估三部分。

1）事前评估

广告效果事前评估要进行宏观环境分析、竞品分析、自身分析以及消费者分析，此外还需要进一步研究消费者心理行为因素，进一步测试广告信息能在传播过程中产生什么样的作用以及效果。事前评估是第一步，也是最重要的一步，要通过分析不同环境寻找到最适合广告宣传的方法，以减少后期宣传的成本。

2）事中评估

广告效果事中评估是指在广告宣传过程中进行评估。在广告宣传过程中，广告宣传效果可能会与广告战略、广告目标等呈相反趋势发展，因此，为了营销目标能够顺利达成，需要对广告进行事中评估，使广告战略、广告目标按照预期计划执行，不偏离预期方向，从而达到目标。

3）事后评估

广告效果事后评估是广告活动的最终环节，这一环节主要评估广告活动的效果如何，是否达到预期目标。事后评估需要总结前两个环节的不足，并提供相应的解决措施，以期后续在进行广告宣传时提供参考。

事前评估、事中评估、事后评估三个环节是环环相扣的，事前做好分析、目标制定，事中及时监测与控制，事后总结前两个环节，这样才能为下一次广告宣传打好基础。

**3. 从广告活动构成因素划分**

从广告活动构成因素进行划分，可以将广告效果划分为广告原稿效果和广告媒体效果。

*1）广告原稿效果*

广告原稿效果又称广告表现效果，广告表现效果是剔除媒体作用后由广告原稿本身带来的效果，即广告原稿达到预先设定的认知率、理解程度、唤起兴趣、形成印象等具体目的的程度。

*2）广告媒体效果*

广告媒体效果即由媒体给广告带来的效果。主要有媒体普及、媒体登出、广告登出、广告认识、广告报道、销售效果六个指标。

### 9.1.3　影响数字广告传播的因素

数字广告逐渐成为数字经济的重要组成部分，研究影响数字广告传播的影响因素对于企业价值、国家经济发展有着重要的作用。本节梳理了影响数字广告传播的积极因素以及消极因素。

**1. 积极因素**

积极因素是指能正向促进数字广告传播的因素。数字广告传播过程中，广告效果越好、广告机制中参与度越高、广告创意元素越丰富、广告个性特色越鲜明，越能增加用户对于广告的认知，增加广告的知名度和联想度，提升品牌知名度以及增强品牌联想，同时广告中用户参与度高能增进用户对广告的互动与认同，进一步提升用户对于产品的情感，从而产生购买行为并积极推荐。在此框架中，借鉴了国内外学者 Huh 等（2015）、贺远琼等（2022）的研究以及相关框架。本节认为数字广告传播的积极因素可从广告效果、广告机制、广告创意元素、广告个性化四个维度来阐述数字广告传播的影响因素（图 9-2）。

*1）广告效果*

广告效果的有效性取决于产品类别、用户细分、广告形式三个方面，并且广告效果也与传播渠道有关。在进行广告传播时，要明确广告受众群体有哪些，即

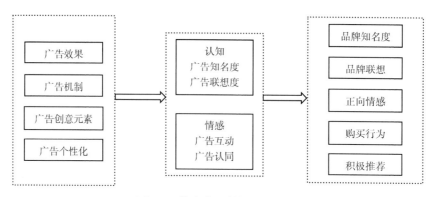

图 9-2　数字广告传播积极因素

目标人群有哪些，要做好用户细分，并根据不同产品的特点进行归类宣传，同时在宣传过程中要考虑到广告形式有哪些。此外，研究表明，相较于线下渠道，线上渠道的优点在于传播范围广、传播速度快，但缺点在于用户的注意力容易被分散，线下渠道反之。因此，对于数字广告传播，正确做好产品类别划分、用户细分、广告形式以及宣传渠道选择才能精准传递到目标人群，提升在目标人群的知名度与认同感，进而扩大品牌知名度。

2）广告机制

广告机制中注意力、参与度、广告曝光顺序被认为能增加广告传播的有效性。在数字广告传播中要增加用户对于广告的注意力，注意力越高，用户对广告产生的负面效应越小，广告产生的宣传效果越好。同样，也要注重用户参与度，用户参与度越高，互动性越强，越能增进与产品之间的情感，对于产品越能产生积极的购买行为以及推荐行为。在实际广告传播中，用户面对的是一系列的广告曝光，而不是单个广告曝光。因此，在进行广告传播时，要正确选择广告传播顺序，顺序越好，产生的效应越好，用户的负面情绪越少，广告传播效果越佳。

3）广告创意元素

在广告创意元素中，文案的巧妙构思、logo 的大小、颜色搭配及独特的形式等，均是吸引用户注意力的有效手段。此外，品牌联名能吸引用户注意力，提升品牌知名度，加强品牌联想。广告文案是广告内核，文案越生动形象，越能捕捉到用户心灵，增强用户对于广告的认知。此外广告中 logo 越大、颜色越鲜艳、形式越丰富多样，越能增加用户视觉体验感，同时近年来品牌联名成为各大品牌常用的宣传合作手段，好的品牌联名能增进品牌间的知名度同时增加用户品牌联想度。我国历史悠久，在后续的广告创意元素中，适当加入中国风元素不仅能提升品牌知名度，更能增进与用户间的情感，加深民族认同感。

此外在数字环境下，"体验"一词成为广告创意元素中最大的优势，能让用户身临其境感受的广告成为数字环境下广告传播的新发展方向。

4）广告个性化

广告个性化中可基于消费者以往的消费行为、现在的消费行为、消费者身份知识提升广告效果。利用大数据技术分析消费者以往的消费行为以及现有行为能更好地了解消费者需求，从而进行广告推送，此外要了解消费者身份信息，增加用户个性化内容，通过增加广告个性化内容，提升用户对于广告的认同与了解，进而提升用户对于品牌的认知与情感，但在进行广告个性化过程中，要保护用户隐私安全，防止用户信息泄露。

**2. 消极因素**

除了积极因素，近年来学者也关注到数字广告传播的消极因素，消极因素是指负向影响数字广告传播的因素。数字环境加大了用户的个人选择权，用户对于广告传播的自主选择性加强，即用户可以自主选择是否观看此广告，这也导致企业的数字广告传播没有达到预期效果。在数字广告传播过程中，广告效果的不确定性、广告组织的无效率、广告拦截、广告欺诈等负面因素会影响到用户的认知以及情感进而产生广告规避心理状态。为了更好地促进数字广告的发展，为企业营销传播提供有益建议，本节借鉴了国内外 Huh 等（2015）、贺远琼等（2022）的研究以及相关框架。本节认为数字广告传播的消极因素主要有广告效果的不确定性、广告组织的无效率、广告拦截、广告欺诈四个维度（图 9-3）。

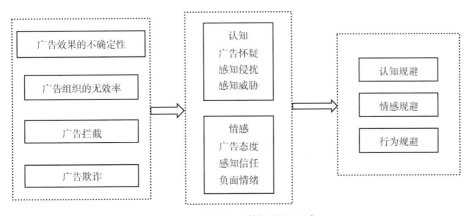

图 9-3　数字广告传播消极因素

1）广告效果的不确定性

广告效果的不确定性即在广告传播过程中没有正确做好产品类别划分、目标人群定位以及广告传播形式选择。对广告效果的不确定性会导致目标人群定位不精准，在投放过程中，用户没有寻找到利益契合点，会对广告产生负面认知与情绪，进而影响到用户对于广告的观看，产生规避行为。同时，对于广告效果的不确定性也会影响到企业广告预算支出，使企业的预算与预期传播效果不符。

2）广告组织的无效率

广告组织的无效率主要发生在广告组织内部以及广告主和代理商之间。首先，在广告组织内部中，组织内部各小组之间的不协调会导致次优的广告决策、客户关注以及营销目标的制定。其次，同一公司的不同业务单位可能会对同一广告进行投标。最后，在广告主和代理商之间，代理商的创意容易被窃取，同时广告主难以衡量代理商广告方案的质量与创意。广告组织的无效率会导致广告传播目标、内容不明确，影响到用户的观看体验。

3）广告拦截

广告拦截是指用户对于广告不感兴趣，利用广告屏蔽技术对广告进行屏蔽，在数字化环境下，用户被广告包围，用户对于广告的自主选择性加强，不断增加的广告数量易引发用户对于广告的负面情绪，对广告产生负面态度，进而会导致用户规避广告。

4）广告欺诈

广告欺诈主要包括夸大品牌作用与事实，吸引用户观看与购买，公司在社交平台上发布虚假信息和讨论以营造真实氛围。广告欺诈会使用户对广告以及品牌产生怀疑，当用户购买并使用产品后，发现与预期效果不符，用户对于广告以及品牌产生负面情绪，用户对于产品的信任度下降，进而产生广告规避行为，同时用户在后续很长时间内都会对该品牌持怀疑态度以及负面情绪，并告诫给身边的其他用户。

## 9.2 社会化媒体营销传播

社会化媒体营销是指利用社交网络、在线社区以及微博等社会化媒体平台进行的营销、销售等推广活动。随着互联网的不断发展，社会化媒体呈现多元化趋势，使用人数也逐年上涨，本节着重选取当下用户使用频次较高的社会化媒体进行营销分析。

### 9.2.1 微博营销

微博营销是以微博作为营销平台，企业、个人或第三方媒体等借助该平台发现用户、挖掘用户需求并借助该平台开展推广产品、传播品牌等营销活动，具有及时性、互动性、广泛性等特点（Holland et al., 2020）。借助微博平台，企业可以在平台上更新微博动态，及时发布有关产品和企业信息以树立企业良好的品牌形象和产品形象。在微博平台中，企业通过微博撰写产品信息并利用文字、图片、视频等多种形式进行展示，也可以在博文中自带#话题#、添加位置、发送超话等形式扩大博文内容知名度，当用户搜索相关话题关键词，或在相关定位或超话查看到该内容时，企业就完成了宣传作用，如果用户对微博内容感兴趣会对博文进行点赞、评论、转发、收藏，进一步提升企业知名度。

当下越来越多的用户把微博作为获取信息来源的重要渠道，微博的使用人数也在逐年上涨，微博使用人群以青中年为主，在微博发布的用户发展报告中，90后和00后占比超八成，微博使用呈现年轻化趋势，此外许多企业和明星把微博作为主要宣传渠道，微博营销也越来越重要。根据微博营销主体不同可以把微博营销主要分为以下四类。

**1. 品牌自有媒体**

随着社会化媒体以及线上消费经济的发展，目前许多品牌都在微博建立了自己的微博账号，通过搜索相关品牌关键词即可搜索到账号。官方建立微博账号并进行运营是微博营销最常见的类型，官方通过微博可以第一时间发布品牌最新信息，使用户第一时间了解到相关动态，同时品牌和粉丝可以通过微博进行沟通与互动，通过双向互动增进与粉丝之间的距离，此外官方还可以自创话题，吸引粉丝与其他用户进行互动以扩大品牌知名度，另外品牌出现危机时，官方可以通过微博平台进行公关，防止品牌形象受损。

品牌自有媒体建立微博账号主要以宣传品牌、树立品牌形象为主，向用户传达积极、正面的品牌信息，与用户进行互动，引起用户对产品的关注，从而提升产品的销量，品牌自有媒体侧重商业性。

**2. 第三方媒体**

除了品牌自有媒体建立微博账号外，也有许多第三方媒体机构建立了微博账号。与品牌自有媒体不同，第三方媒体侧重于媒体属性，发布的内容更加注重产品的质量而不是产品的宣传，第三方媒体更加像一个中介机构，客观真实地表达对产品的看法。当用户信息参与度低并且信息处理能力差时，用户会根据第三方媒体发布的信息进行购买决策，如果第三方媒体发布多为积极、正面的信息，用户对于产品的态度是比较积极的，更容易购买产品，反之，如果第三方媒体对产品的发布数量少，则会直接影响到用户对该产品的购买。

品牌自有媒体和第三方媒体不是相互独立的，两者都能提高产品销量，因此在企业营销实践中，要注重品牌自有媒体建设，树立品牌形象；同时，也要注重与第三方媒体机构合作进行产品宣传，提升用户对产品的信任度。

### 3. IP 联名

IP 联名是指两个或两个以上的品牌进行联动合作，创造新的营销方式，IP 联名有同行业之间的联名也有跨行业之间的联名。用户的喜好是多种多样的，不局限于某一单一品牌，企业进行 IP 联名时，要找到与企业价值观、营销目标相符的 IP，才能最大化发挥两大 IP 联名作用。在微博营销中，常见的 IP 联名有高知名度品牌与高知名度品牌联名、高知名度品牌与低知名度品牌联名、低知名度与低知名度品牌联名三种类型，对企业来说，与高知名度品牌联名能最大化发挥联名作用，减少企业的宣传成本，提升品牌知名度。

**微案例阅读**

#### 老字号出圈！当稻香村遇上"王者荣耀"

当糕点和游戏联名，你会选择吗？春节将至，苏州稻香村与游戏 IP 王者荣耀开启了联名合作，推出"荣耀稻香"2020 年新春定制礼盒。王者荣耀作为当下最热门的手游，在微博平台拥有一千多万名粉丝，稻香村在微博平台仅有二十多万名粉丝。两者通过微博平台发布联名信息以及相关话题，并开设抽奖环节以吸引粉丝和其他用户参与，在联名中，还有其他企业转发相关微博为活动营造氛围。

此次联名，稻香村与王者荣耀合作推出"荣耀稻香"2020 年新春定制礼盒，该礼盒设计新颖，以红色为主色调，融入国风和新春元素，外包装还加入了王者荣耀里的典型人物，礼盒内还有稻香村为《王者荣耀》定制的新春贺卡、红包、蜡烛、LED 灯带等礼品，点燃内置蜡烛后，热量可使内部走马灯旋转，印在灯上的人气英雄形象将显现。礼盒内还配制了金丝酥饼、绿豆冰糕、蜜瓜酥等八款稻香村经典口碑产品。在糕点设计上，加入了王者荣耀中英雄技能元素以及台词，不仅吸引王者荣耀迷购买，更是被珍藏。

稻香村是老字号品牌中较早涉足互联网营销的品牌，此次稻香村与王者荣耀跨界合作，将百年糕点工艺与充满历史色彩的游戏人物联系起来，拉近了与年轻群体的距离，也让更多的年轻群体注意到传统工艺。稻香村与王者荣耀联名并不是一次性 IP 联名合作，在后续的传统节日中也有深度合作。

资料来源：《稻香村×王者荣耀：老字号出圈，引领跨界风潮》，https://www.baidu.com/link?url=tgzpiJgiuQ2nC4Dy-YhfpYvT7PuDHlZSFQqotzW-NWMYfSawSUmGZphO2MHbCaY3luZM_J-57x1Mq2irQwBAS_2d4gzMuVjgoVJeYfIX3qG&wd=&eqid=c161a0ff001694e80000000366471a9b，2020-01-15。

**4. 名人代言**

社会化媒体的发展催生了粉丝经济的消费模式，粉丝经济依靠的是粉丝对名人的喜爱，微博的诞生为粉丝经济提供了平台。越来越多的企业开始寻找名人代言作为品牌宣传的重要手段。名人代言是指企业或品牌利用名人名气，通过一系列宣传途径让用户知晓产品，提升产品知名度。在微博营销中，名人代言是常见的营销方式。主要有以下原因：第一，提升产品或品牌知名度。名人自带流量，粉丝数量多，通过与名人合作，能增加产品或品牌曝光，提升产品或品牌知名度。第二，名人粉丝数量多，易形成粉丝经济。粉丝对名人有特殊情感，这种情感体现在粉丝认同该品牌价值观的基础上支持名人的作品、代言等，并购买相关代言产品。

名人代言属于品牌或企业的宣传战略，在产品营销中起到了非常重要的作用。一般而言，企业倾向于选择流量大、知名度高的名人作为代言人。于是有研究探讨流量大的名人能否产生粉丝经济效应，霍春辉等（2019）选取雅诗兰黛和阿迪达斯为调查对象，研究结果表明：在名人代言中，名人微博认同、名人可信度以及品牌认同能促进粉丝购买意愿，提升产品销量。因此，企业在微博进行名人代言时，要考虑名人的流量（粉丝数量）、粉丝对名人微博的认同情况以及产品的价值观是否与名人粉丝群体相契合等。

### 9.2.2　微信营销

微信营销是伴随着微信的流行而产生的一种网络营销方式，微信打破了好友之间的距离限制，用户注册微信后，可以利用微信与好友建立联系。微信营销是指用户订阅自己所需的信息，商家通过提供用户需要的信息，推广自己的产品的点对点的营销方式。微信营销最常见的方式有公众号平台、朋友圈推广（Zhou et al.，2019）。

**1. 公众号平台**

微信公众号是企业在微信公众平台上申请的账号，企业借助微信公众号可在公众号上以文字、图片、视频的形式发布产品信息并与消费者进行沟通、交流与互动，从而达到产品营销的目的。微信公众号具有使用成本低、形式多样、外层特征与内层特征相互影响，以及公域流量与私域流量叠加，形成生态闭环等特点。

1）使用成本低

微信公众号的申请门槛较低，不论是个人、商家还是企业，都可以申请微信公众号，只需填写基本信息即可申请。微信公众号作为免费推广的平台，相比较于其他传统宣传媒介的高昂费用，微信公众号宣传费用低，能降低广告宣传成本。微信公众号运营简单，易上手。企业在进行公众号营销时，不需要进行复杂讲解，通过简单培训即可操作，大大地降低了企业的运营成本以及人力成本。此外，用户也可以在移动端上对公众号内容进行编辑修改，极大地提升了效率。

2）形式多样

微信公众号可提供文字、图片、视频等多种形式进行营销推广。首先，根据企业定位以及产品需要，营销者可以在微信公众平台上申请服务号、订阅号、小程序等不同类型的账号。其次，在微信公众号中，运营者可选择文字、图片、语音、视频等多种方式进行宣传推广，目前在微信公众号中，做纯文字、纯图片营销推广的较少，一般都选择文字、图片、语音相结合，对于用户来说，图文并茂的公众号能吸引用户的兴趣，不会视觉疲劳，除了图文结合外，公众号还会使用一些特效，如左滑、上拉、横屏等方式，增加用户新奇感，使用户主动参与到营销过程中。

3）外层特征与内层特征相互影响

外层特征即用户首先看到公众号的外部信息，如发布时间、帖子位置、标题信息等；内层特征即用户通过外层特征吸引，点进公众号内容并进行浏览。彭晨明等（2016）将外层特征划分为帖子位置、发布时间、标题促销以及封面颜色；将内层特征划分为内容生动性、内容信息量以及内容娱乐性。通过实证研究，帖子位置、发布时间、标题促销以及封面颜色均能吸引用户进行阅读，内容信息量能吸引用户阅读并进行点赞。对于企业营销推广，在外层特征中，要注重帖子发布位置，重要的内容要放在首位进行发布；发布时间一般选取在8：00到14：00和18：00到20：00两个时间段；标题含有促销信息会吸引消费者进行浏览阅读；封面颜色要结合不同人群进行布置，对于年轻人群采取冷色调，对于中年人群采取暖色调。在内层特征中，要注重提供有效的内容，用户关注公众号的目的就在于获取更多有关品牌资讯。

4）公域流量与私域流量叠加，形成生态闭环

公域流量是指流量巨大，可持续不断获取新用户，公域流量不属于任何企业与组织，具有公共性。私域流量即指从公域流量中引流到个人私域，私域流量属于商家自己。微信公众号借助微信庞大的使用人数，用户可选择自己喜欢、感兴趣的公众号进行关注，进而从公域流量转化为企业自身的私域流量，同时公众号可以转发至朋友圈、添加小程序、链接其他公众号以实现流量间的融合。此外，用户可以对公众号内容进行评论、点赞、在看，不仅可以与没有好友关系的人进行交流，也可以与具有好友关系的人进行交流互动，形成公域流量与私域流量的叠加以提升宣传效果。公众号还可以借助视频号、朋友圈、小程序等进行引流宣传，在公众号加入短视频进行引流，在朋友圈转发短视频进行宣传，在小程序进

行交易完成消费，从而形成生态闭环。

**2. 朋友圈推广**

朋友圈推广指企业利用朋友圈发布产品信息进行点对点推广，以提高产品知名度从而促成交易。朋友圈推广属于私域流量，企业最常见的营销方式是发布营销活动，如转发到朋友圈进行集赞。朋友圈推广具有互动性强、推广便利、点对点营销等特点。

1）互动性强

近年来，微信使用人数逐年增加，微信成为人们日常生活、工作的使用工具，朋友圈作为人们展示生活、了解信息的渠道，已成为微信营销的重要方式。朋友圈推广互动性强体现在企业发布营销活动后，用户可以使用文字、语言、视频等多种方式与企业进行交流互动，企业也可以通过图片、语音、视频等形式为用户展示产品、讲解产品，增进互动。同时商家通过朋友圈发布宣传活动，用户通过点赞、评论等方式参与活动，也可以转发至自己朋友圈或微信好友进行参与，进一步拉近双方之间的距离。

2）推广便利

朋友圈作为人们了解信息的渠道，在早上、中午以及晚上三个时间段使用频次高，因此在朋友圈进行营销推广时，根据不同时间段进行内容输出，提升推广效率。除以上时间段外，朋友圈推广还可以选择其他时间段进行宣传，以防早中晚三个时间段宣传人数多，造成宣传效果不佳，时间选择上朋友圈推广灵活度高，较为便利。此外，朋友圈推广便利性还体现在微信的使用人数多，对于产品活动推广有重要的推动作用，容易形成滚雪球效应，对于流量的增长有强大的推动作用。

朋友圈营销对于企业营销活动开展有着重要的推动作用，但目前朋友圈营销杂乱无章，出现了信任危机、产品造假等问题，因此企业在开展朋友圈营销时，要与用户建立信任，提供质量可靠的产品。

3）点对点营销

朋友圈营销第三个特点在于点对点精准营销，当用户添加企业、商家或个人微信时，用户就进入了企业的私域流量池，之后企业所有的营销活动都在私域流量池开展，每个目标对象都会接收到营销信息，进一步实现点对点精准营销。此外，用户对于企业信息感兴趣便会向用户自己的私域推广，扩大营销范围。

### 9.2.3　短视频营销

短视频营销即指视频时长较短，一般以秒为单位，短视频的内容较为精练，主要借助移动设备实现拍摄与剪辑，并在社交媒体进行分享的新型视频形式。

短视频营销通过本身的特质吸引用户参与到平台中，基于算法分析将平台优质内容推送给用户，刺激用户模仿视频行为进行拍摄，同时内容中高赞评论以及内容呈现吸引用户进一步了解，此外短视频的时长短、竖屏全局式能让用户沉浸式体验，产生推广效果。短视频营销在国内外发展迅速，国内短视频平台以抖音、快手为主，海外的视频平台以 YouTube、Twitter、TikTok 为主。在未来，短视频营销依然是企业营销的重点，具有以下发展趋势与特点。

### 1. 发展趋势

1) 行业进入沉淀期，市场监管不断加强

短视频行业发展可划分为四个时段。第一个时期为蓄势期（2011～2015 年），随着智能手机、Wi-Fi 等不断普及，短视频正处在积累阶段；第二个时期为转型期（2016～2017 年），4G 开始普及、网络基础设施建设完善，短视频开始在多平台发展，呈现多元化趋势；第三个时期为爆发期（2018～2019 年），短视频平台发展迅速，进入爆发期；第四个时期为沉淀期（2020 年至今），市场格局逐步稳定，以抖音、快手为头部平台，商业变现模式稳定，但抖音一家独大趋势明显，见图 9-4。如今，短视频行业发展较为稳定，并且抖音作为头部平台发展优势明显，新进入平台的发展难度增加。

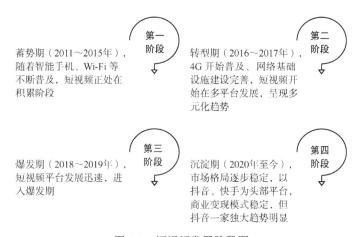

图 9-4　短视频发展阶段图

在短视频平台处于转型期和爆发期时，由于相关部门监管力度小、平台审核机制不完善、用户版权意识低等原因，出现了一系列抄袭、虚假宣传、违背社会风俗等内容。为此，从 2017～2021 年，国家公共信息网络安全监察机关、中国网络视听节目服务协会等相关部门出台了一系列规定对相关内容进行整改，逐步净化网络环境。

2）营销方式转变，数字化商业价值扩大

随着短视频的不断发展与使用人群的扩大，短视频定位由最初的简单分享生活、消遣娱乐向现在建立商城、进行直播带货转变。直播带货商业模式很简单，"厂家—平台"减少了许多的中间商环节，能产生更多的获利空间，同时带货的主播自带一定的流量，由于流量效果以及产品获利空间变大，直播红利也越来越明显。随着直播红利的产生，越来越多的明星开始参与到直播带货，明星与品牌的合作呈现多元化趋势，从高频参与短视频品牌营销到高频参与工作室拿货，从定制单一视频内容到为品牌定制剧场/秀，"明星+独立 IP"账号与品牌进行强绑定，利用定制剧集等方式完成营销目的。此外，随着大数据技术的发展，短视频领域也逐渐将大数据技术与直播相结合，数字化技术的商业价值不断扩大，广告主、主播等开始利用大数据筛选目前主播中带货能力较好的，以寻求合作，提升销售数量，同时对短视频每期的带货数据进行分析，发现目前存在的问题与不足，并在下期视频中完善。通过对大数据等数字技术的运用，广告主、主播等完善了"人—货"匹配机制，从而减少成本，提升效率。

**2. 短视频营销传播的影响因素**

近年来，短视频行业迅速发展，截至 2022 年，我国短视频人次已达 9 亿人，随着用户规模的逐渐扩大，短视频行业的商业价值、变现能力逐渐增强，越来越多的企业选择将短视频作为商业模式布局。许多学者研究了短视频所带来的正面作用，为企业的营销方向提供了参考，但随着用户的增多，一些学者也关注到了短视频带来的负面作用，如何处理短视频带来的负面作用成为新的思考方向。基于此，本节梳理了国内外学者对于短视频营销的积极因素与消极因素以及作用机制，以期为企业的短视频营销传播提供借鉴，见图 9-5。

1）积极因素

本节整合了 Yang 和 Ha（2021）、胡兵和冯采君（2023）对短视频影响因素的研究，认为在短视频营销中，主要从用户、平台、KOL 三个方面进行分析。

（1）用户。用户层面主要包括用户娱乐性、用户社交性、用户信息寻求三个方面，大多数用户观看短视频是为了追求娱乐，放松心情，若短视频缺乏娱乐性，营销传播就会大打折扣（郇小峰，2022），在短视频传播中，要注重增加娱乐性，满足用户娱乐需求，提升用户娱乐价值，进而增强用户使用意愿。同时短视频也要注重满足用户社交性，用户社交性的满足能提升用户对于短视频平台的归属感，

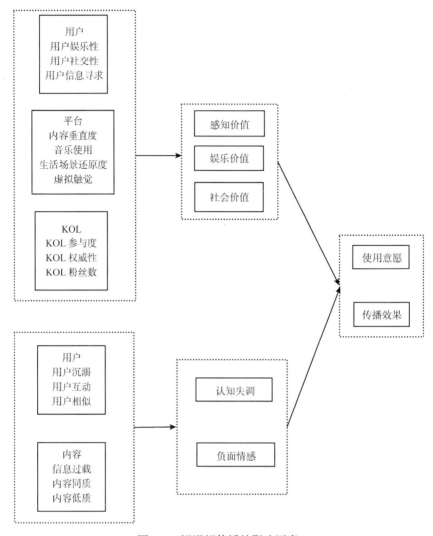

图 9-5　短视频传播的影响因素

提升用户自身社会价值，进而持续使用短视频。此外，快餐化和碎片化的趋势对于短视频的时长以及内容提出了更高的要求，短视频内容能在短时间内满足用户的信息需要，提升用户实际感知价值，进而提升使用意愿和传播效果。

（2）平台。平台层面主要包括内容垂直度、音乐使用、生活场景还原度、虚拟触觉四个方面。首先，在内容垂直度上，要明确产品类型是什么，要做哪种类型视频，将内容做垂直后，平台根据提供的内容进行用户精准推送，用户根据视频提供的内容寻找契合点，当内容与用户利益相符合时，用户持续使用意愿以及传播效果（点赞、评论、转发等）会增强。其次，在音乐使用上，对于热门背景音乐，平台方会加大推送力度，对于热门音乐要寻找到合适的视频内容进行产出，同时合理使用音乐能使用户更加沉浸于内容中，视频传播效果好。最后，在生活场景还原度和虚拟触觉方面，当短视频内容生活还原度越高时，用户越能根据日常使用情况判断是否进行购买，此外虚拟触觉度高的内容会增强用户真实体验感，提升用户体验价值，增强用户使用意愿。

（3）KOL。KOL 层面主要包括 KOL 参与度、KOL 权威性、KOL 粉丝数三个方面。用户在观看短视频时都选择自己感兴趣的内容进行观看，一般用户会选择关注该领域的 KOL，用户与 KOL 之间有非常强的关系，用户会信任该领域 KOL 的专业水平，对于 KOL 的意见会更容易采纳，同时 KOL 与用户之间的参与能增强用户间的黏性。当 KOL 与用户的参与度更高、KOL 的专业性更强、KOL 粉丝数更多，用户更能获得感知价值、娱乐价值以及社会价值，对于短视频的持续使用意愿也会加强，短视频的传播效果也会更好。

2）消极因素

消极因素中，本节整合了陈婷等（2022）、乐承毅和陈征（2022）对短视频用户不持续使用意愿的研究进行归类，将消极因素归为用户、内容两个层面。

（1）用户。用户层面主要包括用户沉溺、用户互动、用户相似三个方面。用户沉溺是指用户对短视频的使用出现上瘾、依赖等情绪，但无法停止使用短视频。用户沉溺会导致时间浪费、认知失调、产生负面情绪，进而影响到用户使用体验。用户互动、用户相似能驱使用户进一步使用短视频，随着用户在短视频上花费的时间越多，越容易产生消极情绪，同时，用户社交不是首要使用动机，用户沉溺于用户互动、用户相似会进一步降低使用感受，容易出现认知失调、负面情绪等，进而影响到使用意愿和传播效果。

（2）内容。内容层面主要包括信息过载、内容同质、内容低质三个方面。用户在短视频平台接收到的信息超过了自身处理能力称为信息过载，平台提供的信息过多容易使用户产生认知疲惫、厌恶等情绪，影响用户持续使用意愿。内容同质和内容低质是指用户接收的短视频传播的信息中有大量同样内容以及低质内容，用户使用短视频的首要动机是娱乐性，当用户面临大量同质、低质信息时，需要花费时间进行筛选，用户体验感受下降，同时用户面临低质信息时，易产生焦虑感、无助感，进而形成负面情绪，最终导致短视频的传播效果差，用户不持续使用意愿加强。

## 9.3　数字化整合营销传播

随着社会经济的发展，整合营销的目标、传播对象以及传播渠道发生了变化，整合营销的目标由统一的形象逐步向品牌资产、共创价值转变；传播对象也从消费者向利益相关者转变；传播渠道也从单一的传播工具向所有接触点转变。数字化整合营销是指企业为了实现营销目标，运用现代化技术手段和信息管理系统而开展的以用户价值驱动、强调与用户沟通互动等交互式的营销传播活动。在数字环境下，研究数字化整合营销对于企业目标制定、传播对象确定、传播渠道的改变有着重要的意义。

### 9.3.1　数字环境下的多传播渠道特点

互联网技术的飞速发展为数字环境的形成提供了技术保障，数字环境的到来使得营销传播渠道也发生了巨大的变化，由之前的单一渠道向数字化多渠道转变。数字环境下形成了多种传播渠道并行，如户外、微博、微信以及抖音和快手等短视频平台，数字环境下的多传播渠道特点可归纳为线上渠道与线下渠道并行、数字与实体、注重品牌广告与效果广告、内容创意与技术、代理商与广告主五点。

**1. 线上渠道与线下渠道并行**

线上渠道类型丰富，有淘宝、京东等电商平台，有微博、微信、小红书等社交平台；线下渠道作为传统传播渠道，主要包括销售人员直销、电梯广告、品牌实体店等。在数字化背景下，线下渠道要立足于数字化进行创新并与线上渠道相结合才能有更广阔的发展空间，对于企业而言，要满足顾客需求从而实现企业目标就要做到线上渠道与线下渠道相融合。

**2. 数字与实体**

在数字环境下，数字与实体已成为多传播渠道下的一大显著特征。目前多数企业借助大数据、移动互联网、云计算等数字化信息技术构建数字化营销体系进行多渠道传播，极大地提升了传播效率，减少了企业的传播成本，同时利用数字化技术，企业也积极地推进实体渠道转型，将数字化技术与实体渠道相融合，促进实体转型升级。同时受新冠疫情影响，企业构建数字化营销体系也能线上与消费者进行沟通、提供无接触式配送，减少疫情对实体的影响。

**微案例阅读** ──────────────────────────────

### 不做细分市场的优衣库如何实现差异化

迅销公司注重对消费者需求的洞察，致力于满足消费者不同的需求，迅销公司利用数字化技术建立了完备的仓储、物流、AR 技术、无人、自动化等全渠道数字化系统。优衣库作为迅销公司核心品牌，建立了从品牌沟通、社交、电商平台等完备的数字化运营体系，同时优衣库也注重对线下实体店的升级，用户在线下实体店扫码可第一时间看到新品信息、优惠信息和穿搭建议，提供线上买线下换、线下扫码线上购、查找店内库存、查找附近门店地址等服务，为消费者提供了便利。此外，在疫情期间，优衣库通过社交媒体融合电商以及线上到线下整合的服务体验的差异化价值打造，在疫情最严重期间，优衣库客户数实现大幅增长，同时优衣库在品牌自媒体上发布疫情防护知识，借鉴权威媒体内容给消费者做参考，满足消费者的需求。

消费者在优衣库公众号或小程序等品牌自媒体上了解到品牌信息，在线下选择门店进行试穿，在淘宝或微信小程序上进行下单购买，然后提供门店自提、门店急送、就近退换等服务。迅销公司及其旗下优衣库注重数字化技术以及数字化渠道建设，将线上和线下各门店之间库存、销量、数据等全面共享，形成了完整的数字化运营体系，同时还注重实体渠道的建设，将数字化技术与实体渠道相融合，为消费者提供便捷服务。数字化环境下，企业要积极拥抱数字化并与实体渠道相融合，构筑多传播渠道营销，激发数字化的内生动力，释放数字化对实体的作用，为推进企业转型升级和经济发展提供新动能。

资料来源：《不做细分市场的优衣库如何实现差异化？深耕「服适人生」理念和数字零售》，https://www.sohu.com/a/384348071_804309，2020-03-30；《2020中国数字营销案例 TOP30》。

---

### 3. 注重品牌广告与效果广告

品牌广告即树立品牌形象，提升消费者对品牌的知名度，以提高品牌占有率为目的，使消费者第一时间想起的广告。效果广告即刺激消费者需求从而转化为消费者行为以实现提升产品销量、促进产品销售的目的，从而达到企业营销目标。

品牌广告下，最主要的传播目的是宣传品牌或产品，提升品牌或产品知名度，更注重传播创意的独特性和视觉效果，广告投入的时间周期长，通常与各类节日一起进行捆绑营销，涉及的时间段长，因此，品牌广告传播的费用很高，投放的频次低；而在效果广告下，将消费者的需求转化为购买行为成为宣传的主要目的，更加注重创意效果，结合各项数据对创意进行优化，更注重广告的持续性投放，使用投资回报率、转化率等指标衡量传播效果，因此，效果广告的传播费用较低，投放的频次较高。

在数字化时代下，数字技术不断蓬勃发展，传播渠道越来越丰富，传播的信息也越来越多，品牌广告与效果广告的区别逐渐缩小，两者融合发展是目前数字环境下的特点，许多企业将品牌广告与效果广告相结合实现"品效合一"，以达到营销目的最大化。

### 王饱饱：新营销方法论

杭州饱嗝电子商务有限公司（商标为王饱饱）是一家专注于做麦片食品的公司，于2018年上线天猫旗舰店，不到一年时间，其就在天猫平台冲调品类店铺排名第一，2019年首次参加天猫双十一，69分钟销量突破1000万元，拿下品类第一以及线上麦片品牌第一的位置。不到一年时间，王饱饱为何能在麦片类中拿到第一。王饱饱在传播过程中明确了投放原则，所有投放基于"三层曝光"的立体营销逻辑来进行。"三层曝光"，即通过品牌广告与效果广告的结合，逐步建立起王饱饱在消费者心中的认知，从而影响他们的消费行为。最外层是通过品牌宣传等策略，使广泛的消费者人群知道王饱饱是做麦片的；中层增加品牌定位，使消费者与目标人群进一步认识到王饱饱做的是健康好吃的麦片产品；内层是用促销、抢购等效果广告来"推"目标用户一把，实现购买转化。

王饱饱在推广过程中，注重品牌广告和效果广告的推广，首先通过宣传等手段，建立王饱饱品牌在消费者心中的知名度，其次明确自身产品定位，让消费者进一步了解到王饱饱品牌，最后通过效果广告转化为消费者行为，从而实现"品效合一"。王饱饱合伙人杨诚说道："王饱饱在进行推广时，与同行进行了一些错位竞争，在同行将注意力转为线上传播渠道时，王饱饱将传播渠道选择在线下、电台广播等传统渠道进行传播，并取得了不错的效果。"

资料来源：《王饱饱：新营销方法论》，http://www.ceibsreview.com/detail?id=4817&name=article，2021-05-08。

---

### 4. 内容创意与技术

"无内容，不营销。"内容营销逐渐成为数字营销的核心，在信息化、碎片化的时代，用户接触的信息越来越多，只有好的内容才能抓住用户，赢得用户的共鸣。一个好的内容对于塑造企业品牌有着重要的作用。在数字化环境下，数字技术不断发展，出现了以大数据、云计算、人工智能等为代表的技术，越来越多的企业也注意到了数字技术是大势所趋，将内容创意与数字技术结合是企业的制胜点。

### 河南卫视《唐宫夜宴》：传统文化惊艳再创新

近日，河南卫视春晚的舞蹈节目《唐宫夜宴》在春节期间火出圈了。仅用一天，关于《唐宫夜宴》相关视频的话题数据不断持续增长，相关话题词条突破七千万阅读，视频播放量达到千万流量。该节目使得河南卫视春晚成为微博综艺榜晚会栏目类第一。相关留言"河南春晚出圈""河南春晚真中"等活跃在各大社交平台，引起了网民热烈讨论，也让社会各界关注到传统文化的出圈之旅。

《唐宫夜宴》是由 2020 年郑州歌舞剧院的作品《唐俑》改编而来。舞蹈讲述的是数十名正值豆蔻的唐朝少女从准备参加宴会、进行装扮到赴宴途中所发生的趣事。唐代少女身形较为丰腴，因此为了还原唐代少女形象，演员们里面穿着塞海绵的连体衣，嘴里含着棉花，同时为了展现唐代特色，演员服饰色调以红、黄、绿为主，眼角两道月牙形的妆容。从身形、服饰、妆容等层面，最大程度地还原了唐代色彩。

除了在外观上贴合朝代外，导演团队利用数字化资源，利用 5G、VR 等数字技术，将传统水墨画、国宝等虚拟场景与舞台结合，并且将舞台放置在博物馆内。通过技术的运用，让舞台变得更加立体与真实，形成古典与现代的对话和碰撞，极大地增加了节目的视觉效果。

资料来源：廖秉宜等（2022）。

---

《唐宫夜宴》能获得巨大的关注，离不开内容创意与数字技术的整合，在内容上，《唐宫夜宴》扎根于中华优秀传统文化并对其进行创新，同时注重还原内容细节，从妆容、服务、仪态都最大程度地还原唐代风采；在技术上，《唐宫夜宴》利用现代数字技术，做到虚实结合，使得人物更加立体、场景更加真实。

### 5. 代理商与广告主

广告代理商又称广告公司，主要是指由广告创作人员和营销经营管理人员组成的机构，为客户提供广告创意、广告策划、市场调查、广告制作、广告宣传等服务。广告主是指为了提高产品或品牌的知名度，自行或委托他人设计、调查、制作、宣传广告的个人或组织。数字营销时代下，越来越多的广告主依靠数字技术和社交媒体或自媒体平台，渐渐开始独立地进行广告内容的生产、制作与宣传。看似广告主可以完全离开广告公司单独开展广告活动，实则不然（王苗等，2020）。

数字时代下，各类媒体平台蓬勃发展，需要投放的广告平台增多，对于广告投放需求也在不断增加，也就导致了广告推广工作量日益加大，此外，用户每天面对的信息是不同的，获取各类信息的渠道也是不同的，在此背景下，为了提升工作效率，减少不必要的成本支出，越来越多的广告主与广告公司开始更深层次合作，更大化实现两者价值。

### 9.3.2 数字环境下多传播渠道的有效整合

2022 年 11 月 17 日,嘉年华整合营销创始人、CEO 吴兆华在"以新制变"的 MMA IMPACT 2022 论坛上分享了目前整合营销行业环境变化以及后疫情时代下,品牌对于整合营销传播的需求变化。他指出,以往的整合营销是用核心创意去搭配不同的营销渠道,而现在的整合营销是用一个核心创意直接在单一平台落地。整合营销的渠道变得越来越集中、同时手段也越来越丰富。此外,在后疫情时代下降本增效成为主流,整合营销对于品牌方降低成本、提升效率越来越重要了,这也就给各大企业和品牌方一个思考,在后疫情时代和数字时代下,我们要做好整合营销(徐大佑等,2016)。

**1. 什么是整合营销**

整合营销起源于 20 世纪 90 年代,由整合营销传播之父唐·舒尔茨提出,在他的著作中,他将整合营销定义为:一个战略性的业务流程,企业利用这一流程在一定时间内针对消费者、已有客户、潜在客户以及其他有针对性的内外相关受众来规划、发展、执行和评估品牌的传播活动,使之协调一致、可以衡量,并且具有说服力,整合营销把广告、促销、公关等传播活动涵盖于企业营销活动范围之内,企业则把统一的传播资讯传递给顾客。

从策略整合、聚焦受众、整体流程、关系利益人四个角度对整合营销给出定义:在变化的市场环境中,基于目标市场受众与利益相关者的分析,进行沟通信息的设计、运用多样的信息传播方式、整合丰富的信息传播接触点,同时对传播效果进行评估监控以不断循环改进,从而实现低成本、高效率地支持营销战略目标达成的战略规划与策略实施(张世龙,2016)。

综上所述,结合数字时代下,本书将整合营销定义为:在数字环境下,企业利用数字技术,整合广告、促销、公关等传播方式,对目标受众开展品牌传播活动,并对传播效果进行评估监测,以低成本、高效率的方式促进企业战略目标的达成。

**2. 整合营销必要性**

第一,整合营销的持续时间久,能进行长期宣传。相比较于传统的报纸、杂志、电视等传播方式,传统媒体的传播时间、影响范围有限,难以在有限的时间内做到广范围、大面积的传播,而在数字时代下,企业将多种传播渠道进行整合传播,通过互联网平台,企业可以长时间进行传播,做到 24 小时全方位覆盖,并且企业品牌信息能长时间留在互联网上进行传播。

第二,整合营销的传播速度快,传播成本低。企业借助数字化技术进行整合营销传播，通过对大数据进行分析，企业能更快、更准确地定位传播人群，减少不必要的传播成本，同时在数字化时代下，相较于传统传播媒体，整合营销的传播没有地域限制、没有国界限制，传播速度快，企业可能只需要几分钟就能将品牌信息快速传递到全国各地甚至海外。

第三，整合营销能优化企业配置，促进企业长期发展。整合营销需要企业对组织架构进行更新，将功能相同或相近的部门进行整合，优化企业资源配置，提升传播效率，降低传播成本。同时，企业将部门进行整合后，通过多种渠道收集市场信息，分析市场环境和消费者需求，制定统一市场策略，便于企业更快地开展营销传播活动。

# 9.4　典型案例剖析：亚朵酒店品牌的数字化整合营销传播

随着经济的不断发展以及国家之间贸易的扩大，许多国际知名酒店入驻国内，并构成我国高端型酒店的主体，据中国旅游饭店业协会数据，截至 2012 年 1 月，我国高端型酒店数量达六百余家，高端型酒店的市场趋于饱和（Lemon and Verhoef，2016）。与此同时，由于经济型酒店准入门槛低、收益率高，自 20 世纪 90 年代我国第一家经济型酒店"锦江之星"诞生以来，经济型酒店快速扩张，诞生了汉庭、如家等知名酒店，但由于其快速扩张，各酒店之间的同质化越来越严重，品牌特色不突出，同时为了抢占市场获取更高的收益，酒店之间恶性竞争，通过降低服务等手段不断压缩成本，经济型酒店发展出现瓶颈期。因此，在经济型酒店和高端型酒店发展出现困境时，酒店从业者将目光瞄准到了中高端型酒店。

2012 年，亚朵创始人耶律胤发现了中产阶级商旅住宿的升级需求，并且正值体验经济开始的阶段，加之当时酒店发展环境受限，便有了创业的念头，他的初心很简单：做一个环境好，客户愿意住的酒店，而且，这个酒店不能仅仅是一个睡觉的地方，而是能够给志同道合的人提供品质生活的完美体验，是一个有内容的空间，一个能够跟客人在精神上产生共鸣的品牌。萌发了这个念头后，耶律胤想找一个优美且真实存在的地方作为酒店的名字。在去寻找过程中，耶律胤在云南怒江发现了一个小村庄，山清水秀，自然静谧，生活淳朴，在亚朵村中，耶律胤受到了启发，便决定以此为名，创办人文酒店品牌——亚朵酒店，并在酒店气质上努力与亚朵村相像：舒适、清新、朴实、静谧。

亚朵酒店在成立的两年间内便在 B 轮融资中得到了 3000 万美元，将酒店的价值提升到了 10 亿美元，截至 2020 年，亚朵酒店已遍布全国，取得了显著成功。

### 9.4.1 亚朵品牌的整合营销传播逻辑

整合营销传播是指企业从传播内容和传播时间上整合所有影响消费者的接触点，通过接触点传播企业形象建立品牌识别，从而形成品牌资产的营销活动。整合营销传播包括内部传播和外部传播。内部传播主要面对企业员工以及合作伙伴，外部传播主要面对消费者，包括企业各类营销活动，如 4P 营销传播。

从内部传播来看亚朵整合营销传播。顾客是上帝这句话被大众所熟悉，但在亚朵，顾客和员工是上帝，这也从侧面反映出员工在亚朵中的地位，员工在亚朵被视为是亚朵品牌资产的重要组成部分。在亚朵，除了经理等管理层有期权外，每年亚朵都会评选出餐厅、客房、保安等基层员工拿到期权，他们还会被授予"花朵合伙人"称号。亚朵还授予了员工一定的权力，员工享有一定数额的资金用于解决突发冲突，同时亚朵员工也可享受衣食住行等福利。亚朵注重对员工的培训和提升员工的服务能力，亚朵通过员工手册、酒店环境布局向员工传递品牌形象、品牌理念等内容，通过潜移默化的方式使员工形成对亚朵的认同感，并在向顾客服务时正确传递品牌信息。此外，亚朵的员工被称为"匠人"，旨在将服务做到极致，如果员工提出了创新式服务，会被冠以员工名字进行推广，亚朵还会对员工进行培训，对员工的衣着打扮和言谈举止进行规范，保证消费者在住宿酒店期间感受到满意的服务体验，同时还会不断提高员工的服务能力，从而树立良好的品牌形象。

从外部传播来看亚朵整合营销传播，亚朵将"属地摄影"和"阅读"作为酒店特色进行传播，亚朵每家酒店都融入了当地特色风景以及人文气息，每家店都有各自鲜明的主题，设计风格具有浓厚的艺术气息，带给顾客"自然、静谧、温暖、朴实"的健康生活方式，同时，每家店都有当地独特的属地化摄影，最大程度地展现了当地社会、自然、文化。此外，亚朵还有专门阅读空间——"竹居"，从刚踏入酒店大门一直到大堂，随处可见书籍，这已经成为亚朵的一种生活方式，同时也形成了竹居的品牌理念。通过竹居把人文主题植入软件与服务，打造出一种有品质和精神的酒店，从房的价值走向人的价值，实现人与人的连接，开启另一种生活方式。亚朵的定位是"中高端型酒店"，因此亚朵酒店的价格相比于其他酒店稍微偏高，但亚朵提供的服务质量以及售后水平能满足消费者的预期水平，亚朵的价格成为消费者放心的保障。此外，亚朵还构建了"场景+零售"新体验经济，亚朵将高品质产品无形地融入酒店，用户进行体验后，可通过扫描二维码来购买心仪的产品，享受"所用即所购"的便利。亚朵也非常注重 IP 联名，想通过 IP 联名来进行宣传，从而进一步扩大品牌知名度。例如，亚朵与网易云联名，设置音乐主题房，打造"网易云音乐·亚朵轻居"；与知乎联名，打造亚朵·知乎酒店，在酒店里藏了 314 个问题，同时会在入住时发给客人一张问题卡，离店时交回答案就能得到一份礼物；与虎扑联名，将房间布置具有体育色彩，打造体育主题酒店。通过 IP 联名，亚朵进一步扩大了产品知名度，吸引新用户入驻，同时也增加了与原有客户的联系，提升品牌忠诚度。

### 9.4.2　亚朵品牌传播的关键理论问题

#### 1. 定位理论

定位理论是由 20 世纪 70 年代美国学者里斯和特劳特共同提出的理论，定位理论成为营销领域最富有价值的战略思想之一，定位可以从多方面进行，可以是产品，也可以是服务，还可以是一个机构或者是一个人，但是，定位理论不是要对产品进行定位，而是要在预期客户头脑中给产品定位，并且定位理论主张要在消费者心中创造心理位置，在消费者的头脑中给产品定位，强调第一，同时也强调品类的独特性并与消费者建立心理上的认同。

基于对定位理论的理解，品牌定位就是在消费者心中建立明确的、个性鲜明的、有别于其他竞争者的形象，一旦消费者有需要产生便会首先想到该品牌。例如，当消费者想购买空调时，便会想到"好空调，格力造"，第一时间就会选择格力。

亚朵案例所传递的关键理论问题之一就在于要进行品牌定位，即目前处在什么位置上，定位是一种逆向思维，不是对产品本身进行定位，而是要在预期客户心中找到位置。亚朵创始人在创立亚朵时，考虑当时市场环境下，经济型酒店发展潜力已达顶峰难以突破，同时，中产阶级增长速度快，消费能力增长，市场发展潜力大。结合市场现状以及人群需求，亚朵将酒店类型定位为中高端型酒店，走一条独特路线，同时将人群定位在中产阶级，明确目标客户。

#### 2. 整合营销传播理论

整合营销起源于 20 世纪 90 年代，由整合营销传播之父唐·舒尔茨提出，他认为整合营销是一个业务流程，整合了所有的营销传播活动，包括广告、公关、促销等，企业通过统一的整合营销传播活动来实现品牌价值最大化。在进行整合营销传播时，要遵循下列原则。第一，整合营销传播先进行内部传播再进行外部传播；第二，注重传播媒介的选择，能让目标用户接触到品牌；第三，注重与用户进行交流与沟通；第四，由于整合营销传播是一个统一的业务流程，因此在进行品牌传播时，各媒介内容要保持一致；第五，在传播时间上要循序渐进。

整合营销传播包括内部传播和外部传播，内部传播主要面对的是企业员工以及企业合作伙伴之间的传播，外部传播主要是对消费者进行传播。内部营销传播从营销策略出发，在企业内部之间进行传播，目的在于形成对品牌的共识，认同品牌价值观，并在以后的营销活动中共同遵守。外部营销传播主要从营销活动以及营销沟通出发，营销活动包含产品、价格、渠道等；营销沟通包括广告、公关、促销等。通过营销活动让消费者关注到品牌，能接触到品牌，扩大品牌知名度；通过营销沟通进一步扩大品牌知名度，同时能够与用户进行交流与沟通，增加用户好感度，提升品牌忠诚度。

# 数字时代顾客价值管理

数字化时代背景下，工业时代的逻辑还走得通吗？数字时代不再是工业时代的"打造比较优势"和"满足顾客需求"，而是"实现顾客价值"和"创造需求"。数字时代，企业的最终目标是持续地为顾客创造新价值，而数字化技术与手段拓展了顾客价值。在数字营销的情境下，企业与顾客之间的互动性不断增强，企业可以充分利用口碑奖励、在线评论、品牌社群等媒体工具实施顾客价值管理。为了更全面地认识数字时代顾客价值管理，本章将首先从推荐奖励计划（referral reward program）对顾客价值管理的影响、推荐奖励计划的类型、推荐奖励计划的作用机理以及推荐奖励计划的作用效果四个方面介绍推荐奖励计划相关研究；其次，从在线评论对顾客价值管理的影响、消费者搜寻和发布在线评论的驱动力、在线评论效价对消费者行为的影响、线上零售企业开发在线评论的策略四个方面介绍在线评论；再次，从顾客参与社群互动的影响因素和顾客社群互动的激励策略两个方面阐述社群互动；最后，从主要研究关注的领域、主要研究范式、未来值得关注的研究问题三个方面分析数字时代顾客价值研究前沿。

**微案例阅读**

### 名创优品"一切以用户价值为依归"

"一个杯子年赚一千万"，"一支眉笔年卖一亿支"，"一款矿泉水年卖6000万瓶"……名创优品是一家典型的生活家居产品零售商。从2013年成立之日起，名创优品就始终被质疑声包围。带着"山寨""抄袭""伪日系"的标签，它却一步不停，高歌猛进，终于在2018年于纽约证券交易所成功上市，从此扬眉吐气。创办十多年，名创优品从全球百年零售老牌的长期垄断中突围，发展成为具有全球影响力的中国新消费品牌。截至2022年12月31日，名创优品已进入全球五大洲105个国家和地区，全球门店数超5400家。

更让人意外的是，除了规模和速度，名创优品的韧性极强，尤其是在私域流量上布局很早，沉淀极深。在客群获取和留存上，名创优品结合公域与私域流量进行运营营销。具体而言，在公域上，名创优品通过品牌代言人、宣传视频等多种方式进行营销，提高品牌知名度。例如，名创优品的官方微博通过日常运营、代言视频宣发以及网友互动等方式，截至 2022 年 11 月 25 日，积累超过 380 万名粉丝；在微信，名创优品公众号也持续更新与推送视频号内容，截至 2022 年 11 月 25 日，单篇推文阅读量超过 10 万人。在私域运营上，名创优品借助会员计划与门店消费者社群来维持与顾客的持续互动。对于名创优品品牌，其会员计划于 2018 年 8 月推出，截至 2021 年底，名创优品品牌的年度活跃会员数（在过去一年中有过消费记录的会员）达到 2700 万人。名创优品为会员提供了多种福利，如开卡优惠券、每周名创日优惠券、购物返积分、IP 商品抢先购买等。除了基础的免费会员，名创优品也于 2021 年 4 月推出了需要缴纳会员费的"优+"会员计划。相比免费会员，"优+"会员享受更多的折扣与优惠券，且可以享受精选商品的特殊价格，具有专属客服服务。

名创优品社群运营，最初的雏形是体验官社群。名创优品会在群里跟这群用户频繁保持沟通，包括新产品上线、最新活动动态，通过这种方式让种子客户感受到名创优品的进步与变化。此外，还在这些用户中筛选出忠诚度最高的群体，帮助其建立名创优选推手群，通过佣金分润裂变的机制，让它们把自己的流量带到名创优品来。名创优品想要给用户提供长期服务、长期价值而非短期利益。所以名创优品的策略是，在群里经常推出宠粉活动，活动高频几乎达到天天见的程度，诸如新品尝鲜打折、专区 2 件 79 折，20～99 元优惠券等。除了基础福利，名创优品的社群有很多干货内容分享，如 MINISO 早报，还会有新品发布、直播种草和新品体验官招募等以吸引用户的注意力。同时，也会吸引用户主动在群里分享近期从名创优品入手的好物，引发群里粉丝一起互动。

通过大量布局私域流量，名创优品不仅实现了业绩倍增，还成长为新零售行业的领头羊。它的私域运营模式，也为当下正陷于流量"泥潭"中的企业提供了一种新的发展思路。

资料来源：《"少打扰、多服务"创造 300%收益？详细拆解名创优品的私域逻辑》，https://www.woshipm.com/it/5033147.html，2021-08-13。

# 10.1 推荐奖励计划与顾客发展

推荐奖励计划最早出现在 1998 年 Helm（赫尔姆）的研究中，是指企业通过各种形式的奖励来鼓励已有顾客推荐新顾客的营销方案。这种计划被认为是口碑管理的发展与延伸，是"对企业绩效具有重要潜在影响的"口碑管理工具。正所谓"天下攘攘，皆为利往；天下熙熙，皆为利来"。随着企业获客成本的加大，推荐奖励计划作为一种有效促进推荐的营销手段和降低获客成本的重要方式，在产品的营销实践中得到了广泛的重视和应用，其在许多企业的客户获取战略中占据了越来越重要的地位。推荐奖励计划框架如图 10-1 所示。本节将重点介绍推荐奖励计划对顾客价值管理的影响、推荐奖励计划的类型、推荐奖励计划的作用机理以及推荐奖励计划的作用效果。

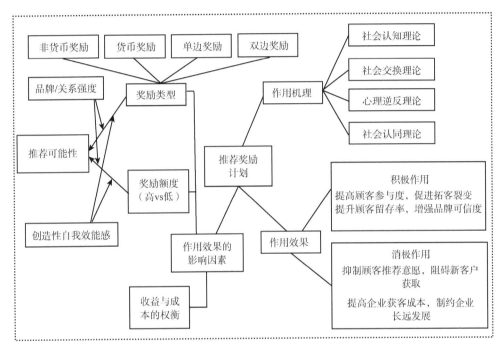

图 10-1　推荐奖励计划框架图

## 10.1.1　推荐奖励计划对顾客价值管理的影响

顾客是企业的基石，是企业生存与发展的命脉。彼得·德鲁克曾指出，企业的目的就是创造顾客。真正影响企业持续成功的重心是专注、焦点集中于为顾客创造价值的力量。数字时代的消费者由于受数字化环境的影响，是更为善变和飘忽不定的一代，难以对某企业或某一品牌产生长久的、持续的忠诚。他们对于产品和服务的选择以及评判的维度更加丰富和随心。数字时代背景下，顾客之于企业发展的重要性日益剧增，各个企业都在绞尽脑汁留存现有顾客并获取新的顾客。对于企业而言，与顾客保持常态化的、长久的关系是非常必要的，而建立持续的顾客关系的关键在于创造卓越的顾客价值和满意。一般而言，满意的顾客更有可能对企业忠诚，产生积极的口碑推荐行为，并且能给企业带来长期的利润，促进企业价值的实现。相反，若顾客有不满意的购买体验，则可能会到处散播对企业的抱怨。

企业不可直接控制顾客的口碑行为，只能对其施加影响。因而，为了让顾客满意，培养和造就顾客对企业的忠诚，并且吸引更多的潜在顾客，许多杰出的营销企业费尽心思推出了顾客推荐奖励计划，鼓励处于购后评价阶段的顾客进行口碑推荐，以此来发展更牢固的顾客联系。推荐奖励计划旨在通过奖励的方式，促进现有客户充分发挥其个人关系网的作用，向潜在客户推荐产品，实现人际社会资本向经济资本的转化。丰富多样的推荐奖励计划，有助于提升现有顾客的积极性和忠诚度，持续提高顾客的复购意愿，并促进他们的口碑推荐行为。许多研究表明，高水平的顾客满意可以带来更显著的顾客忠诚，进而产生更好的企业绩效。明智的企业会向顾客做出适当的许诺，但却提供高于许诺的产品或服务来讨好顾客。通过创造卓越的顾客价值，企业创造了满意的顾客，而超出预想的良好体验使得满意的顾客不仅愿意重复购买，对企业保持忠诚，还可能成为企业的"传道者"，主动传播自己的美好体验，这也意味着企业获得了更大的长期回报。

从顾客获取的视角来看，推荐奖励计划是企业积极介入口碑传播的一种策略；从顾客价值最大化的视角来看，推荐奖励计划就是将顾客价值由传统的"购买与忠诚"扩展至"为企业挖掘新的顾客资源"。相较于传统营销手段带来的客户，通过实施顾客推荐奖励计划得到的新顾客给企业带来了更高的利润和较低的流失率。

## 10.1.2　推荐奖励计划的类型

就奖励方案来看，不同企业推出的推荐奖励计划针对的群体也会有所差异，部分企业仅为推荐者或被推荐者一方提供激励，即单边奖励；而另有一些企业会同时为推荐者和被推荐者提供激励，即双边奖励。这两种奖励方式带来的效用是不同的。除了激励单边用户或为双边用户提供奖励外，为了激发现有顾客的推荐积极性并扩大顾客基础，产品或服务提供商既可以选择"以利诱人"，对顾客提供金钱奖励，如发放现金、优惠券等；同时，也可以选择"以情感人"，向顾客赠予礼物、提供免费配送等。总之，适当的奖励类型可以在更大程度上增加现有顾客推荐的可能性。在推荐奖励计划中，推荐者被提供的各种不同类型和不同价值的奖励，可以被分为如下几类：单边奖励、双边奖励、货币奖励、非货币奖励。不同类型奖励的主要区别在于它们的属性和带来的好处。

### 1. 单边奖励

单边奖励，即推荐人或被推荐人一方可获得奖励，通常是奖励推荐方。推荐人为了获取某项奖励，请求家人或朋友做出某个指定的动作，从而实现自己的目标。例如，婴幼儿品牌 Riff Raff & Co 专注于打造婴幼儿睡觉时的玩偶抱枕。为扩大顾客基础，该品牌选择向现有顾客发送购后邮件的形式，激励已购消费者向其朋友推荐该产品，并承诺为成功推荐 5 次的客户赠送免费的玩具。通过为已购顾客提供推荐奖励，Riff Raff & Co 的顾客推荐率显著上升，成效卓著。Momomi 为现有客户提供现金奖励，相当于其朋友购买价值的 6%。

**2. 双边奖励**

事实上，越来越多的企业实践发现了单边奖励存在的弊端。满意的客户是流程中的先行者，若是仅给予推荐人单方面的奖励，出于获利的动机，现有顾客会更倾向于向亲朋好友发起推荐，这种推荐奖励方式短期内可以提升现有顾客的留存率和品牌忠诚度，但从长期来看，若这种推荐背后隐藏的利益为被推荐人所知，显然会影响两者之间的关系，推荐行为本身就会被贬值，不利于顾客关系的维护。众所周知，提供折扣或免费赠品是将一个个体从潜在顾客转移到真正顾客的非常有效的方法。若是仅对被推荐的新顾客提供单方面的奖励，被推荐人出于对推荐人的信任或者被眼前利益所驱使，更有可能会购买该提供商的产品或服务。这种奖励可能会促成交易，但由于推荐人无法获益，其推荐动机并不大。推荐效果因为单边奖励而大打折扣，因而双边奖励成为广泛采用的推荐奖励方式。双边奖励，即企业基于互惠原则，同时给予推荐方与被推荐方一定的奖励。

**微案例阅读**

### Dropbox 双边奖励系统

Dropbox 是一家在线存储服务公司，通过云计算实现互联网上的文件同步，用户可以存储并共享文件和文件夹。在肖恩·埃利斯的《增长黑客》、范冰《增长黑客实战》等书籍的记录中，面对强敌环伺，提供云存储服务的 Dropbox 采取了以下推广策略：每位注册用户都有 2G 免费存储空间，每邀请一位好友注册 Dropbox 双方都能获得 500 M 的额外存储空间，上限是 16 G。这一招，让 Dropbox 用户量实现了爆炸式增长，而广告投放成本几乎为零。

通过五年的时间，Dropbox 不仅把广告成本降到最低，用户也实现了从 0 到 100 万人的增长。Dropbox 通过一些用户问卷、A/B 测试，以及一系列的流程优化实验和数据分析，开发出了一套用户推荐系统（"双边奖励系统"，以产品自身的储存空间作为奖励），用户邀请好友后，邀请者和被邀请者都可以获得额外 500 MB 的空间。这套系统投入使用后，用户在 30 天内发出了 300 万个邀请，使得 Dropbox 在 15 个月内出现了 3900% 的用户增长。现在，Dropbox 基本上是云存储的代名词。

资料来源：《建议收藏：载入史册的 18 个国外"增长黑客案例"》，https://baijiahao.baidu.com/s?id=1652502039720725162&wfr=spider&for=pc，2019-12-10。

### 3. 货币奖励

货币奖励，顾名思义，即产品和服务提供商在顾客购买行为已经发生并对产品或服务进行评价行为之后给予顾客相应的奖励，这种奖励可能是以现金红包或优惠券的形式发放，或者是积分，累计满一定的积分可以在之后兑换相应的优惠券或者礼品，这种货币奖励的方式在淘宝、京东、天猫平台被广泛应用。这种奖励类型具有较强的自利属性，能够为推荐人带来直接的经济利益。在互联网的推荐奖励计划中，好评返现是应用最广泛的形式之一，淘宝和拼多多平台上的卖家经常采用好评返现的方式来提升好评率，从而吸引潜在顾客。虽然这在一定程度上提高了商家店铺的好评率，但商家的这种机会主义行为也使得公众对好评返现在营销方式和道德约束等方面提出了质疑。

2B（to business）端的网易七鱼采用了货币奖励的形式，在提升现有客户黏性的同时努力获取新的客户群体。网易七鱼是网易旗下的一款 SaaS 模式的云客服产品，致力于通过自主研发的客服机器人为企业客户降低企业管理成本，提高客户满意度，随时随地解决客户问题。以"七鱼改变客服，服务创造价值"的产品理念，为企业在客服工作效率、客服服务意识、客服专业化方面提供一整套的服务解决方案。如图 10-2 所示，网易七鱼承诺截至 2022 年 12 月 31 日，推荐好友注册七鱼，好友所在公司首次成单金额 1 万元以上，推荐人可获得首购金额 10%的奖励，单笔奖励金额最高不超过 50 000 元。

图 10-2　网易七鱼推荐奖励计划

类似的还有 2C（to customer）端的盒马，盒马是阿里巴巴集团旗下以数据和技术驱动的新零售平台，盒马为了拉新促活开展了"邀请有礼"活动，用户通过邀请新老用户下单来获得奖励金，奖励金可累计，仅可按 1∶1 比例兑换指定额度的优惠券，优惠券有效期 7 天，可在购买时直接抵扣。

**微案例阅读**

### Google Apps——G Suite

G Suite 是 Google 于 2006 年设计和发布的生产力、协作和云计算工具的综合集合。该套件包含许多工具，这些工具在当今时代几乎是必不可少的。它们包括 Google Drive、Docs、Calendar、Google+、幻灯片、表单，当然还有 Gmail。尽管 G Suite 享有世界上最受欢迎的搜索引擎的品牌，但在 2006 年 Google 还是不得不推销这些工具。其实施了一个推荐计划，该计划给每个人提供现金奖励推荐新用户。对于每个注册并满足推荐条款的新用户，分享者可以获得 15 美元。因此，就像在 B2C 世界中一样，将金钱奖励或折扣作为推荐营销策略的基石总是会取得成果。截至 2017 年，推荐计划帮助 G Suite 发展到 300 万元付费企业和 7000 万名教育用户。

资料来源：《谷歌 GSuite 产品的介绍》，https://baijiahao.baidu.com/s?id=1661404948272340486&wfr=spider&for=pc，2020-03-17。

#### 4. 非货币奖励

非货币奖励，主要包括实物奖励（如礼物）和象征性奖励（如慈善捐赠），与金钱奖励相比，诸如慈善捐赠这样的象征性奖励涉及很少的个人经济利益，相反，它们产生心理或社会效益。与此同时，象征性奖励表现出更多的社会关怀，其典型特征在于具有强烈的亲社会属性。例如，网易蜗牛读书在 APP 内向用户推出了"成功邀请好友，双方获得一天畅读服务"的奖励计划。在 2018 年母亲节期间，雅诗兰黛承诺如果粉丝在微博上以"@雅诗兰黛"为标签发布母亲的照片，就可以收到五套护肤品。李维斯、星巴克、佳能也在微信、微博等社交平台上推出了各种推荐奖励计划。此外，拼多多的"砍价免费拿"活动也是非货币奖励的一种表现形式，如图 10-3 所示，在拼多多 APP 中，用户可以在"0元免费领商品"模块找到那些可以支持砍价免费拿的商品，选择"免费拿走"，然后点击"开始砍价"字样，之后需要在 24 小时之内，将商品砍价免费拿的链接发送给自己的好友，让他人帮忙点击链接进行砍价，当商品的价格砍到 0 元时，发起人就可以免费且包邮获得该商品。好友在助力的同时也可以发起自己的"砍价免费拿"活动并进行下一轮的转发，拼多多正是通过这种鼓励现有顾客通过朋友圈转发让好友助力的形式达到了推荐的目的。在实际生活中，产品和服务提供商通常出于控制成本的原则，多采用非货币奖励的方式，采用现金作为奖励的少之又少。对于那些推广 APP 的企业，更多采用现金作为奖励，因为发放线上红包比较便利。

图 10-3　拼多多的"砍价免费拿"活动

### 10.1.3　推荐奖励计划的作用机理

**1. 社会认知理论**

在社会认知理论中，非常重要的理论是认知评价理论，即如果消费者在产生行为之前受到了外部的刺激或者对其造成不好的影响时，消费者会产生减少这种行为的动机，从而降低行为发生的可能性。相反，如果外部的刺激并未对消费者的内在动机产生影响，消费者就不会产生减少这种行为的动机。在日常的消费活动中，如果消费者本身就对自己购买的产品非常满意时，商家提供的推荐奖励计划对于消费者来说就是一种积极的外部调控，在这种情况下，消费者参与推荐奖励计划的意愿更高；反之，如果该产品本身并没有达到消费者的心理需求，那么企业提供推荐奖励这种外部刺激对于消费者来说是一种消极的刺激，并不会激发消费者参与推荐奖励计划的意愿，甚至会导致消费者对该企业或者对推荐奖励计划非常抵制，从而不愿意参与推荐奖励计划。

### 2. 社会交换理论

社会交换理论产生于 20 世纪 50 年代末期，主要关注的是人际关系中的交换现象。社会交换理论认为，人类行为最基本的一个特征就是选择，人类所有的行为都是建立在合理化选择的基础上的，在交易过程中，个体通过比较自己需付出的"代价"和付出可获得的"报酬"来决定是否采取社会交换行为，个体总是趋向于选择以最小的代价换取最大的报酬的有利行为。此外，大部分情况下，个体不能独立地获得所谓的报酬，而是需要通过与其他社会成员进行互动来获取一定的收益。社会交换理论可以很好地解释消费者对推荐奖励计划的反应和参与决策，在推荐奖励计划模式下，顾客是否参与推荐计划则取决于对交换成本和收益的感知，顾客会尽可能地选择有利于自己的行为。由于社会交换中存在着互惠原则，个体会尽量以相同的方式回报他人对自己所做的一切。在推荐奖励计划中，消费者通过付出一定的努力来获取相应的物质奖励或精神奖励，努力可能包括消费者参与推荐奖励计划所需花费的时间和精力。精神层面的奖励，也可称为内在的奖励，如获得周围人的认可和尊重，获得一定的声誉和名气；物质层面的奖励，也可称为外在的奖励，如现金奖励、商品奖励和礼品奖励等。当企业为顾客提供货币奖励时，顾客与企业更可能开展市场关系范式，发生经济交换行为。相比之下，当企业为顾客提供赠品或礼品等非货币奖励时，则更可能引发社会关系范式，发生社会交换行为。

### 3. 心理逆反理论

心理逆反理论认为，人们习惯于拥有对某些具体行为或态度进行选择的自由，并且珍视这种自由，当这种自由被剥夺或被威胁时，个人将产生一种旨在恢复被剥夺或威胁自由的动机状态，即经历逆反。心理逆反理论中的自由是指，人们在日常生活中所采取的具体的行为自由和态度自由。在推荐激励机制下，企业通过为现有顾客提供奖励来说服其为企业进行正面的口碑传播，同时，通过为潜在顾客提供适当的奖励来吸引其购买企业的产品或服务。这时，并非所有消费者都愿意积极参与企业发布的推荐奖励计划，部分崇尚自由的消费者可能会视企业提供的推荐奖励为一种对自己推荐行为的操纵过程，且会揣测企业背后的经济意图，从而感受到了自身的推荐自由和态度自由甚至人际交往自由受到了企业推荐奖励计划的威胁。出于逆反心理，此类消费者可能会拒绝参与企业的推荐奖励计划，坚持自我，不受经济利益的诱惑而做出有违于内心的行为。

**4. 社会认同理论**

推荐是社会认同的基石之一，能够帮助企业吸引潜在客户，从而基于信任加快购买速度，因而推荐奖励计划是基于社会认同理论产生的。社会认同理论是由Tajfel 首次在 20 世纪 70 年代提出，并在群体行为的研究中不断发展起来的，是阐述个体与群体之间归属关系和行为特征的重要理论。该理论的核心思想为，社会认同是个体作为群体成员的一个自我概念，而自我概念是一个有机的认知机构，个体通过对自我和已有群体成员的特性认知，会自动归属到具有相似特性的群体中，并做出类似于该群体的行为。在日常生活中，人们的行为和态度受到周围环境的影响，尤其是来自同伴和朋友的认同和支持。在发布推荐奖励计划的背景下，企业为现有客户和潜在客户创造了一个互利互惠的环境，允许成员之间交换信息资源、感知共同价值观及信念，促使其产生情感共鸣和趋同行为。现有客户的推荐行为可以获得朋友和家人的认同和支持，从而提高其参与度和推荐意愿。

### 10.1.4 推荐奖励计划的作用效果

推荐奖励计划被广泛认为是一种吸引新顾客和维系老顾客的手段。事实上，不妨说推荐奖励计划是一把"双刃剑"，推荐奖励计划被认为是企业获客的阶段性而非长久性的策略。长期来看，推荐奖励计划的实施导致企业成本不断增加，不利于企业的长期发展。而且，由于企业性质或产品属性的差异，实施推荐奖励计划未必会有显著成效。

**1. 推荐奖励计划的积极作用**

首先，推荐奖励计划能提高顾客参与度，促进拓客裂变。顾客推荐是获取新顾客的一个重要的渠道。推荐奖励计划能够促进顾客参与度的提升。提高参与度可以增强企业的形象并增加潜在收入的机会。参与推荐奖励计划的顾客自身可能会更密切地关注企业的动态和活动，并且更愿意接受来自企业或品牌的信息传递，对于线上企业来说，网站或 APP 的访问率会提高，潜在的购买概率及购买的商品数量或服务次数也可能会更多。推荐奖励计划，允许企业通过将现有顾客作为企业的拥护者来增强企业的影响力。企业通过实施推荐奖励计划，能够激发口碑行为，提升潜在顾客对于本企业产品或服务的认知，建立良好的初始印象，进而更有可能转化成为新顾客。由于现有顾客所在领域不同，许多拥有多元化的朋友圈，因此他们发起推荐能够扩大企业的整体客户群。不同于传统的营销方式和单边奖励，双边奖励利用了互惠原则，对于推荐人和被推荐人来说是双赢的互利行为。

其次，推荐奖励计划能提升顾客留存率，增强品牌可信度。通常，推荐起着催化剂的作用，在一定程度上会影响消费者的购买决策。推荐奖励计划在促进顾客分享行为的同时，大大提升了品牌的可信度。因为愿意参与该计划的顾客通常对该企业提供的产品或服务保持积极的态度，由于推荐会产生信任感，当他们将其推荐给亲朋好友时，可信度更高，因此可以快速创建忠实的客户。被推荐的客户往往比其他类型的客户在你的业务中停留的时间更长，这会提高你的客户留存率。鼓励现有顾客推荐的方式，能传播企业形象或品牌故事及理念，更有助于提升企业或品牌在市场上的整体声誉。通过现有顾客与潜在顾客之间的沟通推荐，品牌背后的故事更容易引起强烈的品牌共鸣。

**2. 推荐奖励计划的消极作用**

给予推荐奖励并不总是有效的，在特定情况下，推荐奖励计划的实施会抑制顾客推荐意愿，阻碍新客户获取。如果推荐的品牌较弱，与实物奖励相比，货币奖励会增加客户的社会成本，并导致更低的推荐行为生成和接受度。营销的最高境界是：让产品自己说话，让销售变得多余。推荐奖励计划对于普通的大众商品可能卓有成效，但其并不具有普适性。事实上，实施公众推荐奖励只能有效地促进缺乏创新性产品的客户获取。对于更具有创新性的产品来说，其本身可能自带"光环效应"，已购顾客会表现出较高的自然的、无回报的推荐可能性，而此时向公众提供推荐奖励，可能与消费者通过推荐自我提升的动机相矛盾，因而该情况下顾客更可能会"反其道而行之"，其推荐创新性产品的意愿和可能性会降低。

其次，在没有奖励的有机口碑环境下，推荐往往是以他人为导向和利他主义的，例如，人们可能会与朋友分享一家满意的餐厅，因为他们关心朋友的福祉。推荐人可能会被推荐可获得的经济回报所激励，但他们也可能会担心自己给被推荐人留下不好的印象，因为奖励在社会关系中引入了一种经济成分，在推荐奖励计划中，被推荐者可能会对推荐者产生一种负面判断或认为其含有隐藏的或别有用心的动机，即为了获得奖励而推荐，为了避免这种负面印象，现有客户（推荐者）不太愿意参与激励性推荐。

此外，推荐奖励计划会提高企业获客成本，制约企业长远发展。企业采用推荐奖励计划的初衷是为了提升顾客的消费价值，从而增强顾客黏性，培育更多忠诚顾客。然而，许多营销人员仅将其视为短期招待顾客的手段，在设计和实施奖励方案时，对于奖励的额度、类型等方面并未深思熟虑，因而长期实施推荐奖励计划会不断增加企业的获客成本，企业将面临巨大的资金压力，最终导致其发展空间受限。

## 10.2　在线评论推动顾客价值提升

在线评论是网络口碑的一种特殊形式，又称网络口碑或在线口碑，是指消费者基于其购买和使用的感受，对已购产品或服务做出的评价，也是潜在消费者获取产品评价信息、辅助其做出购买决策的重要信息来源。无论是对于消费端、供给端还是对于平台端，在线评论都发挥着举足轻重的作用。首先，对供给端的商家而言，在线评论影响着商家的运营决策。具体而言，在线评论为商家提供了便利，满足了商家倾听消费者诉求的需要，消费者做出的正负面评论能够让商家了解到最真实的反馈，进而优化产品或服务，为消费者提供更好的消费体验，从而有助于树立良好的口碑形象，提升销售额。其次，对消费端的顾客而言，在线评论的存在为消费者提供了一个分享产品具体状况和自身购物体验的渠道，潜在消费者会参考已购买消费者的信息反馈，因而在线评论在一定程度上影响着消费者的购买决策。最后，对平台端而言，消费者发布的在线评论信息越真实、越丰富，对于潜在消费者越具吸引力，消费者对于平台的信任程度提升，平台的用户黏性也会更强，在线评论框架如图 10-4 所示。

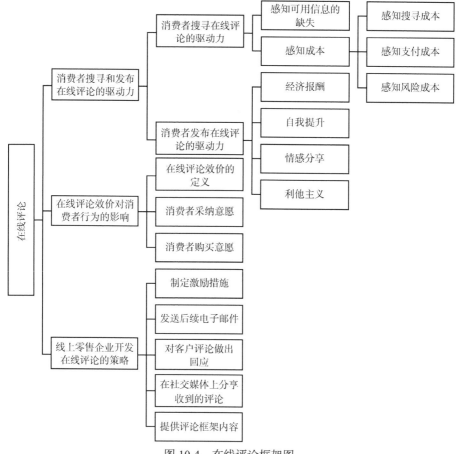

图 10-4 在线评论框架图

本节将介绍在线评论对顾客价值管理的影响、消费者搜寻和发布在线评论的驱动力、在线评论效价对消费者行为的影响，并结合实际案例介绍线上零售企业开发在线评论的策略。

### 10.2.1　在线评论对顾客价值管理的影响

顾客价值管理就是通过创造差异化价值、理解需求创造价值和体验中与消费者保持可持续关系的过程。通俗来讲，消费者产生需求，企业通过提供解决方案来满足顾客需求，并力求获得顾客满意，从而有了顾客价值，一个顾客给企业带来的价值不是一次性的，而是终身的。企业通过顾客价值获得顾客权益，而顾客权益就是顾客带给企业的价值，这也是顾客价值管理的最终目的。

在数字时代到来之前，传统企业主要通过选择产品和服务来自主决定其为顾客所提供的价值。出于对产品或服务的使用体验和全面的考量，已消费的顾客会自主产生"一传十十传百"的口碑行为，在做出购买决策前，潜在顾客通常会从其他人的口中对目标产品进行深入的了解。在数字时代，网络技术的发展为企业的发展提供了更多可能性，客户消费场景化、渠道多元融合化、服务和产品一体化、品牌传播实时化迫使企业以顾客价值为核心，打通研发、营销、销售和服务以推动企业发展。

数字时代，随着电商的普及和不断发展，顾客在线上或线下购物时，不仅会参考亲朋好友的口头广告，还会借助互联网平台查看产品或服务的相关评论来辅助对商品的判断，帮助自己做出购买决定。电商模式下，顾客对产品和服务的感知和评价而产生的顾客价值更为重要，因而企业也越来越重视顾客价值的创造，从而在市场竞争中占得优势地位。鉴于顾客价值管理对于企业的重要性，为了提升顾客价值，众多电商企业针对所有商品都开启了在线评论功能，已经进行产品消费或获得服务体验的顾客可以通过在线评论功能对产品或服务发表感受和意见。"在线评论"作为一种新兴的信息来源，可供顾客在利用网络进行产品信息搜索时对比参考，掌握更具体的相关信息。由于网络背景下进行在线评论的人往往是匿名的，顾客之间无任何利害关系，因而在线评论通常能提供较为直接的购买经验。在线评论对辅助顾客做出购买决策起着重要的作用，尤其是当顾客在进行其感觉具有一定风险的决策时，在线评论为其降低了一定的决策风险。因此，已有顾客在电商平台对已消费的产品发表评价可以创造顾客价值，而其他顾客浏览已有的产品评价，形成对产品的初步印象，也可以产生顾客价值。

### 10.2.2　消费者搜寻和发布在线评论的驱动力

网络平台的兴起使得消费者兼具搜索者和分享者的双重身份，搜索和分享已经成为消费者行为的典型特征。如图 10-5 和图 10-6 所示，区别于传统的 AIDMA[attention（引起注意）—interest（产生兴趣）—desire（培养欲望）—memory

（形成记忆）—action（促成行动）]模型，在数字时代，理想的信息应当经历以下五个阶段[attention（引起注意）—interest（产生兴趣）—search（搜索）—action（促成行动）—share（分享）]，即 AISAS 模型。鉴于在线评论的重要性和消费者的个人需求，消费者在购物之前会主动搜索信息，浏览在线评论；而在购买行为发生之后，部分消费者出于主动或被动的原因会参与到在线评论的发布行为中去，愿意分享自己的购物体验，为潜在消费者提供种草建议或是帮他们避雷，探究消费者产生搜寻和发布行为的动机，可以从内部和外部驱动力两个维度进行深入分析。

图 10-5　AIDMA 模型

图 10-6　AISAS 模型

### 1. 消费者搜寻在线评论的驱动力

驱动消费者搜寻在线评论的因素大致分为以下两类：第一，感知可用信息的缺失。感知可用信息的缺失是驱使消费者搜寻在线评论的重要因素。卖家和消费者处于不对等的地位，双方之间存在信息不对称的问题，消费者经常面临可用信息的缺失和感知风险。对于电商平台而言，卖家通常都会将产品好的一面展现给消费者，向消费者传递出积极的信号。平台经济中经常存在商家销售假冒伪劣、质价不符的产品等机会主义行为，因而仅凭借商家发布的商品详情，消费者难以全面地了解商品的真实情况，不能迅速做出正确的购买决策。在数字时代的背景下，消费者每天都被海量的且良莠不齐的信息轰炸，尤其在网络购物时，成千上万的同质产品席卷而来。面对过量的文字、图片和视频介绍，消费者一时不知所措，网购使得消费者无法通过多种感官来了解产品，难以辨别信息的真实性和可靠性。感知可用信息的缺失使得消费者在购物前经常参与在线信息搜寻，通过浏览其他消费者发布的在线评论来弱化意向产品和服务的感知风险。尤其是对于品牌黏性较弱的消费群体或是购买新上市产品的消费者而言，他们更倾向于在购前依托查阅在线评论的方式来辅助自己的购买决策，当消费者搜索到与目标产品相关的在线评论时，更容易权衡自己的选择并做出明智的决定。例如，如图 10-7 所示，在京东商城，在消费者尚未发生购买行为前，除了通过阅读相应产品评论区的文字、图片或视频评论，他们还可以在京东问答区进行在线评论，可能会得到已购买的消费者的解答，在线评论作为一种消费者的指引信息，有助于缓解买方和卖方之间信息不对称的问题，并帮助消费者降低感知风险和不确定性。与京东类似的还有淘宝，在"宝贝评价"的下方也有"问大家"一栏，可供潜在消费者在下单前向他人寻求真实反馈。

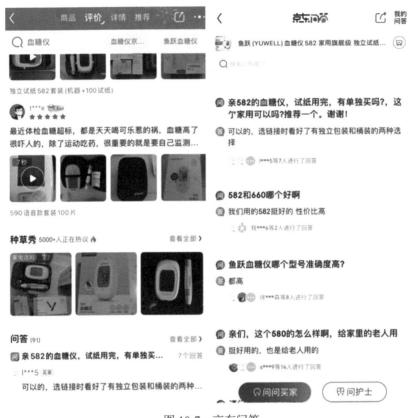

图 10-7　京东问答

第二，感知成本。感知成本也是消费者在购物前搜寻在线评论的重要驱动因素。感知成本指的是消费者完成交易时必须支付的购物成本，包括感知搜寻成本、感知支付成本、感知风险成本等，感知成本会影响消费者的购买决策。通常情况下，在消费者购买行为发生之前，消费者会进行外部信息搜寻活动。尤其是当消费者购买比较昂贵的产品时，如家电、数码产品等，相较于购买传统的商品，消费者做出购买决策的速度会更慢，考虑时间较长，购买行为更谨慎。此外，对于新上市的商品或者消费者不了解且曾经也没有购买过的商品，消费者没有足够的专业知识和过往经验对此类商品形成较为全面的、客观的评价，此时，消费者更倾向于通过查阅在线评论来丰富自己对该商品的认知。因而，在购买昂贵且新颖的商品时，消费者更有可能会进行成本与利益的权衡，当购买某种特定商品所带来的利益大于感知成本时，消费者搜索在线评论的行为更加积极；相反，当购买比较便宜的普通商品时，消费者对该商品的认知程度较高，不需要过多地关注他人对该商品的看法，那么该商品带来的收益小于感知成本，消费者则可能不会花大量的时间或是没有足够的动力去浏览在线评论。

**2. 消费者发布在线评论的驱动力**

消费者购买决策过程是指消费者购买动机转化为购买活动的过程，一般分为以下五个步骤：需求识别、信息搜寻、备选方案评估、购买决策、购后行为。消费者除了在购物前会搜寻在线评论之外，其在消费者的购买行为发生后，基于客观因素或主观因素的存在，可能会成为信息的传播者，将自己的购物体验或是对产品的评价分享在购物平台上。一般来说，驱动消费者发布在线评论的因素主要包括以下几个方面：经济报酬、自我提升、情感分享、利他主义。

第一，经济报酬。经济报酬是指消费者通过发布在线评论来获得各种奖励，包括有形奖励和无形奖励。从理性的经济人角度出发，其特点就是凡事趋利避害，追求个体利益最大化。我们人类大部分都是精致的利己主义者，当被提供有形奖励（如经济回报、信息回报）或无形奖励（如感谢、认可、声誉）时，个体愿意遵循指示。商家能提供的奖励越高，消费者发布在线评论的动力就越大。

第二，自我提升。当一个人渴望得到他人的认可时，便会产生自我提升的动机。根据马斯洛需求层次理论，第四层次的需要为被尊重的需要，即个体希望得到他人的承认和认可。对于拥有自我提升动机的个体来说，发布在线评论为其提供了展现自我、获得认可的机遇。若消费者在网络平台上购买的只是一件非常普通的大众商品，那么其很难达到自我提升的目的。相反，若消费者购买了一个新发布的产品或是对个人专业知识储备和实际技能要求较高的产品，当其利用自己的专业知识或实际经验在网络平台分享自己购买的产品或服务时，并娓娓道来，讲得头头是道，这能让人知晓自己的"专家身份"，并且其他消费者可能会愿意为其评论点赞或进行评论夸奖，这种非正式的认可驱使消费者有更强烈的意愿发布在线评论。因而，自我提升的需求会驱使消费者发布在线评论。

第三，情感分享。情感分享是指消费者通过发布在线评论来分享自己的购物体验和感受。由于个人情感因素的存在，其会驱使消费者在网络上发表在线评论，来抒发产品或服务给自己带来的愉快或不愉快的体验。当消费者的情感分享意愿非常强烈时，其更愿意主动在网络平台上发布在线评论。在消费者的购买行为发生前，每位消费者对于不同的产品或多或少都存在着心理期望，在购买行为发生后，若产品或服务远远超出或低于自己原先的期望值，消费者就很有可能会分享自己的购物体验。一般在没有经济报酬激励的情况下，有不愉快购物体验的消费者发布在线评论的概率越大。在令人失望的消费经历后，出于对产品本身或售后服务产生的悲伤或愤怒情绪会促使消费者寻找方法来减轻自己的气愤和沮丧感，因而通常选择"在线吐槽"的方式来宣泄自己的情绪，以差评的方式来"报复商家"。

第四，利他主义。不同于很多人漫不经心、毫无目的发表的在线评论，利他主义是一种动机，其最终目标是增加他人的福利。利他主义的消费者愿意主动分享自己的购物体验，并不期待获得直接的回报。首先，若该消费者有积极的购物体验，对该商家的产品或服务比较满意，出于想让属于同一在线社区的用户受益，其愿意发布在线评论，消除潜在消费者对产品和服务的顾虑，并期望他们也可以拥有同样愉快的购物体验。其次，出于回报心理，他可能觉得该商家提供的良好产品和优质服务值得让更多人知晓，并且使其获得更多好评，进而促进其销售量的提升。相反，若消费者遭受了不愉快的购物经历，出于同理心，其不希望有更多的消费者遭受这样的负面体验，通过在线分享他们关于产品和服务的经验与信息，使用户能够做出明智的在线购买决定，从而使用户受益。

## 10.2.3　在线评论效价对消费者行为的影响

### 1. 在线评论效价的定义

在线评论效价是指发布的在线评论所传递出的情感态度，也可以理解为讨论产品的语气。在线评论效价直接体现了消费者对于产品或服务的态度，在线评论效价可以是正面的、中立的和负面的。首先，正面的评论为消费者提供了关于某产品信息的正向评估，如"很喜欢""非常满意""会回购""会推荐给朋友"等积极的词语或句子，这种正面的经验分享起到了鼓励其他消费者购买的作用。其次，中立的评论为阅读评论的消费者提供了关于目标产品的描述性信息，该信息通常不带有任何评估方向。最后，负面的评论则为消费者提供了负向的信息评估，如"太差了""不满意""图片与实物不符"等消极的词语或句子，这种负面的经验分享对潜在消费者的购买决策起到了负向影响的作用。对于商家而言，在线评论效价值得予以重视，尤其是对于负面的评价，商家应妥善处理负面评论，避免太多负面评论带来的严重后果。在线评论效价不仅会影响消费者对产品和服务的感知，同时也会对其行为意向产生正面或负面的影响。通常，消费的全过程被分为购买前、购买中、购买后三个阶段，如图 10-8 所示，在线评论效价对消费者购买前的信息采纳意愿和购买意愿产生影响。

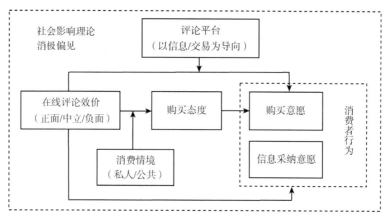

图 10-8　在线评论效价框架图

### 2. 消费者采纳意愿

在购买行为发生前，消费者通常会在多个网站上进行信息的搜寻和方案的评估，而各大网络平台充斥着纷繁复杂的信息，包括对产品或服务正面的评论、中立的评论和负面的评论，对于来自各个渠道的信息和备选方案，最终采纳与否，需要消费者自己做出抉择。在线评论为消费者提供更多的信息和观点，帮助他们更好地了解和比较不同产品。具体而言，通过浏览其他消费者基于实际购买体验发布的评论信息，潜在消费者可以从其他消费者的经验中学习，了解该产品的质量、性能、价格、可靠性等信息，从而更好地做出选择。一般情况下，当消费者看到其他消费者对产品的积极评价时，他们可能会更倾向于选择这种产品，并更有可能购买。相反，当消费者看到其他消费者对产品的消极评价时，他们可能会选择其他产品，或者决定不购买。然而，尽管正面评论和负面评论被认为具有同样作用，实际情况却是消费者对负面评论的采用意愿更强，这可能是因为评论效价对不同在线评论平台的消费者感知的影响是不同的。与以交易为导向的网站（如Booking.com）上的积极评论相比，以信息为导向的网站（如 tripadvisor.com）上的积极评论对浏览者更有用，因为评论网站和被评论的公司没有既得利益。那些在以信息为导向的网站上看到正面评论的潜在消费者比在以交易为导向的网站上看到评论的潜在消费者更有可能预订被评论的酒店。

### 3. 消费者购买意愿

在线评论日益影响着消费者的购买决定，充当着"销售助理"的角色。在消费者浏览完其他消费者的在线评论，内心经历是否采纳的抉择之后，最终还涉及购买意愿的形成和实际购买行为的发生。基于消费者态度理论，消费者对特定商品或服务的态度可能是正面态度，也可能是负面态度，当然也包括中立的态度，因而在线评论可以按照情感极性分为正面评论、中立评论和负面评论，通常在企业的所有评论中，正面评论占比较大，但根据消极偏见理论，负面评论往往对购物者的行为意图有更大的影响，因为消费者认为负面信息更具有针对性和说明性，因此使人们觉得更可信。当消费者感知到的负面评论质量较高时，消费者的购买意愿较低。在马来西亚的电子产品销售领域，相较于正面评论，马来西亚千禧一代更相信负面评论，因为负面评论更具有说服力，直接指出了产品或服务的关键弱点，当马来西亚千禧一代在购买电子产品时看到相关的负面评论，则会降低其购买意愿。此外，包含少量或不包含负面评论的正面评论最能影响消费者的态度进而影响消费者的购买意愿。不同品牌对消费者的态度影响不同。相较于熟悉的品牌，不熟悉的品牌对态度的影响更大。具体而言，当消费者熟悉一个品牌时，他们能够在不依赖网络评论的情况下做出自己的判断。当涉及一个不熟悉的品牌时，负面评价可能比正面评价更具诊断性，因为负面评价比正面评价更能让消费者更准确地评估产品质量。

## 10.2.4　线上零售企业开发在线评论的策略

### 1. 制定激励措施

激励顾客这种策略被许多线上零售企业作为开发在线评论的一种手段。在消费过程中，由于合算偏见这种消费心理的存在，线上零售企业通过提供额外的奖励能够满足消费者的消费心理，对于获利的顾客来说，作为回报其更愿意参与在线评论。京东是中国的综合网络零售商，是中国电子商务领域受消费者欢迎和具有影响力的电子商务网站之一。京东基于评价晒单规则的先决条件，对符合相关条件的商品评价和晒单给予一定数量的京豆奖励，客户可以对剔除优惠后的实付金额大于 20 元的商品（海囤全球、赠品和虚拟商品除外）进行评价，评价字数达到 10 个字并通过审核后，京东会为客户发送京豆。而且客户可在订单完成后的60 日内对所购商品做出首次评价晒单，90 天内对商品服务做出评价，180 天内进行追加评价（某些特殊品类除外），并且在任何时间均可对商城全量评价进行回复。京东给予客户充足的评论时效，可以先让客户体验商品再进行最客观公正的评价。京东还对达到相应条件的客户赠送了额外的京豆奖励，如新用户完成首次评价，可享双倍京豆奖励（基础送豆量×2）；评价官用户翻倍送豆：为寻找有态度、爱分享的评价用户，京东成立评价官俱乐部，评价官用户发表优质评价可获得 2 倍基础京豆奖励。京东对优质评价也有定义：客户需要提交 100 字以上的文字评价+图或视频的评价，并且文字及图或视频均需原创且与商品相关，内容健康且有参考价值。

### 2. 发送后续电子邮件

请求在线评论的最佳方式之一还有在用户购买产品或者服务后的一段时间内发送电子邮件。在电子邮件中可包括指向评论平台的链接、相关产品的购买信息、消费者所购产品的售后服务等简洁而且有效的信息。合理安排评论请求的时间可以提高消费者在线评论的质量和参考价值。例如，LARQ 会发送后续邮件询问顾客对新水瓶的看法。此外 Chewy（美国目前最大的宠物垂直电商）也会在消费者的购物完成之后向其发送电子邮件，并在邮件中提供了顾客购买的实际商品和每个商品的评论链接。

### 3. 对客户评论做出回应

对顾客评论的及时回应是线上零售企业开发在线评论的策略之一。对于有良好购物体验的消费者来说，及时的评论回复能提升消费者对该企业的良好印象，有助于提升顾客黏性。反之，对于有不愉快购物体验的消费者来说，企业积极处理负面评论的行为可以向消费者传递企业的关注和认真对待客户的态度，有助于缓解顾客的负面情绪，进而可能改变其对该企业的态度。当顾客看到卖家对产品的负面评论做出积极回应时，就会对该卖家的服务和产品有更多的考虑，在很大程度上愿意再给该卖家一个机会，这有助于避免顾客流失的问题。对于潜在顾客来说，当其看到卖家妥善处理他人不愉快的购物体验时，便更容易对其产生信任感，从而可能会产生购买意愿。

### 4. 在社交媒体上分享收到的评论

除了制定激励措施、发送后续电子邮件、对客户评论做出回应等策略，在社交媒体上进行推广反馈也是线上零售企业可采取的用于开发在线评论的一大策略。通过在社交媒体上分享现有顾客的在线评论，并附上评价页面的链接，一方面，给予了顾客评论被重视的感觉，激励其他顾客发布在线评论；另一方面，方便为顾客提供了评价的模板，附上的评价链接为顾客提供了极大的便利性，更容易提升顾客随手留下好评的动力。此外，企业在社交媒体上推广反馈，也是一种提升品牌知名度的重要手段，在向顾客索要在线评论的同时达成了企业的品牌推广目的。

### 5. 提供评论框架内容

线上零售企业还通过为顾客提供评论的框架内容来提升消费者在线评论内容的有效性。例如，在京东的评价页面，部分商品的评价框内会呈现"呼起软键盘添加小标签可以写出更有帮助性的评价""商品还满意吗？XX关心口感怎么样？"等字样，在评价框下方还附有多种标签供消费者选择。数码电子类商品标签主要是关于商品的外观、材质、性能等多方面的评价；而食物类商品，标签则通常集中在口感、分量、营养、包装等方面。诸如此类的贴心提示，为消费者进行在线评论提供了指导，同时也提升了消费者评论内容的可参考价值。

# 10.3　社群互动

一个充满活力的社群，会使每个社群成员体会到自己的重要性，使他们乐于参与其中，相信公司品牌，尽心尽力；同时，社群可以给企业提供宝贵的产品反馈，当企业发展速度放缓时，用户的反馈信息可以帮助企业获得突破性进展；此外，一个健康发展的社群还可以不断吸引新成员加入。

——Airbnb 创始人

数字时代背景下，互联网技术把散落在各地的分散需求聚集在一个网络中，提升了企业与顾客之间、顾客与顾客之间的交流互动。仅凭借传统的营销方式已无法触及来自各渠道的顾客，以社群营销为代表的数字营销方式更人性化、更能促进继续传播，能够真正实现"贯穿式顾客价值管理"（synchronizing customer value management，SCVM），因而越来越受到各大企业和品牌的青睐。在这个数字时代，除了传统的营销工具，一系列新型建立顾客关系的有效工具可供市场营销人员选择，从互联网、智能手机和平板电脑到网络、移动和社交媒体，品牌对话、体验和社群随时随地就可形成。

马斯洛需求层次理论告诉我们，人们在满足第一层次的生理需求后，会进一步产生安全需求、社交需求、尊重需求等更高层次的需求。社群，即通过某种兴趣、文化、价值观为载体的链接，将同频的人聚合在一起形成一个圈子，为渴望找到关怀与归属感的用户提供了广泛的交流机会。社群充当了企业与顾客之间价值关系建立和维持的平台及载体，主要通过线上与线下的形式提升人与人之间的互动频率，有利于将弱关系的用户转化为强关系用户，实现顾客留存。作为维持社群稳定的关键和促进企业发展的重要手段，哪些因素会影响顾客参与社群互动呢？企业应当通过哪些激励机制来提升社群成员的凝聚力与互动意愿呢？如图 10-9 所示，本节将结合企业实例，介绍顾客参与社群互动的影响因素及顾客社群互动的激励策略。

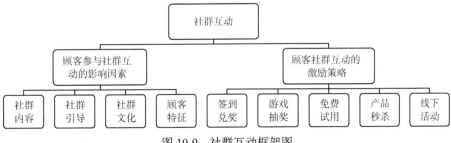

图 10-9　社群互动框架图

### 10.3.1 顾客参与社群互动的影响因素

社群经济在推动商业发展的同时，也促进了人们思维的转变，社群思维已经成为后互联网时代最高段位的思维方式。在移动互联网的新商业时代下，打造品牌最简单且最有效的路径就是和社群进行对接，社群的出现极大地降低了顾客与品牌之间以及顾客与顾客之间的信任成本。对于创业者来说，学好社群思维，利用好社群，能够开启强大的传播力度，进而刺激顾客的消费行为。然而，社群带来的传播行为并不能轻而易举地实现，社群的成功也并非唾手可得，根本在于社群互动的持久性和活跃度以及顾客参与社群互动的意愿，而顾客参与社群互动的意愿受到多方面因素的影响，包括社群内容、社群引导、社群文化和顾客特征等。

**1. 社群内容**

社群内容是社群成功的前提和基础，同时也是吸引新顾客加入以及促进顾客参与互动的重要因素。内容永远是撬动流量最好的杠杆，一个没有好内容的社群难以体现社群价值，而社群价值作为连接用户的重要手段，对于社群的流量和影响力有着极大的决定作用。菲利普·科特勒提出的"顾客感知价值"的概念告诉我们，虽然顾客加入社群的原因可能各不相同，他们在社群中的活跃度也有所差异，但顾客加入社群的真实意图是获取社群的附加价值。附加价值包括实用价值和精神价值，如物美价廉的产品及服务、有价值的信息、大量可靠的人脉等。相较于内容传统的社群，一个拥有多元、优质、个性化内容的社群更能吸引精英用户，而精英用户的存在又能起到反哺的作用，倒逼社群产生更多价值高、可读性强的内容，从而激发顾客参与互动讨论的意愿，刺激社群成员参与价值共创。

在社群运营的过程中，不少品牌会通过蹭热点事件的方式来输出社群内容，然而，这种方式并不具备长期的吸引力，顾客只是出于猎奇心理而走马观花式阅读，实际参与互动的意愿并不强烈。真正优质且有价值的内容是指符合社群调性并能沉淀用户的内容，如母婴品牌飞鹤奶粉通过定制化的线上客服功能来吸引从朋友圈广告、公众号广告等公域流量锁定的目标人群，并由客服一对一引导进入飞鹤社群的宝妈们进行互动沉淀。基于宝妈们痛点和需求的高度趋同性以及强烈的"抱团"倾向，飞鹤奶粉线上客服在社群中积极分享育儿知识、产品信息、品牌活动等，引导妈妈群体在社群内互相种草，从而打造高转化的用户体验。此外，飞鹤奶粉还进行了定期直播，并通过社群进行预约分享，通过直播的方式带领社群成员等群体观看飞鹤工厂、质检流程、育儿科普等内容，并为顾客提供了实时触达、无须切换的购买体验，提升了社群成员对社群内容的信任和依赖。正因为社群的优质内容输出，宝妈们的需求得以满足，进而也更愿意参与到社群的互动中去，品牌忠诚度和品牌黏性得以提升，飞鹤奶粉因此形成了完美的营销闭环。

打造一个具有吸引力并能持久发展的社群离不开源源不断的内容和价值输出，仅凭社群内的弱关系难以维系社群的生命。而且，有了成员积极的互动参与才能进一步提升社群的活力，因而，品牌方应当根据社群成员的属性和需求以及社群的特色来打造优质的内容，从而促进顾客参与互动的积极性。

### 2. 社群引导

没有好内容的社群会略显单调，也难以满足成员多元化的需求。然而，正所谓"酒香也怕巷子深"，徒有优质社群内容，没有适当引导的社群，并不能促成社群内容的成功输出和社群价值的广泛传播，因而合理的社群引导也是顾客参与社群互动的影响因素之一。社群营销的两大前提在于：①提供优质的产品和服务；②意见领袖是动力。有了多元、优质、个性化的社群内容以及可靠的产品及服务后，社群内容的输出以及信息价值的传递还需要依靠社群内或行业内的意见领袖。意见领袖作为社群活跃的核心，具有强大的煽动力，当一个简单而有力量的信息经过意见领袖的反复引导和传播时，其积极、靠谱的人设会对社群成员形成潜移默化的影响，意见领袖通常能快速为社群成员树立一个有力的榜样，从而获得群体的信任，有了信任基础，社群成员更能接受和认可传递的信息价值，成员之间更有可能进行更深入的互动交流，社群成员的凝聚力因此加强。在意见领袖的引导下，更能拉近企业与顾客之间的距离，用户转化效果也更强，有助于达到社群裂变的目的。

### 3. 社群文化

当多样化的社群形式进入消费者的视野，一方面，更多的产品和服务可供消费者选择，但另一方面，社群乱象的问题使得消费者逐渐迷失了方向，开始对社群营销存疑。数字时代，社群营销已成为主流，如何使社群成为乱象中的一股清流，保持社群在顾客心中的新鲜感和长久生命力，成为各大品牌值得深究的问题。无论是社会的发展进步，还是企业的维持运营，都离不开文化的支撑，对于社群来说也不例外。与企业类似，社群也有生命周期，而文化才是社群的灵魂，是区别于其他社群的特征所在，是维系品牌持久发展的不竭动力。文化虽看不见摸不着，但被社群成员广泛认同的社群文化能够促成轻松、舒适和愉悦的社群氛围，在这种氛围下，每位顾客都可以消除心中的疑虑、放下"包袱"自由发言，这种正能量的互动更能确保社群永远热火朝天。社群文化还有着凝心聚力的作用，良好独特的社群文化能够让顾客产生更强烈的归属感和优越感，当顾客认同社群的文化和价值观时，才会愿意留存下来，与社群成员密切沟通，并主动传播社群文化。

**4. 顾客特征**

社群成员的特征也是影响顾客参与社群互动的因素，由于特征方面存在的差异，成员的参与程度和行为也会有所区别。社群成员来自四面八方，每位成员的背景和经历也各不相同，虽然在社群内很容易实现信息"人有我有，互通有无"的现象，但基于潜在的风险和不确定性，顾客在没有充分信任的情况下并没有强烈的互动意愿。受地域、文化等因素的影响，顾客的消费偏好和价值观不同，因而参与社群互动的意愿存在差异。从顾客学历背景角度来看，高学历的群体通常对新鲜事物和信息的接受能力更强，对于社群内的制度规范有更高的理解能力，也更愿意主动在网络上搜寻信息来辅助购买决策；从顾客的个性差异来看，相较于内向型的顾客，外向型的顾客参与社群互动的积极性更高，更愿意主动分享知识和想法，而内向型的顾客表现得更敏感，对群内陌生人保持警惕状态，更倾向于倾听和思考他人的讨论内容，沟通欲望相对更低一些。

### 10.3.2 顾客社群互动的激励策略

数字时代下，社群的功能高度发达，社群营销已经成为各大品牌推广产品的重要工具。然而，线上的社群互动都是匿名开展的，群内成员之间也都非常陌生，难以保证顾客参与社群互动的积极性和持久性，同时，也无法保证社群营销能够触及群内每位成员。何况人本身就需要仪式化的事物来满足内心需要的存在感，因而，社群群主可以采用适当的激励策略来激发成员互动的欲望。具体而言，激励措施可以是物质层面的奖励，也可以是精神层面的激励，如签到兑奖、游戏抽奖、免费试用、产品秒杀和线下活动等方式。

**1. 签到兑奖**

社群签到作为一个高效的社群活跃利器，不仅能够激活社群的气氛，而且能培养用户的打开习惯，提升用户对社群的依赖性。例如，稳健医疗旗下子公司全棉时代，开展了丰富的社群签到打卡活动，以 7 天为一个周期，每次的打卡形式和参与方式都有所差异，社群内的成员可以通过参与社群活动来体验做任务的乐趣，同时还能收获免费奖品。奖品丰富且规则简单的社群签到活动极大地提升了用户参与社群互动的意愿。类似的还有 2016 年创立于北京的内衣品牌"顶流"Ubras，Ubras 也建立了品牌社群，通过公众号、视频号、小程序、微博、小红书、抖音、包裹卡、线下门店等渠道引流。为激励顾客参与社群互动，Ubras 利用了多种激励策略，其中一项便是签到打卡积分活动，旨在促进社群成员的付费转化和持续复购，从而提升品牌 GMV。此外，社群管理人员小 U 在社群内进行内衣干货知识分享、好物推荐、福利优惠等，从而促进顾客参与度。

### 2. 游戏抽奖

相较于传统的签到打卡活动，游戏抽奖的互动玩法更具趣味性，为用户提供了一个以小博大的机会，能够刺激用户们的参与欲望，因而能在众多玩法中脱颖而出，广泛受到社群创立者的偏爱。例如，成立于 2009 年的母婴零售品牌孩子王，如今已成长为母婴零售领域的独角兽，其通过良好的社群运营策略构建了巨大的私域流量池。不同于大部分品牌，孩子王根据育龄阶段对社群进行了划分，并为不同社群的宝妈提供差异化的知识和经验分享，更精准地瞄准用户。在孩子王的社群中，顾客常被群内设置的游戏互动环节吸引。

### 3. 免费试用

免费试用具有少量、限量、限时等特点，它是基于商家对其产品品质自信基础上有强烈商业动机的市场活动，免费试用能够给顾客带来一种安全感。随着电子商务的兴起，越来越多的知名品牌都通过免费试用业务的方式扩大自己的消费者群体，并且获得巨大的品牌效应。当商家向顾客抛出免费试用的"橄榄枝"，无疑能降低顾客对产品质量的担忧。在社群互动中，免费产品试用作为一种激励策略，一方面能使用户直接受益，另一方面能调动用户的积极性，提升社群的活跃度。

### 4. 产品秒杀

人们常说，"物以稀为贵"，作为一种商家拉近与消费者距离的新兴营销模式，社群限时限量秒杀活动正是通过营造稀缺效应来诱发消费者"机不可失，时不再来"的焦虑心理和对损失的厌恶心理，鉴于时间上的限制和数量上的限定，社群成员为了避免所谓的损失并缓解焦虑心理，更容易快速地做出购买决策。因而，定期在社群内推出限时秒杀活动，有助于提高社群内成员的活跃性，同时也能吸引新成员的加入。例如，国产零食品牌领头羊三只松鼠打造了一个互联网社群，每周四都会在社群内推出三场超级会员秒杀活动，在当日早上预告产品秒杀时间、价格和品类，在不同时间段针对付费开卡的会员开展限量秒杀活动。通过举办社群秒杀活动的方式，能够提升会员的品牌黏性，营造和谐活跃的社群气氛，并能吸引新用户入会。

### 5. 线下活动

社群聚集和连接了大量志趣相投的人，然而社群的生命力和活跃度需要频繁的互动来维持，线上的社会交往主要体现在社区成员之间相互顶帖、交流心得、表达支持、讨论问题等方面。网络为社群成员架起了沟通的桥梁，克服了地域和时间的障碍。然而，除了线上的各种互动方式外，线下活动更是拉近用户和品牌距离，并提升社群活跃度和成员归属感的一个重要保障。

# 10.4 数字时代顾客价值研究前沿

## 10.4.1 主要研究关注的领域

数字时代，企业发展所面临的内外部环境发生了很大变化，从产品时代进入顾客时代。企业的竞争优势不再由企业内部所拥有的资源决定，而是由企业为顾客提供的价值所决定的。此外，数字时代背景下，随着企业营销从竞争逻辑向共生逻辑的转变，顾客不再只是感知企业带来的价值，顾客可以转变为价值的创造者，顾客逐渐从感知价值向独创价值和在生产和消费领域共创价值。具体而言，顾客开始参与企业的价值共创，甚至参与企业、平台等多元主体的价值共创行为，价值共创式营销将成为实现企业和顾客间的最优价值搭配，并以高性价比的方式满足顾客实用需求与文化。因而学术界针对不同领域的顾客价值开展了学术研究，包括电子商务、医疗服务、在线旅游和共享出行等领域。

### 1. 电子商务

随着人类逐渐步入数字经济时代，电子商务已经渗透到我们日常学习、生活和工作的方方面面。电子商务在推动着经济和社会发展，然而在电子商务环境下零售企业进行价值再创造的目标不清晰，因而常春燕和刘彩霞（2019）基于对企业本文价值、社会价值、顾客价值统一的视角对我国零售企业价值再创造进行了系统性研究，发现了电商环境下零售企业价值创造的核心是顾客价值创造，且顾客体验是顾客价值创造的核心。零售企业为了实现顾客价值采取了一系列改变措施，努力满足消费者多样化和个性化的需求。基于此，卢彩秀（2022）探究电商直播营销对顾客购买意愿产生的影响，并探究了感知价值的作用，以及三者之间的内在影响机理。具体而言，将电商直播营销细分为主播知名度、增值内容、个性化服务、互动行为四个维度，将感知价值细分为娱乐价值、认知价值、经济价值、功能价值四个维度，探讨电商直播营销、感知价值与顾客购买意愿三者关系。研究发现，提升电商直播营销能力可以有效激发顾客购买意愿。在电商直播营销中，主播知名度越大、增值内容越详细、个性化服务越完善及互动行为越优化，对顾客购买意愿的影响就越大。就影响作用而言，主播知名度与互

动行为影响作用较大，增值内容次之，个性化服务提升作用较弱。感知价值各维
度中，经济价值对顾客购买意愿有显著中介作用，功能价值、娱乐价值和认知价
值中介作用较弱。

### 2. 医疗服务

随着数字经济时代的到来，具有突破时空的便携特点的"互联网+医疗健康"
服务被人们广泛接受，经济学和营销学领域的顾客价值也转变为了医疗界的患者
价值。作为顾客价值理论在医疗领域的延伸，患者和医生基于双方信息的不对称
和知识的不兼容，对于患者价值的理解有所差异。基于此，学者对患者价值开展
了研究。具体而言，将患者价值分成患者健康目标、期望的患者结果以及期望的
医疗服务属性三个维度，探究患者价值对于顾客接受服务的满意度的影响。主要
包括对健康目标的满意、对治疗结果的满意以及对医疗服务属性的满意。研究发
现，医患双方共同导致患者价值差异，并提出学习是减少患者差异最直接的途径，
患者通过学习能够建立合理的期望，并能客观、公正地评价得失。医方基于学习
能够更好地了解患者的需求并能提高患者感知价值。

### 3. 在线旅游

中国旅游研究院发布的《全国"互联网+旅游"发展报告（2021）》指出，
"互联网+"已成为大众旅游新场景和智慧旅游新动能，中国在线旅游消费总额
已达万亿元。数字时代背景下，互联网技术和数字技术不断迭代升级，旅游行
业备受学术界关注。胡静等（2021）基于在线旅游消费情境，从自我损耗的视
角出发，以在线旅游顾客为调查对象，研究了隐私关注对顾客价值共创行为的
影响，并考察了自我损耗的中介作用机制。顾客价值共创行为在此指的是顾客
在资源交换的过程中，为了创造价值产生的行为，包括知识贡献行为和顾客公
民行为。研究发现，隐私关注是顾客价值共创行为的重要影响因素，顾客越关
注自己的个人隐私，其产生共创行为的概率就越低。其次，自我损耗在隐私关
注和顾客价值共创行为之间起到部分中介作用。当顾客对于个人隐私关注程度
较高时，倾向于投入一定的心理资源和采取适当的应对措施，从而导致顾客产
生自我损耗现象，处于自我损耗状态下的顾客会减少知识贡献行为、顾客公民
行为等利他行为。

Chen 等（2022）基于 S-O-R 模型构建了服务体验—顾客感知价值—行为意
图的理论框架，探讨了在线旅行社用户服务体验（含在线旅行社公司网站、移
动应用和社交媒体平台所获得的体验）对未来行为意图的影响，并考察了顾客
感知价值（功利价值和认知价值）的中介作用以及社会影响和政治不稳定的调
节作用。研究结果表明，在线旅行社平台的服务体验对顾客感知功利价值有正

向影响。在线旅行社平台的在线元素对认知价值没有影响。可能的原因是客户无法从这些服务中学习到新的技能，也没有引起客户对尝试在线旅行社平台系统的好奇心，导致对知识的追求不满意。相比之下，社交媒体服务体验对功利价值和认知价值均有正向影响，这表明在线旅行社社交媒体上的内容对于创造功利价值和认知价值是必要的。社交媒体参与对认知价值的影响强于对功利价值的影响。社交媒体内容可以积极刺激客户学习新东西，引起好奇心，并支持知识获取。此外，研究结果显示，功利价值和认知价值对行为意图有正向影响，证实从在线旅行社获得较高的功利价值和认知价值可以鼓励客户继续通过在线旅行社进行预订。社会影响和政治不稳定对功利价值与行为意图之间的关系具有负向调节作用。

### 4. 共享出行

随着共享经济在中国的兴起，以滴滴出行为代表的出行平台不断发展，然而滴滴出行等多个平台频繁发生安全事件，多次遭受约谈和处罚。人身安全、隐私安全等问题对平台的发展构成了危险，同时严重影响了顾客的价值。基于此，国内外诸多学者针对共享出行领域开展了研究。王嘉琳和周云（2021）构建了共享汽车体验营销对顾客价值影响的理论模型，从感官体验、情感体验、思考体验、行动体验、联想体验五个体验维度探究其对顾客价值的影响，并考察了品牌认知的调节作用。研究结果表明，共享汽车感官体验、情感体验、思考体验、行动体验对顾客价值存在显著正向影响，然而联想体验对顾客价值的影响并不显著。品牌认知分别在共享汽车感官体验、行动体验、情感体验对顾客价值的关系中起调节作用。

左文明等（2020）以网约车服务为研究对象，探究了分享经济背景下价值共创行为的影响因素。研究发现：顾客价值对价值共创参与行为的影响最大，而价值共创意愿是影响价值共创公民行为的最重要因素；人际互动和产品互动正向影响顾客价值；顾客价值和社会影响对价值共创意愿具有正向影响，而期望努力对价值共创意愿具有负向影响。

邓之宏和张国俊（2018）基于"前因—过程—结果"的研究思路，构建了一个整合性研究模型，涵盖 O2O 顾客价值、顾客满意、顾客信任以及顾客忠诚多个变量，研究旨在剖析 O2O 顾客价值对顾客忠诚的影响路径。研究发现，前因变量 O2O 顾客价值中的社会价值、情感价值、功能价值、新奇价值以及情境价值对顾客满意均存在显著的正向影响；O2O 顾客价值中的新奇价值正向影响顾客信任；O2O 顾客价值中的功能价值和情境价值对顾客忠诚产生直接的正向影响；顾客满意对顾客信任的正向影响显著。此外，顾客满意和顾客信任都正向影响顾客忠诚。

## 10.4.2 主要研究范式

研究范式提供了关于现实的本质（本体论）、关于现实的知识的本质（认识论）和研究现实的方法的本质（方法论）的假设基础。换言之，每一个研究范式都包含了对什么是真相，人类是如何认知到真相的，以及人类如何能够发现真相。常用的研究范式有实证主义、后实证主义（post positivism）、解释主义（interpretivism）、建构主义（constructivism）、实用主义。在顾客价值的研究中，主要的研究范式包括实证主义、解释主义和建构主义，如表 10-1 所示。

表 10-1　主要研究范式

| 研究范式 | 特点 | 作者 | 主要研究焦点 |
| --- | --- | --- | --- |
| 实证主义 | 注重寻求原因和支持因果关系的解释 | 胡静等（2021） | 在线旅游消费情境下隐私关注对顾客价值共创行为的影响 |
| | | 王嘉琳和周云（2021） | 共享汽车体验营销对顾客价值的影响 |
| | | 邓之宏和张国俊（2018） | O2O 商业模式下顾客价值对顾客忠诚影响机制实证分析 |
| | | 卢彩秀（2022） | 电商直播营销、感知价值与顾客购买意愿 |
| 解释主义 | 注重理解和诠释研究主体所给出的信息 | 邓慧兰等（2022） | 顾客价值视角下拼购小程序营销创新研究 |
| 建构主义 | 注重研究主体为什么会给出这个信息，是谁或者是什么让研究者有这样或那样的观点 | Kelleher 等（2019） | 乐谱不是音乐：集体消费语境下价值共创的经验与实践视角的整合 |

### 1. 实证主义

作为目前主导性的研究范式，实证主义理论注重寻求原因和支持因果关系的解释，强调理论的一般化和普适性。实证主义认为现实是客观的，是可以观察到的。具体来说，实证主义认为一个研究问题的答案是存在且唯一的，且这个答案是可以通过逻辑和数学统计准确找到和认知的。研究人员从理论出发，通过观察客观现实来检验理论，并使用统计方法来分析通过测量收集的数据。因此，实证主义多用定量研究和演绎的逻辑研究方法来测量自变量和因变量之间的因果关系。在实证主义范式下，顾客价值的相关研究几乎都集中在营销学科中。研究主要通过利用相关量表来证明顾客价值的前因变量、过程变量和结果变量之间的关系，例如，顾客价值与顾客满意、顾客忠诚、顾客保持等概念之间的关系，关系质量、服务质量、顾客心理授权、隐私关注和顾客价值共创行为之间的关系。

### 2. 解释主义

相较于实证主义，解释主义研究结果更容易受研究者自身学术背景、价值观、思维方式等因素的影响，对研究者的研究技巧有较高的要求。解释主义认为，这个世界上存在不止一个真相，且研究者是没有办法通过逻辑和数学统计的方法直接触及真相的，他们必须通过理解和解释研究主体给出的信息间接获取真相。解释主义通常对应的是定性和归纳的研究方法。在顾客价值的研究中，众多学者采用了解释主义的研究范式，关注主客体之间，即顾客和产品或服务之间的主观和情景体验。在解释主义范式下，研究者认为产品或服务的价值因顾客而异，由于世界上没有单一的现实存在，因而主观解释对于理解顾客价值至关重要。通常，定性研究方法以及归纳逻辑被用于洞察顾客价值。

基于该领域学术研究的空白，且拼购小程序营销是一个比较复杂的社会现象，缺乏成熟的测量量表，因而邓慧兰等（2022）利用扎根理论研究方法，将证券行业报告中的拼多多小程序作为研究对象，开展了顾客视角下拼购小程序营销创新研究。研究发现，拼购小程序营销创新框架包含六个维度的有机结合，即定位价值革新、产品流程重构、促销低价互娱、社交分享互娱、服务效率提升、场景便利多元。首先，拼购小程序正是通过在这六个维度的创新，为顾客创造了独特的价值，从而实现蓬勃发展；其次，拼多多等拼购小程序成功的关键原因在于基于顾客价值的定位策略和基于微信社交网络分享获利的促销机制；最后，拼购小程序营销创新的本质是去中心化和重构人货场关系，归根结底是提升效率。

### 3. 建构主义

建构主义与解释主义的观点一致，都认为这个世界上存在不止一个真相，且研究者是没有办法通过逻辑和数学统计的方法直接触及真相的。建构主义主要关注认知论方面，也常用定性研究和归纳的方法。建构主义范式弥补了客观视角和主观视角之间的鸿沟。在建构主义范式下，学者认为顾客价值是被主观解释的，也是被社会建构的。

建构主义观点与解释主义观点的不同之处在于，它强调顾客在与其他经济和社会行为者的互动中所扮演的积极角色。更具体地说，顾客被认为是价值的（共同）创造者。基于价值共同创造的重要性，研究人员结合了建构主义观点的元素，不仅研究顾客价值（价值作为结果），还研究这些价值感知在与其他行为者互动中的动态生成过程，从而研究价值共同创造（价值作为过程）。事实上，一些建构主义研究者只从过程的角度考虑价值共同创造，从而依赖于服务主导逻辑。

### 10.4.3　未来值得关注的研究问题

**1. 拓展价值共创主体**

在移动互联网和数字技术飞速发展的今天，数字营销和顾客价值受到越来越多管理者的重视，然而相关的学术研究仍处于滞后的状态。现有研究以顾客为中心，主要关注顾客的独创价值、顾客与企业之间共创价值的二元关系等。在数字时代背景下，随着网络经济的发展，价值创造的主体变得越来越复杂，我们看到了公司创造价值方式的转变，从企业内部的价值创造过程开始，服务平台的出现，将价值创造过程转变为参与者生态系统的价值共创过程。目前，关于新兴 B2B 平台价值共创的研究仍然很少。与 B2C 平台相比，B2B 平台需要在更复杂的条件下建立价值共创实践。它们需要鼓励各种生态系统参与者，并与客户进行互动，由于它们作为法人实体的要求，并且通常在更复杂的环境中，这些客户难以满足。价值共创行为不仅存在于 B2C 之间，也存在于 B2B 之间，甚至 B2G（business to government，企业对政府电子商务）之间，因此，未来应扩大研究视野，从顾客的独创价值、顾-企共创价值等价值创造行为拓展至多主体的价值共创行为。未来的研究可以详细阐述客户价值在个人层面和集体层面之间的相互作用，从而特别关注解释它们一致或不一致的机制。此外，未来的研究可以集中在政府作为客户的公共背景下，该背景也被称为企业对政府（B2G）背景，B2G 中的客户对价值的感知是否不同？在营利性和非营利性环境中，价值感知是如何发展的？这种潜在的不同价值观念如何影响环境的动态？人们对政府的价值认知在很大程度上受到政府所处社会系统复杂性的影响？如果是这样，消费者是否被嵌入更复杂的社会系统中，从而倾向于以更受约束的方式去感知价值，他们的感知价值是否高度依赖于其他参与者的价值感知？什么角色如作为客户的个人、团体或系统（如商业网络、社会团体）最有影响力？为什么？

**2. 价值共毁**

在数字时代背景下，精准客户营销也给顾客带来了隐私风险等问题，企业在发展过程中也暴露出了许多伦理道德和柠檬问题，商家、平台、顾客等多主体潜在的机会主义行为导致其中一方遭受利益损失。价值共创的阴暗面——价值共毁，是未来值得关注的研究问题。价值共毁指的是在主体交互的直接或间接过程中，一方的行为造成另一个行为者的福祉未达到最优，可能是次优或是福祉处于遭受损失的状态。数字时代，随着企业从商品主导逻辑向服务主导逻辑的转变，以及从"竞争逻辑"向"共生逻辑"的转变，顾客也从"被动的信息接收者"转变为主动的"价值共同创造者"，能够参与企业的价值创造过程，为企业的新产品开发和服务创新活动做出贡献。数字技术的飞速发展和互联网平台经济的迅速崛起，促使众多平台新业态兴起，包括互联网+服务、互联网+创新创业等，现有研究多关注价值创造的积极面，然而，由于主体交互过程中存在资源滥用和流程对接失调等问题，在顾客和企业等主体之间互动价值形成的过程中存在价值减少或价值共毁的问题，少有研究关注价值创造的阴暗面。顾客参与价值共创也会使企业成本增加和风险增大。

价值共毁作为未来的研究前沿，需要进一步探究。例如，价值共毁的本质是什么？在服务交换到服务恢复的过程中可以更改它吗？环境或服务生态系统如何影响价值共毁，该过程是有意的还是无意的？同样，探索价值共毁产生的原因和表现的形式也非常重要。到目前为止，这一研究领域的探索较少。例如，资源滥用和流程对接失调是引发价值共毁的两大主要原因，那行为者故意滥用资源或行为者在事件中不当或冷漠的行为的具体动机或态度是什么？个体行为者的属性（如性别、教育程度、国籍等）是否影响价值共毁的过程？行为者的角色是如何影响他们对价值共毁的过程和结果的看法的？参与者之间的关系如何影响价值共毁过程？更多的参与者是否意味着更多的资源，但在互动中会有更多的困难？未来的研究还应了解哪些资源是由事件参与者贡献的，其中哪些最有可能导致价值共毁，如缺乏技能、缺乏知识、不开放、缺乏同理心、缺乏信任、缺乏公平等因素。基于价值共毁的具体表现形式和影响因素，哪些机制可以被用于治理价值共毁，在事前和事后分别构建何种治理机制才能避免价值共毁行为的产生或修复已经发生的价值共毁行为。此外，目前探讨价值共毁的文章大多是定性研究，关于价值共毁的量表开发也才处于起步状态，因此，还有一个未来的研究方向是量表的构建和对所提出的价值共毁的维度、框架和模型进行定量验证。

### 3. 如何应用数字化技术为顾客创造价值

在数字经济时代，数字经济与实体经济深度融合是推动经济高质量发展的重要动力。随着信息技术的飞速发展，云端经济、数字经济等新兴经济形态迅速崛起，数字技术逐渐向各行业、各领域渗透和赋能。数字化可以通过有效利用企业信息，有效配置企业资源，提高企业价值；同时，企业建立数字化系统后，可以通过数字化系统将从产品设计到售后的各个环节互联起来，实现产品创新加速，从而更好地为顾客创造价值。例如，越来越多的电商企业开启了智能客服服务，即以人工智能技术实现全渠道的访客对接，智能抓取访客的关键信息并形成名片，按照业务权重以及咨询问题的关键信息实时推送至人工进行业务处理，实现高效人机业务协同，从而达到提高服务效率、降低运营成本，进而实现营销增长的目的。随着 AI 技术的普及，越来越多的企业将个性化搜索或推荐、语音、NLP、对话等 AI 技术应用于 CRM 系统，打造企业新的收入增长引擎。当 CRM 遇上 AI 技术，AI 如何影响 B2B 关系和 B2C 关系？以 AI 为代表的数字技术如何为顾客创造价值？其带来的都是正面价值吗？会不会在创造价值的同时带来潜在问题？如何去治理数字技术在为顾客创造价值时带来的问题？以上都是未来值得关注的问题。

# 参 考 文 献

安霞. 2019. 新媒体时代的博物馆数字化服务建设[J]. 新媒体研究，5（9）：110-111.

曹虎，王赛，乔林，等. 2017. 数字时代的营销战略[M]. 北京：机械工业出版社.

常春燕，刘彩霞. 2019. 电子商务环境下零售企业的价值再创造：本位价值、社会价值、顾客价值的统一[J]. 商业经济研究，（7）：74-76.

陈书扬，许刚全，刘瑞强. 2020. 多渠道供应链定价策略研究综述[J]. 商业经济研究，（3）：69-73.

陈婷，李霞，段尧清. 2022. 短视频社交媒体用户不持续使用意向研究：整合认知失调与自我效能双重视角[J]. 情报杂志，41（10）：199-207.

邓慧兰，赵占波，姚凯，等. 2022. 顾客价值视角下拼购小程序营销创新研究：基于扎根理论的案例分析[J]. 南开管理评论，25（6）：108-117.

邓之宏，张国俊. 2018. O2O 商业模式下顾客价值对顾客忠诚影响机制实证分析[J]. 商业经济研究，（22）：62-65.

段文奇，柯玲芬. 2016. 基于用户规模的双边平台适应性动态定价策略研究[J]. 中国管理科学，24（8）：79-87.

范小军. 2022. 全渠道营销：后电商时代新常态[M]. 北京：清华大学出版社.

高腾飞，曲韵. 2023. 数字广告的核心内涵、研究进展及分析框架：基于 Web of Science 数据库的分析[J]. 新闻与传播评论，76（2）：82-95.

《广告学概论》编写组. 2018. 广告学概论[M]. 北京：高等教育出版社.

桂世河，汤梅. 2019. 整合营销传播目标的演进与发展趋势[J]. 管理现代化，39（1）：78-81.

韩菡，齐莉丽. 2020. 基于众包模式的顾企价值共创研究[J]. 天津职业技术师范大学学报，30（4）：65-69.

郝凤苓，小庞. 2015. 亚朵，不只是酒店[J]. 21 世纪商业评论，（6）：76-77.

贺远琼，李彬，尹世民. 2022. 数字媒体情境下广告规避的研究综述与未来展望[J]. 管理学报，19（10）：1566-1576.

胡兵，冯采君. 2023. 认知视角下科普短视频传播效果的影响因素[J]. 科学学研究，41（10）：1755-1764.

胡静，江梓铭，刘海朦. 2021. 在线旅游消费情境下隐私关注对顾客价值共创行为的影响：基于自我损耗的中介机制[J]. 华侨大学学报（哲学社会科学版），（5）：57-69.

胡玲. 2020a. 新媒体营销与管理：理论与案例[M]. 北京：清华大学出版社.

胡玲. 2022b. 基于客户需求的供水企业数字化服务思考[J]. 城镇供水，（3）：86-90.

郇小峰. 2022. 大数据时代智慧营销运营逻辑与应用研究[J]. 老字号品牌营销，（23）：25-27.

霍春辉，王晓睿，张银丹. 2019. 名人微博营销影响粉丝消费行为的决策机理研究[J]. 辽宁大学学报（哲学社会科学版），47（1）：79-88.

霍尔 S. 2021. B2B 数字营销策略[M]. 常宁，译. 北京：中国科学技术出版社.

江琳. 2020. 基于 SET 和 TAM 的消费者在线评论的动因研究[J]. 北京科技大学学报（社会科学版），36（1）：87-94.

姜君蕾，夏恩君，贾依帛. 2023. 数字化企业如何重构能力实现数字融合产品创新[J]. 科学学研究，41（12）：2257-2266.

金斯诺思 S. 2021. 数字营销战略：在线营销的整合方法[M]. 王亚江，王彻，译. 2 版. 北京：清华大学出版社.

科特勒 P，卡塔加雅 H，塞蒂亚万 I. 2018. 营销革命4.0：从传统到数字[M]. 王赛，译. 北京：机械工业出版社.

科特勒 P，凯勒 K L，切尔内夫 A. 2022. 营销管理 [M]. 陆雄文，蒋青云，赵伟韬，等译. 16 版. 北京：中信出版社.

廖秉宜，徐晓妍，向蓓蓓，等. 2022. 2021 年度中国最具影响力的十大数字营销传播案例[J]. 国际品牌观察，（5）：54-59.

乐承毅,陈征. 2022. PPM 理论框架下短视频用户非持续使用意向成因研究[J]. 现代情报,42(6)：80-93.

李飞. 2014. 全渠道营销理论：三论迎接中国多渠道零售革命风暴[J]. 北京工商大学学报（社会科学版），29（3）：1-12.

李文婷. 2021. 浅析数字化模式下企业的精准管理[J]. 中国管理信息化，24（2）：119-122.

李先国. 2002. 论数字化整合营销[J]. 陕西经贸学院学报，15（6）：5-8.

李宗活，杨文胜，陈信同. 2019. 基于零售商创新投入的双渠道供应链协调策略[J]. 控制与决策，34（8）：1754-1760.

林炳坤，吕庆华，杨敏. 2016. 多渠道零售商线上线下协同营销策略研究[J]. 软科学，30（12）：135-139.

林伟. 2021. 在线社区的激励机制与用户动态参与意愿研究：以知乎网为例[D]. 泉州：华侨大学.

刘晓燕，郑维雄. 2015. 企业社会化媒体营销传播的效果分析：以微博扩散网络为例[J]. 新闻与传播研究，22（2）：89-102，128.

刘洋，张东航. 2022. 消费者感知成本与电商平台转换行为的相关性：基于消费意愿的中介效应[J]. 商业经济研究，（24）：88-91.

卢彩秀. 2022. 电商直播营销、感知价值与顾客购买意愿[J]. 商业经济研究，（22）：103-106.

马吉峰. 2019. 在线社区中用户创新行为及创新绩效研究[D]. 武汉：华中科技大学.

马继华. 2020. 大数据在中小企业品牌营销中的应用研究[J]. 现代营销（下旬刊），（8）：142-143.

尼葛洛庞帝 N. 2017. 数字化生存（20 周年纪念版）[M]. 胡泳，范海燕，译. 北京：电子工业出版社.

牛志勇，黄沛，王军. 2017. 公平偏好下多渠道零售商线上线下同价策略选择分析[J]. 中国管理科学，25（3）：147-155.

彭晨明，张莎，赵红. 2016. 如何让你的微信帖子更受欢迎?——基于知名品牌微信运营数据的实证研究[J]. 管理评论，28（12）：176-186.

齐佳音，胡帅波，张亚. 2020. 人工智能聊天机器人在数字营销中的应用：文献综述[J]. 北京邮电大学学报（社会科学版），22（4）：59-70.

秦茜茹. 2020. 大数据视角下企业市场营销创新模式探析[J]. 现代营销（下），（11）：62-63.

施德俊. 2017. 数字营销短视症[J]. 清华管理评论，（3）：91-95.

时炼波，张俐华. 2009. 论精准营销的内涵与实施策略[J]. 企业经济，（8）：90-92.

四月. 2022. 新时代数字营销的应"变"之道[J]. 互联网周刊，（12）：24-26.

邵文. 2022. 中欧教授王雅瑾：数字化时代消费者的记忆发生了变化[EB/OL]. https://www.thepaper.cn/newsDetail_forward_17816678[2022-04-26].

孙平，邵帅，石佳云，等. 2020. 基于扎根理论的短视频抖音用户出游行为形成机理研究[J]. 管理学报，17（12）：1823-1830.

唐超. 2007. 基于网络的报业数字化战略研究[D]. 北京：清华大学.

汪旭晖，张其林. 2013. 多渠道零售商线上线下营销协同研究：以苏宁为例[J]. 商业经济与管理，（9）：37-47.

王烽权，江积海，蔡春花. 2024. 相得益彰：数据驱动新零售商业模式闭环的构建机理：盒马案例研究[J]. 南开管理评论，27（1）：4-17.

王嘉琳，周云. 2021. 共享汽车体验营销对顾客价值的影响研究：基于品牌认知的调节作用[J]. 现代营销（学苑版），（8）：46-48.

王苗，曲韵，陈刚. 2020. 数字化变革与品牌资产概念与模型研究[J]. 贵州社会科学，（8）：137-143.

王茜. 2020. 品牌资产评估综述及我国现状分析[J]. 中国市场，（2）：119-120，130.

王赛. 2017. 营销4.0：从传统到数字，营销的"变"与"不变"："现代营销学之父"菲利普·科特勒专访[J]. 清华管理评论，（3）：60-64.

王月辉，杜向荣，冯艳. 2017. 市场营销学[M]. 北京：北京理工大学出版社.

魏传强. 2019. 在线化 智能化 智慧化：齐鲁壹点以智能传媒驱动融合转型[J]. 青年记者，（25）：52-54.

魏国雄. 2019. 银行风险管理信息化之路[J]. 中国金融，（14）：16-18.

魏想明，张晶，向贤松. 2016. 大数据精准营销[J]. 企业管理，（11）：91-93.

吴健安，聂元昆. 2022. 市场营销学[M]. 7版. 北京：高等教育出版社.

吴锦峰，常亚平，侯德林. 2016. 多渠道整合对零售商权益的影响：基于线上与线下的视角[J]. 南开管理评论，19（2）：170-181.

吴艳，洪文进，吴小艺. 2015. 基于大数据时代下的网络男装产品开发模式探究[J]. 毛纺科技，43（8）：66-70.

解学梅，余佳惠. 2021. 用户参与产品创新的国外研究热点与演进脉络分析：基于文献计量学视角[J]. 南开管理评论，24（5）：4-7.

徐超. 2017. 基于大数据信息分析的品牌建设研究[J]. 图书情报研究，10（2）：21-28.

徐大佑，汪延明，万文倩. 2016. 数字化时代的品牌管理范式变革[J]. 高等学校文科学术文摘，（4）：192.

徐林海，林海. 2018. 微信营销[M]. 北京：人民邮电出版社.

薛可，陈俊，余明阳. 2019. 整合营销传播学：移动互联网时代的 IMC 新论[M]. 上海：上海交通大学出版社.

闫彦珍. 2015. 大数据时代基于 Interbrand 模型的品牌价值评估[J]. 时代金融，（20）：233，236.

严学军，汪涛. 2017. 广告策划与管理[M]. 4 版. 北京：高等教育出版社.

杨博. 2016. 数字化整合营销模式研究[J]. 山西青年，（4）：151.

杨家权，张旭梅. 2020. 考虑零售商策略性库存的双渠道供应链定价及协调[J]. 系统管理学报，29（1）：176-184.

姚朝乾，张骏. 2020. 基于主成分分析法和综合评价法的企业经济效益研究：以上市物流企业顺丰为例[J]. 物流工程与管理，42（8）：53-55.

殷加娜. 2017. 家电零售商线上线下渠道冲突及协同机制研究：以苏宁、国美为例[D]. 杭州：浙江工商大学.

张世龙. 2016. 大数据时代的市场定位精准化研究[D]. 贵阳：贵州财经大学.

张杨林，雷世平，乐乐. 2022. 技能型社会建设中政府的角色定位及其实现路径：基于新公共管理理论的分析框架[J]. 职业技术教育，43（31）：35-40.

中国信息通信研究院. 2017. 中国数字经济发展白皮书（2017 年）[R]. 北京：中国信息通信研究院.

仲晓密. 2017. 我国多渠道零售商的 O2O 营销战略实证研究[J]. 商业经济研究，（8）：42-44.

周雄伟，张展笑，马本江，等. 2018. 多渠道医疗门诊挂号的时间策略研究[J]. 中国管理科学，26（9）：129-140.

庄贵军，邓琪，卢亭宇. 2019. 跨渠道整合的研究述评：内涵、维度与理论框架[J]. 商业经济与管理，（12）：30-41.

左文明，黄枫璇，毕凌燕. 2020. 分享经济背景下价值共创行为的影响因素：以网约车为例[J]. 南开管理评论，23（5）：183-193.

Armstrong M. 2006. Competition in two-sided markets[J]. The RAND Journal of Economics, 37（3）：668-691.

Bala M，Verma D. 2018. A critical review of digital marketing[J]. International Journal of Management，IT and Engineering，8（10）：321-339.

Bashir S，Anwar S，Awan Z，et al. 2018. A holistic understanding of the prospects of financial loss to enhance shopper's trust to search, recommend, speak positive and frequently visit an online shop[J]. Journal of Retailing and Consumer Services，42：169-174.

Belboula I，Ackermann C. L，Mathieu J. P. 2015. Design and marketing positioning：the contribution of implicit cognition[J]. Journal of Business and Economics，6（6）：1150-1156.

Belk R B. 1988. Possessions and the extended self[J]. Journal of Consumer Research，15（2）：139-168.

Belk R B. 2013. Extended self in a digital world[J]. Journal of Consumer Research，40（3）：477-500.

Berger J. 2014. Word of mouth and interpersonal communication：a review and directions for future research[J]. Journal of Consumer Psychology，24（4）：586-607.

Cai Y J，Lo C K Y. 2020. Omni-channel management in the new retailing era：a systematic review and future research agenda[J]. International Journal of Production Economics，229：107729.

Chaffey D，Ellis-Chadwick F E. 2012. Digital Marketing：Strategy，Implementation and Practice[M].

5th ed. London：Pearson Education.

Chaffey D，Ellis-Chadwick F E. 2019. Digital Marketing：Strategy，Implmentation and Practice[M]. 7th ed. London：Pearson Education.

Chaffey D，Smith P. 2017. Digital Marketing Excellence：Planning，Optimizing and Integrating Online Marketing[M]. 5th ed. London：Routledge.

Charlesworth A. 2018. Digital Marketing：A Practical Approach[M]. 3rd ed. London：Routledge.

Chen J S，Kamalanon P，Janupiboon T P. 2022. Company websites and mobile apps versus social media：which service experience creates more customer value for online travel agencies?[J]. Service Business，16（4）：1081-1110.

Chiang W Y. 2019. Establishing high value markets for data-driven customer relationship management systems[J]. Kybernetes，48（3）：650-662.

Choi M，Law R，Heo C Y. 2018. An investigation of the perceived value of shopping tourism[J]. Journal of Travel Research，57（7）：962-980.

Coqueret G，Tavin B. 2019. Procedural rationality，asset heterogeneity and market selection[J]. Journal of Mathematical Economics，82：125-149.

Desai V. 2019. Digital marketing：a review[J]. International Journal of Trend in Scientific Research and Development，Special Issue：196-200.

Dhar R，Huber J，Khan U. 2007. The shopping momentum effect[J]. Journal of Marketing Research，44（3）：370-378.

Dogbe C S. K，Bamfo B A，Pomegbe W W K. 2021 Market orientation and new product success relationship：the role of innovation capability，absorptive capacity，green brand positioning[J]. International Journal of Innovation Management，25（3）：2150033.

Evans D，McKee J. 2021. Social Media Marketing：The Next Generation of Business Engagement[M]. Alameda：SYBEX lnc.

Falk T，Schepers J，Hammerschmidt M，et al. 2007. Identifying cross-channel dissynergies for multichannel service providers[J]. Journal of Service Research，10（2）：143-160.

Fu X，Chen X，Shi Y T，et al. 2017. User segmentation for retention management in online social games[J]. Decision Support Systems，101：51-68.

Gao X D，Wang A. 2019. Multifunctional product marketing using social media based on the variable-scale clustering[J]. Tehnicki Vjesnik-Technical Gazette，26（1）：193-200.

Gasparin I，Panina E，Becker L，et al. 2022. Challenging the "integration imperative"：a customer perspective on omnichannel journeys[J]. Journal of Retailing and Consumer Services，64：102829.

Goersch D. 2002. Multi-channel integration and its implications for retail web sites[R]. Proceedings of the 10th European Conference on Information System：748-758.

Gordon B R，Jerath K，Katona Z，et al. 2021. Inefficiencies in digital advertising markets[J]. Journal of Marketing，85（1）：7-25.

Han M C，Kim Y. 2017. Why consumers hesitate to shop online：perceived risk and product involvement on Taobao.com[J]. Journal of Promotion Management，23（1）：24-44.

Hansen N，Kupfer A K，Hennig-Thurau T. 2018. Brand crises in the digital age：the short-and long-term effects of social media firestorms on consumers and brands[J]. International Journal of

Research in Marketing, 35（4）: 557-574.

Hatch M J, Schultz M. 2010. Toward a theory of brand co-creation with implications for brand governance[J]. Journal of Brand Management, 17（8）: 590-604.

Holland C P, Thornton S C, Naudé P. 2020. B2B analytics in the airline market: harnessing the power of consumer big data[J]. Industrial Marketing Management, 86: 52-64.

Homburg C, Jozić D, Kuehnl C. 2017. Customer experience management: toward implementing an evolving marketing concept[J]. Journal of the Academy of Marketing Science, 45（3）: 377-401.

Hu W T, Ding J J, Yin P Z, et al. 2023. Dynamic pricing and sales effort in dual-channel retailing for seasonal products[J]. Journal of Industrial and Management Optimization, 19（2）: 1528-1549.

Huh J, Delorme D E, Reid L N. 2015. Do consumers avoid watching over-the-counter drug advertisements? An analysis of cognitive and affective factors that prompt advertising avoidance[J]. Journal of Advertising Research, 55（4）: 401-415.

Huré E, Picot-Coupey K, Ackermann C L. 2017. Understanding omni-channel shopping value: a mixed-method study[J]. Journal of Retailing and Consumer Services, 39: 314-330.

Jiménez-Castillo D, Sánchez-Fernández R. 2019. The role of digital influencers in brand recommendation: examining their impact on engagement, expected value and purchase intention[J]. International Journal of Information Management, 49（6）: 366-376.

Kannan P K, Li H. 2017. Digital marketing: a framework, review and research agenda[J]. International Journal of Research in Marketing, 34（1）: 22-45.

Kaur J, Arora V, Bali S. 2020. Influence of technological advances and change in marketing strategies using analytics in retail industry[J]. International Journal of System Assurance Engineering and Management, 11（5）: 953-961.

Kelleher C, Wilson H N, MacDonald E K, et al. 2019. The score is not the music: integrating experience and practice perspectives on value co-creation in collective consumption contexts[J]. Journal of Service Research, 22（2）: 120-138.

Kim J Y, Natter M, Spann M. 2009. Pay what you want: a new participative pricing mechanism[J]. Journal of Marketing, 73（1）: 44-58.

Kingsnorth S. 2022. Digital Marketing Strategy: An Integrated Approach to Online Marketing[M]. 3rd ed. London: Kogan Page.

Krishen A S, Dwivedi Y K, Bindu N, et al. 2021. A broad overview of interactive digital marketing: a bibliometric network analysis[J]. Journal of Business Research, 131: 183-195.

Kuang D, Li X F, Bi W W. 2021. How to effectively design referral rewards to increase the referral likelihood for green products[J]. Sustainability, 13（13）: 7177.

Kuester M, Benkenstein M. 2014. Turning dissatisfied into satisfied customers: how referral reward programs affect the referrer's attitude and loyalty toward the recommended service provider[J]. Journal of Retailing and Consumer Services, 21（6）: 897-904.

Kwon W S, Lennon S J. 2009. Reciprocal effects between multichannel retailers' offline and online brand images[J]. Journal of Retailing, 85（3）: 376-390.

Lemon K N, Verhoef P C. 2016. Understanding customer experience throughout the customer journey[J]. Journal of Marketing, 80（6）: 69-96.

Levy M，Weitz B，Grewal D. 2013. Retailing Management[M]. 9th ed. Columbus：McGraw-Hill Education.

Li C Y. 2019. How social commerce constructs influence customers' social shopping intention? An empirical study of a social commerce website[J]. Technological Forecasting and Social Change，144：282-294.

Liu-Thompkins Y. 2019. A decade of online advertising research：what we learned and what we need to know[J]. Journal of Advertising，48（1）：1-13.

Louro M J，Cunha P V. 2001. Brand management paradigms[J]. Journal of Marketing Management，17（7/8）：849-875.

Mason A N，Narcum J，Mason K. 2021. Social media marketing gains importance after Covid-19[J]. Cogent Business & Management，8（1）：1870797.

Mathew P M. 2016. Attitude segmentation of Indian online buyers[J]. Journal of Enterprise Information Management，29（3）：359-373.

Mowery D，Rosenberg N. 1979. The influence of market demand upon innovation：a critical review of some recent empirical studies[J]. Research Policy，8（2）：102-153.

Parker G，Petropoulos G，van Alstyne M. 2020. Digital platforms and antitrust[R]. Working Papers from Bruegel.

Pfeffer J，Zorbach T，Carley K M. 2014. Understanding online firestorms：negative word-of-mouth dynamics in social media networks[J]. Journal of Marketing Communications，20（1/2）：117-128.

Royle J，Laing A. 2014. The digital marketing skills gap：developing a digital marketer model for the communication industries[J]. International Journal of Information Management，34（2）：65-73.

Russell S J，Norvig P. 2010. Artificial Intelligence：A Modern Approach[M]. New York：Pearson Education, Inc.

Saha S，Modak N M，Panda S，et al. 2018. Managing a retailer's dual-channel supply chain under price-and delivery time-sensitive demand[J]. Journal of Modelling in Management，13（2）：351-374.

Schlenker B R，Leary M R. 1982. Social anxiety and self-presentation：a conceptualization and model[J]. Psychological Bulletin，92（3）：641-669.

Schmitt P，Skiera B，van den Bulte C. 2011. Referral programs and customer value[J]. Journal of Marketing，75（1）：46-59.

Schu M，Morschett D. 2017. Foreign market selection of online retailers：a path-dependent perspective on influence factors[J]. International Business Review，26（4）：710-723.

Sciandra M R. 2019. Money talks，but will consumers listen? Referral reward programs and the likelihood of recommendation acceptance[J]. Journal of Marketing Theory and Practice，27（1）：67-82.

Sela A E，Berger J. 2012. How attribute quantity influences option choice[J]. Journal of Marketing Research，49（6）：942-953.

Shen L X，Fishbach A，Hsee C K. 2015. The motivating-uncertainty effect：uncertainty increases resource investment in the process of reward pursuit[J]. Journal of Consumer Research，41（5）：1301-1315.

Solomon M R. 2010. Consumer Behaviour: A European Perspective[M]. New York: Pearson Education, Inc.

Song H H, Gao X X. 2018. Green supply chain game model and analysis under revenue-sharing contract[J]. Journal of Cleaner Production, 170: 183-192.

Tata S V, Prashar S, Gupta S. 2020. An examination of the role of review valence and review source in varying consumption contexts on purchase decision[J]. Journal of Retailing and Consumer Services, 52: 101734.

Verhoef P C, Kannan P K, Inman J J. 2015. From multi-channel retailing to omni-channel retailing: introduction to the special issue on *Multi-Channel Retailing*[J]. Journal of Retailing, 91 (2): 174-181.

Xu R. 2020. A design pattern for deploying machine learning models to production[EB/OL]. https://scholarworks.calstate.edu/downloads/1v53k296v[2021-06-28].

Yang H, Lee H, Zo H. 2017. User acceptance of smart home services: an extension of the theory of planned behavior[J]. Industrial Management & Data Systems, 117 (1): 68-89.

Yang S Q, Lu Y B, Chau P Y K. 2013. Why do consumers adopt online channel? An empirical investigation of two channel extension mechanisms[J]. Decision Support Systems, 54(2): 858-869.

Yang Y, Ha L. 2021. Why people use TikTok(Douyin) and how their purchase intentions are affected by social media influencers in China: a uses and gratifications and parasocial relationship perspective[J]. Journal of Interactive Advertising, 21 (3): 297-305.

Yu K X, Choi H. 2022. On the positioning and market selection of opera performance art based on industrial data mining[J]. Wireless Communications and Mobile Computing, (4): 1-10.

Zabin J, Brebach G, Kotler P. 2004. Precision Marketing: The New Rules for Attracting, Retaining, and Leveraging Profitable Customers[M]. San Jose: Fair Isaac: 3.

Zhou Q Y, Xu Z, Yen N Y. 2019. User sentiment analysis based on social network information and its application in consumer reconstruction intention[J]. Computers in Human Behavior, 100: 177-183.

Zhou Y W, Zhang X, Zhong Y G, et al. 2021. Dynamic pricing and cross-channel fulfillment for omnichannel retailing industry: an approximation policy and implications[J]. Transportation Research Part E: Logistics and Transportation Review, 156: 102524.